Das Tao der Musik

John M. Ortiz

Das Tao der Musik

Die geheime Macht der Musik –
wie man sie kreativ
einsetzen und nutzen kann

Aus dem Englischen
von Diane von Weltzien

O.W. Barth

Den Männern in meinem Leben, Manolo und Paco,
für ihren Mut, ihre Kraft und ihren Humor.
Den Frauen in meinem Leben, Gladys – die mir Lesen,
Schreiben und Kreativität beigebracht hat – und Roz,
meiner Lebensgefährtin, für ihre Unterstützung, Ermutigung,
bedingungslose Liebe und ihren unerschütterlichen
Glauben an mich.

Die Originalausgabe erschien 1997 unter dem Titel
«The Tao of Music»
bei Samuel Weiser, Inc., York Beach, Maine.

1. Auflage 1999
Copyright © 1997 by John M. Ortiz
Alle deutschsprachigen Rechte beim Scherz Verlag,
Bern, München, Wien, für den O. W. Barth Verlag
Alle Rechte der Verbreitung, auch durch Funk, Fernsehen,
fotomechanische Wiedergabe, Tonträger jeder Art
und auszugsweisen Nachdruck, sind vorbehalten.
Überarbeitung und Ergänzung der Musik-Menüs für
die deutsche Ausgabe: Christian Salvesen

Inhalt

Teil III: Soziale Themen

Teil IV: Spezielle Themen

Anhang

Übungen

Musik-Menüs

DIE MUSIK DES TAO IST DER HINTERGRUND DES AUGENBLICKS,
DIE ESSENZ DES PROZESSES. WIE EIN SONDERBARER TRAUM
IST SIE VERBORGEN DURCH DAS BEWUSSTSEIN
UND DOCH DER INTUITION ZUGÄNGLICH.
GLEICH EINEM GEFÜHL VON DÉJÀ-VU.

EINMAL GEHÖRT, KANN SIE NICHT ZURÜCKGERUFEN WERDEN.
EINMAL ZUM TANZ VERWENDET, KANN SIE NICHT WIEDERHOLT WERDEN.
EINMAL NACHGEAHMT, KANN SIE NICHT ERNEUT VORGEBRACHT WERDEN.
OHNE STIMME SINGT SIE. OHNE TON SPIELT SIE.
DIE MUSIK DES TAO IST DAS TAO DER MUSIK.

DIE MUSIK DES TAO
IST DER KLANG DES KLATSCHENS DER EINEN HAND.

Einführung

Der Tanz des Lebens findet in uns
und um uns herum statt.

Im Jahr 1964 drangen die Beatles in meine Welt ein, und zum erstenmal in meinem Leben hörte ich meine innere Musik. Von diesem Augenblick an stellte die Musik immer einen Ort dar, den ich aufsuchen konnte; sie war eine Freundin, an die ich mich wenden, ein magischer Hafen, in den ich mich zurückziehen konnte. Wenn ich traurig war, wußte ich, daß Musik mich wieder froh machen würde. Wenn ich unter Streß stand, wußte ich, welche Melodien mir helfen würden, mich zu entspannen. Wenn ich mir blockiert vorkam, wußte ich, welche Songs dafür sorgen konnten, daß ich loslassen und wieder ich selbst sein würde. Wenn ich mich einsam fühlte, wußte ich, daß ich nur ein paar «Scheiben» (schwarze 45er Vinylplatten) auflegen oder meine Gitarre einstöpseln mußte, und schon bald

13

würde meine Einsamkeit verschwinden. Wenn das Einsamkeitsgefühl aus irgendeinem Grund nicht wich, sorgte die Musik irgendwie dafür, daß es sich okay anfühlte, allein zu sein. Vielleicht hatte es etwas damit zu tun, daß die Person, die jene Melodien geschrieben oder aufgenommen hatte, von ähnlichen Gefühlen oder von den gleichen Sorgen beeinflußt worden war. Diese Gemeinsamkeit gab meinen Belangen irgendwie einen allgemeineren Anstrich und nahm ihnen etwas von ihrer überwältigenden Macht. Durch ihre Musik vermittelten diese Leute – diese berühmten Unbekannten – ein Gefühl der Harmonie und der Sinnhaftigkeit, das andere Erwachsene durch ihre Predigten, Rituale und scheinbar bedeutungslosen Traditionen nie ganz zum Ausdruck bringen konnten. Musik, so schien es, hatte mein Bewußtsein geweckt.

Die Musik, so kam es mir vor, schob nie von hinten, sondern zog eher nach vorn. Sie forderte heraus, ohne dabei zu drohen. Melodien bereicherten mein Leben mit Farbe, während Beats und Rhythmen für Bewegung sorgten. Statt zu behaupten, «Das ist, wie es *ist*», schien die Musik zu sagen, «Dies ist eine der Möglichkeiten, wie es sein *kann*». Nie befahl uns die Musik, was wir tun *mußten*, oder erklärte uns, *warum* wir es tun mußten. Sie hatte nie etwas mit unangenehmem Zwang oder lästigen Warum-Fragen zu tun. Bei ihr ging es um Veränderung, Energie und Vibrationen.

Musik steht für eine Art rhythmischen Konsens,
einen Konsens der Kernkultur.[1]

Wohlmeinende Eltern verlangen vielleicht von uns, «den eigenen Kopf zu gebrauchen», doch oft genug haben sie keine Ahnung, wie wir unseren Verstand davon abhalten sollen, unablässig die gleichen Angelegenheiten, überflüssigen Sorgen, destruktiven Vorstellungen und negativen Bilder wiederaufzubereiten. Lehrer mögen ja großartig darin sein, uns die Lösung von Algebraproblemen oder die Konjugation lateinischer Verben zu vermitteln, aber offenbar ist im Lehrplan kein Platz, um uns beizubringen, wie wir mit Depressionen umgehen, Wut loslassen oder einfach nur angemessen mit anderen kommunizieren können. Manche Leute sind schnell damit bei der Hand, uns zu sagen, wie wir uns verhalten und was wir denken «sollten» und welche Einstellungen wir haben «müßten», als gäbe es keine Wahl. Die Betonung liegt typischerweise auf der Wiederholung oder der Vermeidung der Vergangenheit oder auf dem Planen für die Zukunft, doch nur selten darauf, wie man hier und jetzt, heute, in diesem Augenblick leben kann. Unsere Gesellschaft schätzt «festhalten» und mißbilligt «loslassen». Sie verstärkt «bemühen» und «tun» und ignoriert vollständig «fließen» und «sein». Wir lernen, das Einfache zu verkomplizieren und die Stille zu fürchten. Wir nehmen die Atmung als etwas Selbstverständliches hin und glauben oft, daß die «Wirklichkeit» etwas ist, das einfach «geschieht». Und, was vielleicht das schlimmste ist, wir vergessen zuzuhören – uns selbst und anderen.

Während der vergangenen 20 Jahre habe ich meinen Beruf als Psychologe mit meiner natürlichen Begabung als Musiker verbunden, um Menschen zu helfen, sich auf ihre inneren Quellen einzustimmen und Harmonie in ihr Leben zu tragen. Mit den Jahren konnte ich außerdem erleben, wie spürbar positiv es sich auf meine klinische Arbeit und meinen eigenen Lebensstil ausgewirkt hat, daß ich mich über lange Zeit mit dem Studium von Kampfsportarten (Karate, Kung-Fu, Taiji) und den Lehren taoistischer Meister beschäftigt habe.

Im Rahmen meines Berufes empfehle ich auch häufig Bücher. Doch habe ich bisher keines finden können, welches die Techniken, Vorstellungen und Herangehensweisen kombiniert, die in meiner Praxis so positive Ergebnisse gezeigt haben. Das Buch meiner Wünsche würde auf solider wissenschaftlicher Forschung basieren, von jahrelanger beruflicher Ausbildung und Erfahrung profitieren, auf flexible Weise persönliche Erkenntnisse berücksichtigen, von einer individuellen Ausdrucksweise geprägt sein, neue, kreative Alternativen zu bereits Vorhandenem anbieten und eine Reihe von Themen ansprechen, von denen die meisten Menschen irgendwann in ihrem Leben betroffen sind. Außerdem würde es auf natürlichen, positiven und handlungsorientierten Prinzipien beruhen, deren Präsentation auf offene und einfache Weise erfolgen würde.

Schließlich erkannte ich, daß ich selbst das Buch, nach dem ich suchte, schreiben mußte.

VOR DEM TON MUSS ES VIBRATION GEBEN. VIBRATION IMPLIZIERT BEWEGUNG.

OHNE BEWEGUNG HERRSCHT ALSO STILLE. STILLE IMPLIZIERT RUHE.

UM BEWEGUNG ZU BEWIRKEN, MUSS RUHE UNTERBROCHEN WERDEN.

UM RUHE ZU BEWIRKEN, MUSS BEWEGUNG UNTERBROCHEN WERDEN.

UM HARMONIE IN UNSEREM LEBEN HERZUSTELLEN,

MUSS EIN GLEICHGEWICHT AUS BEIDEN BEWIRKT WERDEN.

Dieses Buch handelt von Bewegung. Mit anderen Worten, es handelt von Wachstum, Veränderung und davon, eine kreative Wahl zu treffen, damit wir unser Leben und das Leben unserer Mitmenschen verbessern können. Es handelt auch von Stille. Es handelt von Selbstermächtigung. Es handelt von dem Wissen, wann man loslassen soll, davon, richtig atmen und sich entspannen zu lernen und unsere Beschränkungen zu erkennen und zu akzeptieren. Hier werden psychologische Prinzipien mit taoistischen Vorstellungen in Musikpakete eingewoben, die uns die Freiheit schenken, unsere Heilung selbst zu komponieren. Zur Unterstützung der Leser werden klare und ausdrückliche Richtlinien zur Durchführung von Übungen, für die Aufnahme von Kassetten zum persönlichen Gebrauch und für die Auswahl aus den verschiedenen Musikrichtungen gegeben. Doch sind diese Richtlinien bewußt so formuliert, daß sie Raum lassen für den persönlichen Ausdruck und für die freie Wahl des eigenen Pfades «auf dem Weg». In musikalischer Begrifflichkeit ausgedrückt: Das Buch sieht Improvisation ausdrücklich vor.

Mit einem Wort, es ist möglich, psychologische, taoistische und musikalische Prinzipien miteinander zu verknüpfen und daraus präzise, einfache Anweisungen abzuleiten, die uns helfen, mit den Sorgen des Alltags fertig zu werden und zugleich das Bewußtsein zu heben und die Kreativität zu fördern. Wir lernen außerdem etwas darüber, wie man Freiheit erkennt und Kontrolle ausübt.

Das Tao der Musik wird erlebt durch die Freiheit, die entsteht, wenn man sich im Fluß des natürlichen inneren Rhythmus befindet. Obwohl sich der Begriff nur schwer fassen läßt, wird Tao meist mit «der Weg» übersetzt. Sein Wesen liegt in den natürlichen Kräften der Natur. In der Lehre des Tao geht es nicht um moralische, soziale oder politische Standards, sondern einfach um die Rückkehr zu natürlicher Einfachheit. Fließen mit der Natur. «Sein» statt «sein wollen».

Obgleich viele Autoren versucht haben, das Tao für westliche Leser zu definieren oder zu beschreiben, scheint man letztlich darin übereingekommen zu sein, daß sich der Begriff inhaltlich weder treffend umschreiben noch festlegen läßt. J. C. Cooper macht in seinem Werk *Der Weg des Tao* den Vorschlag, Taoismus als «Versuch, das Unausdrückbare auszudrücken», zu begreifen. Bezüglich des Unterfangens, das Wort/die Vorstellung richtig zu definieren, fügt Cooper hinzu: «Das Wort ‹Tao› muß immer unübersetzt bleiben, da es als undefinierbar gilt. Seine Bedeutung ist zu umfassend, als daß sie in einem Wort wiedergegeben werden könnte. Am besten läßt es sich mittels Assoziationen verstehen. In der Übersetzung nennt man es im allgemeinen den ‹Weg›.»[2] Ray Grigg meint in *Das Tao des Seins*, daß Tao die «Freiheit ist, die mit dem Nichtverstehen einhergeht», oder einfach ein «Weg».[3] Die Schwierigkeiten, auf die man stößt, wenn man versucht, dieses östliche Konzept mit einer westlichen Definition zu versehen, werden auch von den Autoren von *Zen-Buddhismus und Psychoanalyse* bestätigt. Sie schreiben: «...das Zen erklärt, Tao sei ‹der Alltagsgeist› des Menschen. Unter Tao versteht das Zen natürlich das Unbewußte, das fortwährend in unserem Bewußtsein wirkt.» Als praktisches Beispiel führen sie an: «Als ein Mönch einen Meister fragte, was unter ‹Alltagsgeist› zu verstehen sei, antwortete dieser: ‹Wenn ich hungrig bin, esse ich; wenn ich müde bin, schlafe ich.›»[4]

Wenn ein Mann morgens das Tao hört
und abends stirbt,
dann war sein Leben nicht umsonst.[5]

Tatsächlich könnte man das Tao in musikalischer Terminologie als *den Klang des verlorenen Akkords* bezeichnen.

Wir müssen begreifen, daß «Rhythmus der Weg der Natur ist», und es liegt an uns, soviel wie möglich darüber zu lernen, wie diese bemerkenswerten Prozesse sich auf unser Leben auswirken.[6]

Mit dem vorliegenden Buch verfolge ich eine ganze Reihe von Zielen. Sein vorrangiges Bestreben ist es jedoch, Hilfe anzubieten, um den Alltag innerlich und äußerlich besser zu gestalten. Im einzelnen geht es um die folgenden aufregenden Möglichkeiten:

- Grundlegende musikpsychologische Techniken – Entrainment, rhythmische Synchronität und Stichwortgeber; den kreativen Einsatz von erprobten psychologischen Techniken (verhaltensbestimmt, kognitiv und affektbetont) in Kombination mit Musik oder Klang, um eine Verbesserung der Lebensqualität zu bewirken;
- die Verwendung bekannter Herangehensweisen wie Harmonisierung, Chanting und Affirmationen im musikpsychologischen Zusammenhang;
- die Sensibilisierung des Augenblicksbewußtseins für die Wahrnehmung alltäglicher Klänge und Geräusche, um sie für uns und mit uns zusammen arbeiten zu lassen;
- die Aufrechterhaltung des Einklanges mit unserem persönlichen Tempo, die Harmonisierung mit unseren persönlichen Melodien und die Beibehaltung der eigenen Rhythmen;
- das Loslassen überflüssiger Einengungen (zwanghaftes Stellen der Warum-Frage; Festhalten an störenden Er-

wartungen) und das gleichzeitige Bleiben im Augenblick;

- die Verwendung kreativer «Eselsbrücken» oder Stichworte (wie in der Kapitelüberschrift «*Hör* und jetzt»), um uns aufzufordern, in der Gegenwart zu bleiben;
- die Nutzbarmachung origineller Begriffe oder Formulierungen wie etwa «psychologischer Lärm» oder «akustisches Gedächtnis», um in Kontakt mit den bedeutenden Aspekten des Klangs im allgemeinen und des Hörens im besonderen zu bleiben;
- die Erlernbarkeit des «musikalischen Denkens» und der Konzentration auf den Klang (das *suchende Hören* auf die *Melodie* in der Stimme eines Mitmenschen, das Auswählen aus Möglichkeiten wie bei der Betätigung des Sendersuchlaufs bei einem *Radio*, das *Einstimmen* auf den *Rhythmus* unserer Umgebung) und des Erzeugens von «Klangassoziationen» durch die kreative Verwendung «musikpsychologischer» Phrasierungen (etwa Disharmonie im Gegensatz zur Harmonie). Diese musikalischen/klanglichen Konnotationen verfolgen das Ziel, neue «Klangvorstellungen» zu etablieren und ein neues Bewußtsein zu wecken für weitverbreitete, alltägliche Feststellungen, sich auf diese einzustimmen;
- die Präsentation von Fallgeschichten mit dem Ziel, unterschiedliche Herangehensweisen faßbarer zu gestalten und damit zugleich die Anwendbarkeit von Techniken zu illustrieren;
- die Bereitstellung von Musikvorschlägen für die Übungen, wie sie für die einzelnen Abschnitte angemessen sind.

Der normale Geist ist musikalisch, und der normale Körper ist das Instrument für den adäquaten Ausdruck von Musik.[7]

Die Übungen

Musik bringt nicht nur Ordnung in muskuläre Abläufe, sie sorgt auch für Ordnung im Verstand.

Die Übungen fußen auf gründlicher klinischer Forschung, ergänzt durch die Resultate einer mehr als 20jährigen Praxis. Auf eine Vielzahl musikpsychologischer Konzepte und Techniken zurückgreifend, verbinden sie den Nutzen der Musik – des Klangs – mit psychologischen Prinzipien, um zur Erzeugung eines gesunden, positiven und voll funktionsfähigen inneren (unseren eigenen Körper und Geist betreffend) und äußeren (bezogen auf alles, was sich außerhalb unseres eigenen Körpers befindet) Milieus beizutragen. Die Übungen sollen mittels kreativer, einfacher, aber zugleich praktischer Herangehensweisen den Umgang mit Zuständen der Disharmonie (Alltagssorgen, Gefühlszustände, problematische Gedanken) erleichtern.

Die Koans

Koans sind Aussprüche oder Anweisungen für den Schüler, die auf den ersten Blick unlogisch oder unmöglich erscheinen, jedoch einen tieferen Sinn haben. Um ein Koan verstehen zu können, ist es erforderlich, den Zusammenhang zu begreifen.

Zur Ergänzung der Übungen dienen Maximen oder Koans, kurze, eingängige und manchmal paradoxe Formulierungen, die ihren Ursprung in der Philosophie des Zen oder im Taoismus haben, wie etwa: «Wenn du etwas erwarten mußt, dann erwarte nichts.» Indem ich dann und wann kleine Dosen solcher Koans verabreiche, verfolge ich die Absicht, Sie dazu zu ermutigen, Ihre Wahrnehmung der inneren und äußeren Welt zu untersuchen, während Sie die betreffenden Zustände von Augenblick zu Augenblick neu betrachten. Diese knappen Lehrsätze sollen auch als Katalysatoren dienen, um die weitere Integration der unterschiedlichen Aspekte der begleitenden Vorstellungen und Techniken zu erleichtern.

MUSIK IST DAS TIER,

WELCHES DIE WILDE BRUST ZU ERREGEN VERMAG.

Die Musik

Keine der verschiedenen Hörerfahrungen, die von einfacher Freude bis zu ekstatischer Verzückung reichen, kann sich letztendlich mit dem Gefühl vergleichen, das ausgelöst wird, wenn man sich der evokativen Macht der Musik hingibt.

Die meisten von uns haben in der einen oder anderen Form (CD-Player, Kassettenrecorder, Radio, Stereoanlage, Musikinstrumente) Zugang zu Musik. Tatsächlich ist Musik – und sind allgemein Geräusche – so vorherrschend in unserem Leben, daß wir dazu neigen, sie und ihre mächtigen Eigenschaften einfach als gegeben hinzunehmen.

Manche empfinden Musik und Geräusche als schmückenden Hintergrund, der einfach da ist, während wir mit unseren anderen, wichtigeren Tätigkeiten fortfahren. Wir übersehen dabei leicht den starken Einfluß, den Musik und Geräusche ununterbrochen auf unsere Gedanken, Stimmungen und selbst auf unser Verhalten haben. Wie viele sind sich zum Beispiel der Musik bewußt, die sie auf dem Weg durch den örtlichen Supermarkt begleitet? Und wie viele nehmen darüber hinaus wahr, daß sie, je größer das Tempo der Musik ist, im allgemeinen desto rascher durch das Geschäft gehen, Waren auswählen und der Kasse zustreben? Nur wenige Menschen sind sich darüber im klaren, daß die Musik, die «zufällig» im Hintergrund zu spielen scheint, sorgfältig von Fachleuten ausgewählt wurde, die sich darauf spezialisiert haben, mit der Regulierung solcher Umgebungen unsere Stimmungen zu beeinflussen.[8]

Musik besitzt das Potential, Gefühle der Freude, der Trauer und der Euphorie zu wecken.[9]

Die Hintergrundmusik in einem Lebensmittelgeschäft sollte im Idealfall beruhigend, erhebend und lebendig sein und doch ein gleichmäßiges, moderates Tempo aufweisen. Das Ziel einer solchermaßen programmierten Hintergrundmusik ist es, in uns während des Aufenthalts im Laden ein Gefühl der Zufriedenheit und Entspannung hervorzurufen, dem Geschäft ein positives Ambiente zu verleihen und ein Tempo vorzugeben, das uns dazu bringt, uns die Zeit zu nehmen, mehr zu kaufen, als wir uns ursprünglich vorgenommen hatten, und uns zugleich aufmerksam sein und uns weitergehen läßt. Das eben beschriebene Phänomen, das auch als «Entrainment» bezeichnet wird, ist eine von vielen Techniken, derer wir uns bedienen können, um unser eigenes Leben zu programmieren, unsere Umgebung zu kontrollieren oder um unsere Handlungen, Gedanken und Gefühle zu regulieren.

MUSIK IST UNSICHTBAR, UND DOCH WISSEN WIR, SIE IST DA.
WIR KÖNNEN SIE NICHT BERÜHREN, ABER MAN KANN SIE SPIELEN.
WIR KÖNNEN SIE NICHT SCHMECKEN, ABER MAN KANN SIE GENIESSEN.
WIR KÖNNEN SIE NICHT RIECHEN, DOCH ERFÜLLT SIE DIE LUFT MIT DUFT.
SOBALD DAS TAO DER MUSIK ERST EINMAL GESPÜRT WORDEN IST,
WIRD ES NIE MEHR VERGESSEN.

Musik-Menüs

Musikalische Vorlieben sind relativ, die Schöpfungen des Musikers verhalten sich analog zu den Schöpfungen des Malers und des Bildhauers; sie sind rein objektiv.

Die Verwendung von Musik, die Sie selbst ausgewählt haben, wird für alle Übungen dringend empfohlen. Die angebotenen Menüs führen Musikstücke auf, die einem zweifachen Zweck dienen. Sie stellen Vorschläge dar für Situationen, in denen Ihnen keine entsprechende Musik einfällt, die Sie als Ergänzung zu einer bestimmten Übung verwenden könnten. Und sie sollen Beispiele sein für die Art Musik, die zum Einsatz kommen *könnte*, um das erwünschte Ergebnis zu erzielen. Die Listen stellen nur einen mikroskopisch kleinen Bestandteil des kollektiven «musikalischen Eisbergs» dar.

Die verschiedenen in den Menüs genannten Titel sind so zusammengestellt, daß sie entweder stimulieren, beruhigen oder ausgleichend wirken. Viele von ihnen wurden bereits von meinen Patienten genutzt, kamen in meiner eigenen Forschung zum Einsatz oder sind in der Literatur aufgeführt. Bitte denken Sie daran, daß *die Reaktionen der Menschen auf Musik* höchst verschieden ausfallen können. Zu den Variablen gehören persönliche Präferenzen, gegenwärtige Stimmungen oder Vorstellungen, das vorherige Kennen des Stücks und so fort. Bei keinem der vorgeschlagenen Songs, bei keiner der Melodien oder Kompositionen kann garantiert werden, daß sie bei allen Hörern und in jeder Situation die angegebenen Reaktionen auslösen werden. Beispielsweise kann eine Musik, die einmal stimulierend zu wirken schien, beim nächstenmal als irritierend empfunden werden. Oder was einer Person in einer bestimmten Situation beruhigend erscheint, kann sich für einen anderen Menschen bei anderer Gelegenheit deprimierend anhören.

Klang-Ideen

Leben ist, wie es ist.

Im Text sind kleine «Schnipsel» enthalten, die ich als «Klang-Ideen» bezeichne. Hierbei handelt es sich um Klangübungen im Miniaturformat, die dafür sorgen, daß wir noch weiteren Nutzen aus den in diesem Abschnitt präsentierten Grundvorstellungen ziehen.

Die Fallgeschichten

Wir sind verantwortlich für die Welt, die wir erschaffen.

Die hier vorgelegten Fallgeschichten sind aus Fragmenten, von den Tausenden von Fällen, die ich innerhalb der letzten 22 Jahre behandelt habe, zusammengefügt. Zwar entsprechen die Situationen, Beispiele und Ergebnisse den Tatsachen, sie sind jedoch eine Zusammenfassung zahlreicher Einzelfälle. Bei allen Fallbeispielen wurden die richtigen durch zufällig gewählte andere Namen ersetzt, um die Identifizierung einzelner Fälle oder Ereignisse zu verhindern. Jegliche Ähnlichkeit mit tatsächlichen Personen oder individuellen Fällen ist rein zufällig und nicht beabsichtigt.

Musik ist ein hochspezialisierter Freisetzer von Rhythmen, die bereits im Individuum vorhanden sind.[10]

Ein warnendes Wort

Dieses Buch ist nicht als «Allheilmittel» für schwere medizinische Probleme oder emotionale Störungen gedacht. Es kann auch nicht als Ersatz für die Behandlung durch gründlich ausgebildetes medizinisches Personal dienen. Vielmehr soll es eine Ergänzung sein, mit deren Hilfe eine Klarheit des Geistes ermöglicht wird, die Sie wiederum in die Lage versetzt, eventuelle Alternativen besser einzuschätzen. Hoffentlich trägt dieses Buch dazu bei, daß Sie Ihre Wahlfreiheit erkennen und Zugang zu einigen der vorhandenen Möglichkeiten finden.

Menschen, die unter chronischen Depressionen, Angstattacken, schweren Phobien, Drogenmißbrauch, medizinischen Problemen, Eßstörungen oder irgendwelchen anderen Dingen leiden, die einem sicheren und wirkungsvollen Funktionieren im Wege stehen, sollten einen Arzt oder Psychiater aufsuchen, bevor sie die Übungen in diesem Buch in Angriff nehmen.

Ich saß und lauschte fasziniert. Weit über eine Stunde hörte ich dem Konzert zu, dieser zauberhaften Naturmelodie. Es war eine leise Musik mit allen Disharmonien der Natur. Und das war richtig, denn die Natur ist nicht nur harmonisch, sondern auch furchtbar gegensätzlich und chaotisch. So war auch die Musik: ein Strömen von Klängen, wie die Natur des Wassers und des Windes – so wundersam, daß man es überhaupt nicht beschreiben kann.[11]

TEIL I

Medizinisch-praktische Themen

Musik ist Gottes Art,
dem Klang eine Farbe zu geben.

1

Depressive Stimmungen

Wenn es uns nicht gelingt,
mit einem Teil unserer selbst
oder unserer Umwelt mitzuschwingen,
werden wir dissonant und krank.

Vermutlich sind vielen von uns einige der folgenden Kommentare vertraut: «Mach dir keine Sorgen, ich bin sicher, das kommt wieder in Ordnung!» – «Du mußt einfach positiv denken!» – «Warum reißt du dich nicht einfach am Riemen?» – «Du weißt, du mußt dich jetzt zusammennehmen!» Auch Donna mußte sich im Laufe der Jahre ähnliche «weise Sprüche» von wohlmeinenden, fürsorglichen Freunden und Familienmitgliedern, die sich wegen ihrer zunehmenden depressiven Stimmungen Sorgen machten, anhören.

Diese 57jährige, glücklich verheiratete Mutter zweier Töchter hatte eine Reihe depressiver Symptome entwickelt, die nun seit mehr als einem Jahr anhielten. Pharmakologische Interventionen hatten keine Wirkung gezeigt, und Donna beschäf-

29

tigte sich fast mehr mit der Frage, *warum* sie depressiv war, als mit der Überwindung ihres Zustandes. Obwohl die Ursache für ihre Depressivität bereits in einer frühen Phase unserer Sitzungen offensichtlich wurde, ließ Donnas widerstrebende und defensive Persönlichkeit keinen Zweifel daran, daß sie aus eigener Kraft auf das «Warum» ihrer Situation würde stoßen müssen.

An der Oberfläche schien Donnas Leben sehr erfreulich zu sein. Seit mehr als 30 Jahren führte sie ihr eigenes Geschäft, die Beziehung zu ihrem Ehemann bezeichnete sie als geradezu idyllisch, und sie berichtete voller Freude, zwei begabte und hübsche Töchter, die jetzt 20 und 24 Jahre alt waren, großgezogen zu haben. Ihr Mann war mit seinem eigenen Unternehmen beschäftigt, und beide Töchter befanden sich nun im College und lebten nicht mehr zu Hause. Donna bezeichnete ihr Leben als «erfüllt und aktiv» und ihre berufliche Tätigkeit als «erfreulich und lohnend». Dennoch, die einstmals «zu jedem Spaß bereite und jede Party belebende» Donna schien es nicht mehr zu geben. Die jetzige Donna war ungewöhnlich oft müde, fing an, mehr zu essen, als ihr guttat, und ihr bewährtes Gymnastikprogramm zu vernachlässigen, fühlte sich «wertlos» und litt zunehmend unter Schlaflosigkeit.

Um zu erreichen, daß Donna mit ihrer depressiven Stimmung Fühlung aufnahm, sprach ich mit ihr über die Möglichkeit, eine Entrainment-Kassette (siehe hierzu den Abschnitt «Entrainment», S. 393) anzufertigen. Zunächst zeigte sie sich sehr widerstrebend, dann aber wollte sie es auf einen Versuch ankommen lassen.

Meine damaligen Anweisungen für die Erstellung einer Entrainment-Kassette deckten sich im wesentlichen mit jenen, die in Anhang B abgedruckt sind. Wieder daheim, vertiefte sich Donna in ihre Musiksammlung und wählte, dem Vorschlag gemäß, mehrere Songs aus, die zu ihrer depressiven Stimmung zu passen schienen (permanent müde, traurig und ziemlich unglücklich). Nachdem sie die melancholischeren, langsameren Melodien auf eine Leerkassette aufgenommen hatte, ließ sie mehrere Stücke von mittlerem Tempo folgen, die allgemein

30

mehr in die Richtung gingen, wie sie sich selbst gerne fühlen würde (glücklicher, tatkräftiger). Sie vervollständigte die Kassette um eine Reihe von Titeln, die genau das Gefühl wiedergaben, das sie sich zurückerobern wollte. Diese Songs waren positiv, optimistisch, belebend und kraftvoll. Interessanterweise stellte sich Donna eine äußerst vielseitige Mischung aus Big-Band-Musik der 40er Jahre, Rock and Roll der 50er und 60er Jahre, Jazz und Country-Musik der 90er Jahre zusammen. Wie immer war es auch diesmal für mich interessant, von Donna zu erfahren, welche Rolle diese Melodien – die immer irgendwo in ihrem Hinterkopf mitschwangen – in ihrem «Lebens-Soundtrack» gespielt hatten.

Während späterer Sitzungen eröffnete mir Donna, daß sich allein schon die Beschäftigung mit der Musikauswahl positiv auf ihre Stimmung ausgewirkt hatte. Die persönliche Bedeutung, die diese Melodien für sie hatten, hallte tief in ihrem Unterbewußtsein wider. Außerdem verschaffte ihr die Zeit, die sie benötigte, um über die Reihenfolge der Titel zu entscheiden und sie aufzunehmen, eine wunderbare Gelegenheit, einmal etwas anderes zu tun und diesen altvertrauten, freundlichen Stimmen nachzuhängen. Nachdem sie ihre persönliche Entrainment-Kassette aufgenommen hatte, stellte Donna fest, daß sie sie zu den unterschiedlichsten Zeitpunkten und bei verschiedensten Gelegenheiten abspielte – im Auto, während sie sich in der Badewanne entspannte, bei Schreibarbeiten im Büro.

Die ausgewählten Lieder spielten eine entscheidende Rolle dabei, Donna in Berührung mit dem Kern ihrer depressiven Stimmung zu bringen. Die von ihr selbst angefertigte Entrainment-Kassette gab ihr das Gefühl, die Kontrolle über ihre Situation gewonnen und sich ein eigenes «Heilmittel» ausgedacht zu haben. Nach ein paar Wochen freute sich Donna auf die bittersüßen Gefühle und Erinnerungen, die die einleitenden Melodien in ihr wachriefen, und sie war angenehm von den Gefühlen der Erwartung berührt, die der lebhaftere mittlere Teil der Kassette in ihr auslöste. Sie hatte den Eindruck, daß die Steigerung der Musik sie an die Veränderbarkeit der Dinge erinnerte – das

Leben nimmt wie der Mond zu oder ab – und daß es sich «ziemlich gut anfühlen kann», Verantwortung zu übernehmen und Bewegung in die eigene Situation zu bringen. Die lebhaften, kraftvollen Songs am Ende ihrer Kassette vermittelten ihr zunächst das Gefühl eines energetischen Auftankens und verwandelten sich schließlich in die leitmotivisch verwendeten Melodien ihres neuen Selbst.

Nach kurzer Zeit erkannte Donna, daß sich ihr vormaliges zwanghaftes Bedürfnis nach einer Antwort auf die Frage «Warum?», das hinter ihrer Depression gestanden haben mochte, aufgelöst hatte.

> Wir können die äußeren Zyklen, in die wir eingebunden sind, nicht verändern, bevor wir nicht jene im Innern in Angriff genommen haben ...[1]

DAS TAO DER MUSIK UMSPANNT DEN RAUM
ZWISCHEN HARMONIE UND DISSONANZ.

Klinisch gesehen ist Depression eine Gemütserkrankung. Die in diesem Buch vorgestellten Übungen unterstützen jedoch eher die Behebung einer depressiven Stimmung als die Bekämpfung einer klinischen Depression. Diese Art depressiver Gemütszustand oder Traurigkeit ist eine Stimmung, die auf dem Geist lastet, den Körper niederdrückt und die Seele verdunkelt. Wie alle anderen Emotionen verfügen auch depressive Stimmungen über eine ganz und gar eigene Klangform – den «Blues». In der Musik werden solche Gefühle typischerweise durch eine Molltonart in den tiefen Lagen des Stimmregisters zum Ausdruck gebracht. Wir fühlen uns depremiert, niedergeschlagen, unglücklich. Welcher «Text» auch immer unserer Traurigkeit zugrunde liegt, die Melodie ist «gedrückt», deprimiert, melancholisch, entmutigt, bekümmert, betrübt ...» Wir hören uns «niedergeschlagen» an.

Viele Leute fürchten sich vor der Leere, weil sie ihnen wie Einsamkeit vorkommt. Alles muß irgendwie ausgefüllt werden – Terminkalender, Berghänge, unbebaute Grundstücke –, aber erst wenn alles ausgefüllt ist, kommt *wirklich* die Einsamkeit.[2]

Auch wenn manche Menschen dies leugnen, *jeder* kann depressiv werden. Eine depressive Stimmung ist kein Zeichen von Schwäche und kein Hinweis auf ein wie auch immer geartetes «Ausweichmanöver». Depressive Stimmungen können durch vielerlei Dinge hervorgerufen werden, unter anderem durch einen schweren Verlust (zum Beispiel den eines geliebten Menschen, durch Feuer oder Diebstahl im eigenen Haus), eine persönliche Krise (Unfall, Krankheit) oder eine maßgebliche Veränderung im Leben, ob sie nun «positiver» (Heirat, Geburt) oder «negativer» (Scheidung, Ausziehen der eigenen Kinder) Art sei. Tatsächlich sind solche Stimmungen normale Reaktionen auf eine ganze Reihe von Ereignissen im Leben und kommen bei allen Menschen unabhängig von Geschlecht, Alter, Rassen- oder Volksgruppenzugehörigkeit, Ernährung, geographischem Schauplatz oder gewähltem Beruf gelegentlich vor.

Die chinesische Kunst lehrt, wie wichtig leerer Raum, Offenheit, die Weisheit des Tao ist.[3]

Ein Gefühl der inneren Leere mag uns veranlassen, mehr zu essen, als wir eigentlich brauchen. Niedergeschlagenheit führt vielleicht zu Appetitlosigkeit. Unseren normalen Zustand verschlechternd, kann uns eine depressive Stimmung allen Vergnügens, aller Energie und allgemein aller Befriedigung im Leben berauben. Entmutigt ringen wir möglicherweise mit Schlaflosigkeit, einem zu frühen morgendlichen Aufwachen oder mit einem übermäßigen Schlafbedürfnis.

Die Musik kann ein vorübergehender Rückzugsort von existentiellen Schmerzen sein.[4]

Obwohl depressive Stimmungen nicht zwangsläufig arbeitsunfähig machen, werden sie doch typischerweise mit einem Gefühl der Erschöpfung in Verbindung gebracht. Sie wirken sich auf unseren Körper aus – es fällt uns schwer, zu arbeiten und an irgend etwas Spaß zu haben. Sie können chronischer Art sein und uns daran hindern, über längere Zeit hinweg effektiv tätig zu sein, unser tägliches Funktionieren stören und uns für Wochen, Monate oder sogar Jahre emotional lähmen.

Es besteht kein Zweifel, daß Musik Einsamkeit zu lindern vermag.[5]

Gelegentlich erleben wir alle einmal ein Stimmungstief, das unsere Gedankenprozesse stört, unserer Konzentration im Wege steht oder uns alltägliche Entscheidungen schwermacht. Da depressive Stimmungen den Pessimismus fördern, lassen uns diese trübseligen Gedanken mutlos werden und sorgen dafür, daß wir unsere Identität in Frage stellen. Depressive Stimmungen können außerdem zu einer Beeinträchtigung unserer Selbstachtung führen und irrationale Schuldgefühle oder Selbstbezichtigungen bewirken.

Obwohl jedes der oben beschriebenen Gefühle im Gefolge depressiver Stimmungen auftauchen kann, spielen vor allem Antriebslosigkeit und Motivationsmangel eine vorherrschende Rolle. Möglicherweise fällt es einem irgendwie schwer, morgens aufzustehen oder abends ins Bett zu gehen. Die Zubereitung einer Mahlzeit erscheint einem als schier nicht zu bewältigende Aufgabe. Einkaufen zu gehen oder das Haus zu säubern ist plötzlich eine ebenso große Herausforderung wie die Besteigung eines Berges. Wer in nur leicht zähflüssigem Verkehr festsitzt, fühlt sich davon vollkommen überwältigt. Die Freude am Sieg der Lieblingsmannschaft ist nur von kurzer Dauer. Selbst wer trotz einer depressiven Stimmung die Kraft aufbringt, eine persönliche oder berufliche Aufgabe zu bewältigen, ist dann vielleicht nicht mehr in der Lage, die Bedeutung des Ereignisses richtig einzuschätzen, und verpaßt folglich einen Anlaß zur

Freude. Andererseits kann die Kritik wegen einer kleinen, unbedeutenden Überschreitung als schwerwiegende Zurückweisung fehlinterpretiert werden und in uns ein Gefühl der Hilflosigkeit, Hoffnungslosigkeit und Wertlosigkeit entstehen lassen. Wer sich in einem solchen Zustand befindet, in dessen Ohren klingt «fröhliche» Musik irgendwie lächerlich, während sich «traurige» Musik genau richtig anfühlt und einem wie ein wiedergefundener alter Freund vorkommt.

Patienten mit einer neurotischen Depression assoziieren Musik häufig mit Schönheit/Harmonie/Zärtlichkeit, Kraft/Leben und Entspannung.[6]

Depressive Stimmungen werden für gewöhnlich als einschränkend empfunden und oft als mehr oder weniger lähmend beschrieben. Wirkungsvoll bei ihrer Auflösung ist die Verwendung von Musik, mit der unsere Reserven aktiviert oder mobilisiert werden. Da Depressivität sich auf die unterschiedlichen Funktionsweisen (Verhalten, Denken, Stimmung) störend auswirken kann, ist die folgende Übung so beschaffen, daß sie melancholische Gefühle mittels einer Vielzahl von Modalitäten (auf der Basis von Verhalten, Gefühlen, Empfindungen, Fantasien, Gedanken und Sozial-Zwischenmenschlichem) angeht. Ja, im Grunde verbinden sich in der nachfolgenden Übung musikpsychologische Techniken mit verschiedenen standardisierten psychologischen Modellen.

Musik hat die einzigartige Macht, uns unsere Gefühle auf ungezwungene Weise ins Bewußtsein zu bringen. Irgendwie ist es akzeptabel, beim Anhören einer Mahler-Sinfonie die Tränen zu vergießen, die wir, konfrontiert mit dem eigenen oder dem Schmerz eines anderen Menschen, unterdrücken. Die Musik läßt uns wissen, daß wir gefühlvolle Kreaturen sind, daß unsere Gefühle Gültigkeit besitzen und daß nichts falsch daran ist, sie zu erleben.[7]

Auf gewisse Weise kann Musik als Stimulus dienen, der unseren Abstieg in die Dunkelheit und die Erforschung unserer Angst unterstützt, uns hilft, ihr in die Augen zu blicken und ihren Klang wahrzunehmen. Indem Musik uns tätig werden läßt, sorgt sie andererseits dafür, daß wir aus der Dunkelheit wieder aufsteigen. Musik leuchtet uns auf dem Weg durch unsere inneren Labyrinthe.

ÜBUNG 1
Eine depressive Stimmung auflösen

Depression, die heute so weit verbreitet ist,
mag sehr wohl ihre Wurzeln in der Person haben,
die auf tiefe und grundlegende Weise
ihren Rhythmus verloren hat.

Nehmen Sie sich ein paar Augenblicke Zeit, um herauszufinden, welcher Bereich (Verhalten, Gefühle, Gedanken, Empfindungen usw.) von Ihrer depressiven Stimmung beeinträchtigt wird. Sobald Sie dies festgestellt haben, wenden Sie die weiter unten beschriebenen «musikpsychologischen» Vorschläge wie angegeben auf die einzelnen Bereiche an.

Verhalten beeinflussen. Setzen Sie Musik ein, damit sie Ihnen hilft, «tätig» zu werden.

Manche Songs sind wie alte, zuverlässige Freunde.

Wählen Sie mehrere Musikstücke aus, von denen Sie meinen, daß sie Ihnen Kraft geben werden. Entscheiden Sie sich für solche, die Ihren Wunsch nach Aktivität fördern oder Sie motivieren, angenehme *physische* Aktivitäten aufzunehmen. Während für einige das Aufräumen des Dachbodens, eine gründliche Reinigung des Hauses oder Gartenarbeit derart angenehme Tätigkeiten sind, sind diese für andere eher im Freizeitbereich – etwa Laufen, Aerobic, Gewichtheben oder einfach Spazierengehen – angesiedelt. Was die Anregung durch Musik betrifft, so schlagen Sie bitte bei dem Musik-Menü «Stimulierende Musik» am Ende dieses Kapitels nach.

Modifizierende Beeinflussung. Verwenden Sie Musik, damit sie Ihnen beim Ausdruck von Gefühlen hilft.

Wenn du nicht singen kannst, dann pfeife;
wenn du nicht pfeifen kannst, dann summe.

Sollten Sie Schwierigkeiten damit haben, die Gefühle zum Ausdruck zu bringen, die Ihrer Depressivität zugrunde liegen, dann wählen Sie Musik aus, die bei der Freisetzung dieser Gefühle als Katalysator wirkt. Sind Ihre depressiven Gefühle beispielsweise mit Wut, Feindseligkeit oder Ärger auf irgend jemanden verknüpft, meinen Sie jedoch, es wäre unklug, unangemessen oder «politisch unkorrekt», diese Gefühle direkt zum Ausdruck zu bringen, dann wählen Sie vielleicht sehr fröhlich, laut, wild oder kraftvoll klingende Musik aus Ihrem Lieblingsgenre wie etwa Rock (klassischer Rock, Hardrock, Heavy Metall, Punk, Independent), Klassik (ein lebhaftes Stück mit explosiven Crescendos), New Age (fröhlich, sehr rhythmisch) oder aus dem Bereich der Big-Band-Musik (stürmisch, getrieben). Im einzelnen kann es sich dabei um die folgenden CDs, Kassetten oder Schallplatten handeln:

- Rockmusik: «Shake Your Money Maker» (The Black Crowes) oder «Ragged Glory» (Neil Young)
- Klassik: *Synphonie Nr. 5, op. 67, in c-Moll* (1. Satz, Beethoven) oder *Der Messias* (Halleluja-Chor, Händel)
- New Age: «Dance the Devil Away» (Outback) oder «Borrasca» (Ottmar Liebert und Luna Negra)

- Big Band: «In the Mood» (Glen Miller) oder «Well, Git it» (Sy Oliver)

Weitere Vorschläge finden Sie in den Musik-Menüs «Musik zum Loslassen» und «Musik für den Umgang mit Wut» (S. 337 und 116). Spielen Sie diese Musik laut, aber nicht so laut, daß es sich unangenehm anfühlt. Während die Musik spielt, «singen» Sie mit, oder bringen Ihre Gefühle anderweitig zum Ausdruck. Gestatten Sie sich, zu der Musik zu tanzen, Übungen zu machen oder einfach auf den Beat zu «reagieren». Wenn Sie wollen, dann erlauben Sie der Musik, Ihre Gefühle freizusetzen und – während Sie sich im sicheren Hafen Ihres privaten Bereichs befinden – sie auszudrücken, indem Sie Ihren Chef (Nachbarn, Lebenspartner, ihr Kind) «virtuell» anbrüllen und damit wirkungsvoll Ihre aufgestaute Wut und Entrüstung zum Ausdruck bringen. Lassen Sie los, während Sie mit der Musik «eins werden». Spüren Sie die belebende Kraft, mit der Zorn und Heftigkeit der Musik Sie erfüllen.

Empfindungen transformieren. Verwenden Sie Musik, um positiv Einfluß auf Ihre Wahrnehmungen und Empfindungen zu nehmen.

Selbstverständlich vermag Musik die Stimmung einer Person zu verändern. Viele, die unter wiederkehrenden Depressionen leiden, haben dies erfahren.[8]

Hier mag ein Mensch, der von Traurigkeit überfallen wird, davon profitieren, daß er sich einer Reihe freudiger, fröhlicher oder im höchsten Maße anregender Musikstücke aussetzt. Indem Sie sich einer Entrainment-Prozedur (siehe den Abschnitt «Entrainment», S. 393) unterziehen, die Ihre Stimmung behutsam verändert, können Sie miterleben, wie Sie aus den Tiefen Ihrer Depression (Beethovens «Mondschein-Sonate» oder Harry Nilssons/Mariah Careys Version von «Without You») aufsteigen und in eine fröhlichere, selbstbestimmtere musikalische Stimmung gelangen (Beethovens «Für Elise»; Ray Stevens «Everything is Beautiful» oder R.E.M.s «Shiny Happy People»). Weitere Beispiele entnehmen Sie bitte dem Musik-Menü «Entrainment-Sequenz gegen depressive Stimmungen» (siehe S. 47).

Heilende geistige Bilder erzeugen. Verwenden Sie Musik, um die Entstehung belebender Visualisationen in Ihnen zu unterstützen.

Sich alleine hinzusetzen, um Musik zu hören, belebt, erfrischt und heilt.[9]

Vielleicht möchten Sie einen ruhigen, bequemen Platz aufsuchen, wo Sie sich hinlegen und die Augen schließen können, ohne gestört zu werden. Während im Hintergrund maßvoll fröhliche, flotte, lebhafte Musik spielt, machen Sie sich während zweier progressiver Phasen ein Bild von sich selbst. Zunächst folgen Sie der Musik und stellen sich vor, wie Sie langsam aus der Depression auftauchen. Spüren Sie, wie Sie mit dem dynamischen Rhythmus oder dem anregenden Tempo der Musik mitgehen. Nehmen Sie *willentlich* wahr, wie Sie frischer und wacher werden. Dann visualisieren Sie sich selbst zu irgendeinem Zeitpunkt in der Zukunft, sehen sich sehr lebendig und angeregt, lächelnd und temperamentvoll, voller Energie und Lebenslust.

Wahrnehmungen verändern. Verwenden Sie Musik, um die Umwandlung depressiver Gedanken zu unterstützen.

Depression, die ihre Ursache in unseren mentalen Prozessen hat, kann sehr wohl etwas mit negativen, pessimistischen oder irrationalen Vorstellungen und Selbstaussagen zu tun haben. Indem Sie sich einen ähnlichen Musikhintergrund zunutze machen, wie er oben beschrieben ist («Heilende geistige Bilder erzeugen»), bedienen Sie sich der Musik, um derartige mentale Botschaften geistig herauszufordern, in Frage zu stellen und zurückzuweisen und sie durch positivere, rationalere und optimistischere Alternativen zu ersetzen (siehe die Abschnitte «Gedanken Einhalt gebieten», S. 408, und «Affirmationen», S. 403). Stellen Sie sich die Frage: «Welche Gültigkeit besitzen diese negativen Überzeugungen?» Zerren Sie Themen der Vergangenheit ans Licht, die rational gesehen mit dem «*Hör* und Jetzt» (siehe die Kapitel «*Hör* und Jetzt», S. 317, und «Sollte und müßte», S. 387) nichts zu tun haben? Beziehen sich diese Gedanken auf zukünftige Möglichkeiten, die vielleicht niemals zum Tragen kommen? Sind diese Gedanken destruktiv und selbstzerstörerisch? Überfordern Sie sich selbst mit unrealistischen Forderungen auf der Basis von «Ich *sollte*...», «Ich *müßte*...», «Ich *darf* nicht...», insbesondere in Lebensbereichen, über die Sie nur wenig Kontrolle haben («Ich *sollte* wirklich größer sein», «Ich *müßte* ein besserer Sportler sein», «Ich *muß* diese Auszeichnung bekommen!»)? Wird Ihr Geist verzehrt von sinnlosen, Sie zur Verzweiflung und in die Mutlosigkeit treibenden Gedanken, Bildern und Vorstellungen?

Ersetzen Sie mit Hilfe der Musik diese negativen («Ich bin ein *Versager*, das *Opfer* von ..., eine *Niete*») und unrealistischen («*Nie* klappt bei mir irgend etwas!») Darstellungen durch positive («Ich verfüge über eine *Reihe* von Vorzügen», «Ich war *schon oft* erfolgreich», «Ich habe im Leben *eine Menge guter Dinge* erreicht»). Vertreiben Sie die pessimistischen Gedanken («Ich bekomme diese Beförderung *nie!*»), und machen Sie Platz für ermutigende, zuversichtliche und stützende («Ich habe *mein Bestes* gegeben und daher gute Chancen, befördert zu werden, wenn nicht dieses, dann *nächstes* Mal!»). Ersetzen Sie irrationale Selbstaussagen («Die Leute *müssen* so sein, wie *ich* mir das vorstelle, sind sie es nicht, dann komme ich *nie* mit ihnen zurecht!») durch realistischere («Jeder Mensch ist *anders* und hat *ein Anrecht* auf seine Überzeugungen» oder «Vielfalt macht die Welt zu einem *spannenderen* und *aufregenderen* Ort!»).[10]

Zwischenmenschliche Beziehungen. Nutzen Sie Musik, um gesunde soziale Wechselwirkungen zu fördern.

Musik gibt einem ein Gefühl von Unnahbarkeit und innerer Losgelöstheit. Durch Musik wird man darin unterstützt, über das hinauszugehen, was einen zu verschlingen und zu ersticken droht. Die Welt erscheint einem nicht mehr so schwierig und fordernd, wie man zunächst glaubte.[11]

Obwohl Ihre Depression vielleicht dafür sorgt, daß Sie sich isoliert, entfremdet oder einfach nicht in der Stimmung fühlen, mit anderen Menschen zusammenzusein, suchen Sie dennoch nach einer positiven und geistesverwandten sozialen Umgebung. In Übereinstimmung mit dem Tao der Musik können Sie dies an einer ganzen Reihe von Orten tun – in Ihrer örtlichen Diskothek, in Kneipen, Gaststätten, Ihrer Kirche oder in anderen religiösen Einrichtungen, überall dort, wo lebendige Musik und temperamentvolle Geselligkeit die Norm ist. Andererseits könnten Sie sich jedoch auch dafür entscheiden, einen Freund oder eine Gruppe von Freunden zu sich nach Hause einzuladen, um dort einen gemeinsamen geselligen Abend zu verbringen und dabei zwanglose und fröhliche Musik zu hören.

DIE SUCHE AUSSCHMÜCKEND,
SPÜRT MUSIK UNSERE TIEFSTEN RESERVEN AUF.
FÜR BEWEGUNG SORGEND,
STELLT SIE EIN GLEICHGEWICHT ZU UNSERER REGLOSIGKEIT HER.
DAS LÄRMEN BESEITIGEND, HILFT SIE UNS,
MIT UNSERER LEERE IN BERÜHRUNG ZU KOMMEN.
SIE GELEITET UNS AUF UNSEREM WEG DURCH DIE MYSTERIEN,
OHNE JEMALS DIE DUNKELHEIT ZU STÖREN, DIE SIE UMGIBT.

In die nachfolgende Übung ist eine Entrainment-Technik eingearbeitet (im einzelnen beschrieben in Anhang B, «Techniken», S. 393). Diese Übung unterscheidet sich von den zuvor beschriebenen Herangehensweisen insoweit, als sie eine stärker strukturierte Methode zur Auflösung von depressiven Stimmungen darstellt.

Musik ist deshalb als therapeutisches Mittel hilfreich, weil sie, die richtigen Umstände vorausgesetzt, emotionale Muster, Bewußtseinsstrukturen oder übersinnliche Kräfte auszurichten vermag. Um es in ganz einfachen Worten auszudrücken: Wenn wir uns traurig oder verwirrt fühlen, wird ein harmonisches, positives Musikstück unsere negativen Muster (Gefühle oder Gedankenformen) anziehen und sie an anderem Ort oder in neuer Form einbinden.[12]

Musik kann unterstützend wirken, weil sie:

- Bewegung initiiert (uns veranlaßt, von Traurigkeit zu Frohsinn, von Entmutigung zu Zuversicht, von Düsternis zu Heiterkeit, vom Negativen zum Positiven, vom Gequälten zum Friedlichen zu wechseln);
- als Katalysator fungiert;
- die affektive Erfahrung vertieft (uns darin unterstützt, den Grund unserer Traurigkeit effektiv zu erforschen);
- unseren mentalen Zustand verändert, indem sie uns das Stichwort für positive Affirmationen gibt;
- dafür sorgt, daß wir mit anderen Menschen ein Gemeinschaftsgefühl aufbauen beziehungsweise mit ihnen gemeinsame Erfahrungen machen;
- uns stimuliert, einen apathischen Zustand in einen aktiven zu verwandeln;
- unangenehme Phasen der Stille ausschaltet;
- positive Bilder auslöst;
- einen Zustand der Entspannung herbeiführt;
- die Körperchemie verändert;
- ein Ventil für emotionalen und künstlerischen Ausdruck darstellt;

- eine Unterbrechung in Angst- und Streßzuständen gewährleistet;
- die Aufmerksamkeit von Ängsten, Spannungen und anderen Sorgen ablenkt.

Es ist unmöglich, daß überhaupt irgendeine Stimmung, ja sogar die Traurigkeit, zu einem zurückkommt, es sei denn auf musikalischem Wege. Es ist die Musik, die sie hervorhebt, und indem sie selbst negative Gefühle der Traurigkeit oder des Kummers beleuchtet, sorgt sie außerdem auch noch für eine Katharsis.[13]

Übung 2
Aus der Traurigkeit heraustreten

1. Den Entrainment-Richtlinien folgend, wählen Sie Musik für etwa 10 bis 15 Minuten aus, «traurige» Melodien, die Ihrer Meinung nach Ihre *gegenwärtige* trübsinnige Stimmung wiedergeben. Der zweite Abschnitt enthält 10 bis 15 Minuten dauernde Musik, die sich für Sie ein wenig positiver, fröhlicher oder kraftvoller «anfühlt» und die Stimmung widerspiegelt, *der Sie sich annähern möchten.*

Schließlich wählen Sie für weitere 10 bis 15 Minuten Musik aus, die für den (positiven, fröhlichen, zuversichtlichen, kraftvollen) Zustand steht, *den Sie am Ende der Sitzung gerne erreicht haben möchten.*

Anders ausgedrückt, arrangieren Sie die Musik so, daß sie damit beginnt, Ihren *gegenwärtigen* Geisteszustand zu reflektieren. Ihre weitere Auswahl stellen Sie so zusammen, daß sie sich bis zu der Stimmung hin steigert, in der Sie sich nach Abschluß der Übung *befinden wollen.*

2. Wählen Sie eine Reihe positiver Affirmationen aus,

oder lassen Sie sich selbst welche einfallen, die in der Lage sind, sich Ihrer gegenwärtigen emotionalen Stimmung entgegenzustellen (siehe den Abschnitt «Affirmationen», S. 403).

3. Suchen Sie sich einen ruhigen Ort, an dem Sie sich ungefähr 30 bis 45 Minuten bequem nur dem *Hören* von Musik widmen können, ohne dabei gestört zu werden. (Stecken Sie das Telefon aus, hängen Sie ein «Nicht stören»-Schild an Ihre Tür, teilen Sie Ihren Mitbewohnern mit, daß Sie ein paar Minuten ganz für sich alleine brauchen, usw.).

4. Lassen Sie es bei jedem der Abschnitte zu, daß die Musik Sie mit ihrer Stimmung und ihren Vibrationen umfängt. Spüren Sie, wie jede der aufeinanderfolgenden Stimmungen – von Traurigkeit über Zufriedenheit bis zu Fröhlichkeit – Sie wie eine Decke einhüllt. Fühlen Sie die Wärme der Musik, die Sie umgibt wie ein behaglich warmer, samtiger Handschuh.

5. Während die Musik spielt, versuchen Sie nicht, sich auf irgendeinen bestimmten Aspekt der Komposition zu konzentrieren. Gestatten Sie es vielmehr Ihrem Herzen, Körper und Geist, Ihren Gedanken und Gefühlen, passiv *zuzuhören,* während die Melodien langsam Ihren emotionalen Zustand formen und massieren (siehe das Kapitel «Sein *statt* sein wollen», S. 339).

6. Sobald Sie spüren, wie die Vibrationen auf Ihre Gefühle niederregnen und sie bearbeiten, lassen Sie es zu, daß Sie sich mit der Musik verbinden. Anfangs, wenn Sie die ersten paar traurigen Stücke abspielen, gestatten Sie Ihren Gefühlen, mit der Stimmung der Musik mitzufließen. Erlauben Sie sich, eine emotionale Entladung durch Weinen oder Verbalisieren Ihrer Traurigkeit («Du fehlst mir so sehr!», «Ich fühle mich so allein!», «Ich bin so unglücklich!») auszudrücken. Fühlen Sie die Musik, die Sie tröstet und Ihnen bei Ihrem persönlichen Selbstausdruck hilft.

7. Indem Sie diese traurige, melancholische Musik anhören, kann Ihr Herz sich mit einem umfassenderen Bewußtsein verbinden. Weil Sie sich in die Musik einfühlen, wird sie zum Fenster für Ihre affektive Erfahrung. Sie erinnert Sie daran, daß

irgendwo ein anderer Mensch ähnliche Gefühle hatte wie Sie jetzt, in diesem Augenblick. Allein schon die Tatsache, daß diese Musik überhaupt erhältlich ist, zeigt, daß es da draußen viele artverwandte Seelen gibt, die verstehen, wie Sie sich vielleicht *gerade jetzt* fühlen. Weil diese Musik existiert, wissen Sie, daß Sie, egal, wie Sie sich fühlen, nicht allein sind.

8. Lassen Sie sich weiter auf die musikalische Stimmung ein, die nach und nach in einen positiveren Gefühlsbereich vordringt. Geben Sie Ihrem Körper die Möglichkeit, sich durch tiefes Atmen zu entspannen (siehe den Abschnitt «Atmen», S. 413). Während Sie auf Ihre inneren Botschaften lauschen, verbinden Sie sich auch weiterhin bewußt mit der sich verändernden Musik und gestatten es dadurch Ihrem mentalen Selbstausdruck, sich langsam von traurig und hoffnungslos zu positiv und hoffnungsvoll zu verschieben. Spüren Sie, wie der Beat Ihren persönlichen Rhythmus stimuliert, lassen Sie sich vom Pulsieren der Musik streicheln und liebkosen.

9. Nutzen Sie, während die emotionale Verschiebung stattfindet, Ihre positiven Affirmationen, um sich Ihren negativen Gedanken entgegenzustellen oder sie abzuschwächen, um sich auf die gewünschte Stimmung zuzubewegen und ein Gefühl der Kontrolle, Positivität und des Trostes zu erreichen. Gestatten Sie es dem musikalischen Nachhall, Sie aufzubauen und zu ermutigen. Lassen Sie es zu, daß die Musik Sie in eine positivere Richtung rückt.

10. Während Sie weiterhin in der Musik baden, sich mit den zunehmend positiveren und fröhlicheren Melodien verbinden, spüren Sie, wie sich Ihr mentaler und emotionaler Zustand langsam und stetig auf der Stimmungsskala *nach oben* verschiebt.

11. Gestatten Sie der Musik, Sie zu erheben. Erlauben Sie Ihrer Stimmung, im Fluß mit der Musik zu bleiben. Spüren Sie die Erleichterung, die mit der emotionalen Bindung an die Musik und mit dem Wissen um die Existenz anderer artverwandter Geister einhergeht. Bei jedem Pulsschlag und jedem Tempowechsel lassen Sie es zu, daß Sie sich selbst von den

ungewollten, unnützen, negativen Gedanken und Gefühlen entfernen. Fühlen Sie, wie Sie positiv, lebendig und wach werden.

12. Sobald die Musik verklingt, wählen Sie ein oder zwei positive Affirmationen aus, auf die Sie im Verlauf des Tages zurückgreifen können. Sie werden Ihnen als Stichwortgeber dienen, um sich auf der Bewußtseins- und der Gefühlsebene an den gewünschten positiven Gefühlszustand zu erinnern (siehe den Abschnitt «Stichwortgeber», S. 363).

DICH LEER ZURÜCKLASSEND, ERFÜLLT DICH DIE MUSIK.

TIEF IM INNERN FÜLLT SIE, OHNE ZU FÜLLEN,

BRINGT EIN VERSTEHEN HERVOR,

DAS KEINES VERSTÄNDNISSES BEDARF.

DAS TAO DER WURZELN IST DIE DUNKELHEIT.

DAS TAO DER BLÜTEN IST DAS LICHT.

Musik-Menüs

Obgleich ein Musikstück zu unterschiedlichen Zeiten verschiedene Gefühle in einem Menschen auszulösen vermag, kommt es doch ebensooft vor, daß es genau die Essenz bestimmter Gefühle wiederzugeben vermag. Die nachfolgenden Zusammenstellungen sollen als allgemeine Richtlinien dienen, die uns dabei unterstützen, uns mit unserer «Trübsal» zu verbinden, uns ihr zu stellen und dann unser gewohntes Leben wiederaufzunehmen. Der Leser wird ermutigt, seine Musikauswahl so persönlich wie möglich zu gestalten.

♪

Entrainment-Sequenz gegen depressive Stimmungen

Es ist besser, das Leben für tragisch zu halten,
als ihm gleichgültig gegenüberzustehen.

Musikbeispiele aus Rock und Pop

Auswahl für den Anfang des Tonbands
(Verbindung mit der eigenen depressiven Stimmung aufnehmen):
    Pink Floyd: *Comfortably Numb*
    Beatles: *She's Leaving Home*
    Temptations: *I Wish It Would Rain*
    Harry Nilsson/Mariah Carey: *Without You*
    Bonnie Raitt: *Louise*
    B. J. Thomas: *I'm So Lonesome I Could Cry*

Auswahl für den zweiten Teil des Tonbands
(Aus dem depressiven Zustand heraustreten)
    Bread: *It Don't Matter to Me*
    Tom Petty: *I Won't Back Down*
    The Carpenters: *We've Only Just Begun*
    The Carpenters: *It's Going to Take Some Time This Time*
    Roy Orbison: *Only the Lonely*
    Bonnie Raitt: *Runaway*
    Led Zeppelin: *Stairway to Heaven*

Auswahl für den dritten Teil des Tonbands
(«Auftakt» zu einem heiteren Geisteszustand):
    Rascals: *I've Been Lonely Too Long*
    Beach Boys: *Good Vibrations*
    Tom Petty/The Byrds: *I Feel a Whole Lot Better*

Bread: *Let Your Love Go*
Buddy Holly: *It Doesn't Matter Anymore*
Elton John: *I Guess That's Why They Call It the Blues*
Led Zeppelin: *Rock & Roll*

Auswahl für den Abschluß des Tonbands
(Umwandlung der Überleitung in positive Energie):
Cyndi Lauper: *Girls Just Wanna Have Fun*
Beach Boys: *Fun, Fun, Fun*
Steve-Miller-Band: *The Joker*
Beatles: *All You Need is Love*
Three Dog Night: *Joy to the World*
Paul McCartney (Wings): *Silly Love Songs*
Bruce Springsteen: *Born in the USA*

Beispiele aus dem Bereich der klassischen Musik

Auswahl für den Anfang des Tonbands
(Sich mit der eigenen depressiven Stimmung verbinden):
Beethoven: Sonate Nr. 14, op. 27,2, in cis-Moll
(«Mondschein»), 1. Satz
Chopin: Sonate Nr. 2, op. 35, in b-Moll, «Trauermarsch»
Tschaikowsky: Sinfonie Nr. 5, op. 64, in e-Moll,
«Andante cantabile»
Tschaikowsky: Romeo und Julia, Fantasie-Ouvertüre
Tschaikowsky: Sinfonie Nr. 6, op. 74, in h-Moll
(«Pathétique»), 4. Satz
Schubert: Marsch D 859 in c-Moll
(«Grande Marche funèbre», op. 55, für 2 Klaviere)
Schubert: Ständchen D 921, op. 135 («Zögernd, leise»)
Mendelssohn: Lieder ohne Worte Nr. 25,
«Mailüfte» in G-Dur, op. 62,1
Wagner: Tristan und Isolde («Isoldes Liebestod»)

Auswahl für den zweiten und dritten Teil des Tonbands
(Aus dem depressiven Zustand heraustreten. «Auftakt» zu
einem heiteren und freudigeren Geisteszustand):
    Beethoven: Sinfonie Nr. 5, op. 67, in c-Moll
        («Schicksals-Sinfonie»), 1. Satz
    J. S. Bach: Suite für Orchester BWV 1068 in D-Dur, 2. Satz
        (Air)
    J. S. Bach: Toccata und Fuge BWV 565 in d-Moll
    Debussy: Clair de lune (1882)
    Debussy: Rêverie L 68 (1890)
    Debussy: Prélude à l'après-midi d'un faune
        (Vorspiel zu Nachmittag eines Fauns)
    W. A. Mozart: Konzert für Klavier und Orchester Nr. 21,
        KV 467, in C-Dur, 2. Satz (Thema an Elvira Madigan)
    W. A. Mozart: Serenade, KV 525, in G-Dur
        («Eine kleine Nachtmusik»)
    Brahms: Lieder op. 49, Nr. 4, «Wiegenlied»
    Brahms: Sinfonie Nr. 3, op. 90, F-Dur, 3. Satz

Auswahl für den Abschluß des Tonbands
(Umwandlung der Überleitung in positive Energie):
    J. S. Bach: Präludium BWV 937 in E-Dur
    Rossini: Der Barbier von Sevilla, «Ich bin das Faktotum»
    Rossini: Wilhelm Tell, Finale der Ouvertüre
    Beethoven: Albumblatt Für Elise, WoO 59, in a-Moll
    Beethoven: Sinfonie Nr. 7, op. 92, in A-Dur, 3. Satz
    Beethoven: Die Ruinen von Athen, op. 113, Nr. 5,
        Marcia alla turca, op. 114
    W. A. Mozart: Sonate für Klavier Nr. 16, KV 545,
        in C-Dur, 1. Satz
    W. A. Mozart: Sinfonie Nr. 35, KV 385, in D-Dur
        («Haffner-Sinfonie»), 4. Satz
    Chopin: Polonaise Nr. 6, op. 53, in As-Dur
        («Heroische»)
    Schubert: Rosamunde D 797, op. 26, Nr. 10,
        Ballettmusik Nr. 2

Mendelssohn: Lieder, op. 19a, Nr. 1, «Frühlingslied»
Händel: Der Messias, HV 56, «Halleluja»

Musik Menü 2

Kontakt und Distanz zu einer depressiven Stimmung finden (CDs, Kassetten und Schallplatten)

Vorschläge aus der Popmusik

Jackson Browne: *The Pretender*
Tracy Chapman: *Tracy Chapman*
Pink Floyd: *The Wall*
Fiona Apple: *Tidal*
Kristin Hersh: *Hips & Makers*
Billy Holiday: *Billie's Blues*
John Lennon: *Menlove Ave.*
Cowboy Junkies: *The Trinity Session*
Joni Mitchell: *Blue*
Roy Orbison: *For the Lonely: 18 Greatest Hits*
Bruce Springsteen: *Nebraska*
Mazzy Star: *She Hangs Brightly*
Jules Shear: *The Great Puzzle; Healing Bones*

Vorschläge aus dem Bereich der klassischen Musik

Beethoven: Sonate Nr. 14, op. 27,2, in cis-Moll
  («Mondschein»), 1. Satz
Chopin: Sonate Nr. 2, op. 35, in b-Moll, «Trauermarsch»
Debussy: Nocturnes (1898/99), Nr. 3, Sirènes
Gershwin: Rhapsody in Blue (Thema)
Liszt: Liebesträume, op. 62, G 541, Nr. 3, in As-Dur

Schubert: Sinfonie Nr. 8, D 759, in h-Moll
(«Unvollendete»), 1. Satz
Sibelius: Lemminkäinen (Legenden), op. 22, Nr. 2,
Der Schwan von Tuonela
Tschaikowsky: Sinfonie Nr. 6, op. 74, in h-Moll
(«Pathétique»), 4. Satz
Tschaikowsky: Romeo und Julia, Fantasie-Ouvertüre
Wagner: Tristan und Isolde («Isoldes Liebestod»)

Vorschläge aus dem Bereich der New-Age-Musik

Clannad: *Anam* (vokal, keltisch) (9937)*
Mychael Danna: *Sirens* (Keyboards, spacig) (9026)
Dik Darnell: *Voices of the Four Winds*
(Keyboards, meditativ, indianisch) (7004)
Maire Brennan: *Perfect Time* (vokal, keltisch) (2672)
Peter Gabriel: *Passion Music: Letzte Versuchung Christi*
(Soundtrack − Ethno) (2585)
Michael Jones: *After the Rain*
(Piano & akustische Instrumente) (1020)
Daniel Kobialka: *Going Home Again*
(Streicher, Entspannung) (3706)
Jon Mark: *The Standing Stones of Callanesh*
(Keyboards) (4665)
Steve Roach: *Dreamtime Return* (2 CDs)
(spacig, mystisch) (3439)
Coyote Oldman: *In Medicine River* (indianisch) (5105)
Paul Sauvanet: *Tristesse* (Streicher) (9057)
Xiame: *The Shadow of My Soul*
(vokal, world music) (0552)
Sattva Sampler: *Buddha & Bonsay*, Teil 2
(instrumental, chinesisch) (7842)

---

* Die in Klammern gesetzten Zahlen sind Bestellnummern von AQUARI-
US!, dem derzeit größten Vertrieb von New-Age-Musik im deutschsprachigen Bereich. Fragen Sie bei Ihrem Buchhändler nach dem jährlich
erscheinenden AQUARIUS!-Musikkatalog *CD-Visionen*.

♪

Musik Menü 3
Stimulierende Musik

Vorschläge aus dem Bereich der New-Age-Musik

Tom Barabas: *Piano Impressions* (8422)
Eko: *Future Primitive* (Gitarren mit Mandolinen,
  Keyboards, Perkussion, elektronischen Klängen und
  Mundharmonika) (2519)
Gino Auri: *Flamenco Mystico* (Gitarre u.a.) (5635)
Deep Forest: *Deep Forest* (Gesang der Baka-Pygmäen
  u.a. in modernen Arrangements) (2676)
Deep Forest III: *Comparsa* (2669)
Lee Eisenstein: *Songs for a Dreamer*
  (Gitarre, Perkussion u.a.) (0804)
Mari Boine: *Room of Worship*
  (vokal, Ethno-Jazz) (6431 + 4 weitere)
James Asher: *Feet in the Soil*
  (Trommel, Didgeridoo) (4446)
Jim McGrath: *Soul Dance* (Trommel, vokal) (5590)
Reinhard Flatischler: *Mega Drum – Layers of Time*
  (Trommeln der verschiedenen Kulturen)
  (3100 + weitere 7 CDs)
Scott Fitzgerald & M. B. Gardy: *Thunderdrums*
  (Trommel, Keyboards) (3000)
Mickey Hart: *Planet Drum* (Trommeln und Perkussion
  mit Backup-Stimmen) (8009)
Mickey Hart: *Mystery Box* (8016)
Zakir Hussain: *Making Music* (Tabla & Jazz Fusion) (6343)
Brent Lewis: *Earth Tribe Rhythms* (afrikanische und
  karibische Rhythmen auf Ikauma-Trommeln)
  (0025, weitere 7 CDs 0020–0027)

Ottmar Liebert & Luna Negra: *Borrasca*
(Flamenco-Gitarren mit Baß, Keyboards, Hörnern und
Perkussion) (2513, weitere 8 CDs)
The Power of Movement: *Dynamic Dancing*
(Ethno & Pop Fusion) (3080)
Outback: *Dance the Devil Away* (Didgeridoo und Gitarren
mit multikultureller Perkussion) (1286)
Baka Beyond: *The Meeting Pool* (world music) (1306)
Gabrielle Roth and the Mirrors: *Waves* (Trommeln,
Weltmusik-Rhythmen) (2055, weitere 9 CDs)
Tadamitsu Saito: *A Perfect Match* (akustische Instrumente)
(0806)
Sacred Spirit: *Sacred Spirit* (indianisch, Ethno-Pop) (2590)
Paul Speer & Leroy Quintana: *Shades of Shadow*
(Piano, Perkussion) (7746)
Speer & Serrie & Reynolds: *True North*
(Soundtrack) (7744)
David Lanz & Paul Speer: *Bridge of Dreams*
(Piano, Orchester) (3024)
Omar Faruk Tekbilek: *Whirling* (Sufi, world music) (3499)

Vorschläge aus dem Bereich der klassischen Musik

J. Strauß: An der schönen blauen Donau, op. 314, Walzer
W. A. Mozart: Sinfonie Nr. 35, KV 385, in D-Dur
(«Haffner-Sinfonie»)
W. A. Mozart: Sinfonie Nr. 41, KV 551, in C-Dur
(«Jupiter-Sinfonie»), 4. Satz
J. S. Bach: Brandenburgische Konzerte Nr. 1–6,
BWV 1046–1051
Rossini: Wilhelm Tell, Finale der Ouvertüre
Beethoven: Sinfonie Nr. 7, op. 92, in A-Dur, 3. Satz
Beethoven: Sinfonie Nr. 5, op 67, in c-Moll
(«Schicksals-Sinfonie»), 4. Satz
De Falla: Der Liebeszauber (1015), «Feuertanz»

Vorschläge aus der Popmusik
(CDs, Kassetten oder Schallplatten)

Paula Abdul: *Forever Your Girl*
B-52's: *Cosmic Thing*
B: Tribe: *Fiesta Fatal!*
Babyface: *Tender Love*
Badfinger: *Straight Up*
Badfinger: *Greates Hits*
Badfinger: *No Dice*
The Bangles: *Greatest Hits*
The Beach Boys: *Endless Summer*
The Beach Boys: *Pet Sounds*
The Beach Boys: *Good Vibrations*
The Beach Boys: *20/20*
The Beach Boys: *Sun Flower*
The Beatles: *With the Beatles*
The Beatles: *Please Please Me*
The Beatles: *A Hard Day's Night*
The Beatles: *Beatles for Sale*
The Beatles: *Help!*
The Beatles: *Rubber Soul*
The Beatles: *Revolver*
The Beatles: *Sergeant Pepper's Lonely Heart's Club Band*
The Beatles: *Let It Be*
The Beatles: *Abbey Road*
The Beatles: *The Beatles Live at the BBC*
Big Brother and the Holding Company: *Cheap Thrills*
David Bowie: *Let's Dance*
The Moody Blues: *Seventh Sojourn*
The Moody Blues: *A Question of Balance*
The Moody Blues: *Days of Future Passed*
The Moody Blues: *Time Traveler*
Blur: *Blur*
Tracy Bonham: *The Burdens of Being Upright*
Allman Brothers: *Eat a Peach*

Allman Brothers: *Brothers*
Allman Brothers: *The Fillmore Concerts*
The Darling Buds: *Erotica*
Kevin Burke: *Kevin Burke's Open House: Hoof and Mouth*
The Byrds: *Twenty Essential Tracks from the Box Set*
Fine Young Cannibals: *The Raw and the Cooked*
Cheap Trick: *Live At Budokan*
The Doobie Brothers: *The Captain and Me*
The Doobie Brothers: *Greatest Hits*
The Cars: *Greatest Hits*
Inner City: *Big Fun*
The Dave Clark Five: *The History of the Dave Clark Five*
Culture Club: *Colour by Numbers*
Bad Company: *Run With the Pack*
Bad Company: *Bad Company*
The Commitments (Soundtrack, Teil 1 & 2)
Elvis Costello: *Girls, Girls, Girls*
Elvis Costello: *Get Happy*
Marshal Crenshaw: *Life's Too Short*
Marshall Crenshaw: *Marshall Crenshaw*
Sheryl Crow: *Tuesday Night Music Club*
Sheryl Crow: *Sheryl Crow*
Black Crowes: *Shake Your Money Maker*
Black Crowes: *Three Snakes and One Charm*
Dion: *The Road I'm On – A Retrospective*
Dion: *Yo' Frankie*
Dion: *Bronx Blues*
Dion: *The Columbia Recordings*
The Eagles: *Hotel California*
The Eagles: *On the Border*
The Eagles: *Desperado*
The Eagles: *The Eagles*
Gloria Estefan: *Into the Light*
Gloria Estefan: *Abriendo Puertas*
Gloria Estefan: *Let it Loose*
Gloria Estefan: *Greatest Hits*

Gloria Estefan: *Destiny*
Melissa Etheridge: *Brave & Crazy*
John Denver: *The Rocky Mountains Collection*
The Doors: *The Best of the Doors*
Elvis Presley: *The King of Rock and Roll:*
   The Complete 50's Masters
Pink Floyd: *Dark Side of the Moon*
John Fogerty: *Centerfield*
John Fogerty: *Blue Moon Swamp*
Peter Gabriel: *Shaking the Tree*
Marvin Gaye: *What's Going On?*
Spice Girls: *Spice*
Gladhands: *La Di Da*
The Flaming Groovies: *Groovies Greatest Grooves*
Van Halen: *1984*
George Harrison: *Cloud Nine*
George Harrison: *George Harrison*
Buddy Holly: *From the Original Master Tapes*
Crowded House: *Crowded House*
Michael Jackson: *Off the Wall*
Michael Jackson: *Thriller*
Billy Joel: *Greatest Hits*
Billy Joel: *Piano Man*
Billy Joel: *The Stranger*
Billy Joel: *Street Life Serenade*
Elton John: *Goodbye Yellow Brick Road*
Elton John: *Madman Across the Water*
Elton John: *Elton John*
Elton John: *Elton John: To be Continued* (4 CDs)
Rickie Lee Jones: *Pop Pop*
Janis Joplin: *Pearl*
Janis Joplin: *Kozmic Blues*
Chaka Khan: *Life is a Dance*
Carole King: *Tapestry*
The Gipsy Kings: *The Best of the Gipsy Kings*
The Kinks: *Remastered* (3 CDs)

Patti LaBelle: *Be Yourself*
Cyndi Lauper: *She's So Unusual*
Cyndi Lauper: *Twelve Deadly Cyns*
Huey Lewis & The News: *Time Flies ... The Best of*
John Lennon: *Double Fantasy*
John Lennon: *Imagine*
John Lennon: *Rock 'N Roll*
John Lennon: *Collection*
Fleetwood Mac: *Rumours*
Fleetwood Mac: *Fleetwood Mac*
Bob Marley & The Wailers: *Legend*
Paul McCartney: *Choba B CCCP*
Paul McCartney: *Ram*
Paul McCartney: *McCartney*
Paul McCartney: *Red Rose Speedway*
Paul McCartney: *Band on the Run*
Paul McCartney: *Venus and Mars*
Paul McCartney: *All the Best*
Paul McCartney: *Unplugged*
Paul McCartney: *Flaming Pie*
Roger McGuinn: *Back from Rio*
John (Cougar) Mellencamp: *American Fool*
Alanis Morissette: *Jagged Little Pill*
Van Morrison: *Astral Weeks*
Van Morrison: *Moondance*
Van Morrison: *Too Long in Exile*
Van Morrison: *The Healing Game*
Oasis: *(What's the Story) Morning Glory?*
Oasis: *Definetely Maybe*
Tom Petty: *Full Moon Fever*
Tom Petty: *Greatest Hits*
Tom Petty: *Wildflowers*
The Police: *Message in a Box; The Complete Recordings*
   (4 CDs)
The Pretenders: *Singles*
Deep Purple: *Machine Head*

Bonnie Raitt: *Collection*
Bonnie Raitt: *Nick of Time*
Credence Clearwater Revival: *Chronicle* (2 CDs)
Linda Ronstadt: *Mad Love*
Linda Ronstadt: *Greatest Hits* (2 CDs)
Rush: *Moving Pictures*
Todd Rundgren: *Something/Anything*
Todd Rundgren: *Anthology*
Santana: *111*
Santana: *Abraxas*
Santana: *Caravanserai*
Bob Seger & The Silver Bullet Band: *Greatest Hits*
Lynyrd Skynyrd Band: *Gold & Platinum*
Ella Baila Sola: *Ella Baila Sola*
The Spongetones: *Beat & Torn*
The Spongetones: *Oh Yeah!*
Squeeze: *Singles*
Squeeze: *East West Story*
Cat Stevens: *Buddha and the Chocolate Box*
Cat Stevens: *Catch Bull at Four*
Rod Steward: *The Mercury Anthology*
Bruce Springsteen: *Born to Run*
Bruce Springsteen: *Born in the USA*
Bruce Springsteen: *The Wild, The Innocent &
    The E-street Shuffle*
Bruce Springsteen: *The River*
The Rolling Stones: *Exile on Main Street*
The Rolling Stones: *Beggar's Banquet*
The Rolling Stones: *CD Singles Collection: The London Years*
    (4 CDs)
The Rolling Stones: *Let it Bleed*
James Taylor: *JT*
James Taylor: *Flag*
James Taylor: *Hourglass*
George Thorogood: *Live*
Traffic: *Smiling Phases*

U2: *Pop*
U2: *Joshua Tree*
Stevie Ray Vaughn: *Couldn't Stand the Weather*
Stevie Ray Vaughn: *Soul to Soul*
Paul Weller: *Wildwood*
Paul Weller: *Paul Weller*
Paul Weller: *Stanley Road*
Paul Weller: *Heavy Soul*
The Traveling Wilburys: *Volume 1*
Stevie Wonder: *Natural Wonder*
Stevie Wonder: *Songs in the Key of Life*
Stevie Wonder: *Innervisions*
Stevie Wonder: *Talking Book*
XTC: *Oranges & Lemons*
XTC: *Skylarking*
XTC: *Nonsuch*
Crosby, Stills, Nash & Young: *Deja Vu*
Neil Young: *Freedom*
Neil Young: *Decade*
Neil Young: *Harvest*
Neil Young: *Harvest Moon*
Warren Zevon: *The Best of*
ZZ Top: *Eliminator*
ZZ Top: *Greatest Hits*

Vorschläge aus dem Bereich des Independent

Belly: *Star*
Blur: *Blur*
The Boo Radleys: *Wake Up*
Cast: *All Change*
Velvet Crush: *In the Presence of Greatness*
Velvet Crush: *Teenage Symphonies to God*
The Diggers: *Mount Everest*
The Spin Doctors: *Pocket Full of Kryptonite*
Fountains of Wayne: *Fountains of Wayne*

The Grays: *Ro Shambo*
Gin Blossoms: *New Miserable Experience*
Gin Blossoms: *Congratulations I'm Sorry*
Greenday: *Dookie*
Dave Mathews Band: *Under the Table and Dreaming*
Dave Mathews Band: *Crash*
The Iguanas: *Nuevo Boogaloo*
Sonny Landreth: *Blue Attack*
Sonny Landreth: *South of I-10*
The Lemonheads: *Come on Feel*
Live: *Throwing Copper*
Live: *Secret Samadhi*
Morphine: *Good*
Morphine: *Cure for Pain*
Sam Phillips: *Martinis & Bikinis*
Phish: *A Live One*
The Spent Poets: *The Spent Poets*
The Posies: *Frosting on the Beater*
R.E.M.: *New Adventures in Hi-Fi*
R.E.M.: *Green*
Ride: *Tarantula: Carnival of Light*
Rusted Rood: *When I Woke*
Semisonic: *Great Divide*
Kula Shaker: *K*
The Smithereens: *Blown to Smithereens*
Matthew Sweet: *Girlfriend*
Matthew Sweet: *100% Fun*
Matthew Sweet: *Blue Sky on Mars*
Sugarplastic: *Bang, The Earth is Round*
Supergrass: *I Should Coco*
Yo La Tengo: *Painful*
Yo La Tengo: *Fakebook*
Weezer: *Weezer*

Empfehlenswerte allgemeine «Greatest Hits»-Anthologien oder -Zusammenstellungen:

Various: *Growing Up Too Fast: The Girl Group Anthology*
Londonbeat: *The Beat is Back*
The Temptations
The Four Tops
The Supremes
The Shirelles
Martha and the Vandellas
Marvin Gaye
Sam & Dave
Sly and the Family Stone
Curtis Mayfield
The Stray Cats
Chuck Berry
Little Richard
Three Dog Night
The Bangles
Mich Rider and the Detroid Wheels
The Rascals
Eddie Cochran
Gene Vincent
Jr. Walker and the All Stars

2

Schmerz

Es ist eine Tatsache, daß der Weg der Selbstfindung
oft durch das Leiden führt…

In meinem Leben habe ich niemals etwas so Schmerzhaftes
erlebt, als zusehen zu müssen, wie mein einst so robuster Vater
einen langsamen, quälenden Tod starb. Am 14. September 1980
schied er schließlich dahin, nachdem er einen zweijährigen
Kampf mit dem Krebs verloren hatte.

In einer Nacht, kurz bevor er starb, saß ich unendlich
frustriert neben seinem Bett und versuchte mir irgendeine «magische Lösung» einfallen zu lassen, um seinen Schmerz zu besiegen. Im Hintergrund spielte Musik – eine der Opern, die er
so sehr liebte. Sie kam mir, in meinem Zustand der Hilflosigkeit,
lästig, geradezu störend vor. «Möchtest du, daß ich diese Musik
abstelle?» fragte ich ihn. «Nein!» entgegnete er, indem er irgendwie die Kraft aufbrachte, klar und deutlich zu klingen und mich

zugleich aufzuklären. «Versteh doch, solange ich die Musik hören kann, weiß ich, daß ich noch am Leben bin, und wenn ich
tot bin und sie noch immer höre, kann der Tod nicht so schlimm
sein.» Er war erst 50 Jahre alt.

Mit dem eigenen Schmerz allein zu sein kann die Konzentration auf schmerzhafte Gefühle verstärken, die Schmerz-
toleranz verringern und das subjektive Schmerzempfinden
erhöhen.[1]

Wer schön sein will, muß leiden, und ohne Fleiß kein Preis. Es
ist ein Segen, daß in den 90er Jahren die meisten Sporttrainer
diese entsetzlichen Sprüche und Überzeugungen aufgegeben
haben. Schmerzfrei singen unsere Körper, fließen melodisch
dahin. Von Schmerzen gequält werden diese Klänge zu ver-
zerrten Hilfeschreien.

Wenn du zu erkennen beginnst, daß dein Feind leidet,
stehst du am Beginn der Einsicht.[2]

Von chronischem Schmerz besessen zu sein – dieses Gefühl kann
die Kontrolle über ein mit einemmal chaotisches Leben an sich
reißen. Dabei ließe sich die Energie, die in die Sorge über die
Quelle des Unbehagens fließt, sehr gut anderweitig gebrauchen.
Die Sinne liegen wach wie verborgene Raubtiere mit geschärf-
ten Krallen. Wer unter chronischen Schmerzen leidet, verwendet
viel Zeit darauf, jedem Zucken, jedem Krampf und jedem noch
so kleinen Gefühl nachzuspüren, um im Rahmen der «Selbstdia-
gnose» die «wahre Ursache» des Leidens zu ergründen. Die
Hoffnung ist groß, daß dieses eine kleine Stückchen Informa-
tion unserem Arzt, Chirurgen oder Physiotherapeuten hilft, uns
ein für allemal davon zu befreien. Das Ansehen eines Films im
Kino wird zu einem Durchhaltemarathon. Interessante Vorträge
erdrücken uns, soziale Begegnungen wirken erstickend. Die Toleranz hat ihren Tiefpunkt erreicht, und die einfache Bitte eines
Freundes kann sich wie eine unvernünftige Forderung anhören.

Kleinste Ärgernisse bringen uns auf, bedeutungslose Ablenkungen erscheinen unerträglich. Wir sind nervös, und in unserem Kopf herrscht ein lärmendes Durcheinander. Wir werden zu Fremden in unseren eigenen Körpern. Wie im Tanz vereint mit dem Schmerz, fühlen wir uns gefangen, als würden wir hilflos in einer abwärts gerichteten Spirale trudeln.

Es ist an der Zeit, wie man dies bevor es die CD gab auszudrücken pflegte, eine andere Platte aufzulegen.

Die folgende Geschichte soll die Wirksamkeit von Musik im Zusammenhang mit Schmerzreduktion illustrieren. In einem kürzlich erschienenen Artikel beschreibt Jane Edwards, wie sich Ivan, ein zwölfjähriger Junge, der mit Verbrennungen des rechten Beins und des Genitalbereichs im Krankenhaus lag, einem schmerzhaften und beängstigenden «Wundbad» unterziehen sollte. Der Junge wurde, nachdem ihm die Bandagen abgenommen worden waren, in eine Badewanne gesetzt und die abgestorbene Haut mit Schwämmen entfernt. Edwards wählte den Song «A Little Help from My Friends» von den Beatles aus, um den Schmerz bei dieser Art der Wundversorgung zu lindern.[3]

Als ich anfing, die Melodie von «A Little Help from My Friends» zu summen, hob Ivan den rechten Arm, um mir zu verstehen zu geben, daß ich beginnen konnte Ein wenig später sagte er: «Du singst wunderbar.» Am Ende des Bades, das etwa 20 Minuten, vielleicht aber auch länger, gedauert haben mag, erklärte mir Ivan, daß er keine Schmerzen gehabt habe. Er hatte sich vorgestellt, daß er zu Hause auf seinem Bett lag und Radio hörte. Er war erstaunt, sich nicht daran erinnern zu können, daß die Schwester ihn während der Prozedur berührt hatte.[4]

Edwards weist darauf hin, daß die Musik unmittelbare Bedürfnisse zu erfüllen vermochte und dazu beitrug, daß Ivan (durch Imaginationsarbeit und Entrainment) an die psychischen Ressourcen herankam, die er brauchte, um die Erfahrung «hinter sich zu bringen», um sich sicher zu fühlen und eine Brücke von Verzweiflung und Verweigerung zu Entspannung und Ruhe zu schlagen. Alles in allem, so Edwards, zeigte sich, daß «Musik dem Kind eine Möglichkeit bietet, sich auf etwas anderes als den Schmerz zu konzentrieren, es folglich davon ablenkt und somit für Trost und psychologische Unterstützung sorgt».[5]

Dieser Zustand, in dem Musik die Aufmerksamkeit des Verstandes auf sich zieht, erklärt vielleicht, warum Musikhören Schmerz stoppen kann. Schmerz und Anspannung sind aufs engste miteinander verbunden; Schmerz führt zu Anspannung, und diese wiederum zu Schmerz. Beruhigende Musik vermag den Schmerzkreislauf kurzzuschließen, weshalb Zahnärzte Beethoven oder Bach als eine Art akustisches Anästhetikum verwenden.[6]

GREGORIANISCHE GESÄNGE, MITTELALTERLICHE TROUBADOURE, RENAISSANCEMESSEN, BAROCKE ORATORIEN. SCHMERZLOSE ORDNUNG STAGNIERT, SCHMERZHAFTE UNORDNUNG FÜHRT ZU VERÄNDERUNG. MIT DEM SCHMERZ KOMMT ERNEUERUNG, WECHSEL, REGENERATION. SCHMERZLOS BLEIBT DER VERSTAND INAKTIV, DAS HERZ UNTÄTIG, DER GEIST UNFRUCHTBAR. DIE ZEIT DEFINIEREND, BEFREIT MUSIK DIE SEELE, FÄNGT UND UNTERWIRFT DAS HERZ, GIBT DEM VERSTAND FARBE, SCHLEUDERT DEN GEIST INS UNENDLICHE.

Ich bringe etwa drei Stunden am Tag (sieben Tage die Woche) mit der Behandlung meiner chronischen Rücken- und Nackenbeschwerden zu. Seit Jahren ist es Bestandteil meiner Kur, morgens Yoga zu machen, jeden Abend zu schwimmen, dreimal die Woche mit Gewichten zu trainieren und sooft wie möglich Behandlungen mit Eis und feuchter Wärme im Wechsel zu machen. Als Ergänzung meines Trainings ist Musik unverzichtbar.

Sie ist mir nicht nur rhythmische Motivation, Taktgeber und Energieverstärker, sondern hilft mir auch, psychischen Lärm (mentales «sollte und müßte»), das das «*Hör* und Jetzt» stört (siehe das gleichlautende Kapitel, S. 317) auszuschalten.

MUSIK ZU MACHEN ODER ABZUSPIELEN HEISST,
DIE VERANTWORTUNG FÜR DIE INNERE UND ÄUSSERE UMGEBUNG
ZU ÜBERNEHMEN.

Schmerzelimination / -reduktion

Musik kann helfen, Schmerz auszuschalten, indem sie als imaginärer Rückzugsort, als sicherer Hafen dient. Sie trägt dazu bei, Streß und Anspannung zu verringern, und bewirkt Entspannung. Sie bringt die Endorphinausschüttung in Gang und unterstützt unseren Verstand dabei, Klangbilder zu erschaffen, damit wir vorübergehend in eine «schmerzfreie Welt», die unter dem Schutz der Fantasie steht, entkommen können. Musik fungiert als «Dolmetscher», der «Schmerzwellen» in gesunde «Klangenergie» übersetzt.

ÜBUNG 3
Schmerzelimination / -reduktion

Immer, wenn du Schmerz empfindest, atme mit der Musik.
Es wird dich beruhigen. Es wird dir dort eine innere Massage
verabreichen, wohin keine Heilerhand je gelangt.
Keine Akupunkturnadel vermag diese Membran zu durchstechen,
da nur du weißt, wo es schmerzt.

Schmerz ist ein Symptom der Disharmonie. Zum Zweck dieser Übung kann man «Schmerz» als eine Serie von Klängen – oder Vibrationen – betrachten, die Botschaften an das Gehirn aussenden, um anzuzeigen, daß in einem bestimmten Körperteil etwas nicht in Ordnung ist. Diese Schmerzbotschaften hören wir wie das Schrillen eines Weckers, der uns auf einen bestimmten Zustand der Dissonanz irgendwo im Körper aufmerksam macht. Das Ziel dieser Übung ist es, physische und mentale Harmonie zu erlangen, indem man die Schmerzvibrationen in Vibrationen des Wohlgefühls und der Erleichterung verwandelt.

1. Wählen Sie für eine Dauer von 20 bis 30 Minuten (Instrumental-)Musik mit beruhigenden oder entspannenden Eigenschaften aus (siehe hierzu als Anregung die Musik-Menüs «Beruhigende Musik», S. 96, «Meditationsmusik», S. 303, «Musik für veränderte Bewußtseinszustände», S. 315, oder «Chanting-Musik», S. 428). Die Auswahl des besten musikalischen Hintergrunds und überhaupt jede Aktivität, die von Musik ergänzt wird, sind so persönlich wie die Schmerzerfahrung selbst.

2. Suchen Sie sich einen bequemen, entspannenden Platz, an dem Sie sich hinsetzen oder -legen und die Musik, vielleicht mittels eines tragbaren Geräts, abspielen können. Kopfhörer sind vorzuziehen, da sie dazu beitragen, uns von äußeren Geräuschen abzuschirmen, und uns in eine «musikalische Decke» einhüllen.

3. Beginnen Sie Ihre Entspannungskur mit dem langsamen, natürlichen Rhythmus der Zwerchfell- oder Tiefenatmung (siehe den Abschnitt «Atmen», S. 413).

4. Sobald Sie sich entspannt fühlen, gehen Sie mit Ihrem Bewußtsein direkt zur Quelle Ihres Schmerzes (Kreuz, Kopf, Nasen- und Nebenhöhlen, Hals). Konzentrieren Sie sich auf die *genaue* Lage des Schmerzes.

5. Sobald Sie die *genaue* Lage festgestellt haben (so gut, wie Sie eben können), nehmen Sie Ihr Vorstellungsvermögen zu Hilfe, um die verschiedenen Aspekte des Schmerzes zu untersuchen. «Sehen» Sie seine Ausdehnung, seine Form, seine Gestalt. Versuchen Sie im Geiste, seine Eigenschaften so gut wie

möglich zu definieren und zu beschreiben. Ist er gezackt oder kreisförmig, pulsierend oder konstant? Werfen Sie einen Blick auf seine Beschaffenheit. Ist er glatt oder rauh? Können Sie ihm eine Farbe zuordnen?

6. Sobald Sie die Eigenschaften des Schmerzes festgestellt haben, nehmen Sie Ihre Vorstellungskraft zu Hilfe und übersetzen die Schmerzvibrationen in Klangwellen. Wie *hört* sich der Schmerz an? Klingt er hoch und durchdringend? Tief, schwer und dumpf? Gellend und unharmonisch? Hallen die Schmerzvibrationen in anderen Teilen Ihres Körpers wider? Sobald Sie sich auf den «Sound» des Schmerzes eingestimmt haben, können Sie damit beginnen, diese «Klangwellen» des Schmerzes in ruhige, fließende, harmonische Vibrationen zu verwandeln.

7. Nachdem Sie an dieser Stelle angelangt sind, stellen Sie sich vor, wie Sie in die beruhigende Musik, die Sie umfließt, hineinatmen. Bei jedem Atemzug, den Sie machen, stellen Sie sich vor, wie Sie die beruhigenden, heilenden Klänge tiefer und tiefer in Ihren Körper einatmen, bis sie zu dem Schmerz selbst vordringen.

8. Sobald die Musik den Schmerz erreicht hat, stellen Sie sich vor, daß sie den Schmerz vollkommen umschließt. «Sehen» Sie mit Ihrem geistigen Auge, wie der Nachhall der Musik den Schmerz langsam, aber wirkungsvoll demontiert. «Sehen Sie zu, und hören Sie hin», wie die Schmerzvibrationen in Dutzende, dann Hunderte, dann Tausende kleiner Bestandteile zerlegt und von der Melodie der Musik umfangen werden.

9. Stellen Sie sich beim Ausatmen aktiv den in seine Einzelteile zerlegten Schmerz, die Partikel und Moleküle vor, die mit der Atemluft auf einer Welle des Klangs aus Ihrem Körper hinausbefördert werden. Lauschen Sie weiterhin dem Rhythmus und dem Pulsieren der Musik, die die aufgelösten Schmerzwellen aus Ihrem Körper hinaustragen. Sehen Sie zu, wie diese Schmerzwellen verschwinden, während das Pulsieren der Musik sie weiter und weiter, unendlich weit fortspült.

Fahren Sie mit dem «Einatmen» von Musik, mit dem Zerlegen des Schmerzes und dem Ausatmen der Schmerzfragmente fort, bis Sie sich sicher sind, daß jedes Stückchen des zerfallenen Schmerzes vollständig aus Ihrem Körper verschwunden ist.

10. Sobald der Schmerz aus Ihrem physischen Körper entfernt ist, fahren Sie darin fort, die reinigenden, klärenden, natürlichen, massierenden und heilenden Klänge der beruhigenden Musik einzuatmen. Konzentrieren Sie sich mit Ihrem inneren Bewußtsein auf die Visualisation der heilenden Klänge, die weiter in das Gebiet vordringen, in dem zuvor der Schmerz saß. Stellen Sie sich vor, wie die Vibrationen der Musik diesen verjüngten Bereich mit ihren Rhythmen auskehren. «Sehen» Sie und hören Sie der Melodie zu, während sie den wiederbelebten Bereich nährt und reinigt. Spüren und beobachten Sie dabei die belebende und regenerierende Wirkung, die diese musikalischen Echos auf Ihren Körper haben.

11. Sobald Sie im Verlauf dieses «Reinigungsrituals» auf irgendwelche Überreste des Schmerzes stoßen, fahren Sie mit Ihrem rhythmischen Atmen und Ihrer Klanginhalation («inhalieren» Sie die Melodie der Musik) fort und gestatten es den Klangwellen, den Schmerz sanft aus Ihrem Körper «hinauszubegleiten».

12. Wenn Sie spüren, daß die Musik Ihre Gesundheit in dem betroffenen Bereich vollständig und erfolgreich wiederhergestellt hat, erlauben Sie Ihrem Geist und Ihrem Körper, sich zu entspannen. Lehnen Sie sich zurück, und erfreuen Sie sich weiterhin an den beruhigenden Klängen der Musik, bis sie zu ihrem Ende kommt. Während Sie sich entspannen, rufen Sie sich ins Bewußtsein, daß Sie, und nicht «der Schmerz», die Kontrolle über Ihr Leben haben. Auch nachdem die Musik aufgehört hat, verfügen Ihr Gehirn und Ihr Körper über einen vollkommenen «akustischen Eindruck» davon. An diesem Punkt profitieren Sie am meisten, wenn Sie alle Sorgen, Befürchtungen oder negativen Vorstellungen in bezug auf den Schmerz loslassen und es der widerhallenden Musik gestatten, auch weiterhin in Ihrem Körper zu pulsieren, um den Heilungszyklus für den Rest des Tages fortzusetzen.

13. Sie können diese Übung wiederholen, sooft Sie es

wünschen. Denken Sie während der Übung daran, den natürlichen Fluß Ihres rhythmischen Atmens zuzulassen, damit Ihr
Geist und Ihr Körper die Harmonie herstellen können, die
erforderlich ist, um den Schmerz auszuschalten und den Körper
zu heilen.

3

Selbstachtung

Unsere äußere Welt spiegelt unsere Welt im Inneren wider.
Unsere äußeren Bedingungen geben wieder,
was wir von uns selbst halten.

Wenn wir so viel Angst haben, unserem eigenen Rhythmus zu folgen, daß wir uns lieber den äußeren Vorgaben anpassen, nennt man das Unsicherheit. Wir sind mit dem Zugang zur Essenz aller Musik geboren und verbringen den Rest unseres Lebens damit, nach innerer Harmonie zu suchen und zugleich den Lärm von außen auszusortieren. Das nennt man persönliche Gültigkeit.

Vor einiger Zeit hatte ich es mit einem bemerkenswerten Fall von geringer Selbstachtung zu tun. Im Alter von sechs Jahren wurden die Zwillinge Jamal und Jaime die unschuldigen Opfer der destruktiven Ehe ihrer Eltern. Nachdem sie sich sieben Jahre lang immer wieder getrennt und erneut zusammengerauft hatten, reichte die Mutter der Jungen die Scheidung von ihrem alkoholkranken Mann ein. Nach einer langen Vormundschaftsschlacht erhielt sie das Sorgerecht für Jamal und blieb in ihrem Heimatort wohnen. Jaime hingegen zog mit seinem Vater fort.

Während der nächsten paar Jahre beschritten die Eltern bei der Erziehung der eineiigen Zwillinge deutlich unterschiedliche Wege. Jamal, der bei seiner Mutter lebte, war der glückliche Empfänger von bedingungsloser Liebe, Unterstützung und einer förderlichen Akzeptanz, die ihn mit einem starken, grundlegenden Selbstwertgefühl ausstatteten. Kurz nach der Scheidung setzte die Mutter ihren langgehegten Wunsch, die Abendschule zu besuchen, einen Abschluß zu machen und sich eine lukrative Stelle zu sichern, in die Tat um. Während sie die Schule besuchte, lernte sie einen freundlichen, sanften Mann kennen, in den sie sich verliebte. Drei Jahre nach der Scheidung heiratete sie ihn, und dieser Mann wurde für Jamal zu einem positiven Rollenvorbild.

Während seiner Schulzeit glänzte Jamal, der von seiner Mutter und seinem Stiefvater ermutigt und unterstützt wurde, in praktisch allen Fächern. Nach seinem High-School-Abschluß besuchte er das College. Dort zeichnete er sich sportlich aus, hatte viele soziale Kontakte und war in schulischen wie in kommunalen Dingen äußerst aktiv. Er machte seinen Abschluß mit Auszeichnung und wurde schließlich Ingenieur.

Lange Zeit später tauchten die Zwillingsbrüder, die ihre Beziehung über die Jahre mit Unterbrechungen aufrechterhalten hatten, in meinem Büro auf, weil Jamal darauf bestanden hatte. Inzwischen war Jamal zum leitenden Ingenieur und Vizepräsidenten einer angesehenen internationalen Firma aufgestiegen. Zu seinen Hobbys gehörten Skifahren, Golfspielen, Kajakfahren und das Schreiben von Forschungsbeiträgen. Er war glücklich verheiratet und beschäftigte sich viel mit seiner Frau und seinen drei Kindern.

Jaime hatte eine ganz andere Entwicklung genommen. Kurz nach der Scheidung hatte der Vater, ein erfolgreicher und relativ wohlhabender Staatsanwalt, damit angefangen, seinen kleinen Sohn mit Schuldzuweisungen, Vorwürfen und Erniedrigungen zu malträtieren. Väterliche Vorträge, an die Jaime sich später erinnerte, kreisten um das Thema persönliche Zurückweisung.

Kurz vor der Scheidung hatte ein Intelligenztest offenbart, daß die Zwillinge fast über identische geistige Kapazitäten verfügten. Sie fielen in den oberen Intelligenzbereich, und ihre Stärke lag vor allem auf mathematischem Gebiet. Seinem Vater zufolge war Jaime jedoch *in allem* unzulänglich. Während Jamal zu Hause Lob, Unterstützung und Ermutigung erhielt, wurde Jaime nur erniedrigt, bestraft und entmutigt. Da er sich verlassen und vernachlässigt fühlte, gelang es ihm nicht, die innere Stärke zu entwickeln, die notwendig ist, um gesunde Beziehungen aufzunehmen, Ziele zu verfolgen und – ganz entscheidend – an sich selbst zu glauben. Statt seinen Vater zu respektieren, fürchtete Jaime ihn nur.

Nach seinem Abschluß arbeitete er auch weiterhin in dem örtlichen Kaufhaus, in dem er schon während seiner Schulzeit gejobt hatte. Obwohl sein Abschlußzeugnis nur aus Einsen und Zweien bestand, war sich Jaime sicher, daß er nicht gut genug war, um aufs College zu gehen. Jahre später, nach zwei gescheiterten Heiratsversuchen, schrieb sich Jaime – inzwischen in den Dreißigern – in einer Abendschule ein und erhielt nach zwei Jahren den Abschluß eines örtlichen Colleges. Gehandikapt durch seinen Mangel an Selbstvertrauen, wurde er bei mehreren Vorstellungsgesprächen zurückgewiesen und begnügte sich schließlich damit, einer der stellvertretenden Manager in seinem alten Kaufhaus zu sein. Er interessierte sich nicht für Sport, nahm weder im College noch in der Gemeinde jemals an irgendwelchen Aktivitäten teil, hatte keine engen Freunde und keine Hobbys, die über das Fernsehen hinausgingen. Er hatte keine Kinder und niemanden, der ihm besonders viel bedeutete.

Jamal erkannte, daß Jaimes Leben einer abwärts gerichteten Spirale folgte, und brachte seinen Bruder dazu, ihn zur Therapie zu begleiten.

Als sie mein Büro betraten, erschien mir Jamal um Jahre

jünger als sein Zwillingsbruder. Er kam mir größer vor, gepflegter und auf beeindruckende Weise stabiler. Er schenkte mir ein charmantes, strahlendes Lächeln und verfügte über eine angenehme Körpersprache und einen festen Händedruck. Seine Augen leuchteten vor Selbstvertrauen, seine Stimme war tief und sonor. Er war ein liebenswerter Mensch, von der Art, die einen Raum heller werden läßt.

Obwohl Jaime die gleiche Größe und das gleiche Gewicht aufwies, wirkte er kleiner und schwerer. Er zeigt ein teilnahmsloses, künstliches Lächeln, ließ die Schultern hängen und vermied Blickkontakt. Sein Händedruck war schwach und leblos. Er kleidete sich wie ein alter Mann, trug ein nicht gerade ansprechendes Brillengestell, lief mit einem wenig gelungenen Haarschnitt herum, sprach in einem schwerfälligen Flüsterton und war der Inbegriff von «ausgelaugt und müde». Während Jamal offenbar sein Leben in der Hand hatte, wirkte Jaime durch das seine vernichtet. Auf die Musikwelt übertragen, war Jamal ein Star; Jaime hingegen war der Typ, der nicht einmal wußte, wie er Tickets für das Konzert seines Bruders bekommen konnte. Bemerkenswerterweise erinnerte sich Jamal, der seinen Vater nur ein paarmal gesehen hatte, ausgesprochen deutlich an ihn. Jaime andererseits, der bei seinem Vater gelebt hatte, konnte sich nur schemenhaft an diesen ausfallenden und lieblosen Mann entsinnen.

In seiner Therapie beschrieb Jaime sich selbst als Schwindler, als «Fälschung». Alles, was er erreicht hatte, verdankte er seiner Meinung nach nur einer glücklichen Fügung. Die guten Dinge waren ihm irgendwie zugestoßen, die schlechten hatte er verursacht. Selbst seine Affirmationen waren durchdrungen von Entwertungen wie: «Ich werde es versuchen, aber es wird nicht funktionieren.» Seine Selbstaussagen waren angefüllt mit Phrasen der Selbstverleugnung, etwa: «Das bin ich nicht.» Oder: «Ich bin eben nicht besonders intelligent.» Gespräche über soziale oder zwischenmenschliche Themen waren immer voller Abwehr: «Ich bin ein ziemlich langweiliger Mensch.» – «Ich mache ihr keinen Vorwurf, weil sie mich verlassen hat.» Bemerkungen zu zukünftigen Möglichkeiten wurden grundsätzlich disqualifiziert: «Ich werde es nie besonders weit bringen.» – «Ich kann mit Veränderungen nicht besonders gut umgehen.» – «Solche Dinge haben bei mir einfach keinen Sinn.» Sogar Komplimente – «Das ist ein schöner Pullover» – wies er zurück und sah darin eine sarkastische Abfuhr: «Ich weiß, ich wirke darin dick, aber er war einfach das erste Kleidungsstück, das mir in die Finger kam.» Sein Lieblingsausdruck war offenbar «ich sollte … (größer, dünner, stärker, klüger, weiter sein)». Er war zerfressen von Zweifeln, niedergeschlagen und unsicher. Jaime war unflexibel, stellte sich nicht einmal den kleinsten Herausforderungen und litt unter einer allgemeinen Angst vor dem Leben.

Zu dem wenigen, woran Jaime tatsächlich Freude hatte, zählte Musik. In seiner Jugend hatte er eine besondere Verbundenheit mit der Popgruppe Bread entwickelt, und zu seinen Lieblingssongs gehörten die sehr melancholischen Titel «Aubrey», «Everything I Own» und «Diary». Die Texte dieser Lieder schienen Darstellungen seiner schmerzlichen Biographie zu sein.

Einen Großteil seines Lebens war Jaime mit der Grausamkeit seines Vaters konfrontiert gewesen, der ihm schädliche, fast erdrückende Botschaften «injizierte», die seiner Identität ernsthaften Schaden zufügten. Mit der Zeit gelang es dem Vater außerdem, ihm «emotionale Knöpfe» oder hochsensible Punkte einzupflanzen, die er drücken und auslösen konnte, wann immer er meinte, dem Sohn ein Bein stellen und seine Qualen aktivieren zu müssen. Lange nachdem der Vater gestorben war, blieb sein bösartiger Einfluß noch immer bestehen, beeinträchtigte Jaimes Leben und hemmte sein verborgenes Potential. Die «Knöpfe» waren nun gut etabliert, und jeder, der wollte – auch Jaime selbst –, konnte sie jederzeit «drücken». Jedes Betätigen eines Knopfes erinnerte Jaime an seine Inkompetenz, sein fruchtloses Leben. Ähnlich wie eingängige Melodien zugrundeliegende Gefühle auszulösen vermögen, hallten auch diese negativen Botschaften erbarmungslos wider und verfolgten ihn.

Zu den Zielen in der Therapie gehörte es, Jaime bei der

Aktivierung seines inneren Potentials zu helfen, Wachstum und damit die Entwicklung von Selbstvertrauen zu ermöglichen. Ein Verfahren bestand darin, seine alte, selbstzerstörerische «Titelliste» funktionsgestörter «Melodien» zu löschen und sie durch vielseitigere, harmonischere Selbstaussagen zu ersetzen. Anders ausgedrückt: Wir versuchten seinen «inneren kritischen Balladensänger» in einen emphatischen Botschafter zu verwandeln, der den «schädlichen Ton», den er sich selbst gegenüber anschlug, positiv beeinflußte.

MUSIK BEFÄHIGT DAS BEOBACHTENDE SELBST,

NEUE EBENEN DES BEWUSSTSEINS ZU ERREICHEN,

WÄHREND SIE ZUGLEICH DIE LENKENDEN STRUKTUREN

FÜR DIE SELBSTERFORSCHUNG BEREITSTELLT.

Die im nächsten Abschnitt folgende Übung ist jener sehr ähnlich, die wir einsetzten, um Jaime bei der Errichtung innerer Grenzen und beim Löschen jenes alten, «schädlichen Tons» zu helfen. Mit dieser Übung gelangen ihm die ersten Schritte auf dem Weg zur Selbstheilung.

Musik ist dazu in der Lage, Menschen energetisch aufzuladen; sie hilft, den Verstand zu reinigen. Folglich kann Musik einen entscheidenden Beitrag leisten:

- um unsere Gedanken zu verändern und alte «schädliche Töne» oder negative Botschaften zu überschreiben»;
- um unsere Überzeugungen und Einstellungen zu modifizieren und uns auf diesem Wege unseren Wert als Mensch erkennen und anerkennen zu lassen;
- um uns realistische Zielsetzungen zu ermöglichen;
- um psychischem Lärm etwas entgegenzusetzen, womit wiederum der Weg freigemacht wird dafür, daß wir die Erwartungen, die wir uns selbst auferlegt haben, und innere wie äußere Annahmen überprüfen;

- um uns zur Abänderung innerer Botschaften zu veranlassen, vor allem solcher, die in «sollte» und «müßte» gekleidet oder aber selbstzerstörerische, auf Aussichtslosigkeit getrimmte Verlegenheitsaussagen sind;
- um uns bei der Ausschaltung jener dissonanten, negativen, selbstzerstörerischen inneren Dialoge zu unterstützen, die nicht aufhören, uns zu verfolgen;
- um uns bei der Befreiung von Schuldgefühlen, angestauter Wut, Ressentiments und destruktiven Selbstbildern, die wir möglicherweise hegen, zu helfen;
- um uns das Aufgeben falscher Maßstäbe zu ermöglichen, die unsere Fehleinschätzung der Erwartungen symbolisieren, von denen wir meinen, daß unsere Mitmenschen sie an uns richten;
- um uns von unrealistischen, selbstauferlegten Maßstäben zu befreien, die sich in Form von Angstzuständen, Feindseligkeit und/oder Depressionen manifestieren und in einem schlechten Selbstbild resultieren können.

Mit dem Rhythmus entsteht ein Traum vom Fliegen; es ist so leicht, sich in die Lüfte zu erheben. Man fühlt sich so, als könne man sich an den eigenen Stiefelschlaufen emporheben. Hat man das Muster einmal verstanden, gleicht es einer Versicherung, mit der Zukunft fertig werden zu können.[1]

Denken Sie bei der nachfolgenden Übung daran, daß es sich um *Ihr* Musical handelt. Sie sind der Autor, der Komponist. In Ihrer Visualisation sind *Sie* Ihr eigener Leadsänger, spielen die Hauptrolle, sind Held oder Heldin.

◯

Selbstförderung: Lärm in Harmonie verwandeln

Am schmerzhaftesten ist es zu glauben, daß etwas mit mir
nicht stimmt und daß niemand sonst meine Probleme hat.
Selbstverständlich trifft das nicht zu.

1. Wählen Sie Instrumentalmusik mit lebhaften (oder inspirierenden), temporeichen, motivierenden Eigenschaften für eine Dauer von etwa 20 Minuten aus (siehe hierzu die Musik-Menüs «Inspirierende Musik», S. 88, «Stimulierende Musik», S. 52, und «Musik zum Loslassen», S. 337).

2. Finden Sie einen bequemen, entspannenden Ort, an dem Sie Ihre Musik hören können. Verwenden Sie, wenn möglich, ein netzunabhängiges Gerät sowie Kopfhörer, um sich vor äußeren Geräuschen abzuschirmen und um tiefer in die stimulierenden musikalischen Vibrationen einzutauchen.

3. Beginnen Sie Ihren Entspannungsprozeß mit einer langsamen, natürlichen, rhythmischen Zwerchfell- beziehungsweise Tiefenatmung (siehe den Abschnitt «Atmen», S. 413).

4. Gestatten Sie es der Musik, Ihren Kopf von negativen Gedanken und inneren Annahmen («Ich *sollte* entspannter sein», «Ich *sollte* inzwischen besser darin sein», «*Warum* nur fällt mir das so schwer?») zu reinigen. Anders ausgedrückt: Geben Sie jegliche Erwartungen hinsichtlich dessen auf, was Sie fühlen oder tun «sollten», was Sie während dieser Sitzung erreichen «müßten» (siehe hierzu «Sollte und müßte», S. 387, «Warum-Fragen», S. 379, und «Erwartungen», S. 370).

5. Während die Musik fließt, visualisieren Sie sich selbst in einer Situation, die typischerweise Ihr Selbstbild bedrohen würde (vor großem Publikum sprechen, Gesprächspartner in einem Interview sein, das Fordern einer Gehaltserhöhung, mit einem Professor über die Benotung einer Prüfungsarbeit reden, je-

manden von der Qualität eines Produkts überzeugen). Oder aber Sie stellen sich vor, wie Sie mit der größtmöglichen Angst im Hinblick auf Ihre Selbstidentität konfrontiert werden («Ich weiß, daß ich nicht gut genug bin, und jetzt werden sie alle herausfinden, was für ein Hochstapler ich in Wahrheit bin!»). Sollten Sie sich von diesem Versuch zu sehr überwältigt fühlen, dann kehren Sie zur Tiefenatmung zurück, und gestatten Sie der Musik, die Bilder fortzuspülen, die Angst oder unangenehme Gefühle in Ihnen wachrufen. Sobald Sie sich besser fühlen, fangen Sie entweder mit einer weniger bedrohlichen Vorstellung von vorn an oder versuchen zu der vorherigen Situation zurückzukehren. Fühlt sich dies erneut zu unangenehm an, dann brechen Sie die Übung ab und starten am Folgetag einen erneuten Versuch oder dann, wenn Sie sich bereit fühlen, Ihre imaginäre Reise wiederaufzunehmen.

Der Maler muß im Innern Harmonie herstellen, bevor er im Äußeren porträtieren kann.[2]

6. Indem Sie sich selbst in dieser schwierigen Situation sehen, wenden Sie sich mit Ihrem inneren Selbst Ihrem «inneren kritischen Balladensänger» zu. Hören Sie sich diese kleinen Lieder in Ihrem Inneren an, die sie ständig daran zu erinnern scheinen, daß Sie «ein Hochstapler», «ein Verlierer», «ein Versager» sind oder «es nie zu irgend etwas bringen» werden. Diese Echos in Ihrem Kopf dienen bloß dazu, Sie glauben zu machen, daß es *jedem,* den Sie kennen, bessergeht als Ihnen, daß Sie *nie* das Richtige sagen oder tun. Wählen Sie den *einen* Text aus, auf den Sie sich vorrangig konzentrieren wollen, und richten Sie Ihre Aufmerksamkeit auf das «*Hör* und Jetzt» (siehe den Abschnitt «Affirmationen», S. 403, dem Songtitel zu entnehmen sind, die mit Textbotschaften eine positive Einstellung bewirken können).

Denken Sie daran, daß das Herstellen von Gleichgewicht der richtige Weg zum Selbst ist. Hören Sie auf die Musik Ihres inneren Selbst, und tanzen Sie zu diesen inneren Rhythmen.

Machen Sie sich Ihr Selbst als vibrierendes Wesen bewußt, als Mikrokosmos des pulsierenden Universums. Indem Sie Ihr inneres Wesen nähren, können Sie sich dem sich herausbildenden Klang beugen.

7. Wählen Sie optimistische, stimulierende Musik – oder Songs mit positiven Textbotschaften –, um sich energetisch aufzuladen und Ihren negativen Selbstaussagen etwas entgegenzusetzen (Beispiele finden Sie in den Musik-Menüs «Stimulierende Musik», S. 52, und «Musik zum Loslassen», S. 337). Vorrangiges Ziel ist es, negativen psychischen Lärm, der Ihnen rationales und objektives Denken unmöglich macht, zu minimieren, zu unterbrechen oder zu eliminieren. Unserem inneren Rhythmus folgend, suchen wir, ohne etwas zu erwarten, strecken wir die Hand aus, ohne sie auszustrecken, wissen wir, ohne zu lernen, fließen wir, ohne zu zögern. Innere Musik bringt den vernachlässigten Aspekt des Selbst zum Vorschein.

8. Sobald die Lieder und Melodien Ihnen dabei helfen, Ihre mentalen Bilder zu transformieren, fangen Sie an, die Gültigkeit Ihrer kritischen inneren Botschaften in Frage zu stellen. «Bin ich tatsächlich *unfähig,* etwas Neues zu lernen? Versage ich wirklich bei *jeder* Gelegenheit? Stimmt es, daß ich *immer* das Falsche sage?»

Das Tao zu leben bedeutet, daß wir uns unserer eigenen Muster bewußter werden und in Harmonie mit ihnen leben.[3]

9. Hören Sie sich selbst zu. Verwenden Sie nun, da Ihr Geist zur Ruhe kommt, die Techniken, die Ihren Gedanken Einhalt zu gebieten vermögen (siehe den Abschnitt «Gedanken Einhalt gebieten», S. 408), die dazu dienen, zuzuhören und sich auf Ihre im Innern widerhallenden negativen «Ohrwürmer» («Ich bin *wirklich* unfähig...», «Ich verpatze *jede* Gelegenheit», «Ich habe *immer* unrecht») einzustellen.

10. Aktivieren Sie Ihren inneren Texter, damit er Sie darin unterstützt, Ihre inneren «Texte» neu anzulegen, Ihre «innere

(Seifen-)Oper» in ein realistischeres, objektiveres Musical zu verwandeln, in dem Sie Autor, Dirigent und Darsteller zugleich sind.

Für jeden Menschen ist der Klang, der ihn selbst durchströmt, der zuversichtlichste.[4].

Indem Sie sich auf das »*Hör* und Jetzt» (siehe das gleichlautende Kapitel, S. 317) konzentrieren, gestatten Sie es Ihrer Objektivität, während Sie die *gegenwärtige* Situation einschätzen, realistische Texte zu verfassen. Die obigen Botschaften können durch positivere, aktivere Selbstaussagen wie etwa die folgenden ersetzt werden:

- Im Laufe meines Lebens habe ich mir schon viel angeeignet, und ich bin durchaus fähig, auch weiterhin neue Dinge zu lernen.
- Wenn sich Gelegenheiten bieten, nutze ich sie *oft*.
- Obwohl ich *manchmal* Fehler mache, habe ich eine Menge zu bieten, und daher bin ich bereit, Risiken einzugehen.

Hier geht es darum, vergangenen Themen oder Fehlern keine Gelegenheit zu geben, die gegenwärtige Situation zu beeinflussen (bleiben Sie im «*Hör* und Jetzt»!); lassen Sie kein auf die Zukunft gerichtetes Katastrophendenken zu; und erlauben Sie nicht, daß inneres oder äußeres «sollte und müßte» zur *bestehenden* Situation in Widerspruch tritt. Carl Seashore hat gesagt: «Rhythmus ist niemals Rhythmus, es sei denn, man spürt, daß man ihn selbst schafft.»[5]

11. Während Sie es zulassen, daß die Musik Ihre positiven Energien *passiv* stimuliert, visualisieren Sie *aktiv*, wie Sie mühelos Ihr Ziel erreichen. Abhängig von der jeweils bestehenden Situation, stellen Sie sich selbst entspannt, planvoll, zuversichtlich, bestimmt, konzentriert und so weiter vor.

Wenn Ihnen jemand ein Kompliment macht, dann nehmen Sie es in sich auf, indem Sie sagen: «Danke, ich weiß das zu schätzen.» Einspruch gegen ein Kompliment zu erheben heißt, sich selbst herunterzumachen.[6]

Hier folgen ein paar Vorschläge, die Sie in Betracht ziehen können, während Sie Ihre «funktionsgestörten inneren Melodien» oder schädlichen Botschaften neu arrangieren:

- Visualisieren Sie sich selbst als erfolgreichen Menschen, der seinen Weg macht, indem er einen Schritt nach dem anderen tut. Achten Sie darauf, daß jedes Ziel, das Sie sich stecken, einfach, realistisch, direkt und leicht zu erreichen ist. Konzentrieren Sie sich auf jede Situation, auf eine nach der anderen, so gut, wie es Ihnen möglich ist. «*Hör* und jetzt». (Tun Sie «*hör* und jetzt» Ihr Möglichstes? Wenn nicht, was können Sie dann *realistischerweise* tun, um die Dinge zu verbessern, sie zu beschleunigen, sie für sich *voran*zubringen?)
  Eine gesündere, passendere und rationalere Aussage könnte die folgende Form annehmen: «Bis zum gegenwärtigen Zeitpunkt habe ich im Rahmen meiner Möglichkeiten mein Bestes getan. Es liegt an mir, ob ich hier stehenbleibe oder aber versuche, meine Situation im Rahmen meiner *gegenwärtigen* Fähigkeiten zu verbessern.»
- Hören Sie sich selbst die «richtigen» Dinge sagen und tun. Jedesmal, wenn es Ihnen gelingt, das «Richtige» zu sagen oder zu tun, fühlen Sie sich fähiger, Erfolge zu erzielen. Andererseits werden Sie, wenn Ihnen einmal ein «Ausrutscher» passiert und Sie das Falsche sagen, zunehmend fähiger sein, solche unvermeidlichen Situationen in einen angemessenen Rahmen zu stellen, sie abzuschütteln und weiter voranzuschreiten. Unsere innere Musik richtet eine Kraftquelle in uns ein. Sie transformiert die Art, wie wir uns fühlen, wie wir unsere eigene Existenz oder Identität erleben.

- Stellen Sie sich vor, wie Sie Ihr Ziel erreichen und später die positiven Folgen und den Nutzen erkennen. «Hören» Sie im Geiste, wie man Ihnen gratuliert, dankt, Sie belohnt, lobt und Ihnen Komplimente macht. Als «Zugabe» führen Sie Ihre Visualisation einen Schritt weiter und stellen sich vor, wie Sie vergleichbare Situationen in der Zukunft sogar noch gelassener, selbstbewußter und erfolgreicher handhaben.

- Genehmigen Sie sich im Umgang mit neuen, ungewöhnlichen, peinlichen und schwierigen Situationen eine vernünftige Flexibilität. Wenn Sie zum Beispiel in einer bestimmten Stadt noch nie mit dem Auto unterwegs waren, dann seien Sie realistisch genug zu begreifen, daß es, wenn Sie sich verirren, nicht bedeutet, daß Sie dabei «versagt» haben, Ihr angestrebtes Ziel zu erreichen. Ersetzen Sie «Ich bin unfähig, wenn es um die Orientierung geht» durch «Ich weiß, daß die Orientierung nicht zu meinen Stärken gehört, daher wird es einfach ein wenig länger dauern, bis ich zu dieser Adresse finde».

- Erschaffen Sie ein Bild von sich, in dem Sie unrealistische Anforderungen an sich selbst auf ein Minimum reduzieren oder ganz ausschalten. Wenn Sie niemals zuvor in Ihrem Leben Saxophon oder Geige gespielt haben, seien Sie sich darüber im klaren, daß Sie anfangs eine Weile zu kämpfen haben werden, bis Sie sich beim Spielen des Instruments wohl fühlen. Seien Sie im «Hör und Jetzt», konzentrieren Sie sich auf jedes bißchen Fortschritt statt auf die Fehler.

- Visualisieren Sie sich selbst dabei, wie Sie das Aufkommen von falschen, störenden Gefühlen wie Selbstmitleid, Stolz und Depressivität unterbinden. Angenommen, Sie haben gerade bei einem Kartenspiel verloren. Das bedeutet nicht, daß Sie der «geborene Verlierer» sind, bemitleidet werden müssen, sich entsetzlich fühlen «müßten» oder gar die Frage nach der mysteriösen, zugrundeliegenden Bedeutung beziehungsweise nach dem

«Warum» zu stellen hätten. Es bedeutet einfach, daß Sie bei einem Kartenspiel verloren haben. Punkt. Diesesmal waren eben die anderen an der Reihe.

- Hören Sie sich Ihre inneren Dialoge an, und nutzen Sie diese Gelegenheit, um Ihre Selbstaussagen auf ein gesünderes, vernünftigeres Niveau zu bringen:
«Ich habe ein Kartenspiel verloren, bin aber um eine weitere Erfahrung reicher.»
«Diesmal habe ich vielleicht verloren, aber ich habe dennoch beim Spielen eine gute Zeit mit Freunden verbracht.»
«Was habe ich aus dieser Runde gelernt, was mir bei einer Strategie für die Zukunft helfen könnte?»
«Wenn ich mich derartig über ein Kartenspiel aufrege, vielleicht kann ich dann ja eine andere, weniger besorgniserregende Beschäftigung für meine Freitagabende finden.»
Musik unterstützt die natürliche Ordnung der Dinge. Sie tritt nicht in Wettbewerb, sie vergleicht nicht, sie beklagt sich nicht und erklärt nicht. Als spiralförmiger Prozeß fließt sie durch Vergangenheit, Gegenwart und Zukunft. Sich mischend, doch nichts erzwingend, im Gleichgewicht bewirkt sie Gleichgewicht. Auf diese Weise setzt Musik ihren Tanz in Übereinstimmung mit dem Tao fort.

Seien Sie realistisch, was die Ihnen gegenwärtig zur Verfügung stehenden Ressourcen angeht. Zum Beispiel vergleichen Sie Ihr Heim mit dem größeren, schöneren des Nachbarn. Macht dieses elegantere Zuhause Sie zu einem Versager? Wohl kaum. Wie kam es, daß Ihr Nachbar sich dieses wunderbare Zuhause leisten konnte? Eine Erbschaft? Eine Entschädigung nach einem Unglück? Hat der Nachbar länger gearbeitet, gespart und mehr Opfer auf sich genommen als Sie? Hat er eine Abfindung bekommen, oder ist er finanziell schneller auf die Beine gekommen als Sie? Hat er Schulden? Vielleicht ist Ihr Nachbar größere

Risiken eingegangen, oder er ist einfach geschickter darin, die Marktsituation auszunutzen. Auch hier gilt: *Welchen Unterschied machen die Antworten auf diese Warum-Fragen?!*

Geben Sie die Frage nach dem Warum auf – «Warum hat jeder in unserer Nachbarschaft ein besseres Haus als wir?» Lassen Sie sollte und müßte los – «Es *müßte* uns inzwischen finanziell um so viel bessergehen!» Was sagt denn die Leistung Ihres Nachbarn über Ihre aus? Vermutlich nichts.

Was *in Ihnen veranlaßt Sie* dazu, sich selbst mit Ihrem Nachbarn zu vergleichen? Wäre es nicht eine gesündere Art, das Wochenende zu verbringen, wenn Sie sich einfach an Ihrem Erfolg und Ihren Leistungen erfreuen würden? Außerdem wird die Bereitschaft Ihres Nachbarn, Zeit und Geld zu investieren, um ein bescheidenes Häuschen in einen himmlischen Palast zu verwandeln, den Wert *Ihres* Grundstücks steigern.

Eine gesündere, passendere und vernünftigere Aussage könnte lauten: «Es ist unproduktiv und selbstzerstörerisch, wenn ich mich mit irgend jemandem vergleiche und mich an ihm messe. Jeder lebt in einer anderen Wirklichkeit, mit unterschiedlicher Vorgeschichte und in einer andersartigen Situation.» Oder, noch einfacher: «Mann, tolles Haus! Ihre Veranda finde ich besonders gelungen!» Und danach lassen Sie los und kümmern sich wieder um Ihr eigenes Leben.

Wenn Sie an sich feststellen, daß Sie zu negativen, selbsterniedrigenden Gedanken zurückkehren, dann versuchen Sie sich vorangegangene Leistungen ins Bewußtsein zu rufen. Erkennen Sie Ihre Leistungen an, *ohne* sie und sich mit irgendwelchen anderen Leuten zu vergleichen. Vergessen Sie nicht: *Alles ist relativ.* Denken Sie an Ihre eigenen positiven Eigenschaften, daran, was Sie anderen Menschen, wie Familienmitgliedern, Freunden und Kollegen, bedeuten.

Schließlich dürfen Sie nie vergessen, daß *Sie Ihre Wirklichkeit selbst erschaffen.* Während Sie sich selbst also realistischerweise den Freiraum gewähren, im Verlauf Ihres Vorankommens Fehler zu machen, *bringen Sie Ihre Visualisationen immer erfolgreich zum Abschluß.* Denken Sie daran: Es handelt sich um *Ihr* Musical. Sie sind der Komponist. In Ihrer Visualisation sind Sie der Leadsänger, spielen die Hauptrolle, den Helden. Nie das Opfer. Ein und derselbe Ton hört sich für zehntausend Menschen unterschiedlich an. Jeder hört das, was er im Augenblick hören muß. Manche weinen, manche lachen, manche schlafen ein, manche sind gleichgültig. Manche bleiben, wo sie sind, andere reisen zeitlich und räumlich weit fort. Jene, die wissen, sind voll, die Achtsamen hingegen fühlen sich leer und leicht. Zeigen Sie Freude, ohne zu wissen. Lernen Sie, indem Sie sich dem Rhythmus der Lehre hingeben. Gestatten Sie den Leuten, ihre Geheimnisse selbst zu durchdringen. Vertrauen Sie dem Klang der Einfachheit. Staunen Sie über den gewöhnlichen Beat. Folgen Sie dem Echo Ihres eigenen Schrittes.

In jedem von uns steckt etwas Besonderes, das wir uns erhalten müssen.[7]

MUSIK-MENÜ 4:

Inspirierende Musik

Vorschläge aus dem Bereich der Klassischen Musik

J. S. Bach: Das Wohltemperierte Klavier I + II
J. S. Bach: Lobet den Herren alle Heiden
Bruckner: Sinfonie Nr. 8 c-Moll, 1. und 4. Satz
Schubert: Rosamunde, D 797, op. 26, Nr. 1a, Ouvertüre
Schostakowitsch: Sinfonie Nr. 5, op. 47, in D-Dur/d-Moll,
    2. Satz
Wagner: Lohengrin, Vorspiel 3. Aufzug
Händel: Der Messias, HV 56, «Halleluja»
Smetana: Mein Vaterland, Nr. 2, Die Moldau

Vorschläge aus dem Bereich der New-Age-Musik

Deuter: *Wind & Mountain* (Gitarren, Flöten u.a.)
(3132, weitere 20 CDs)

Joyce Handler: *Reflections of Hope* (orchestral) (8582)

Great Lake Indians: *Honor the Earth* (Powwow, Trommel
& Gesänge) (8008)

Ottmar Liebert & Luna Negra: *Borrasca* (2513)

Oliver Shanti & Friends: *Well Balanced* (Weltmusik)
(7826, 10 weitere CDs)

Crystal: *Bluegreen* (Piano, Gitarre u.a.) (7955)

Loreena McKennitt: *The Book of Secrets*
(vokal, keltisch) (9948, 8 weitere CDs)

Cusco: *Apurimac* II + III (Flöte, Keyboards)
(1741, 1743 + 20 CDs)

Shanghai Chinese Traditional Orchestra: *Tiger-Westen*
(chinesische Feng-Shui-Musik) (3172 + 30 weitere CDs)

Yanni: *Out of Silence* (New Instrumental)
(5260, 12 weitere CDs)

Lisa Gerrard: *The Mirror Pool* (vokal, world music) (1304)

Lisa Gerrard: *Duality* (vokal, world music) (1323)

Cecilia: *Voice of the Feminine Spirit* (vokal, Klassik) (0400)

Cecilia: *Violett 19* (0401)

The Mohannos: *Nay by Day* (Sufi, Flöte & Keyboard) (0881)

Tänzers Traum: *Celtic Mystery Tour* (instrumental) (0409,
weitere 4 CDs)

Shakin & Sepehr: *Aria* (Gitarren, Flamenco Nouveau)
(2542)

Büdi Siebert: *Toda, On the Edge of Paradise*
(Soundtrack) (2333)

Büdi Siebert: *Bridges* (world music + Jazz)
(2432, weitere 5 CDs)

Michael Gettel: *Places in Time* (Piano & Keyboards)
(3019 + 10 weitere CDs)

Paul Winter: *Missa Gaia* (Weltmusik, Chöre, Wale etc.)
(2416 + 18 weitere CDs)

Yogeshwara: *Heartlight & Soulfire* (Gitarre u.a.) (7832)

Sangit OM: *Inspiration* (Bambusflöte & Keyboards) (4838 + 4 weitere CDs)

Steiner, Frank: *I Ging Symphony* (Keyboards, orchestral) (7499)

Bollmann, Reimann & Sayeeram: *Aruna* (Obertongesang, indische Mantras) (0564)

Terry Oldfield: *Australia* (Panflöten, Xylophon u.a.) (7267 + weitere 10 CDs)

Donovan: *Sutras* (vokal, Gitarre) (6491)

David & Steve Gordon: *Sacred Earth Drums* (Trommel, Keyboards) (5155)

4

Streß

Wenn du deinen Rhythmus gefunden hast, dann horche auf die Stille.
In der Stille findest du deine Kraft, das Zentrum erschließend,
kehrst du zum Kind zurück. Finde Frieden im Lärm, Erholung
in der Angst, Harmonie im Zwiespalt, Symmetrie in der Verwirrung.

Angelique hatte Schwierigkeiten damit, sich nachts in ihrem
Zimmer sicher zu fühlen. Sie war vier Jahre alt. Immer wieder
war sie mitten in der Nacht aufgestanden, in das Schlafzimmer
ihrer (alleinlebenden) Mutter gekommen und zu ihr ins Bett
geklettert. Angeliques Mutter, eine 34jährige Sprachtherapeutin,
wußte nicht mehr, was sie noch gegen die unbegründeten
nächtlichen Ängste ihrer kleinen Tochter tun sollte.

Jeden Abend, wenn es Zeit war, ins Bett zu gehen, las sie
Angelique eine ihrer Lieblingsgeschichten vor, gab ihr einen
Gutenachtkuß und steckte die Decke für sie fest. Ein paar Augenblicke, nachdem das kleine Mädchen eingeschlafen war, verließ die Mutter gewöhnlich das Zimmer. Doch nach einer Weile
wachte Angelique wieder auf, bekam Angst, «hörte Geräusche»

und fing an, «schlimme Sachen zu denken». In der Therapie stellten wir fest, daß Angeliques Ängste, ebenso wie die «Geräusche», ihren Ursprung in ihrer Fantasie und ihrer Angst davor hatten, nachts in ihrem Zimmer allein gelassen zu werden. Anfangs riet ich dazu, beruhigende Musik im Hintergrund zu spielen, damit Angelique besser einschlafen konnte. Die Kassetten – viktorianische Spieldosenmelodien –, die Angeliques Mutter verwendete, hatten sich bei den meisten Kindern mit ähnlichen Problemen als sehr erfolgreich erwiesen. Außerdem mochte Angelique diese Musik und hatte sie begeistert zu ihrer «Lieblingsmusik» erklärt.

Die Dinge zu Hilfe nehmend, von denen wir wußten, daß sie Wirkung zeigten – das Vorlesen und die viktorianische Spieldosenmusik –, riet ich Angeliques Mutter, ein Ritual aus dem Vorlesen *in Verbindung mit* der Musik zu machen und diese im Hintergrund abzuspielen. Vom ersten Abend an funktionierte diese Kombination wunderbar, doch wies sie einen Mangel auf. Anfangs schlief Angelique – wie sonst auch – während des Vorlesens ein, beruhigt durch die Musik und die Stimme ihrer Mutter. Doch sobald die Kassette zu Ende war, wachte das kleine Mädchen wieder auf, und alles begann von vorn.

Mit einer kleinen Veränderung, nämlich dem Kauf eines Autoreverse-Kassettenrecorders, waren die Probleme der Mutter schließlich schnell ausgeräumt. Die Musik trug dazu bei, das Kind in Schlaf zu wiegen, «schaltete den psychischen Lärm aus» und half außerdem kontinuierlich, seine Ängste weitgehend zu zerstreuen (siehe den Abschnitt «psychischer Lärm», S. 358).

Das Bild von Flüssen, die zu ihrem Bestimmungsort fließen, welches Laotse vorschlägt, räumt Ängste aus. Wir müssen uns keine Sorgen darüber machen, ob ein Fluß nach Norden oder Süden, gerade oder in zahllosen Windungen fließt. Schließlich wird der Fluß im Meer sein Zuhause finden.[1]

Streß ist ein normaler, natürlicher, gesunder und unvermeidlicher Bestandteil des Lebens. Es gibt den «guten» Streß (Eustreß), der dafür sorgt, daß wir Ereignissen um uns herum aufmerksam, motiviert und wach begegnen. Dann ist da der «schlechte» Streß (Disstreß), der unser Leben stört und oft in physischen Erkrankungen mündet. Eine der Hauptursachen von Streß sind Veränderungen (Wechsel von Arbeitsplatz, Schule oder Wohnung; persönlicher Verlust; Familienzuwachs; chronische Krankheiten; Ausscheiden aus dem Arbeitsleben). Doch Sorgen können auch eine Folge zahlreicher anderer «negativer» (finanzielle Belastung, übergroße Verantwortung) oder «positiver» (Heirat, Beförderung, Urlaub) Faktoren sein. Es hängt alles davon ab, *wie* wir das Ereignis wahrnehmen und *wie* wir mit ihm umgehen.

KLANG-IDEE
Jeden Tag, an dem Sie in die Welt hinaustreten,
suchen Sie nach Harmonie.

Hier folgen zehn praktische Ratschläge für den Umgang mit Streß:

1. *Entspannen Sie sich.* Machen Sie Pausen. Atmen Sie. Nehmen Sie sich Zeit für Spaziergänge. Hören Sie mit einem Lächeln zu.

2. *Üben Sie sich in positiven Selbstaussagen.* Vermeiden Sie negative Selbstgespräche. Üben Sie sich darin, Ihren Gedanken Einhalt zu gebieten (siehe S. 408). Konzentrieren Sie sich darauf, vernünftig und realistisch zu sein. Bauen Sie sich Unterstützungssysteme auf. Kultivieren Sie eine positive, optimistische Einstellung, und visualisieren Sie Erfolg und Glück.

3. *Praktizieren Sie Disziplin.* Für viele von uns ist die Vorstellung, ein geordnetes Leben zu führen, der Grundstein für die eigene Zentriertheit. Wer gut organisiert ist, fühlt sich nicht nur

gut, es entsteht in ihm auch das Gefühl, die Oberhand zu haben, vollständig und im Gleichgewicht zu sein, was sich günstig auf alle anderen Bereiche der alltäglichen Pflichten auswirkt. Üben Sie sich in Disziplin. Nehmen Sie sich die Zeit, alltäglichen Abläufen eine Struktur zu geben, ohne sich dabei zu überfordern. Seien Sie realistisch, was Ihre Mittel betrifft, und vernünftig in bezug auf Ihre Grenzen. Gestehen Sie sich soviel Zeit wie möglich zu, um Dinge sooft wie möglich zum Abschluß zu bringen.

4. *Erkennen Sie überflüssige und ungesunde wettkampforientierte Muster.* Konzentrieren Sie sich auf *Ihre eigenen* Prioritäten. Nicht alles im Leben hängt davon ab, ob man als erster durchs Ziel geht. Meistens erhält man, wenn man in einer Diskussion die Oberhand behält, weder Auszeichnungen noch Trophäen. Setzen Sie sich realistische, erreichbare Ziele. Zerlegen Sie große Projekte in kleinere Aufgaben. Vermeiden Sie Auseinandersetzungen und überflüssige Konfrontationen.

5. *Machen Sie sich gesunde Angewohnheiten zu eigen.* Eine vernünftige, ausgeglichene Ernährung stellt einen Großteil der natürlichen Mittel bereit, die wir benötigen, wenn wir Streß vermeiden und abwenden wollen. Alkohol, Tabak, zuviel Koffein und nicht verschreibungspflichtige Medikamente hingegen behindern den Blutfluß und lösen Streß aus. Machen Sie sich eine gesunde, positive Geisteshaltung zu eigen. Seien Sie selbstbewußt, und reagieren Sie handelnd auf die Dinge, statt sie nur zur Kenntnis zu nehmen.

6. *Öffnen Sie sich nach außen.* Besprechen Sie Ihre Gefühle, Frustrationen und Sorgen mit einem vertrauten Freund. Sorgen Sie für Ihre Unterhaltung. Suchen Sie die Gesellschaft anderer Menschen. Sprechen Sie sachlich und positiv über Ihre Gefühle und Ideen. Lernen Sie, das zu akzeptieren, was Sie nicht ändern können.

7. *Sorgen Sie für körperliche Bewegung.* Nehmen Sie sooft, wie es machbar ist, eine Auszeit, um Sport zu treiben. Wenn möglich, entscheiden Sie sich für sportliche Aktivitäten, *die sich für Sie angenehm und motivierend anfühlen.* Regelmäßige körper-

liche Bewegung, die Spaß macht, ist leichter zu initiieren und aufrechtzuerhalten als ein Sport, zu dem Sie sich zwingen müssen, weil er «gut für Sie ist», und der Sie langweilt.

8. *Lassen Sie los.* Üben Sie sich in Geduld. Geben Sie ab und zu nach. Wie wichtig ist das Ereignis wirklich, das Ihnen Streß verursacht? Wie wird es sich *realistischerweise* morgen auf Ihr Leben auswirken? Nächste Woche? In fünf Jahren? Ist es die Angelegenheit wirklich wert, sich solche Sorgen um sie zu machen? Wenn ja, dann verschaffen Sie sich einen Überblick über Ihre Möglichkeiten, und handeln Sie entsprechend. Wenn nein, dann erkennen Sie dies, akzeptieren Sie es, und lassen Sie die Sache los. Das Leben ist einfach zu kurz. Heißen Sie Veränderungen willkommen. Befreien Sie sich von abträglichen Beziehungen, wann immer möglich. Reinigen Sie regelmäßig Ihren Geist. Akzeptieren Sie Ihre Gefühle. Seien Sie flexibel und anpassungsfähig. Hören Sie auf die Botschaften, die den Schwierigkeiten und Enttäuschungen des Lebens unterlegt sind, und machen Sie sich die Gelegenheiten für Wachstum bewußt (siehe die Kapitel «Loslassen», S. 325, und «Wachstum/Veränderung», S. 173).

9. Leisten Sie den verschiedenen Vorschlägen in diesem Buch Folge, vor allem jenen in den Abschnitten «Entspannung», «Mantrische Klänge», «Affirmationen», «Loslassen», «Körperliche Betätigung», «Atmen» und «Chanting».

10. Finden Sie einen ruhigen, bequemen Platz, und gönnen Sie sich wenigstens 20 Minuten *ungestört* beruhigende Musik (möglichst unter Zuhilfenahme von Kopfhörern). Vorschläge für die Musikauswahl finden Sie im Musik-Menü «Beruhigende Musik» am Ende dieses Kapitels.

Wenn Sie meinen, alles in Ihren Möglichkeiten Stehende getan zu haben, aber dennoch glauben, daß Sie weitere Unterstützung benötigen, dann bemühen Sie sich um professionelle Hilfe.

Einige der Folgen von Streß oder Anspannung sind körperliche Schmerzen, Depression, Wut, Zögern, Schlaflosigkeit und die Unfähigkeit, sich zu entspannen. In den entsprechenden Abschnitten dieses Buches werden diese Bereiche detailliert und individuell abgehandelt. Dort finden Sie auch Übungen, die Ihnen helfen, mit jeder dieser Folgen fertig zu werden.

Wenn wir unsere Knoten nicht gleich im Entstehen lösen, ziehen sie sich fester und stärker zusammen.[2]

♪

Musik-Menü 5
Beruhigende Musik (Rhythmische Synchronität)

Vorschläge aus dem Bereich der klassischen Musik

Die folgenden Werke sind allesamt langsame Sätze aus Violinkonzerten von Komponisten aus der Zeit des Barock. Ich empfehle sie als allgemein beruhigende Auswahl für die Entspannung und für Situationen, in denen es um Lernen oder Lesen geht. Man kann sie gut in ununterbrochener Abfolge abspielen, um einen Zustand der ruhigen und entspannten rhythmischen Synchronität zu erreichen.

> Vivaldi: Konzert Nr. 2 in C-Dur, PV 76 R 533,
> für 2 Flöten, Streicher und B.c. (Largo)
> Vivaldi: Concerti F 12, Nr. 50, in D-Dur, PV 210 R 563,
> für 2 Oboen, Violine, Streicher und B.c. (Largo)
> Vivaldi: Concerti F 12, Nr. 1, in C-Dur, PV 73 R 560,
> für 2 Oboen, 2 Klarinetten, Streicher und B.c. (Largo)
> Vivaldi: Konzert Nr. 6 in G-Dur, PV 118 R 438,
> für Flöte, Streicher und B.c. (Largo)
> Vivaldi: Concerti F 12, Nr. 38, in d-Moll für Viola
> d'amore, Laute, Streicher und B.c., 2. Satz (Largo)

Vivaldi: Concerti F 12, Nr. 36, in G-Dur für Oboe, Fagott,
    Streicher und B.c. (Largo)
Vivaldi: Konzert für Mandoline, Streicher und B.c.,
    F 5, Nr. 1, in C-Dur, 2. Satz (Largo)
Vivaldi: Concerti F 12, Nr. 15, in D-Dur für 2 Violinen,
    Laute und B.c., 2. Satz (Largo)
Telemann: Konzert für Blockflöte, Flöte, Streicher
    und B.c., BA 4 in e-Moll, 1. Satz (Largo)
Telemann: Konzert für Flöte und Streicher und B.c.,
    Nr. 2, in D-Dur, 3. Satz (Largo)
Telemann: Konzert für Horn, Streicher und B.c., Nr. 25,
    in D-Dur (Largo)
Telemann: Konzert für 2 Hörner, Streicher und B.c.,
    BA 13, in D-Dur (Largo)
J. S. Bach: Suite für Orchester, BWV 1068, in D-Dur,
    2. Satz (Air)
Locatelli: Concerti grossi, op. 1, Nr. 2, in c-Moll, 2. Satz
Mercadante: Konzert für Flöte und Orchester Nr. 2, op. 57,
    in e-Moll, 2. Satz

Vorschläge aus dem Bereich der New-Age-Musik

Aeoliah: *Angel Love* (Synthesizer, Klavier, Glockenspiel,
    Stimmen) (8210 + 20 weitere CDs)
Awankana: *Gentle River* (diverse akust. Instrumente)
    (1802 + 5 weitere CDs)
Ajad: *Reiki* (Teil 1–3) (3390–3392)
Ali Akbar Khan: *Garden of Dreams* (indisch, Sarod) (2185)
Stephen Bacchus: *Pangea* (Flöten, tibetische Glocken,
    Tabla, Oboe) (2040)
Asher, James: *Dance of the Light* (Keyboard) (4448)
Bindu: *Zenrise* (Gitarre) (6105, weitere 5 CDs)
Ball, Patrick: *From a Distant Time* (keltische Harfe)
    (3422 + 6 weitere CDs)
Barttenbach, Ralf Eugen: *Desire for Love* (Piano, Keyboards)
    (2029 + 10 weitere CDs)

Bruce BecVar & Deepak Chopra: *Vata-Relaxing* (Gitarren, Keyboard) (5401 + weitere CDs)

J.-E. Berendt: *Urtöne 1–3* (je 2 CDs) (Sandawa Monochord)

Erik Berglund: *Angelic Harp Music* (1366 + weitere)

Patrick Bernhardt: *Collection, Best of* (vokal, Gitarren, Keyboards) (3510, weitere)

Martin Buntrock: *Spaziergang am Bach* (Keyboards, Gitarre, Naturgeräusche) (1158 + 20 weitere CDs)

Jim Chappell: *Nightsongs and Lullabies* (Klavier mit Mundharmonika, Oboe, Cello, Flöte und weiblichen Hintergrundstimmen) (5226 + weitere 4 CDs)

Chacra Artists: *Bach – with Ocean Sounds* (Keyboards, Naturgeräusche) (2876 + weitere 8 CDs)

Sheila Chandra: *A Bone Crone Drone* (vokal) (2477)

Rusty Crutcher: *Machu Picchu Impressions* (Naturklänge mit Flöte, Synthesizer, und maßvoller Perkussion im Hintergrund) (6196 + 5 weitere CDs)

Philip Chapman: *Fantasia* (Keyboards) (7178 + 20 weitere CDs)

Hariprasad Chanrasia: *NOW!* (indische Flöte & Keyboard) (4403 + 10 weitere CDs)

Gover Dhan: *Inner Tai Chi* (1–3) (3516, 3522, 3523)

Enya: *Watermark* (vokal, keltisch) (9904, weitere 5 CDs)

Einklang-Sampler: *Naturkompositionen* (Keyboards) (9768 + weitere)

Dean Evenson: *Ocean Dreams* (Meeresrauschen mit Harfe, Keyboards, Flöten, Wal- und Delphingesängen) (8400, weitere 10 CDs)

Brian Eno: *Music for Films* (Ambient) (9927)

Cesaria Evora: *Cabo Verde* (Ethno, vokal) (6803)

V. A. Erdenklangstraße I: *Musik auf dem Weg zur Stille* (Keyboards, Natur) (7541)

Jan Garbarek & Hilliard Ensemble: *Officium* (Saxophon, Chor) (6348)

G.E.N.E.: *Canadian Lakes* (Flöte, Keyboards, Natur) (4074 + 20 weitere)

Gibson Solitudes: *Algonquin Suite* (Orchester und Natur)
(5820 + 20 weitere CDs)

David & Steve Gordon: *Garden of Serenity* (Keyboards,
Natur) (5231)

Al Gromer Khan: *Beautiful Marva* (Sitar, Keyboards)
(0014 + 10 weitere CDs)

Paul Horn: *Inside the Taj Mahal,* Teil 1 & 2 (Flöte)

Steven Halpern: *Inner Peace* (Keyboards)
(7570 + 20 weitere CD2)

Chris Hinze: *Meditation & Mantras* (Flöte, Keyboards)
(7520 + 20 weitere CDs)

Hufeisen: *Himmelsflöte* (Querflöte) (8971 + 10 weitere CDs)

Iasos: *Elixir* (Keyboards) (7629 + 5 weitere)

Daniel Kobialka: *Fragrances of a Dream* (Violine und
Keyboards) (3705)

Daniel Kobialka: *Going Home Again* (3706)

Daniel Kobialka: *When You Wish Upon a Star* (3716)

Daniel Kobialka: *Timeless Motion* (Packelbel kanon) (3715)

Daniel Kobialka: *Afternoon of a Fawn* (3701)

Daniel Kobialka: *Dream Passage* (3704)

Daniel Kobialka: *Oh, What a Beautiful Morning* (3718)

Daniel Kobialka: *Rainbows* (3721)

Daniel Kobialka: *Velvet Dreams* (3722)

Daniel Kobialka: *Celtic Fantasy* ((3719)

Kitaro: *Best of...* (Keyboards) (4629 + 20 weitere CDs)

Larkin: *Ocean* (Flöte vor Meeresrauschen und Keyboards)
(8122)

Riley Lee: *Mountain Valley* (Shakuhachi)
(8235 + 10 weitere CDs)

David Lanz: *Cristofori's Dreams* (Klavier mit Streichern,
Perkussion und Gitarre) (1021 + 10 weitere CDs)

Kevin Locke: *Dream Catcher* (Keyboards, Indianer) (5220)

Stephan Micus: *Koan* (diverse Instrumente)
(6305 + 15 weitere CDs)

Chris Michell: *Dolphin Love* (Flöte, Ensemble,
Naturstimmen) (6608)

R. Carlos Nakai: *Canyon Trilogy* (Flötenmusik
amerikanischer Indianer) (5209)

R. Carlos Nakai: *Desert Dance* (4679)

R. Carlos Nakai: *Earth Spirit* (5218)

R. Carlos Nakai mit William Eaton: *Carry the Gift*
(Gitarre, Harfenlaute und Flöte) (5217)

R. Carlos Nakai: *Changes* (5318)

R. Carlos Nakai: *Cycles* (5319)

R. Carlos Nakai: *Island of Bows* (5314)

R. Carlos Nakai: *Journeys* (5253)

R. Carlos Nakai: *Sundance Season* (4662)

R. Carlos Nakai: *Mythic Dreamer* (5229)

Terry Oldfield: *Zen* (Querflöte, Keyboards)
(7215 + 10 weitere)

Tony O'Connor: *Australian Bush Garden*
(Gitarren, Keyboards, Natur) (8199 + 20 weitere)

David Parsons: *Himalaya* (Keyboards, Natur)
(3442 + 5 weitere)

Steve Roach: *Structures from Silence* (Synthesizer, spacig)
(3409 + 20 weitere CDs)

Kim Robertson: *Waterspirit* (Harfe)
(4508 + 10 weitere CDs)

Mike Rowland: *The Fairy Ring* (Klavier mit Streichern)
(4301 + 20 weitere CDs)

Stephen Rhodes: *Music for Healing* (Piano, Keyboards)
(7260 + 3 weitere CDs)

Sayama: *Harmonie der 4 Jahreszeiten* (4 CDs)

Ravi Shankar: *Portrait of Genius*
(indische Klassik, Sitar) (9758)

Ravi Shankar & Phil Glass: *Passages*
(indische Klassik & Minimalmusic) (9621)

Ravi Shankar & George Harrison: *Chants of India*
(Sitar, Mantras) (6440)

Jon Shore: *Incan Dream Music* (Keyboards) (5221)

Joanne Shenandoah: *Life Blood* (indianischer Gesang,
Keyboards) (9410)

Douglas Spotted Eagle: *Common Ground* (indianische Flöte)
(0166)
Eric Tingstad & Nancy Rumbel: *Pastorale*
(Gitarre, Engl. Horn u.a.) (3951 + 5 weitere CDs)
Arnd Stein: *Hörproben* (Sampler) (8327 + 30 weitere)
George Winston: *Autumn* (Klavier solo) (9930)
George Winston: *December* (9931)
George Winston: *Summer* (9932)
George Winston: *Forest* (9934)
George Winston: *Winter into Spring* (9933)
Paul Winter: *Canyon* (Sopran-Saxophon mit Umgebungs-
geräuschen Waldhorn, Gitarre, Celli, Keyboards und
Perkussion) (2406 + 20 weitere CDs)

Vorschläge aus der Popmusik
(CDs, Kassetten oder Schallplatten)

Bread: *Anthology of Bread*
The Carpenters: *1969–1973*
Classics IV: *Greatest Hits*
Cowboy Junkies: *The Trinity Session*
Donovan: *Sutras*
Gloria Estefan: *Mi Tierra*
Pink Floyd: *Meddle*
Patti Griffin: *Living with Ghosts*
Nancy Griffith: nach Belieben
The Innocence Mission: *Glow*
Rickie Lee Jones: *Naked Songs*
Rickie Lee Jones: *Ghosty Head*
Sonny Landpeth: *Blues Attack*
Lush: *Spooky* oder *Split*
Pentangle: *The Collection*
Tom Petty: *Wildflowers*
Madeleine Peyroux: *Dreamland*
Linda Ronstadt: *Winter Light* oder *Cry Like a Rainstorm,
Howl Like the Wind*

Mazzy Star: *Halah* oder *Among My Swan*
Santana: *Caravanserai*
Slowdive: *Just for a Day* oder *Souvlaki*
Cat Stevens: *Classics*
B. J. Thomas: *Greatest Hits*
Charlie Watts: *Long Ago & Far Away*
Neil Young: *Harvest* oder *Harvest Moon*
XTC: *Skylarking*

5

Wut

*Die Aikido-Methode: Konfrontiert mit emotionalem Lärm, reagiere
mit Schweigen. Konfrontiert mit dissonanten Gefühlen, reagiere mit
Zentrierung. Konfrontiert mit Abwehr, reagiere mit Widerstandslosigkeit.
Konfrontiert mit Feindseligkeit, reagiere mit Harmonie.*

Wut ist eine normale Reaktion auf viele Lebenssituationen und
zeugt von einer gesunden Einstellung in bezug auf Veränderungen. Wichtig jedoch ist die Art, in der wir mit Frustrationen und
anderen Wut auslösenden Ereignissen umgehen.

Vor ungefähr zwei Jahren wurde mir der 14jährige Frank,
außergewöhnlich intelligent und Einzelkind, von seiner Mutter
gebracht. Sie suchte Hilfe in einer Sache, die sie als «unkon-
trollierbare Wut» bezeichnete. Franks Mutter berichtete, daß ihr
Sohn seit er etwa fünf Jahre alt war und ungefähr zwei Jahre vor
ihrer Trennung von seinem Vater Wutanfälle hatte.

Alle Maßnahmen, um mit Franks destruktivem und auf-
sässigem Verhalten zurechtzukommen, hatten sich als vollkommen erfolglos erwiesen. Frank war nicht nur aus mehreren

Schulen, darunter eine Militärakademie, herausgeflogen, sondern wegen seines unprovözierten gewalttätigen Verhaltens auch aus mehreren Sportmannschaften ausgeschlossen worden. Bei früheren Gelegenheiten hatte Frank therapeutische Arbeit verweigert, und seine Anwesenheit in meinem Büro war auf eine Gerichtsentscheidung zurückzuführen, die Therapie statt Aufenthalt in einer Jugendstrafanstalt verordnet hatte.

Nachdem sich seine beiden ersten Besuche etwas schwierig gestaltet hatten, weil Frank sich störrisch und abwehrend gegeben hatte, geschah während der dritten Sitzung etwas, das den Verlauf unserer Beziehung wie auch die Richtung von Franks Leben maßgeblich beeinflußte. Als Frank mein Büro betrat, bemerkte er in einer Ecke einen Gitarrenkasten. Obwohl er keine Frage dazu stellte, war es doch unmöglich, sein Interesse an dem Instrument zu übersehen.

«Spielst du?» wollte ich wissen.

«Nein», antwortete er, «was für eine ist es?»

«Es ist eine Rickenbacker...», sagte ich, «zwölfsaitig, Baujahr '64. Ich habe sie nur mitgebracht, um den Hals neu richten zu lassen... möchtest du sie ansehen?»

«Klar!» entgegnete er, und seine Augen weiteten sich und ließen sein junges Gesicht in einer unvorhersehbaren Weichheit erstrahlen. Einen Moment lang gab Frank seine Wachsamkeit auf und ließ seine wahre, innere Empfindsamkeit durchscheinen. Er verliebte sich sofort in die Gitarre. Den Rest der Stunde sah er sie an, befühlte und streichelte sie. Er sagte, daß er zum erstenmal in seinem Leben ein Musikinstrument in den Händen halte.

Bald waren Frank und ich in ein ernsthaftes Gespräch über Rockmusik vertieft, das geprägt wurde von seiner Überraschung darüber, daß ich mich in moderner Musik nicht nur gut auskannte, sondern praktisch auf der Bühne, klassischen Rock and Roll spielend, aufgewachsen war. Im Verlauf der Sitzung offenbarte Frank seine tiefe Liebe zu Musik im allgemeinen und zu Heavy-Metal im besonderen. Seit Jahren war es sein heimlicher Wunsch, Gitarre spielen zu lernen und Rockmusiker zu werden.

Diese bisher unerkannte musikalische Gemeinsamkeit stellte ein ausgezeichnetes Fundament für eine gute Arbeitsbeziehung dar.

Anfangs sprach Frank über seine Freude an «Power»-Songs – solchen, die reichlich mit lauten, starken Gefühlen ausgestattet sind und die das unablässige Durcheinander in seinem Inneren wiederzugeben schienen. Bei seinem nachfolgenden Besuch jedoch hatten sich Franks Stimmung und Einstellung vollkommen gewandelt. Zwar zeigte er wie sonst auch seine typische rauhe, fast drohende Art, doch ließ er die Stunde mit einem Gespräch über Balladen beginnen. Offenbar waren die weicheren Gefühle und sanfteren Botschaften, die in der Regel durch solche Songs zum Ausdruck gebracht werden, das, worauf er ursprünglich hinausgewollt hatte. Irgendwann im Laufe der Jahre hatte Frank jedoch ein ganz anderes Bild von sich erschaffen und gepflegt. Immer dann sofort anzugreifen, wenn er sich bedroht fühlte, war für ihn die normale Weise, mit der Welt umzugehen. Franks Reaktion auf seine jugendliche Verletzlichkeit hatte eine derart verhärtete Persönlichkeitsmaske erzeugt, daß er auf seine eigene Empfindsamkeit nicht mehr zu reagieren vermochte.

Während dieser Sitzung wollte Frank wissen, wie lange es für gewöhnlich dauert, Gitarre spielen zu lernen. Ein paar Wochen später, nach einiger Ermutigung und der Unterstützung seiner Mutter, die ihm eine Fender-Telecaster-Gitarre gekauft hatte, nahm Frank Unterricht und beherrschte schon bald die wichtigsten Akkorde aus der Rock- und Heavy-Metal-Musik. Einfach «nur eine Gitarre in Händen zu halten», so offenbarte sich Frank, gab ihm bereits ein gutes und irgendwie friedliches Gefühl. Motiviert durch die Musik, nachdem er lediglich drei weitere Akkorde gelernt hatte, fing Frank an, seine eigenen Songs zu komponieren, die er stolz in unsere wöchentlichen Sitzungen einbrachte. Von Anfang an schienen sie als direkter Kanal zu fungieren, durch die er seine Gefühle der Wut und Verlassenheit ausdrücken konnte. Mit der Zeit stellten seine Songs für ihn eine Möglichkeit dar, seine innersten Bedürfnisse zu erkennen, ohne sich bedroht fühlen zu müssen.

Ein Jahr nach seiner ersten Unterrichtsstunde waren Franks gewalttätige Ausbrüche, sein früheres Markenzeichen, fast vollständig verschwunden. Seiner Mutter zufolge war die Gitarre für ihn «wie eine religiöse Offenbarung» gewesen. Er brachte Stunden in seinem Zimmer zu, übte entweder für sich allein oder spielte zu seinen Lieblings-CDs. Mit wachsender musikalischer Erfahrung offenbarten seine Songtexte immer mehr tiefverwurzelte Ängste und entsetzliche Bilder, ein hervorragendes Material, das wir in der Therapie weiter bearbeiteten. Innerhalb weniger Monate hatte die Musik diesem «wütenden» Jungen eine Ausdrucksmöglichkeit für seine innere Empfindsamkeit und ein Ventil für seinen inneren Aufruhr verschafft. Während dieser Zeit, Frank hatte gerade die High-School gewechselt, schloß er sich auch einer neuen Gruppe von Jugendlichen an. Die Tatsache, daß sie «den alten, harten Frank» nicht kannten, gab ihm die Gelegenheit, sich ein vollkommen neues Image zuzulegen. Diese Identität, so Frank, war die eines «coolen, tiefgründigen und empfindsamen Künstlers», und er war begeistert.

KLANG-IDEE
(Bumerang-Karma)
Wenn Sie wieder einmal den Drang verspüren,
mit einem negativen oder verletzenden Kommentar
zu reagieren, dann ersetzen Sie ihn durch etwas Positives.

Häufige Ursachen von Wut

1. *Angst.* Wenn das Streßniveau hoch ist und wir uns übermäßig besorgt oder «gefangen» fühlen, kann es sein, daß wir reagieren, als sei Wut unser einziger Ausweg.

2. *Niedrige Toleranzschwelle.* Wenn wir erschöpft sind und unsere Ressourcen aufgebracht scheinen, ist es sehr viel wahrscheinlicher, daß wir mit Verzweiflung reagieren. Wenn wir un-

ter chronischen Schmerzen leiden, ist unsere Fähigkeit, mit all-täglichen Situationen zurechtzukommen, erheblich reduziert; unsere Toleranzschwelle sinkt stark, und wir reagieren über-empfindlich.

3. *Frustration.* Für gewöhnlich entsteht sie und verwandelt sich in Wut, wenn wir daran gehindert werden, uns einer be-stimmten Aufgabe zu widmen und sie zum Abschluß zu bringen; wenn wir mit Niederlagen und Versagen konfrontiert werden; wenn wir mißverstanden werden oder keine faire Chance er-halten.

4. *Überempfindlichkeit.* Wer auf Neckereien, auf die spiele-rischen, aber lästigen Provokationen eines anderen überemp-findlich reagiert oder auf etwas, das in ihm schmerzhafte Erinne-rungen wachruft, kann leicht in Wut geraten oder sogar Feindseligkeit zeigen.

5. *Psychischer Lärm.* Täglicher Streß führt oft dazu, daß wir uns mental verstopft oder verwirrt fühlen oder unfähig sind, klar und rational zu denken. Sich durch zu viele mentale oder emo-tionale Ereignisse, die alle gleichzeitig im Kopf nachhallen, auf-gebracht oder aufgewühlt zu fühlen hat oftmals zur Folge, daß dieser «Lärm» in Form von Wut zum Ausdruck kommt (siehe hierzu auch «Psychischer Lärm», S. 358).

6. *Externe Irritationen.* Quälgeister wie der bellende Nach-barshund oder die laute Musik der Kinder können sehr ärgerlich sein. Auch Enttäuschungen, etwa Dauerregen, der einen ge-planten Ausflug verhindert, können wütende Reaktionen aus-lösen.

7. *Mißbräuchliche Behandlung.* Sie kann vielerlei Formen an-nehmen, als körperlicher, mentaler und emotionaler Mißbrauch in Erscheinung treten. Diese Verstöße führen oft dazu, daß wir uns gedemütigt fühlen, und schaden unserem Selbstbild.

8. *Eskalierender Streit.* Wenn aus unbedeutenden Situatio-nen in der Vergangenheit Schlüsse gezogen, Ereignisse verallge-meinert oder übertrieben werden, können sich Interaktionen rasch in Konfrontationen und stürmische Auseinandersetzungen verwandeln.

9. *Ungerechtigkeit.* Regelverstöße, die Anlaß zu Wut geben, können ungerechte Behandlung, Übervorteilung, das Hineingedrängtwerden in eine aussichtslose Situation oder verschiedene Ausprägungen von Vorurteilen, Voreingenommenheit oder Schikanen sein.

10. *Ungeduld.* Sie wollen, daß etwas jetzt, sofort erledigt wird. Ihr Päckchen sollte heute eintreffen, doch das ist nicht der Fall. Sie warten auf die Entscheidung eines Arbeitgebers bezüglich Ihrer Bewerbung, doch «der Anruf» kommt und kommt nicht. Wie die vorangegangenen erzeugen auch diese irritierenden Situationen ein Gefühl der Ruhelosigkeit und können eine häufige Ursache für entrüstete Reaktionen sein.

DIE EINSTIMMUNG AUF INNERE HARMONIE
BRINGT ÄUSSEREN LÄRM ZUM SCHWEIGEN.

Der Umgang mit chronischer Wut

Taoisten bringen das zum Ausdruck, was Chinesen als pu shih bezeichnen, akzeptieren alles, was vom Rhythmus des Lebens geprägt ist.

Oft müssen wir uns mit frustrierenden Lebenssituationen auseinandersetzen, die Wut in uns auslösen. Manchmal ist es jedoch unmöglich, unvernünftig oder unangemessen, solche Gefühle direkt zum Ausdruck zu bringen.

Die Übung «Chronische Wut loslassen» auf Seite 110 gibt Ihnen die Gelegenheit, diese Emotionen im Schutz Ihres Zuhauses freizusetzen. Da Sie wissen, daß Ihnen dieses Ventil zur Verfügung steht, haben Sie die Möglichkeit, diese Gefühle auf positive und gesunde Weise auszudrücken, statt sie «herunterzuschlucken» oder aber erleben zu müssen, daß sie immer weiter ausufern.

1. *Bleiben Sie im «Hör und Jetzt».* Wenn die Wut hervorrufende Situation stattfindet, erkennen Sie sie als das, was sie ist. Zerren Sie keine Ereignisse aus der Vergangenheit hervor. Bleiben Sie in der Gegenwart. Das ist, was *genau jetzt* geschieht. Punkt. (Siehe das Kapitel *«Hör* und Jetzt», S. 317).

2. *Atmen Sie.* Machen Sie tiefe Atemzüge, und versuchen Sie, Ihre wütenden Gedanken durch neutralisierende Mantras zu ersetzen, die der Situation angemessen sind. Dabei kann es sich um sehr einfache Aussagen handeln wie: «Ich bin ruhig», «Entspannung«, «Atmen» oder «Es wird gleich vorbei sein». Es kann auch etwas Praktischeres sein wie «Ich brauche diesen Job», «Dieser Mensch ist ein Trottel, er soll nur reden», «Das spielt für mein Leben absolut keine Rolle» oder «Jetzt reicht es, ich kümmere mich heute nachmittag um die Angelegenheit». (Siehe auch die Abschnitte «Atmen», S. 413, und «Mantrische Klänge», S. 419).

3. *Gedanken Einhalt gebieten.* Sobald die Konfrontation vorüber ist, üben Sie sich darin, Ihren Gedanken Einhalt zu gebieten und die Angelegenheit erst einmal ruhen zu lassen. Versuchen Sie die Sache möglichst in die «Warteschleife» zu legen, oder sagen Sie sich, daß Sie sich später damit auseinandersetzen werden. Wenn Ihnen bereits klar ist, daß es nicht angemessen, klug oder machbar ist, die Angelegenheit weiterzuverfolgen, oder wenn Sie wissen, daß es keinen Sinn hat, sie mit Gewalt voranzutreiben, dann tun Sie Ihr Bestes, um sie wenigstens jetzt erst einmal loszulassen. (Siehe «Gedanken Einhalt gebieten», S. 408, und «Loslassen», S. 325).

4. *Entziehen Sie sich.* Wenn es irgend geht, dann versuchen Sie, für etwa eine Stunde fortzukommen. Tun Sie es jetzt, und machen Sie die nachfolgende Übung. Sollten Sie sich von Ihren Pflichten im Augenblick nicht freimachen oder die Angelegenheit nicht auf natürliche Weise loslassen können, dann bringen Sie sie so gut wie möglich in der Warteschleife unter, und versprechen Sie sich selbst, daß Sie sie später auf gesunde Weise durch eine oder mehrere der in Übung 5 beschriebenen Methoden freisetzen werden.

Der beste Zeitpunkt, um etwas über
ihre Schwächen zu erfahren, ist,
wenn sie über ihre Stärken sprechen.

ÜBUNG 5

Chronische Wut loslassen

*Die Art Wut, die Menschen am tiefsten verletzt,
ist, wenn wir süß lächeln und darunter kochen.*

1. *Nehmen Sie sich etwas Zeit.* Wenn Sie zu Hause ange-
kommen sind, dann nehmen Sie sich ungefähr 20 bis 30 Minuten Zeit, während derer Sie nicht gestört werden. Gehen Sie
offen und rücksichtsvoll mit den unbeteiligten Menschen in
Ihrer direkten Umgebung um, die Ihnen vielleicht helfen wollen. Sagen Sie ihnen, daß Sie einen schweren Tag hatten, jetzt
aber nicht darüber sprechen, sondern ein wenig Zeit für sich
haben wollen. Machen Sie sich bewußt, daß es nicht diese
Menschen waren, die Ihr Problem verursacht haben, und daß
Sie nur weitere negative Tatsachen schaffen, wenn Sie sie jetzt angreifen. Denken Sie auch daran, daß es von Vorteil ist, Ihre ange-
staute Wut und Frustration so schnell wie möglich freizusetzen.

2. *Wählen Sie «wütende» Musik aus.* Sobald Sie die Gelegenheit dazu haben, wählen Sie eine Reihe von Songs oder andere
Musikstücke aus, die sich für Sie genauso *anhören,* wie Sie sich
gerade *fühlen.* Die Sachen sollten temporeich und laut sein und
über weitere Elemente oder Eigenschaften verfügen, die auf
andere Weise die Energien widerspiegeln, die Sie spüren (aufgeladen, gereizt, erregt), oder sich so «anfühlen», wie Sie sich
gerade fühlen (aufgeregt, ruhelos, frustriert, verwirrt, verärgert,

wütend, zornig, außer sich). Denkbar ist auch, daß Sie sich für Musik mit motivierenden und ermächtigenden Texten entscheiden, die Ihnen helfen, Ihren Ärger oder Ihre Frustration zu überwinden. Ausschlaggebend ist, daß die ausgewählte Musik Ihren Gefühlen entspricht. (Musikbeispiele finden Sie im Musik-Menü «Musik für den Umgang mit Wut», S. 116).

3. *Agieren Sie Ihre Gefühle aus.* Sobald Sie allein an einem sicheren Ort sind, drehen Sie die Lautstärke hoch, und ergeben Sie sich vollständig der Musik. Jetzt, da Sie für sich sind, haben Sie die Gelegenheit, Ihrer Wut und Frustration freien Lauf zu lassen. Wenn Sie einen Song mit einem Text haben, der eine ähnliche Situation wie Ihre augenblickliche beschreibt, dann hören Sie sich diesen Song an, und singen Sie laut und herzlich mit! Steht Ihnen ein solches Lied nicht zur Verfügung, dann gestatten Sie es sich, Ihre negativen und schädlichen Energien durch Springen, Brüllen, Schreien, Singen oder wildes Tanzen freizusetzen und zu entlassen.

Sollten Sie sich bei der Vorstellung, Ihre Gefühle auszuagieren, unwohl fühlen, dann legen Sie Ihre Musik in ein tragbares Abspielgerät, setzen Sie die Kopfhörer auf, und machen Sie einen langen, flotten Spaziergang. Lassen Sie sich von der Musik Ihr Tempo vorgeben, und gestatten Sie ihr, Ihre Wut aus Ihrem Geist zu vertreiben, damit Sie die Situation mit einem klareren und positiv energetisierten Verstand verarbeiten können.

4. *Stimmen Sie sich auf die Musik ein.* Der Sinn der Sache ist natürlich, Ihre Seele von den negativen Vibrationen von Wut und Frustration zu reinigen. Wenn Ihre Schwingungen mit jenen der Musik verschmelzen, überlassen Sie Ihre Wutgefühle dem treibenden Rhythmus. Spüren Sie, wie sie sich mit jeder Note, jedem Takt, jedem Refrain, jeder Melodie, jedem Song mehr und mehr zerstreuen. Während Sie sich von diesem überflüssigen Zorn befreien, lassen Sie es zu, daß die Musik Sie wieder ins Gleichgewicht bringt und Sie harmonisiert. Gestatten Sie es der Musik, Ihnen Ihre rhythmische Synchronität (siehe S. 353) zurückzugeben, damit Sie mit den Dingen, die in Ihrem Leben wirklich wichtig sind, fortfahren können.

5. *Loggen Sie sich in Ihr «akustisches Gedächtnis» ein.* Von diesem Augenblick an wird das Wissen, daß Sie fähig sind, die Kontrolle zu übernehmen und über ein derartiges, Ihre Wut auflösendes Mittel verfügen, Ihnen zusätzliche Kraft verleihen. Sie werden lernen, sich bei solchen Konfrontationen besser zu fühlen. Schließlich wird es Ihnen gelingen, Situationen, in denen es wichtig ist, «die Kontrolle zu übernehmen» und «loszulassen», sofort zu erkennen. (Siehe den Abschnitt «Akustisches Gedächtnis», S. 367).

Dem Tao zufolge ist es nicht die Situation, die entscheidend ist,
sondern die Art, wie wir sie wahrnehmen.[1]

ÜBUNG 6
Die Wut eines Mitmenschen umlenken

Taoismus basiert auf Rhythmus und Fluß,
auf der natürlichen, der unkonventionellen,
friedliebenden Ablösung von weltlichen Dingen.

Wenn ein anderer Mensch mit Ihnen durch einen Schleier der Wut oder der Frustration kommuniziert, dann gibt es verschiedene Herangehensweisen oder Haltungen, die in der Regel hilfreich sind.

1. Versuchen Sie sich zunächst und vor allem eine Vorstellung davon zu machen, was diese Person erwartet, indem sie ihre Wut auf Sie richtet. Handelt es sich um eine formelle Beschwerde? Eine Anschuldigung? Läßt der Betreffende einfach Dampf ab? Braucht er in diesem Augenblick nur jemanden, der ihm *zuhört*? Denken Sie daran, daß eine Person, die Dampf abläßt, sehr oft weder Antworten noch Vorschläge oder Lö-

sungen sucht. Nötig ist in solchen Augenblicken ein zugewandter, interessierter *Zuhörer.* Horchen Sie eher auf das «Was» als auf das «Warum» (siehe «Warum-Fragen», S. 379).

2. Seien Sie rücksichtsvoll gegenüber den Gefühlen des anderen.

3. Zeigen Sie sich aufmerksam in bezug auf den Standpunkt des anderen.

4. Hören Sie ruhig und sachlich zu.

5. Vermeiden Sie es, die Angelegenheit persönlich zu nehmen. Es kommt häufig vor, daß die Person, die im Zorn spricht, Dinge sagt, die sie gar nicht wirklich meint.

6. Machen Sie teilnahmsvolle Aussagen («Ich höre, was du sagst», «Das muß wirklich frustrierend sein», «Ich kann verstehen, daß du wütend bist»).

7. Versuchen Sie, die Ursache der Wut herauszuhören. Wie gerechtfertigt ist diese wütende Reaktion, und was können Sie, wenn überhaupt, tun, um die Frustration dieser Person zu lindern?).

Wenn die Situation zu eskalieren beginnt, können Sie, als direktere Herangehensweise, die folgenden Schritte versuchen:

1. Tiefe Atemzüge machen.

2. Die Aufmerksamkeit auf das «*Hör* und Jetzt» gerichtet halten.

3. Es vermeiden, auf die Ebene dieser Person «abzusinken» (lassen Sie sich also nicht zu persönlichen Beleidigungen und Schuldzuweisungen hinreißen).

4. Direkt sein (also darin fortfahren, das Gespräch auf den Punkt oder den Kern der Angelegenheit zurückzubringen).

5. Feindseliges Schweigen vermeiden (den anderen «anzuschweigen» wird oft als passiv-aggressiver Spott interpretiert und kann seine Wut noch erhöhen).

6. Den Anschein von Überlegenheit vermeiden (eine wütende Auseinandersetzung ist nicht der richtige Anlaß, die andere Person wissen zu lassen, daß Sie sich für überlegen halten).

SICH IM ZENTRUM BEFINDEND,

STÖSST DER SCHÜLER IN JEDER NOTE AUF EINE GANZE SINFONIE.

VOM ZENTRUM ABIRREND, VERLIEREN SICH DIE NOTEN IN SINFONISCHEM GETÖSE.

NÜTZLICHES WISSEN WIRD ZU VERSCHWENDETEM POTENTIAL,

ES SEI DENN, MAN IST ZENTRIERT.

AN DEN RAND GERUTSCHT, KEHRE ZURÜCK ZUM ZENTRUM.

ÜBUNG 7

Das Rumpelstilzchen:
Wut durch stillen Humor vertreiben

Am besten hören oder sehen wir uns die Person auch gar nicht an,
die wir für die Ursache unserer Wut halten.
Wie ein Feuerwehrmann sollten wir zunächst die Flammen
mit Wasser bekämpfen und keine Zeit damit verlieren,
diejenigen zu suchen, die das Haus angezündet haben.

Die folgende Übung, derer Sie sich bedienen können, wenn
irgend jemand seine Wut auf Sie richtet, ist eine Abwandlung der
«Bühnenangst»-Technik, bei der sich der gehemmte Sprecher
das Publikum entweder nackt oder in Unterwäsche vorstellt.
Hier besteht die Herangehensweise im wesentlichen darin, zu
visualisieren, daß die betreffende Person ihre Wut *singt*. Vergessen
Sie dabei jedoch nicht, daß ein Lachanfall die Situation nur
verschlimmern würde!

    1. Wenn sich die Stimme der Person langsam hebt und ihr
Ärger eskaliert, dann versuchen Sie, sich vorzustellen, wie ihre
Wut sich von Musik begleitet anhören würde.
    2. Versuchen Sie, während Sie zuhören, offensichtlich mu-
sikalische Charakteristika in der Frustration dieser Person auszu-

machen. Dabei könnte es sich um die Tonhöhe, die Klangfarbe, die Textur, den Rhythmus und natürlich um die Lautstärke handeln.

3. Malen Sie sich aus, wie die vermittelte Botschaft sich anhören könnte, wenn sie sich plötzlich reimen würde. Wäre es irgendwie möglich, die Wut in einem Rap-Song auszudrükken?

4. Stellen Sie sich die Person in vollständiger Opernbekleidung auf einer dekorativen Bühne vor, wie sie ihren Text in verschiedenen Stimmlagen hervorbringt. Wie würde sie sich im Sopran anhören? Im Bariton? Im Tenor? Oder: Welches «Musikvideo» würde der «Tirade» dieser Person gerecht werden?

5. Versuchen Sie sich, während Sie zuhören, auf die hinter der Frustration dieser Person verborgene Harmonie einzustimmen. Erinnern Sie sich, während Sie zuhören, daran, wie es sich anfühlte, als *Sie* das letztemal wütend waren. Versuchen Sie, Ihre eigene vertraute Melodie im «Song» dieser Person zu hören oder sich daran zu erinnern.

6. Schließlich, und das ist *sehr wichtig,* vergessen Sie nicht, daß diese Übung auf *stillem* Humor basiert. Wenn Sie mit einem wütenden Menschen konfrontiert sind, darf sich dieses «innere Schmunzeln» keinesfalls als Lächeln oder Lachen manifestieren und die Wut dieser Person nur noch vergrößern.

Obgleich man sie niederschreiben kann,
lässt sich Musik nicht einfangen.
Allem zugehörend, besitzt sie selbst nichts,
immer gebend, niemals nehmend,
nutzt sie unbemerkt, unerklärlich jedem.
Musik ruft wach, was schon immer war,
hilft uns, uns mit uns selbst abzufinden.

♩

Musik-Menü 6
Musik für den Umgang mit Wut

Vorschläge aus dem Bereich der klassischen Musik

Berlioz: Symphonie fantastique, op. 14a, 5. Satz,
  Songe d'une nuit du Sabbat
Rossini: Wilhelm Tell, Ouvertüre
W. A. Mozart: Sinfonie Nr. 41, KV 551, in C-Dur
  («Jupiter-Sinfonie»), 4. Satz
Beethoven: Sinfonie Nr. 7, op. 92, in A-Dur, 3. Satz
Beethoven: Sinfonie Nr. 5, op. 67, in c-Moll
  («Schicksals-Sinfonie»), 4. Satz
De Falla: Der Liebeszauber (1915), «Feuertanz»
Rimsky-Korssakoff: Zar Saltan, op. 57 (1900),
  Der Hummelflug
J. S. Bach: Toccata, Adagio und Fuge, BWV 564, in C-Dur
Holst: Die Planeten, op. 32, H 125 (1916), 1. Satz,
  Mars, der Überbringer des Krieges

Vorschläge aus dem Bereich der Popmusik (Einzeltitel)

The Beatles: «Helter Skelter» oder «Revolution» aus
  The Beatles («Das weiße Album»)
The Neville Brothers: «Sons and Daughters» aus
  Brother's Keeper
Pink Floyd: «Another Brick on the Wall», «Run Like Hell»
  und «The Trial» aus *The Wall*
The Jam: «The Modern World» aus *Greatest Hits*
Janis Joplin: «Down on Me» aus *In Concert*
John Lennon: «Mother» oder «Well, Well, Well» aus
  Plastic Ono Band

John Lennon with The Plastic Ono Band: «Cold Turkey»
aus *Live Peace in Toronto, 1969*
Paul McCartney: «Angry» aus *Press to Play*
The Police: «Oh My God» oder «Mother»
aus *Synchronicity*
Bonnie Raitt: «Real Man» aus *Nick of Time*
The Who: «Won't Get Fooled Again» aus *Who's Next?*
XTC: «Dear God» aus *Skylarking*
Neil Young: «Rockin' in the Free World» aus *Freedom*
(zwei Versionen unterschiedlichen Tempos!)
Neil Young & Crazy Horse: «F★!#in' Up»
aus *Ragged Glory*

Vorschläge aus dem Bereich der Popmusik (CDs, Kassetten oder Schallplatten)

Artists United Against Apartheid: *Sun City*
The Clash: *The Clash*
The Clash: *London Calling*
The Clash: *Give 'em Enough Rope*
Elvis Costello: *This Year's Model*
Elvis Costello: *My Aim in True*
Tracy Chapman: *Tracy Chapman*
Joy Division: *Closer*
Husker Du: *Land Speed Record*
Peter Gabriel: *Peter Gabriel*
Marvin Gaye: *What's Going On?*
J. Geils Band: *Rage in a Cage*
Iggy & The Stooges: *Raw Power*
The Jam: *Greatest Hits*
John Lennon and The Plastic Ono Band:
Plastic Ono Band
Metallica: *Kill 'em All*
Randy Newman: *Trouble in Paradise*
Graham Parker & the Rumour: *Howlin' Wind*
Graham Parker & the Rumour: *Squeezing Out Sparks*

The Sex Pistols: *Never Mind the Bollocks*
The Sex Pistols: *Here's the Sex Pistols*
The Ramones: *The Ramones*
R.E.M.: *Document*
The Rolling Stones: *Exile on Main Street*
The Rolling Stones: *Black and Blue*
The Rolling Stones: *Goats Head Soup*
RUN D.M.C.: *RUN D.M.C.*
U2: *War*
U2: *Boy*
U2: *October*
Was (Not Was): *What's Up Doc?*
The Who: *Who's Next*
The Who: *Tommy*
The Who: *Meaty, Beaty, Big & Bouncy*
Neil Young: *Rust Never Sleeps*
Sonic Youth: *Daydream Nation*
Led Zeppelin: *Led Zeppelin* (4 CDs)

Vorschläge aus dem Bereich des Independent (einzelne Songs)

Beck: «Loser» aus *Mellow Gold*
Tracey Bonham: «Mother Mother»
    aus *The Burdens of Being Upright*
Coolio: «Gangsta's Paradise» aus *Gangsta's Paradise*
Curve: «Wish You Dead» aus *Doppelganger*
Green Day: «Chump» oder «Basket Case» aus *Dookie*
Juliana Hatfield: «A Dame with a Rod»
    aus *Become What You Are*
Alanis Morissette: «You Oughta Know»
    aus *Jagged Little Pill*
Public Image Limited: «Angry» aus *Happy*
XTC: «Don't Lose Your Temper» aus *Black Sea*

Alternative Vorschläge
(CDs, Kassetten oder Schallplatten)

Alice in Chains: *Face Lift*
Alice in Chains: *Alice in Chains*
60 Foot Dolls: *The Big 3*
Hole: *Live Through This*
Live: *Throwing Cooper*
Live: *Secret Samadhi*
Rage Against the Machine: *Evil Empire*
Nine Inch Nails: *The Downward Spiral*
Nirvana: *Smells Like Teen Spirit*
Sex Pistols: *No Future U.K.?*
Smashing Pumpkins: *Pisces Iscariot*
Smashing Pumpkins: *Mellon Collie & the Infinite Sadness*
Smashing Pumpkins: *Siamese Dream*
Tricky: *Pre-Millennium Tension*
Pearl Jam: *Vitalogy, Ten, No Code*
U2: *Achtung Baby*
TicTacToe: *Verpiß dich!*

Vorschläge aus dem Bereich der New-Age-Musik

Deuter: *Dynamische Meditation* (Trommeln, Keyboards)
    (4400)
V.A.: *Kali-Meditation* (Synthesizer, Trommel) (0070)
Professor Trance & Energizers: *Shaman's Breath*
    (Trance-Dance) (6499)
Ondekoza: *Devils on Drum* (Trommel & Perkussion)
    (6809)

6

Schlaflosigkeit

Die Insel ist voll von Geräuschen, Tönen und süßen Melodien, die das Ohr erfreuen und harmlos sind. Manchmal schwirrt mir der Klang von tausend Instrumenten um die Ohren. Und manchmal, wenn ich gerade nach langem Schlaf aufgewacht bin, wiegen Stimmen mich erneut in Schlaf…

Der Begriff Schlaflosigkeit, wie er in diesem Abschnitt gebraucht wird, bezieht sich auf solche Situationen, in denen die Unfähigkeit, Schlaf zu finden (Probleme mit dem Einschlafen, grundloses Wachwerden im Verlauf der Nacht, ungewöhnliches Müdesein nach dem Erwachen), zu spürbaren physischen, mentalen oder emotionalen Beschwerden führt und die alltäglichen Aktivitäten stört. (Anmerkung: Sollte Ihre Schlaflosigkeit länger als zwei Wochen andauern, Ihnen ernsthaft Sorgen bereiten oder sich auf Ihr Funktionieren im Laufe des Tages auswirken, dann ist Ihnen hiermit dringend geraten, einen zugelassenen Psychologen oder Arzt aufzusuchen, bevor Sie mit den nachfolgenden Übungen experimentieren.)

Der folgende Fall illustriert den Zustand der Schlaflosigkeit.

In 43 Jahren hatte Lelia niemals Schwierigkeiten mit dem Schlafen gehabt. Ihr Schlafmuster war im allgemeinen von genau den gleichen Regeln und Strukturen geprägt wie andere Aspekte ihres Lebens. Bei ihrer zweiten Hochzeitsreise erfüllten Lelia und ihr Mann ein Versprechen, das sie einander vor 23 Jahren gegeben hatten. Sobald ihre Kinder das Nest verlassen haben würden, wollten sie sich etwas gönnen und zwei Wochen Urlaub in England machen. Zwar waren beide Partner gleichermaßen von dieser Traumreise begeistert, doch war sie für Lelia von besonderer Bedeutung, da viele ihrer Vorfahren aus England stammten.

Wie Lelia erwartet hatte, war sie während ihres siebenstündigen Flugs über den Atlantik unfähig, auch nur ein Auge zuzutun. Pläneschmieden in letzter Minute würde sie sicherlich während der Reise wach halten. Außerdem war sie sowieso viel zu aufgeregt, um schlafen zu können. Als sie früh am nächsten Morgen auf dem Flughafen Heathrow eintrafen, war Lelia hellwach, das Adrenalin pulsierte durch ihre Adern, und sie hockte in den Startlöchern, um endlich anzufangen. Nach einem erfüllten, im höchsten Maße stimulierenden ersten Tag, an dem alles genau so geklappt hatte, wie sie es geplant hatten, zog sich das Paar vollkommen erschöpft in sein Zimmer zurück. Doch Lelia erlebte eine zweite Nacht, in der sie nicht schlafen konnte.

Die dritte und vierte Nacht wiesen nahezu das gleiche Muster auf. Sorgfältig geplanten, festlichen Tagen folgte Mattigkeit, hervorgerufen von der Unfähigkeit, Schlaf zu finden. Wie sie später berichtete, schien gerade das Hinübergleiten in den Schlaf zu dem Stichwort zu werden, das sie wach hielt, ja, sie manchmal sogar veranlaßte, sich im Bett aufzusetzen und den Kopf zu schütteln, wie um sich vollständig wach zu machen. Mit jedem weiteren Tag nahmen Lelias Frustration und Erschöpfung zu. Im Verlauf der Nacht schlief sie «vielleicht ein paar Minuten» und zwang sich dann, bei Sonnenaufgang aufzustehen, mit den für den Tag geplanten Aktivitäten fortzufahren und im Halbschlaf durch den Tag zu stolpern. Obwohl es ihr nachts nicht gelang einzuschlafen, übermannte sie der Schlaf um so leichter auf Fähren, in Zügen, Bussen, Museen, Konzertsälen, Restaurants und praktisch an allen Orten, die nicht als Schlafplatz vorgesehen waren.

Schließlich versuchte es Lelia, die praktisch drei Nächte überhaupt kein Auge zugetan hatte, mit rezeptfreien Schlaftabletten. Zunächst halfen sie gut, und es gelang ihr endlich, eine Nacht lang Schlaf zu finden. In der zweiten Nacht jedoch kehrte ihre Schlaflosigkeit trotz der Tabletten zurück, und kaum war es hell geworden, verbrachte sie einen fürchterlichen Tag damit, gegen die Wirkung der Schlaftabletten anzukämpfen. Es kam ihr so vor, als sei die schlafinduzierende Wirkung der Tabletten die Nacht über aufgeschoben worden. Die Schlaflosigkeit hielt während der gesamten «Traumreise» an, trotz verschiedenster Versuche, dagegen anzukämpfen. Lelia kaufte sogar einen Ratgeber, in dem Tiefenatmung, progressive Entspannung, autogenes Training, Affirmationen, Gedanken anhalten, in der Nacht aufstehen und anderes mehr empfohlen und beschrieben wurden. Nichts zeigte Wirkung.

Als ihr Urlaub zu Ende ging, waren Lelia und ihr Mann deprimiert und froh, wieder nach Hause zu fahren. Ihre Traumreise war vollkommen ruiniert worden. Offenbar hatte Lelias Angst, es könnte *möglicherweise* etwas schiefgehen, zu dieser Situation geführt. Im Grunde handelte es sich um eine sich selbst bewahrheitende Voraussage.

Doch das Problem war damit noch nicht aus der Welt. Sobald das erschöpfte Paar zu Hause ankam, setzte sich der Alptraum fort. Zwei Wochen später erschien eine abgespannte Lelia in meinem Büro. Ihr Arzt, der keine physischen oder psychischen Probleme, etwa Wut oder Depression, feststellen konnte, hatte sie überwiesen. Lelia vermochte einfach nicht während ihrer Schlafenszeit (egal, wo und wann diese war) zu schlafen, konnte sich andererseits am Tag aber kaum wach halten. Ihre Arbeit litt, und, was noch schlimmer war, sie erwischte sich dabei, daß sie beim Autofahren einnickte.

Lelia weigerte sich hartnäckig, irgendwelche Medikamente

einzunehmen, und wies die von mir empfohlene Hypnose zurück, weil sie der Sache nicht traute. Statt dessen wollte sie «etwas anderes». Wir entwickelten ein spezielles Programm, das auf kreative Weise Einfluß auf Lelias gestörte Schlafmuster nehmen sollte. Ich stellte eine Kassette zusammen, die ich «Das Verweilen in der Spirale» nannte (siehe S. 442). Sie sollte den «psychischen Lärm» (siehe S. 358), der offenbar, ausgelöst durch ihre Furcht vor der Schlaflosigkeit, angsterzeugende Gedanken hervorrief, reduzieren oder sogar vollständig ausschalten.

Statt mit vorgefertigter beruhigender Musik zu arbeiten, entschieden wir uns, nur die Übungsanweisungen selbst, ohne musikalischen Hintergrund, aufzunehmen, damit Lelia diesen nach Bedarf selbst herstellen konnte. Ich riet ihr zur Verwendung einer Klangmaske (oder von weißem Rauschen) in Verbindung mit der aufgenommenen Übung. Daß sie so die Lautstärke beider Kassetten individuell würde regeln können, war ein weiterer Vorteil. Anfangs benutzte sie als Klangmaske einen gewöhnlichen Standventilator, später schaffte sie sich eine im Handel erhältliche Klangmaske an. (Das Thema Klangmasken und weißes Rauschen wird in dem Abschnitt «Psychischer Lärm», S. 358, gründlicher abgehandelt.)

Unterstützt von einer gut strukturierten Musikfolge, in die Tiefenatmung, Gedankenanhalten und progressive Entspannung eingearbeitet waren, schlief Lelia in der folgenden Nacht ein, während sie «Das Verweilen in der Spirale» in Verbindung mit einer Klangmaske anhörte. Drei Monate nach ihrem ersten Besuch bediente sie sich noch immer erfolgreich dieser Methode. In dieser Zeit litt sie nur bei zwei Gelegenheiten unter Schlaflosigkeit: in der Nacht, bevor ihre Tochter heiratete, und in der Nacht vor einer wichtigen, beruflich qualifizierenden Prüfung. Von diesen beiden Fällen einmal abgesehen, schien Lelias Schlafrhythmus in die normalen, harmonischen Bahnen zurückgefunden zu haben.

... während ... die honigbeladene Biene bei ihrer blumigten Arbeit sumset, und die murmelnden Gewässer durch ihr zusammenstimmendes Geräusch locken den taubefiederten Schlaf …[1]

Bevor Sie sich nun der Übung 8, «Gesunder Schlaf», auf Seite 126 zuwenden, müssen Sie feststellen, ob einer oder mehrere der folgenden Punkte die Ursache für die Störung Ihres gewohnten Schlafmusters oder Ihrer Schlaflosigkeit sein können. Dies gilt auch im Fall von Alkohol- oder Drogensucht und bei Störungen wie Narkolepsie (zwanghafte Schlafanfälle am Tag, die etwa 15 Minuten dauern) oder Schlafapnoe (episodisch auftretender Atemstillstand von mehr als zehn Sekunden Dauer vor allem bei Scharchern). Wenn Sie solche oder ähnliche Symptome bei sich vermuten, dann sollten Sie dies mit Ihrem Arzt oder Psychologen besprechen.

1. Wieviel Koffein (in Kaffee, Tee, Erfrischungsgetränken, Schokolade und bestimmten Vitaminen) oder andere Stimulanzien (auch Zucker und einige Vitamine) haben Sie im Verlauf des Tages konsumiert? Versuchen Sie, Ihre Koffeinaufnahme vor dem Zubettgehen (wenigstens sieben Stunden vorher) zu reduzieren.

2. Legen Sie sich während des Tages hin, um egal wie lange zu schlafen? Wenn ja, dann könnte dies Ihren Nachtschlaf beeinträchtigen. Sparen Sie sich, wenn möglich, Ihren Schlaf, auch wenn es sich nur um kurze Nickerchen handelt, für die Nacht auf. Halten Sie außerdem eine gleichbleibende Bettgehzeit ein.

3. Gehen Sie vor dem Zubettgehen irgendwelchen dynamischen oder stimulierenden Aktivitäten nach (Sex ist hier eine Ausnahme)? Hiermit können sowohl aktive (Sport, anregende Gespräche, Neubeginn eines Projekts, das Sie in Aufregung versetzt) als auch passive (Projektplanung, die Ihren Verstand auf Hochtouren bringt, Hören energetisierender Musik, Lesen eines spannenden Buches) Aktivitäten gemeint sein. Suchen Sie sich für die beiden letzten Stunden, bevor Sie zu Bett gehen, eine monotone, ermüdende oder langweilige Beschäftigung. Wählen Sie eine Tätigkeit, über der «jeder einschlafen würde»!

4. Ist Ihr Bett irgendwie zu Ihrem zweiten (oder sogar zu Ihrem ersten) Büro, Arbeitsplatz oder Aufenthaltsraum geworden? Besser ist es, wenn Sie Ihr Bett (und Ihr Schlafzimmer) als einen «Tempel der Ruhe» betrachten. Halten Sie Nahrungsmittel, Telefone, das Fernsehen, sitzende Tätigkeiten, Hobbys und so fort von Ihrem Bett im besonderen und Ihrem Schlafzimmer im allgemeinen fern.

5. Sollten Sie den Eindruck haben, daß Sie unter einem physischen oder psychischen Problem leiden, das bisher keine Berücksichtigung fand, wäre es gut, wenn Sie Ihren Hausarzt oder einen Psychologen aufsuchen würden.

Was liegst du eher, Schlaf, in rauchigen Hütten
Und streckst dich hin auf unbequeme Streu,
Wo Fliegen nachts umsummen deinen Schlummer,
Als in den großen, duftenden Gemächern,
Unter der Baldachine reinem Prunk,
Wo süße Melodien einlullen wollen?[2]

○

ÜBUNG 8

Gesunder Schlaf

1. Stellen Sie entweder «weißes Rauschen» (Luftbefeuchter, Ventilator, Klimaanlage oder irgendeine andere Klangmaske, die von draußen kommende Geräusche abblockt) oder einen Kassettenrecorder mit fortgesetzter beruhigender Musik Ihrer Wahl an. Entscheiden Sie sich für Musik, die Sie normalerweise oder bei anderen Gelegenheiten nicht anhören würden. Suchen Sie solche Stücke aus, die geeignet sind, Entspannung oder Schlaf herbeizuführen. Außerdem sollten Sie Ihre «Schlafmusik» nur in dem Raum abspielen, in dem Sie schlafen wollen, und auch nur während dieser Zeit. Indem Sie sich an diese Details

halten, verstärken Sie die stichwortgebende Wirkung der Musik (siehe den Abschnitt «Stichwortgeber», S. 363) und sorgen dafür, daß Sie den Klang dieser bestimmten Musik mit Schlafen assoziieren (Konditionierung). Musikbeispiele finden sich in den Musik-Menüs «Beruhigende Musik», Seite 96, und «Meditationsmusik», Seite 303.

2. Welche Musik (oder welche Klangmaske) Sie auch wählen, sagen Sie sich, daß diese bestimmte Methode, diese Melodie Ihnen das Stichwort geben wird, welches Sie benötigen, um einschlafen zu können. Vollziehen Sie jeden Schritt, der Sie dem Zeitpunkt Ihres Zubettgehens näherbringt, auf geradezu rituelle Weise. Jede noch so kleine Tätigkeit in diesem Zusammenhang (das Einlegen der Kassette, das Anstellen des Geräts, die Wahl einer angenehmen Lautstärke, das Ausziehen des Bademantels, das Aufschütteln der Kissen, das Ins-Bett-Steigen, das Stellen des Weckers, das Abnehmen der Brille, das Ausknipsen des Lichts) dient als ein weiteres Stichwort, um Sie daran zu erinnern, wie *entspannend und angenehm* die ganze Prozedur ist.

Zum Beispiel könnten Sie sich sagen: «Der Tag ist nun vorüber, und die einzige Pflicht, die ich jetzt in dieser Welt noch habe, ist, mich auszuruhen und mich zu entspannen. Ob ich nun einschlafe oder nicht, ich werde dennoch dazu in der Lage sein, mich auszuruhen und mich zu erholen. Allein schon, daß ich im Bett liege, meine Tiefenatmung mache und mich bis zum Morgen um nichts kümmern muß, ist angenehm, beruhigend und entspannend.» Indem Sie Ihre «Affirmation» so formulieren, nehmen Sie den Druck von sich und unterstützen sich darin, «zu sein» statt «sein zu wollen» (siehe S. 339).

3. Wenn Sie dazu neigen, auf die Uhr zu schauen, um herauszufinden, wie lange Sie *nicht* geschlafen haben, dann schaffen Sie sie aus dem Zimmer oder bedecken Sie das Gesicht. Ist Ihre Uhr auch dafür zuständig, Sie morgens zu wecken, dann drehen Sie sie einfach um, damit Sie die Zeit nicht mehr sehen, sie ihre Funktion als Wecker aber dennoch erfüllen kann. Machen Sie das Licht aus, legen Sie sich auf Ihr Bett (auf den

Boden, das Sofa, einen Teppich oder an irgendeinen anderen bequemen Ort), schließen Sie die Augen, und beginnen Sie mit der Tiefen- beziehungsweise der Zwerchfellatmung (siehe S. 413).

4. Sagen Sie sich bewußt, daß jetzt der Zeitpunkt gekommen ist, um sich zu entspannen. Wenn sich Gedanken einschleichen, dann nehmen Sie sie unabhängig davon, was sie beinhalten, einfach passiv zur Kenntnis und sagen sich, daß Sie sich mit diesen Angelegenheiten am nächsten Morgen, wenn Sie wieder wach sind, beschäftigen werden (siehe S. 408).

5. Während Sie versuchen, sich zu entspannen, kann es sein, daß Ihr Verstand Ihnen einen Streich spielt. Schließlich ist es ja auch Ihr Gehirn, das die ganze Situation herbeiführt, und Ihr Gehirn läßt Ihren Verstand für gewöhnlich wissen, was es vorhat. Manche dieser Tricks könnten Katastrophenfantasien sein («Solange ich lebe, werde ich *nie mehr* einschlafen»), in den Bereich von «sollte und müßte» («Ich *sollte* doch eigentlich einschlafen können. Was stimmt denn nur nicht mit mir?»), Warum-Fragen («Warum nur kann ich nicht einschlafen? ... Wahrscheinlich liegt es an ...»), Problemlösungsversuchen («Jetzt, da es endlich schön still ist, ist ein guter Zeitpunkt, um mich mit den Einzelheiten der Hochzeit meiner Tochter zu beschäftigen») oder Negativierungen («Ich habe einfach *keinerlei* Kontrolle über *irgend etwas* in meinem Leben, und meine Schlaflosigkeit ist nur ein weiterer Beweis dafür») fallen.

Wenn Gedanken (psychischer Lärm) weiterhin eindringen, dann gibt es eine Reihe von Maßnahmen, mit denen Sie dem entgegenwirken können.

- Kehren Sie bewußt und willentlich zu Ihrer langsamen Zwerchfellatmung zurück. Dies allein schon sorgt dafür, daß Sie sich automatisch entspannen. Außerdem beruhigen und beschäftigen Sie damit Ihren Geist.
- Versuchen Sie sich das Wort «atmen» («entspannen», «Frieden» oder irgendein anderes Wort, das Sie mit Erholung assoziieren) auf der Innenseite Ihrer Stirn vorzu-

stellen. Wenn Ihre Gedanken schweifen, dann kehren Sie wieder und wieder zu dem Wort zurück. Sie können es auch damit versuchen, das Wort langsam, Buchstaben für Buchstaben (a ... t ... m ... e ... n), in Ihrem Geist zu «skizzieren». Dies wird als Stichwort dienen, das Ihren Körper an das erinnert, was er jetzt tun muß, und Ihren Geist daran, daß es an der Zeit ist, für die Nacht die Jalousie herunterzulassen. In der Regel ist es in diesem Zusammenhang besser, auf das Wort «schlafen» zu verzichten, da es gelegentlich gerade zu einem Zeitpunkt für zusätzlichen psychologischen Druck sorgt, zu dem man so wenig Streß wie möglich gebrauchen kann. (Andere Wörter, die bei vielen Menschen gut funktionieren, sind «still», «Om» oder «ruhig». Wenn Sie sie im Geiste aussprechen, können Sie das «... Ssss ...» von still, das «... Mmmm ...» von Om und das «... Uuuu ...» von ruhig in die Länge ziehen. Vielen Leuten gelingt es mit dieser Praxis, «psychischen Lärm» auszutrocknen und zugleich eine beruhigende innere Vibration herzustellen, die den Verstand «massiert». (Mehr zu diesem Thema finden Sie in dem Abschnitt «Psychischer Lärm», S. 358).

• Während Sie mit dem Atmen fortfahren, gestatten Sie es Ihrem Geist und Körper, sich auf passive Weise, quasi «per Anhalter», entweder der beruhigenden Musik oder der Klangmaske anzuschließen. Wenn Ihr Hintergrund aus beruhigender Musik besteht, werden Ihr Geist und Ihr Körper schließlich mit dem Tempo der Musik in rhythmische Synchronität eintreten, langsamer, gleichmäßiger und ruhiger werden (siehe den Abschnitt «Rhythmische Synchronität», S. 353). Wenn dies geschieht, dann hören Sie passiv der Musik zu, lassen es zu, daß Ihre Gedanken sich mit den Klängen verbinden, mit ihnen verschmelzen und sich in der Nacht auflösen, wobei jeder Gedanke von einem eigenen, ihm entsprechenden Ton geleitet wird.

6. Sollten Sie für Ihren akustischen Hintergrund ein «weißes Rauschen» produzierendes Gerät gewählt haben, dann richten Sie Ihre Aufmerksamkeit auf sein konstantes Dröhnen und lauschen der Klanglawine, die die Gedanken aus Ihnen herauszusaugen scheint und sie wie eine warme, weiche und kuschelige Decke umfängt. Beobachten Sie, während Sie atmen, wie Ihre Gedanken langsam und hilflos die Kontrolle dem endlosen, widerhallenden Murmeln der Klangmaske überlassen, die Ihren Geist zu einem Ort vollkommener Ruhe geleitet.

7. Sollten Sie auch nach 20 Minuten noch Schwierigkeiten haben einzuschlafen, könnten Sie sich für die folgende erprobte Technik entscheiden. Wenn das Geplapper Ihres Verstandes (psychischer Lärm) weiterhin stört, machen Sie sich selbst den Vorschlag aufzustehen und eine der Aufgaben zu erledigen, die Sie vernachlässigt oder eine Zeitlang beiseitegeschoben haben. Der Trick hierbei ist ein zweifacher. Erstens müssen Sie unbedingt eine Aufgabe wählen, die Sie besonders ungern tun oder abstoßend finden. Zweitens sollten Sie sich daran erinnern, daß Sie, *falls* Sie sich dazu entschließen, eine solche Aufgabe zu übernehmen, sie jederzeit abbrechen, ins Bett gehen und die obige Übung von neuem aufnehmen dürfen. Das letzte, was Sie wollen, ist, sich selbst noch zusätzlich unter Druck zu setzen. Daher hätten Sie, falls Sie sich gegen das Schlafen entscheiden würden, wenigstens diese unerfreuliche Aufgabe erledigt. Schlafen Sie jedoch ein, dann sind Sie am nächsten Morgen ausgeruht und daher eher in der Lage, etwas über das Aufschieben von Tätigkeiten nachzulesen (siehe S. 183).

Hier klingt Musik, die sanfter noch erhebet,
Als eines Rosenblättleins Fall ins Gras,
...
Musik, die weicher um den Geist sich schmiegt,
Als nur das Lid auf müdem Auge liegt;
Musik, die uns in himmlisch süßen Schlummer wiegt.[3]

KLANG-IDEE

Stellen Sie «Bettgehzeitmusik»
für Ihre Kinder zusammen.

Einige Vorschläge:

Verschiedene Künstler: *Sweet Dreams*

Linda Ronstadt: *Dedicated to the One I Love*

Spieluhrmelodien

7

UM MIT EINEM BEMÜHEN IN FRIEDEN ZU SEIN,

MÜSSEN WIR UNSER BEDÜRFNIS AUFGEBEN,

DAS ERGEBNIS KONTROLLIEREN ZU WOLLEN.

Kontrolle

Wenn du an einem Fluß stehst und ein Blatt treibt vorbei,
dann hast du die Wahl, diesem Blatt mit den Augen zu folgen oder
deine Aufmerksamkeit auch weiterhin direkt vor dir aufs Wasser zu richten.
Das Blatt schwebt aus deinem Gesichtskreis hinaus.
Ein weiteres Blatt kommt daher… und gleitet vorüber.

Zu den frustrierendsten Dingen im Leben gehört das Fehlen von
Kontrolle. Doch wieviel Kontrolle haben wir *wirklich*? Nicht nur
über äußere Ereignisse und Situationen, sondern über unsere
eigenen Gedanken, Gefühle und − manchmal − über unser
Verhalten? Es gibt Theorien, in denen dargelegt wird, daß es
Erlebnisse in der Kindheit sind, die festlegen, welche Art Individuum wir werden, und unsere Persönlichkeit formen. Andere gehen davon aus, daß unsere Gedanken, Gefühle und Verhaltensweisen durch unsere Umgebung bestimmt werden.
Wieder andere meinen, daß wir auf Gedeih und Verderb anderer
Menschen wie Lehrern, Vorgesetzten, Handwerkern und Tele-
fonisten ausgeliefert sind und, auf indirekte Weise, Marketing-
tricks, Organisationen wie etwa der Regierung, der Schwer-

industrie, großen Firmen und Herstellern der verschiedensten Produkte.

Wir fühlen uns so, als ob wir das alles getan hätten, weil wir es so gewollt haben, weil wir uns danach gesehnt haben, weil wir frei und fähig waren, es zu tun.[1]

Wie bei den meisten Dingen hängt alles davon ab, wie wir es betrachten. Oder wie wir es *anhören*. Gemäß der sozialkognitiven Lerntheorie[2] sind wir, wenn es uns erst einmal gelungen ist herauszufinden, was Einfluß auf uns nimmt, imstande, unsere Möglichkeiten einzuschätzen und so auf die Situation zu reagieren, daß daraus eine Verbesserung für uns resultiert.

Die Ermächtigung durch Musik befähigt uns, etwas zu tun, wozu wir unter anderen Umständen nicht in der Lage wären. Die musikalische Ermächtigung macht es möglich, daß wir uns gestatten, transformiert zu werden.[3]

Es gibt eine Reihe von Möglichkeiten, ein Gefühl der Kontrolle zu erwerben. Nutzen Sie einen oder mehrere der folgenden Vorschläge.

1. *Konzentrieren Sie sich auf die Gegenwart.* Hören Sie auf das, was jetzt, im «Hör und Jetzt» (siehe S. 317), um Sie herum geschieht.

2. *Verfolgen Sie Ihre Pläne bis zum Abschluß.* Je länger wir am Erreichen unserer Ziele festhalten, desto größer ist die Wahrscheinlichkeit, daß wir erleben, wie sie sich verwirklichen. Wenn Sie beispielsweise ein guter Cellist werden wollen, dann müssen Sie unter anderem einen guten Cellolehrer finden, engagiert üben und auf ein paar Dinge in Ihrem Leben verzichten.

3. *Akzeptieren Sie Ihre Grenzen.* Nicht jeder kann ein *großer* Cellist werden! Erkennen Sie Ihre Leistungen an, und belohnen Sie sich für kleine Fortschritte. Erinnern Sie sich selbst nötigenfalls an die Dinge, die Sie gut machen, an Ihre besonderen

Talente oder Fähigkeiten, und sehen Sie Ihr Cellospiel nüchtern und sachlich.

4. *Ziehen Sie Alternativen in Betracht.* Statt sich auf die Dinge zu konzentrieren, über die Sie keine Kontrolle haben (zum Beispiel auf die Musik, die im Radio gespielt wird), wechseln Sie mit Ihrem Bewußtsein zu den Dingen, die Sie kontrollieren können (schalten Sie einen anderen Sender ein, oder nehmen Sie die Kassetten und die CDs mit in Ihr Auto).

5. *Ziehen Sie sich aus einer ungewollten Situation zurück.* Wenn Sie die Musik in einem Lokal nicht mögen, dann gehen Sie! Wenn Sie weiterreichenden Einfluß nehmen wollen, dann fragen Sie den Geschäftsführer, welche Art von Musik für die folgenden Wochen geplant ist, und machen Sie Vorschläge. Entspricht die musikalische Ausrichtung in diesem Lokal nicht der Ihren, dann schlagen Sie den Mitarbeitern Alternativen vor. Werden Ihre Vorschläge abgelehnt, dann suchen Sie sich ein Lokal, das Ihrem musikalischen Geschmack besser Rechnung trägt.

6. *Seien Sie selbstsicher.* Wenn Sie sich zu Besuch bei einem Freund befinden und mit der Musik, die Sie dort zu hören bekommen, nicht glücklich sind, dann bitten Sie höflich und ohne aggressiv zu werden darum, sie durch eine andere zu ersetzen, oder fragen Sie direkt nach einem Interpreten oder Komponisten, den Sie kennen und bevorzugen. Sollten Sie Musik, die Sie schätzen, bei sich haben, etwa in Ihrem Auto, dann fragen Sie Ihre Gastgeber, ob sie schon «die neue CD von…» kennen und ob sie sie vielleicht hören wollen.

7. *Akzeptieren Sie Situationen, die Sie nicht verändern können, und stehen Sie sie durch.* Wenn «Musiktheorie» ein ungeliebtes Pflichtfach für Sie ist, das Sie für Ihren Abschluß benötigen, dann versuchen Sie *irgend etwas* an dem Thema selbst, im Klassenraum oder in der Klasse zu finden, das Sie motiviert, sich lange genug wach zu halten, damit Sie Ihren Abschluß machen können.

8. *Finden Sie sich damit ab, daß Sie nicht immer alles so haben können, wie Sie es sich vorstellen.* Sie und Ihre Freunde befinden

sich in einem Lokal, in dem Musik gespielt wird, die Sie nicht mögen. Statt Ihre Freunde dazu zu überreden, das Lokal mit Ihnen zu verlassen, oder sich schlecht zu fühlen, richten Sie Ihre Aufmerksamkeit auf andere, positivere Aspekte des Abends, versuchen Sie, etwas Faszinierendes an der Musik zu finden, oder schlüpfen Sie in die Rolle eines Hobbypsychologen und bemühen sich herauszufinden, warum irgend jemand, der bei Sinnen ist, so etwas komponieren, spielen oder dem zuhören kann.

9. *Streben Sie nach Struktur und Disziplin in Ihrem Leben.* Je effektiver die Kontrolle ist, die Sie über Ihre Zeit ausüben, desto besser wird es Ihnen gelingen, auch Ihr Leben zu kontrollieren.

10. *Versuchen Sie es mit positiven Affirmationen* (siehe S. 403). Wenn es die Situation verlangt, daß Sie die Kontrolle ausüben, dann stimmen Sie sich durch ein paar positive Selbstaussagen wie «Ich kann es schaffen!» oder «Ich habe die Kontrolle!» darauf ein.

11. *Geben Sie die Kontrolle auf.* Akzeptieren Sie die Tatsache, daß es nicht immer möglich ist, die Kontrolle zu haben. Tatsächlich wäre die Verantwortung eines einzelnen, der ständig alles unter Kontrolle hat, auch viel zu groß. Gönnen Sie sich eine Pause. Lassen Sie jemand anderen die Führung übernehmen. Indem Sie dies tun, gewinnen Sie in Wahrheit selbst die Kontrolle.

12. *Lassen Sie dem Sachverstand den Vortritt.* Keiner vermag in allen Bereichen Experte zu sein. Gleichgültig, worum es sich handelt, früher oder später werden Sie jemandem begegnen, der etwas besser kann als Sie. Lassen Sie los. Lassen Sie dem Sachverstand den Vortritt, und lernen Sie aus der Erfahrung. Wenn Ihnen dies gelingt, dann haben Sie wahrhaftig die Kontrolle über sich selbst.

DAS HERVORBRINGEN VON TÖNEN SETZT
EIN GEWISSES MASS AN KONTROLLE VORAUS.
DAS HERVORBRINGEN VON STILLE HINGEGEN VERLANGT,
DIESES GEFÜHL DER KONTROLLE LOSZULASSEN.

ÜBUNG 9
Kontrolle aufgeben: Loslassen

Diese Übung hilft, leichteren Herzens auf Kontrolle zu verzichten.

> Achtsamkeit zu entwickeln hat etwas damit zu tun, daß man den Ehrgeiz, zu kontrollieren, Probleme zu lösen oder etwas zu erreichen, aufgibt.[4]

1. Wählen Sie für diese Übung einen Zeitpunkt, zu dem Sie sicher sind, allein zu Hause zu sein. Sollte dies nicht möglich, wahrscheinlich oder überhaupt machbar sein, suchen Sie sich einen Platz, an dem Sie für wenigstens 15 bis 20 Minuten ungestört sind. Dabei kann es sich um einen Ort im Freien, einen Kellerraum oder einen anderen abgeschiedenen Bereich in Ihrem Büro oder Zuhause handeln.

2. Wählen Sie eine Reihe von Songs oder Musikstücken aus, die Sie gut kennen und von denen Sie meinen, daß Sie in Ihnen Gefühle des Verlassens, Aufgebens und Loslassens erzeugen. Dabei kann es sich um etwas handeln, das in Ihnen während Ihrer Kindheit oder Jugend ein «wildes», «ungehemmtes» Gefühl freigesetzt oder Sie einfach nur in einen Zustand der Erregung versetzt hat. (Musikvorschläge können Sie den Musik-Menüs «Inspirierende Musik», S. 88, «Musik zum Loslassen», S. 337, «Stimulierende Musik», S. 52, «Musik für den Umgang mit Wut», S. 116, und «Entrainment-Sequenz: Big Band», S. 220, entnehmen).

3. Sobald Sie allein sind, stellen Sie die Lautstärke hoch, und geben Sie sich der Musik vollkommen hin. Lassen Sie es zu, daß alle soziale Etikette, alle Korrektheit, alle Vorstellungen von Angemessenheit und Bescheidenheit von Ihnen abfallen.

4. Hierbei geht es darum, *loszulassen*. Verabschieden Sie sich also für die Dauer der Übung von allem, was Sie als rich-

tiges, normales oder schickliches Verhalten empfinden. Überlassen Sie sich Ihrem inneren Beat, setzen Sie Ihre natürlichen Rhythmen frei, ergeben Sie sich Ihrem inneren Pulsieren, spüren Sie den Drang, und geben Sie ihm nach, überantworten Sie sich dem Fluß..., zittern Sie, schwingen Sie, vibrieren Sie! (Siehe auch das Kapitel «Loslassen», S. 325).

5. Wenn Ihnen dies erst einmal gelungen ist, dann wissen Sie, daß Sie wenigstens einige Ihrer inneren Barrieren durchbrochen haben. Von diesem Augenblick an wird Ihnen allein schon das Wissen, daß Sie die Kontrolle vollkommen aufgeben können, helfen, sich ein klein bißchen besser zu fühlen und solche Situationen leichter zu akzeptieren, in denen Sie eben einfach loslassen müssen. Zu wissen, daß Sie auf diese Weise loslassen können, wird Ihnen in mehrerlei Hinsicht von Nutzen sein. Zum einen haben Sie erfahren, wie gut es tut, loszulassen. Zum anderen haben Sie eine Vorstellung davon, *wie* man es macht. Und schließlich, sollten Sie einmal aus irgendeinem Grund in dem Augenblick, in dem es die Situation erfordert, nicht loslassen können, dann haben Sie immer noch die Möglichkeit, dies später in einem sicheren Umfeld zu tun.

Egal, wie wir dies *empfinden,* wir haben immer ein wenig Kontrolle über das, was wir *tun.*[5]

MUSIK GEHORCHT, DOCH PASST SIE SICH NICHT AN.
SIE FLIESST, DOCH WILLIGT SIE NICHT EIN.
BEEINFLUSST, DOCH KONTROLLIERT NICHT.
DIRIGIERT, DOCH BEFIEHLT NICHT.
WIDME DICH DER HARMONIE,
ERGIB DICH DEN INNEREN RHYTHMEN,
DIENE DEM TAO.

8

Entspannung

Sei still, um deine innere Musik zu hören.

Man hat festgestellt, daß Entspannungstechniken wichtig sind, um das Immunsystem des Körpers zu stärken, um das Selbstvertrauen zu steigern, die Konzentration zu verbessern, Spontaneität zu bewirken und die Kreativität zu fördern. Außerdem verringert das regelmäßige Praktizieren solcher Übungen Angst, Anspannung, Streß, Panikattacken, Wut, Furchtsamkeit und andere negative Emotionen und Reaktionen. Für sich genommen sorgt Entspannung dafür, daß wir zu einem Zustand der Harmonie mit der Natur zurückkehren können. Tatsächlich ist es unmöglich, zugleich entspannt und angespannt, angsterfüllt, aufgebracht oder auf andere Weise beunruhigt zu sein. Folglich ist ein entspannter Zustand für Selbstheilung, Zentrierung und wirkungsvolle Visualisation entscheidend.

Die Fähigkeit von Musik, Entspannungszustände herbeizuführen oder zu verstärken, wird durch wissenschaftliche Studien untermauert, die bis ins frühe 19. Jahrhundert zurückgehen. Diese ersten Erkenntnisse über die physiologische Wirkung von Musik wurden von C. M. Diserens 1923 in einem Zeitschriftenartikel vorgestellt, in dem er die Ergebnisse von Gretry (1813), Couty und Charpentier (1874) sowie von Dogiel (1880) mitteilt.[1] Hyde war die erste, die – 1924 – die Reaktion des Herz-Kreislauf-Systems, der Pulsfrequenz und des Blutdrucks auf Musik untersuchte. Aus ihren Experimenten zog sie den Schluß, daß Menschen sowohl psychisch als auch physisch durch harmonische und ausdrucksstarke Musik beeinflußt werden.[2] Derartige Musik scheint dem Herz-Kreislauf-System zu nutzen, den Muskeltonus günstig zu beeinflussen, das Durchhaltevermögen zu steigern und die Verdauung zu unterstützen. Auf der Basis dieser Erkenntnisse hat eine große Zahl von Wissenschaftlern weitergearbeitet und überdies festgestellt, daß Musik wirkungsvoll einen Zustand des Friedens, der Ruhe und Entspannung herbeizuführen oder zu verstärken vermag.

Manche Forschungsresultate haben erwiesen, daß das Hören «sanfter Musik» bei der Angstreduktion[3] ebenso wirkungsvoll ist wie progressive Entspannung oder autogene Techniken, daß es die entspannende Wirkung von EMG-Biofeedback verstärkt[4] und sogar übertrifft[5]. Studien anderer Experten weisen darauf hin, daß Musik dazu beiträgt, Streßreaktionen[6] zu minimieren, Anspannung[7] zu reduzieren, die Pulsfrequenz[8] zu verringern, und auf effektive Weise den Angstpegel senkt und zugleich die Entspannung steigert.[9–11] Schließlich hat eine Reihe weiterer Untersuchungen gezeigt, daß vor allem «beruhigende» Musik Angstzustände zu reduzieren imstande ist und auch Anspannung, Streß und Alltagsfrustration mildert.[12–15]

Alles in allem ist es die übereinstimmende Meinung dieser

und vieler anderer wissenschaftlichen Forschungsarbeiten, daß Musik eine wichtige Rolle bei der Herbeiführung und Steigerung des Entspannungsprozesses spielt. Sie ermöglicht es dem Individuum, einen Zustand der Ruhe, des Friedens, der Zufriedenheit und der Gelassenheit zu erreichen.

Es ist möglich, einen einzelnen Gedanken, eine Empfindung oder eine entstehende Situation wahrzunehmen und dennoch nicht vollständig in der Identifikation damit verlorenzugehen. Wir beobachten die Wolke, bleiben dabei jedoch auf den Himmel konzentriert, sehen das Blatt und behalten dabei den Fluß im Blick. Wir sind der Teil von uns, der sich der Gesamtheit bewußt ist. Und unsere Fähigkeiten in dieser Hinsicht entwickeln sich mit zunehmender Übung.[16]

Um wirklich in den Genuß des Nutzens von Entspannungsübungen zu kommen, wird geraten, sie *täglich wenigstens* 20 (oder gar 30) Minuten zu machen. Besser ist es noch, zweimal am Tag 20 Minuten lang zu üben und damit die Wirkung *mehr als zu verdoppeln.*

Manch einer mag anfangs vielleicht der Meinung sein, «20 Minuten nur einfach dazuliegen und sich zu entspannen» sei zuviel verlangt. Doch wenn es möglich ist, nehmen Sie sich gleich jetzt einen Augenblick Zeit, um darüber nachzudenken, wie lange Sie jeden Tag mit anderen Dingen zubringen, die Sie leicht seinlassen oder modifizieren könnten, um eine lebenverlängernde und letztlich lebenrettende Gewohnheit aufzunehmen und zu entwickeln.

OBWOHL MUSIK KEINEN EINFLUSS
AUF DIE JAHRESZEIT NEHMEN KANN,
VERMAG SIE DOCH DIE ART ZU VERÄNDERN,
WIE WIR SIE WAHRNEHMEN.

Musik als Stichwortgeber
für die Entspannung

Selbst wenn Ihr Zeitplan es absolut unmöglich macht, diese Übungen auf einer täglichen, fortgesetzten Basis zu praktizieren, könnten Sie doch jetzt wenigstens erst einmal darüber nachdenken, ob Sie ein paar Wochen lang etwas anderes opfern wollen, bis Sie in der Lage sind, sich einen Eindruck davon zu machen, wie sich Entspannung «anfühlt». Wenn Ihr Körper und Ihr Geist erst einmal auf die Entspannungsreaktion eingestimmt sind, hält dieses Buch Techniken bereit, die Ihnen dabei helfen zu lernen, wie Sie musikalische Hintergründe und persönliche Visualisation einsetzen können, um Entspannungsreaktionen und mit ihnen Harmonie und innere Ruhe zu bewirken, während Sie zugleich mit Ihren alltäglichen Aktivitäten fortfahren.

KLANG-IDEE
Nehmen Sie sich wenigstens einmal am Tag
einen Augenblick lang die Zeit,
in der Reglosigkeit der Stille zu verharren.

Die nachfolgende Übung für «progressive Entspannung und Musik-Atmen» ist so beschaffen, daß wir uns an eine durch Musik gesteigerte Technik der progressiven Entspannung gewöhnen, uns mit progressiver Entspannung, Tiefenatmung und Visualisation vertraut machen und eine Entspannungsreaktion auf Hintergrundmusik entwickeln, die mit der Zeit automatisch und durch den einfachen Prozeß der Tiefenatmung und den Einfluß des selbstgewählten musikalischen Hintergrunds leicht ausgelöst werden soll (siehe auch den Abschnitt «Stichwortgeber», S. 363). Außerdem werden Sie mit ausreichender, langanhaltender Praxis und der Unterstützung Ihrer musikalischen Stichwortgeber besser imstande sein, Ihre Entspannungsreaktion auszulösen, indem Sie sie mittels Tiefenatmung aus Ihrem «akustischen Gedächtnis» (siehe S. 367) heraus aktivieren.

Übung 10
Streßreduktion

Diese Übung verwendet Musik als Entspannungszusatz. Sie sollte aus drei Teilen bestehen und insgesamt etwa 30 Minuten dauern.

Musik zu hören oder sich an ihr zu beteiligen kann einen Menschen wiederherstellen.[17]

1. *Teil.* Bevor Sie mit dieser Übung beginnen, lassen Sie die Musik einfach fünf Minuten lang spielen. Währenddessen spüren Sie, wie sie die beruhigenden Vibrationen vertont, von denen Sie umgeben sein möchten. Lassen Sie sich mit dieser harmonischen Umgebung «rhythmisch synchronisieren» (siehe S. 353). Nutzen Sie diese Zeit, um einfach bei der Musik «zu sein» (siehe das Kapitel «Sein *statt* sein wollen», S. 339). Gestatten Sie es ihr, Sie zu zerstreuen und Sie mit ihren beruhigenden Vibrationen zu «massieren».

2. *Teil.* Der Hauptteil der Übung sollte etwa 20 Minuten dauern.

3. *Teil.* Die abschließenden fünf Minuten sollten für Sie eine Gelegenheit sein, allen verbliebenen Streß und alle Anspannung «auszuatmen» und Ihr internes Selbst mit der Außenwelt «rhythmisch zu synchronisieren».

1. Wählen Sie für 30 Minuten Musik aus, die Sie als besonders beruhigend empfinden. (Beziehen Sie sich dabei auf das Musik-Menü «Beruhigende Musik», S. 96.)

2. Finden Sie einen ruhigen, bequemen Platz, wo Sie nicht gestört werden und sich für die Dauer der Übung hinsetzen oder hinlegen können.

3. Tun Sie etwas gegen Geräusche in Ihrer Umgebung (ziehen Sie das Telefon aus der Dose, schalten Sie Handys ab, informieren Sie Ihre Mitbewohner darüber, daß Sie nicht gestört werden wollen, und so fort).

4. Fangen Sie an, die von Ihnen ausgewählte Musik zu spielen.

5. Lassen Sie sich drei bis fünf Minuten Zeit, um sich rhythmisch mit der äußeren, beruhigenden Umgebung zu synchronisieren.

6. Beginnen Sie nun mit der eigentlichen Übung. Der Einfachheit halber können Sie die Übung zusammen mit der von Ihnen bevorzugten Hintergrundmusik für Ihre persönliche Entspannungsübung auf Kassette aufnehmen. (Beachten Sie das Kapitel «Den Geist motivieren», S. 269. Dort finden Sie Vorschläge, wie man eine Kassette mit Übungsanweisungen und Hintergrundmusik aufnehmen kann.)

Schließe deine Augen.
Atme...
Stell dir deinen Körper als hohle Trommel vor.
Atme ein ... Atme aus ... Laß los.
Gestatte dem Klang, durch deine Fußsohlen in dich einzudringen.
Atme den Klang ein ... Atme den Lärm aus ...
Laß ihn los.
Gestatte es deiner Atmung, sich an die Kadenzen des Klangs anzuschließen.
Gestatte es deinem Verstand, Trost im Rhythmus des Klangs zu finden.
Atme ein ... Atme aus ... Laß los.

Spüre, wie der Klang durch deine Fußsohlen zurückstrahlt. Laß los.
Spüre bei jedem Pulsschlag, wie der Klang alle Anspannung fortschafft.
Atme ein ... Atme aus ... Laß los.
Folge dem Klang, der durch deine Füße aufsteigt.
Jeder Schlag schüttelt vibrierend alle Anspannung aus deinen Füßen.
Atme ein ... Atme aus ... Laß los.
Folge dem Klang, dessen Vibration sich nach oben durch deine Knöchel hindurch fortsetzt.
Spüre, wie der Klang jegliche Verkrampfung zurückwirft.
Atme ein ... Atme aus ... Laß los.
Folge der Klangvibration hinauf durch deine Waden, deine Unterschenkel.
Spüre, wie sie in den Knochen deiner Beine nachklingt und alles Streßgefühl fortmassiert.
Atme ein ... Atme aus ... Laß los.
Visualisiere den Klang, der hinaufsteigt durch deine Oberschenkel.
Fühle und höre, wie die hoch klingende, Streß ausdrückende Vibration in deinem Körper auf tiefere Töne zurückfällt ... Fühle, wie die Vibration in deinen Beinen langsamer und langsamer schwingt ... Atme ein ... Atme aus ... Laß los.
Gestatte dem Klang, hinauf durch dein Becken und den genitalen Bereich zu fließen.
Spüre, wie die Vibrationen in der Höhlung deines Beckens, deiner Hinterbacken, deines Magens widerhallen ...
Atme ein ... Atme aus ... Laß los.
Spüre, wie der beruhigende Klang in deinem unteren Rükken schwingt und durch die Wirbelsäule aufsteigt ... Höre auf den lindernden Klang, der in einer Spirale durch jeden Rückenwirbel hallt, jeden einzelnen von ihnen, einen nach dem anderen auf dem Weg nach oben entspannt.
Atme ein ... Atme aus ... Laß los.

Atme den Klang durch die Höhlung deines Körpers. Spüre, wie der Klang durch deinen Brustkorb hinaufflattert, horche ihm nach, während er allen Druck schmelzen läßt.

Atme ein ... Atme aus ... Laß los.

Gestatte deinem inneren Ohr, dem Klang hinauf in deinen Brustkorb zu folgen.

Horche den Klangwellen nach, die wie ein Echo durch die Leere deines Brustraums hallen ...

Atme den Klang hinauf in deine Schultern.

Spüre, wie die Vibrationen in jedes Molekül deiner Schultern eindringen und es liebkosen.

Höre auf den Klang, der die Steifheit auflöst ...

Der die Spannung lindert.

Atme ein ... Atme aus ... Laß los.

Folge dem beruhigenden Echo des Klangs hinauf in deinen Hals. Spüre, wie er dort widerhallt.

Beobachte, wie sein Pulsieren alle Starre auflöst.

Atme ein ... Atme aus ... Laß los.

Horche dem Klang nach, der hinauf in die Leere deines Gesichtsraums hallt.

Folge dem Murmeln des tröstlichen Klangs, während er all deine Gesichtsmuskeln weich macht.

Spüre, wie die Vibrationen deinen Kiefer massieren.

Spüre, wie sie tief in dein Kinn eindringen und alle Spannung auflösen.

Atme ein ... Atme aus ... Laß los.

Höre, wie die Anspannung sich dem Pulsieren der Musik ergibt.

Beobachte, wie der Streß als Klangwellen spiralförmig aus deinem Körper herausgedreht wird.

Atme ein ... Atme aus ... Laß los.

Spüre die Spannung in deinem Mund und in deiner Zunge, gestatte es deinem Mund, sich zu entspannen, und visualisiere, wie die Musik in deiner Mundhöhle widerhallt.

Sieh, wie der Klang an deinem Gaumen, deinen Zähnen

abprallt, höre, wie alles weicher wird, wie die Spannung nachgibt.

Atme ein … Atme aus … Laß los.

Spüre, wie die Klangwellen in dem Bereich um deine Augen widerhallen.

Gestatte es der Anspannung um deine Augen, vor den Klangwellen zurückzuweichen.

Atme ein … Atme aus … Laß los.

Inhaliere den beruhigenden Klang.

Spüre, wie die Hohlräume in deiner Nase sich öffnen und die eingeatmete beruhigende Melodie willkommen heißen.

Höre, wie die Klänge in dein Gesicht eintreten und hinauf in deine Stirn steigen.

Atme ein … Atme aus … Laß los.

Spüre, wie sich der Druck in deiner Stirn mit jedem pulsierenden Atemzug, mit jedem beruhigenden Ton auflöst. Gestatte es dem Druck in deinem Schädel, mit jedem Klang deines Atems nachzulassen.

Heiße die Musik willkommen, die in deinen Geist eindringt.

Atme den Trost der Musik ein.

Atme den Lärm aus, beobachte den Lärm, wie er ruhiger und schließlich still wird.

Atme den erholsamen Ton ein.

Atme Angst aus, beobachte, wie sie verblaßt.

Atme die Ruhe in dem Klang ein.

Atme allen Aufruhr aus, beobachte, wie er sich auflöst.

Atme die lindernde Melodie ein.

Atme alle negativen Gedanken aus, beobachte, wie sie entlassen werden.

Atme die zerstreuenden Harmonien ein.

Atme alle Anspannung aus, beobachte, wie sie verschwindet.

Atme das beruhigende Tempo ein.

Atme die belastenden Gefühle aus, beobachte, wie sich negative Gefühle beruhigen.

147

Atme die für Erleichterung sorgenden Rhythmen ein.
Atme Verwirrung aus, beobachte, wie sie sich klärt und
dann verblaßt.
Atme Trost ein.
Atme Ärger aus.
Atme den Klang des Friedens ein.
Atme Gereiztheit aus.
Atme beruhigende Vibrationen ein.
Atme Unruhe aus.
Atme die Musik ein.
Gestatte es deinem Geist, sich in das Pulsieren treiben zu
lassen.
Gestatte es deinem Geist, sich mit dem Pulsieren treiben zu
lassen.
Gestatte es deinem Geist, sich mit dem Pulsieren treiben zu
lassen.

7. Während die beruhigende Musik weiterspielt, gewähren Sie sich ein paar Augenblicke, um in «rhythmische Synchronität» mit Ihrer äußeren Umgebung einzutreten.

8. Denken Sie daran, immer wenn Sie Zugang zu den Entspannungsgefühlen, die durch diese Übung gefördert wurden, suchen, können Sie einfach auf die Musik zurückgreifen, die Sie während der Übung gespielt haben, um sich selbst das Stichwort für dieses Gefühl der Entspannung zu geben.

In diesem Buch findet sich eine Reihe weiterer Ideen, die sich damit beschäftigen, wie man Musik einsetzen kann, um Entspannung zu bewirken oder zu fördern. Darunter sind auch einige, die weniger stark strukturiert oder förmlich sind als die hier vorgestellte traditionellere progressive Entspannungsübung. Sie finden sie in den Abschnitten «Chanting», Seite 425, «Gedanken Einhalt gebieten», Seite 408, «Atmen», Seite 413, «Mantrische Klänge», Seite 419, oder allgemein in den Kapiteln des vierten Teils, «Spezielle Themen», Seite 291 ff.

TEIL II

Persönliche Themen

Musik erinnert uns daran,
daß das Leben ein Tanz ist.

9

WELCHE GERÄUSCHE WAREN DIE ERSTEN,

DIE DU IN DEINEM LEBEN GEHÖRT HAST?

WELCHEN KLANG HAT DER HERZSCHLAG DEINER MUTTER?

DEIN EIGENER HERZSCHLAG?

DIE STIMME DEINER MUTTER?

MUSIK FÜHRT UNS ZURÜCK ZU DEN ANFÄNGEN.

Erinnerungsvermögen

Wie war gleich noch der Titel von diesem Song?!

Der Soundtrack der *Star Wars*-Filme. Die Titelmelodie der «Thomas-Gottschalk-Show». Ihr bevorzugter Nachrichten-kanal. Die Titelmusik der Serien, die uns wöchentlich oder täglich daran erinnert, daß jetzt «Verbotene Liebe», «Marienhof» oder «Gute Zeiten, schlechte Zeiten» kommt. Und was ist mit den Vögeln, die den Frühling ankündigen? Die Stimme eines Babys. Eine schnurrende Katze. Der Timer der Mikrowelle. Das Bohren des Zahnarztes. Ein bellender Hund. Ein vorbeirasender Zug. Die weitentfernte Sirene einer Ambulanz. Das Geräusch eines Motors, der anspringt (oder auch nicht). Lachen. Weinen. Regen. Urlaubsmusik. Der Rasenmäher des Nachbarn. Die Stille eines dick verschneiten Morgens. Welche Erinnerungen werden durch den Soundtrack *Ihres* Lebens wach?

Musik, wenn zarte Stimmen sterben, vibriert im Gedächtnis.[1]

Die meisten von uns verfügen über wenigstens einen Song, der als Auslöser für ansonsten vergessene Erinnerungen dient. Ein Musikstück, das in dem Augenblick, in dem wir jene Erfahrung machten, gerade zu hören war. Der Augenblick mag eine bestimmte Bedeutung gehabt haben, wie etwa ein erster Kuß, ein Streit, die erste Fahrt in einem neuen Auto.

In der Erinnerung scheint alles mit musikalischer Begleitung zu geschehen.[2]

Der Zufall, daß dieser bestimmte Song (oder dieses Geräusch) genau in diesem besonderen Augenblick zu hören war, hat dafür gesorgt, daß dieses positive, negative oder auch neutrale Ereignis unauslöschlich in das akustische Gedächtnis (siehe S. 367) eingespeist wird. In Zukunft wird diese Musik (oder dieses Geräusch) für die Aktivierung dieser besonderen, emotionalen Erinnerung sorgen, ebenso wie der Familienschnappschuß, der uns unvermittelt zu einem besonderen Augenblick zurückkehren läßt. Die Episode wird wie eine Art akustische Fotografie festgehalten – eine Audiografie. Nach einer gewissen Zeit ist es so, als hätten wir einen eigenen Satz persönlicher Musikvideos.

NUR DURCH MUSIK KÖNNEN WIR DIE VERGANGENHEIT HÖREN, UNS AN DER GEGENWART ERFREUEN UND DIE ZUKUNFT KOMPONIEREN.

Wenn ein Musikstück komponiert wird, dann spiegelt es die Welt des Komponisten in diesem Augenblick wider – seine Gedanken, Gefühle, seine psychische Verfassung. Diese Gefühle, die in die Musik übertragen werden – eine Übersetzung ansonsten flüchtiger Emotionen – leben in dieser Komposition fort. Später sind wir nicht nur dazu in der Lage, diese durch den Komponisten verarbeiteten Emotionen in der Musik zu hören, sondern sie auf einer bestimmten Ebene manchmal sogar zu fühlen. Jedesmal, wenn die Musik spielt, werden diese Gefühle freigesetzt, und es steht uns frei, sie zu unseren eigenen zu machen. Sobald sie von der Vorstellungskraft aufgenommen und in unsere akustische Welt eingeführt wird, ist die Musik wie ein Geist in der Flasche gefangen. Wird sie freigelassen, kann sie manchmal unser Sklave und manchmal unser Herr sein.

MUSIK FRIERT BILDER ZU ERINNERUNGEN EIN
UND SETZT ERINNERUNGEN ALS BILDER FREI.
ALS KINDER TRÄUMEN WIR DAVON, ERWACHSEN ZU SEIN.
ALS ERWACHSENE TRÄUMEN WIR VON UNSERER KINDHEIT.
AUF DEM WEG FORMT UNS DIE MUSIK – WÄHREND WIR SIE ERSCHAFFEN –
IN ÜBEREINSTIMMUNG MIT UNSERER WIRKLICHKEIT.
DAS KIND WIRD IN EINEN ERWACHSENEN VERWANDELT,
UND DER ERWACHSENE BEWAHRT DAS KIND.

In meinem emotionalen Verstand ist «Paperback Writer» von den Beatles eine akustische Eselsbrücke, ein Stichwortgeber (siehe S. 363), ein affektiver Auslöser für den Sommer '66... Overhill Lake, Glen Allen, Virginia. Die emotionalen Erinnerungen, die von diesem Song freigesetzt werden, sind so mächtig, daß ich mich selbst 30 Jahre später durch diese kraftvollen Akkorde, diesen unwiderstehlichen Beat und diese vollkommenen Harmonien wieder wie ein 14jähriger fühle. Der Parkplatz, die aufsteigende Eingangsrampe, der Sand, die Menschenmengen, der hoch aufragende Sprungturm, die Rettungsinsel mitten im See, die Scharen von Mädchen im Bikini, der Konkurrenzkampf..., all dies umgibt mich von neuem... in dröhnendem Stereo.

MANCHMAL SPIELT MAN DIE MUSIK NUR,
UM DIESEN KUSS NOCH EINMAL ZU SCHMECKEN.

Wir drücken sowohl unsere persönliche als auch unsere Gruppenidentität in den verschiedenen Stadien unseres Lebens durch Musik aus... Mit den Songs kann man die Erinnerung an den emotionalen Kontext dieser Zeit wachrufen.[3]

Musik hat eine sehr starke stichwortgebende Wirkung. Immer, wenn sie in Zusammenhang mit einem bestimmten Augenblick, Ereignis oder einer persönlichen Erfahrung gebracht wird, kann der Zuhörer sehr persönliche Bilder, Gefühle oder Bedeutungen mit diesem bestimmten Musikstück verbinden. Wenn man es später wieder hört, dann ist es möglich, die Darstellung der *Essenz* des Augenblicks, als jene Musik das erstemal spielte, nachzuerleben. Sobald die Musik erst einmal in direkten Zusammenhang mit einem bestimmten Augenblick gebracht, die «Audiografie» gemacht worden ist, wird sie als musikalische Eselsbrücke fungieren, die den Hörer zu diesem emotionalen Augenblick zurückkehren läßt, der noch immer in seinem Zentrum, eingebrannt in hörbare Zeit, widerhallt.

VORHER WAREN DIE ERINNERUNGEN ANDERS.
SPÄTER WERDEN SIE SICH VERÄNDERN.
WIE FINGERABDRÜCKE ODER SCHNEEFLOCKEN
SIND NICHT ZWEI VON IHNEN GLEICH.

○

ÜBUNG 11
Verweilen in der Spirale
durch musikalische Erinnerungen

Musik kann die paradoxe, ambivalente und intensive Leidenschaft
enthalten, die oft mit traumatischen Erfahrungen assoziiert wird.
Sie vermag als Brücke für Zeitreisen zu dienen,
Vergangenheit, Gegenwart und Zukunft zu umfassen,
während sie gleichzeitig den Prozeßfluß veranschaulicht.

Wie deutlich erinnern Sie sich an den Inhalt eines Gespräches,
wenn es im Rahmen einer starken Erfahrung stattfand? Wenn Sie
in Ihren Erinnerungen fahnden, suchen Sie dann nach der Bedeutung, die hinter jedem Wort verborgen ist, oder genießen Sie
einfach die Melodie des Augenblicks?

Wählen Sie acht bis zehn Musikstücke aus einer Zeit aus,
die Sie sich in Erinnerung rufen wollen. Wenn Sie sich beispielsweise an Ereignisse in Ihrem 15. Lebensjahr erinnern wollen und
im Jahr 1950 geboren sind, dann müßten Sie Songs auswählen,
die 1965 besonders populär oder in der Hitparade waren und
den ganzen Tag über im Radio gespielt wurden. Sollten Sie sich
an die Musik dieser Zeit nicht mehr erinnern können, dann
haben Sie die Möglichkeit, Ihr Gedächtnis durch den Besuch in
einer Bibliothek oder in einem Plattenladen aufzufrischen, um
sich dort nach einschlägigen Büchern und ebensolcher Musik zu
erkundigen. Einen knappen Überblick über die Hits von den
dreißiger bis in die siebziger Jahre verschafft Ihnen das Musik-
Menü «65 Jahre affirmative Songtitel», Seite 405.

Eine andere, direktere Alternative wäre es, ein oder zwei
Musikstücke auszuwählen, die für Sie bestimmte Assoziationen
in bezug auf ein persönliches Ereignis in Ihrer Vergangenheit
wecken. Dabei kann es sich um einen Song handeln, den Sie mit
einer Schülerliebe gemeinsam hatten, mit einem bestimmten

Augenblick oder Ereignis in Verbindung bringen, oder um einen solchen, von dem Sie meinen, daß er Gefühle aus einer bestimmten Zeit Ihres Lebens in Ihnen wachruft.

Sobald Sie die Musikstücke ausgewählt haben, suchen Sie sich einen bequemen Ort und beginnen mit Ihrem «Verweilen in der Spirale» (siehe S. 442).

Wenn Sie sich auf Ihre «Zeitreise» begeben, dann gestatten Sie es der Hintergrundmusik, Ihnen als Pilot, als Ihr innerer Führer, zu dienen, der Sie in die Zeit und an den Ort zurückbringt, die Sie neu entdecken wollen.

Lassen Sie es im Verlauf dieser Übung zu, daß die Musik Sie trägt. Indem Sie Erwartungen und bewußte Anstrengungen aufgeben, wird sich die stichwortgebende Wirkung der Musik entfalten, Sie durch die Zeit zurück zu Ihrem Ziel führen und lang schon verlorene Bilder, Gefühle und Vorstellungen wieder zum Leben erwecken.

Sobald Sie anfangen, sich an damalige Eindrücke zu erinnern, lassen Sie dies einfach zu (siehe das Kapitel «Sein *statt* sein wollen», S. 339) und ergeben sich dem Fluß der Erfahrung. Statt den ausgelösten Gefühlen und Gedanken aktiv zu begegnen, schlüpfen Sie in die passive Rolle des Empfängers oder Beobachters, fühlen, sehen und hören sich die Gefühle an, die durch die Musik heraufbeschworen werden. Auf diese Weise haben Sie die Möglichkeit, sich selbst in jedem beliebigen Lebensabschnitt zu besuchen und mit dem Echo zu tanzen, das in den Tiefen Ihres Geistes fortbesteht.

JE GENAUER WIR HINHÖREN,
DESTO MEHR GIBT ES ZU HÖREN.

10

Zeitplanung

*Im Kontext des menschlichen Verhaltens betrachtet,
ist Zeit Organisation.*

Konzentration jeglicher Art löscht Zeit aus.

Zeit – unsere Welt dreht sich um sie. Wir verschwenden viel von ihr und wünschen uns, wir hätten mehr davon; sie scheint nie wirklich in ausreichendem Maß zur Verfügung zu stehen. In der Kindheit vergeht die Zeit im Schneckentempo, doch je älter wir werden, desto schneller bewegen sich die Zeiger der Uhr. Während Kinder an das Morgen offenbar als weitentfernte Zukunft denken, haben Teenager das Gefühl, vom kommenden Wochenende ein ganzes Leben getrennt zu sein. Wenn man dann erwachsen ist, kommen einem Dinge, die fünf, zehn oder sogar 20 Jahre zurückliegen, vor, als seien sie gestern geschehen. Unser Vokabular ist reichlich ausgestattet mit zeitbezogenen Wendungen wie etwa: «Wohin ist bloß die Zeit verschwunden?» – «Ich wünschte, ich hätte mehr Zeit…» – «Es ist wieder an der

Zeit...» Wir werden gelobt, wenn wir pünktlich sind, erhalten Auszeichnungen, wenn wir schneller laufen als unsere Konkurrenten, und bekommen zusätzliche Anerkennung, wenn wir mit bestimmten Testbereichen rascher fertig sind.

Die Welt von gestern bewegte sich schon sehr schnell vorwärts. Die heutige übertrifft sie noch um einiges. Die von morgen... Nun, wir werden alle sehr viel leistungsfähigere kognitive Prozessoren und Laptops benötigen, um all die hereinkommenden Daten aufzunehmen und zu verarbeiten. Wir haben keine Zeit, und folglich muß unsere Analyse rasch erfolgen. Langsame Mikrowellen und die Schlange vor der Fast-food-Theke bringen die Menschen zur Verzweiflung. Wir fordern von unseren Festplatten eine größere Speicherkapazität. Kopiergeräte sind zu langsam. Faxe kommen nicht schnell genug durch. Kodezahlen und Nummern von Handys scheinen immer länger zu werden, und das Wählen braucht daher mehr Zeit. Der Verkehr auf den Überholspuren kommt nicht schnell genug voran. Selbst bei populären Mannschaftssportarten werden die Regeln verändert, damit das Spiel schneller wird. Die Popmusik nimmt an Tempo zu, und die Rhythmen werden immer komplizierter. In nicht vertrauter Umgebung oder in der Gesellschaft nicht vertrauter Menschen neigen wir dazu, auf die Vergangenheit zurückzugreifen, um Gesprächslücken zu füllen. Es scheint sogar zu einem (bewußten oder unbewußten) Wettbewerb zu werden, ein Musikstück möglichst schon nach dem ersten Ton zu erkennen.

Obwohl wir alle ein und dieselbe Welt gemeinsam bewohnen, leben wir doch in verschiedenen Realitäten. Wir gehen unterschiedlichen Berufen nach, von denen jeder einen anderen Zeitbedarf hat; verschiedenartige Pflichten, Hobbys und Aktivitäten nehmen unsere Stunden und Tage in unterschiedlichem Maße in Anspruch. Während einige Menschen nur kurze Zeit arbeiten und dafür viel Geld erhalten, verdienen andere in vielen Stunden nur wenig. Es mag in der Welt wenig Gerechtigkeit geben, doch Zeit ist in noch geringerem Maße vorhanden. Gleichgültig jedoch, wer wir sind und was wir tun, der Mechanismus der Zeit gilt für jeden von uns. Egal, wie reich, wichtig oder berühmt einer ist, seine Stunde dauert dennoch 60 Minuten, sein Tag 24 Stunden und seine Woche sieben Tage. Das ändert sich nie, die Zeit ist auf immer und ewig unter Kontrolle. Daher bleibt uns nichts anderes übrig, als mit der Zeit, die wir haben, so sorgsam wie möglich umzugehen. Zu den Zielvorstellungen einer vernünftigen Zeitplanung gehört folgendes:

1. *Setzen Sie Prioritäten.* Machen Sie sich den Unterschied zwischen kurzfristigen (monatliche Rechnungen bezahlen), mittelfristigen (dem Windfang einen neuen Anstrich geben) und langfristigen Zielen (Ihren ersten Roman zum Abschluß bringen) bewußt.

2. *Legen Sie eine Hierarchie Ihrer Aufgaben fest.* Nehmen Sie sich die Zeit, Rangfolgen zu erstellen, wobei Sie sich insbesondere auf die Aufgaben mit *hoher Priorität* konzentrieren. Fangen Sie sooft wie möglich mit den Aufgaben *höchster* Priorität an, und arbeiten Sie sich dann nach *unten* weiter vor.

3. *Erstellen Sie einen realistischen Zeitplan.* Es ist so gut wie unmöglich, an einem Tag von New York nach Kalifornien zu fahren. Teilen Sie große, ehrgeizige Projekte in kleine, realistische, «machbare» Segmente. Wenn man umfassendere Aufgaben in kleinere Schritte zerlegt, lassen sie sich in mentaler, emotionaler und physischer Hinsicht leichter durchführen.

4. *Maximieren Sie Ihre Ressourcen.* Halten Sie haus mit Ihren Kräften. Lernen Sie zu delegieren. Richten Sie übersichtliche Ablagesysteme ein. Disziplinieren Sie sich, und erledigen Sie kleinere Aufgaben zwischen den größeren. Denken Sie daran, in einer halben Stunde können Sie sechs «Fünf-Minuten-Aufgaben» erledigen.

5. *Entwickeln Sie effektive und produktive Gewohnheiten.* Wie wichtig ist es, mit jedem, dem Sie auf dem Weg zum Fotokopierer begegnen, ein Gespräch zu führen? Müssen Sie wirklich die Wiederholung dieser Serie sehen? Benutzen Sie Ihr Telefon als Kommunikationsmittel, oder ist es Teil einer Langzeitpsychotherapie?

6. *Seien Sie flexibel.* Finden Sie zur Harmonie mit Ihrer Umgebung. Verfahren Sie mit Ihren täglichen Bedürfnissen und Pflichten so, daß Sie auf das Unerwartete vernünftig reagieren und sich dafür Zeit nehmen können.

7. *Sorgen Sie dafür, daß niemand Erwartungen mit Ihnen verbindet, die Sie nicht erfüllen können.* Wenn Sie bei einer Party 100 Gäste zu bewirten haben oder Plätze für einen Flug nach Florida in der Urlaubszeit buchen sollen, dann ist es sinnvoll, mit den Vorbereitungen so frühzeitig wie möglich zu beginnen.

8. *Akzeptieren Sie Ihre Grenzen.* Wenn Sie eher langsam lesen, dann finden Sie sich einfach damit ab, daß Sie *Krieg und Frieden* oder *Ivanhoe* nicht an einem Abend durchlesen können, und planen Sie entsprechend.

9. *Führen Sie sich den Unterschied zwischen «Zeitverschwendung» und «eine Pause machen» vor Augen.* Dieser Unterschied hängt sehr stark von der Situation und dem betreffenden Individuum ab. Was Ihnen als «Pause machen» erscheint, kommt einem anderen vielleicht wie «Zeitverschwendung» vor. Allgemein könnte man sagen, wenn Sie rumliegen und dabei ein schlechtes Gewissen haben, dann handelt es sich vermutlich um Zeitverschwendung, fühlen Sie sich aber gut dabei, dann machen Sie vermutlich nur eine Pause.

10. *Ziehen Sie Grenzen.* Seien Sie selbstbewußt, was Ihre eigenen Bedürfnisse angeht. Ziehen Sie Grenzen, und seien Sie darin freundlich aber bestimmt. Wir müssen uns um uns selbst kümmern, bevor wir es uns leisten können, Energie in die Bedürfnisse anderer zu investieren.

11. *Gestehen Sie sich für jede geplante Aktivität eine vernünftige und realistische Menge Zeit zu.* Geben Sie ein angenehmes Tempo vor, und folgen Sie dem Rhythmus Ihrer eigenen inneren Musik. Wenn Sie Ihren Zeitbedarf schätzen müssen, dann «irren» Sie sich, indem Sie grundsätzlich *mehr* und nicht weniger Zeit einplanen. (Gehen Sie davon aus, daß Sie für den Frühjahrsputz fünf bis sechs Stunden brauchen, dann planen Sie sechs bis sieben ein; für die verbliebene Stunde werden Sie erforderlichenfalls immer noch eine andere Beschäftigung finden.) Es ist

in der Regel besser, Zeit übrig zu haben, als zu wenig davon zu besitzen.

12. *Planen Sie Zeit für Dinge ein, die Sie nicht kontrollieren können.* Lernen Sie, in dem Rhythmus zu tanzen, den jeder einzelne Tag Ihnen vorgibt – in dem des Verkehrsflusses, des Wetters, der Entscheidungen, die andere Personen einbeziehen. Berücksichtigen Sie immer die «unbekannte» fließende Variable (lange Schlangen in der Bank oder auf dem Flughafen, fehlende freie Parkplätze, stehengebliebene Züge, die Ihren Weg blockieren). Vergessen Sie nicht: Jeder marschiert zum Beat eines anderen Trommlers.

13. *Belohnen Sie sich für Ihre Leistungen, wie klein sie auch sein mögen.* Machen Sie es sich zur Gewohnheit, sich wenigstens mental und emotional für kleine Errungenschaften und für jegliche Art des Vorankommens zu belohnen, indem Sie sie anerkennen.

14. *Nehmen Sie sich jeden Tag Zeit, um aufzutanken.* Machen Sie einen Spaziergang. Legen Sie sich in die Hängematte oder in den Liegestuhl, und lesen Sie ein gutes Buch, ein paar Seiten jeden Tag. Meditieren Sie. Treiben Sie Sport. Hören Sie Musik. Lehnen Sie sich zurück, und erfreuen Sie sich an einer Serie im Fernsehen. Lachen Sie.

15. *Lassen Sie los.* Sie haben also einen Fehler gemacht. Lernen Sie daraus, lassen Sie los, und setzen Sie Ihren Weg fort. Keiner ist vollkommen, auch Sie nicht.

Es ist erstaunlich und paradox, daß die Aktivitäten, während derer die Zeit am schnellsten zu vergehen scheint und bei denen das Zeitgefühl völlig abhanden kommt, auch die lohnenswertesten und befriedigendsten sind.[1]

Die nachfolgenden Übungen zeigen unterschiedliche Möglichkeiten auf, Musik einzusetzen, um die Zeitplanung zu verbessern.

Übung 12
Zeitplanung mit Musik

Diese Übung soll dazu ermutigen, Kassetten unterschiedlicher Länge als Mittel der Zeitsegmentierung zu nutzen. Außerdem führt sie in die Möglichkeiten ein, wie man mit Hilfe von Musik einen besseren Gebrauch von seiner Zeit machen kann.

1. Entscheiden Sie, wieviel Zeit Sie *realistischerweise* zur Verfügung haben und *realistischerweise* benötigen, um ein Projekt zu Ende zu führen.

2. Wählen Sie Musik aus, die Sie darin unterstützt, den richtigen Rhythmus oder ein angemessenes Tempo zu finden, um in den Fluß des Prozesses zu gelangen, der zur Erfüllung Ihrer Aufgabe führt. («Beruhigende» Musik zum Lernen, «stimulierende» Musik, um das richtige Arbeitstempo festzulegen, «maskierende» Musik, um äußeren Lärm und Ablenkung auszuschließen und die Konzentration zu fördern. Siehe hierzu die Musik-Menüs «Stimulierende Musik», S. 52, «Beruhigende Musik», S. 96, und den Abschnitt «Psychischer Lärm», S. 358.)

3. Eine passende Hintergrundmusik hilft uns dabei, voranzukommen oder den Arbeitsrhythmus zu finden, indem:

- sie uns darin unterstützt, die gewünschte Geschwindigkeit festzulegen, und dabei zugleich unsere Energieressourcen schont (siehe Musik-Menü «Beruhigende Musik», S. 96);
- sie dafür sorgt, daß wir uns kraftvoller und stimulierter fühlen (siehe Musik-Menü «Stimulierende Musik», S. 52);
- sie unsere Konzentration und Aufmerksamkeit aufrechterhält;
- sie für eine fortwährend angenehme Atmosphäre sorgt

(wählen Sie Musik aus den Musik-Menüs «Meditationsmusik», S. 303, und «Beruhigende Musik», S. 96, aus);

- sie positive Zeitverzerrungen einbringt (verwenden Sie
hierzu aus der oben erwähnten Musik diejenige, die Sie
bevorzugen, oder aber solche aus den Musik-Menüs
«Musik für veränderte Bewußtseinszustände», S. 315,
oder «Musik zum Loslassen», S. 337);
- sie inspiriert (siehe das Musik-Menü «Inspirierende Musik», S. 88);
- sie «psychischen Lärm» (siehe S. 358) ausschaltet (siehe
auch hier die bereits erwähnten Musik-Menüs, abhängig
davon, welche Musikart oder welche Gangart Sie bevorzugen);
- sie ein stetiges Tempo festlegt (siehe den Abschnitt
«Rhythmische Synchronität», S. 353).

4. Wählen Sie Musik nach Ihrem Geschmack aus, wählen
und stellen Sie Kassetten in der Ihren Bedürfnissen entsprechenden Länge zusammen (beispielsweise könnten Sie für ein einein-
halbstündiges Training eine 90-Minuten-Kassette, für Meditation, Entspannung oder Visualisation eine 60-Minuten-Kassette,
für ein beliebiges Zweistundenprojekt eine 120-Minuten-Kas-
sette verwenden). Mit Hilfe dieser Kassetten wissen Sie genau,
wieviel Zeit verstrichen ist und wieviel Ihnen noch bleibt, bis
Sie zu Ihrer nächsten Aktivität übergehen müssen. Auch wenn
Sie für die Anfertigung solcher Kassetten erst einmal viel Zeit
investieren müssen, zahlt sich dies doch auf lange Sicht aus.

Zeit, die wir getrennt von geliebten Menschen verbringen,
vergeht im Schneckentempo, während ein Rendezvous
schon vorüber ist, bevor wir es richtig bemerken.[2]

163

ÜBUNG 13
Musik als Mittel der Beschleunigung

Indem Musik Ordnung erzwingt, sorgt sie dafür,
daß die durch ein bestimmtes Ereignis ausgelösten Gefühle
im gleichen Augenblick ihren Höhepunkt erreichen.

Immer wenn Ihnen, um eine bestimmte Aufgabe zum Abschluß zu bringen, nur eine begrenzte Zeitmenge zur Verfügung steht, schaffen Sie sich mit einer stimulierenden Hintergrundmusik eine Umgebung, mit deren Hilfe Sie die gewünschte rasche Gangart erzeugen und aufrechterhalten können.

1. Wählen Sie einen musikalischen Hintergrund aus, der sich zu diesem Zeitpunkt «richtig» für Sie anfühlt, einen, der die gewünschte flotte Gangart, der für *Sie* angenehm und stimulierend ist, initiiert.

2. Indem Sie sich für die richtige Musik entscheiden, vergrößern Sie die Wahrscheinlichkeit, daß die Musik durch Entrainment und rhythmische Synchronität (siehe S. 393 und 353):

- für ein angenehmes Arbeitstempo sorgt;
- die Monotonie der Tätigkeit verringert, da Sie das Gefühl haben, daß die Zeit rascher vergeht, als es tatsächlich der Fall ist;
- Ihnen dabei hilft, sich besser auf Ihre Aufgaben zu konzentrieren, ablenkende Gedanken aussperrt und Ihre Fähigkeit steigert, in kürzerer Zeit mehr zu leisten;
- ein angenehmeres Arbeitsumfeld schafft;
- als Motivationsfaktor fungiert;
- Ihnen hilft, sich auf das «*Hör* und Jetzt» zu konzentrieren (siehe S. 317);

- Sie darin unterstützt, eine positive Einstellung zu entwickeln.

Stimmung und psychische Verfassung haben eine unglaubliche Auswirkung auf das Empfinden dessen, wie die Zeit verstreicht.[3]

Übung 14
Musik als Mittel der Verlangsamung

Musik strukturiert die Zeit; und manche Musiker behaupten, dies sei für sie die wichtigste Eigenschaft der Musik überhaupt.

Wenn Sie vor eine Aufgabe gestellt sind, die besondere Konzentration, ungewöhnliche Aufmerksamkeit und Sorgfalt erfordert, dann möchten Sie sie vielleicht vor einem beruhigenden und entspannenden Hintergrund erledigen, der Sie darin unterstützt, das gewünschte langsamere Tempo aufrechtzuerhalten.

1. Wählen Sie einen musikalischen Hintergrund aus, der sich zu diesem Zeitpunkt «richtig» für Sie anfühlt, einen, der die gewünschte gemäßigte Gangart initiiert, die für *Sie* angenehm und entspannend ist, Sie zugleich aber auch wach sein läßt für die bevorstehende Aufgabe.

2. Auch hier wird die Entscheidung für die (für Sie) passende Musik Ihre Chancen verbessern, daß die Musik Ihnen auf die bereits erwähnte Weise von Nutzen ist und zugleich ein Gefühl von Entspannung, Reinigung des Geistes, Kontrolle und gesteigerter Kreativität sowie verbessertem künstlerischen Ausdruck gibt.

KLANG-IDEE

Lassen Sie sich von einem
musikalischen Rhythmus führen.
Versuchen Sie es mit Haydns Sinfonie
Nr. 101 in D-Dur («Die Uhr»), 2. Satz.

11

Trauer und Verlust

*Wenn wir trauern, kann ein bestimmtes Musikstück in diese Trauer
eindringen, sie auf unerklärliche Weise vertiefen, definieren und ausdrücken.
Es führt uns zum Eingeständnis und zur Annahme unserer Trauer.*

Trauer ist eine natürliche, normalerweise von jedermann er-
lebbare Reaktion auf Verlust, die sich in einer großen Bandbreite
von Gefühlen äußern kann. Doch ist, auch wenn das Verhalten
zuweilen stark differiert, das Muster bei den meisten Menschen
ähnlich. Zu Beginn ist da der Schock oder ein dumpfes Gefühl,
das uns den Verlust leugnen läßt. Dann empfinden wir diesen
vielleicht als «ungerecht», fühlen uns machtlos und erfahren eine
emotionale Entladung in Form von Wut – auf uns selbst und
andere, weil wir oder sie den Verlust nicht verhindert haben –
und Tränen. Drittens verfallen wir möglicherweise in Schuldgefühle oder Depressivität. Obwohl die Ursache meist in Situationen außerhalb unseres Kontrollbereiches zu finden ist, kann es
sein, daß wir in die Falle tappen und uns selbst bezichtigen, weil

wir «nicht da waren» oder weil es noch unabgeschlossene Themen gibt, die zu dem Verlust in Beziehung stehen.

Depressivität, eine normale und natürliche Reaktion auf einen Verlust, kann die Form von Einsamkeit, Hilflosigkeit, eines Gefühls der Leere und intensiver Traurigkeit annehmen, sobald wir die Ausmaße des Verlusts erkennen. Sie kann gelegentlich auch Gefühle der Reue und der Isolation auslösen und – falls es sich um den Tod eines geliebten Menschen handelt – zu einer Konfrontation mit der eigenen Sterblichkeit führen. Schließlich wirkt sich der mentale, physische und emotionale Streß, der in einer solchen Situation häufig im Spiel ist, manchmal auf das Immunsystem aus und zieht eine Reihe körperlicher Beschwerden (Erschöpfung, Übelkeit, Schlaflosigkeit, Kopfschmerzen, Infekte, Verspannungen) nach sich.

Der hier beschriebene Fall zeigt, wie Musik einer Frau entscheidend dabei helfen konnte, mit ihrer Trauer fertig zu werden.

Jean, eine geschiedene 36jährige Sozialarbeiterin, kam zu mir, als bereits Jahre seit dem Tod ihrer Mutter, die unerwartet an einem Herzinfarkt gestorben war, vergangen waren. Als einziges Kind hatte sie eine enge Beziehung zu ihrer Mutter aufrechterhalten, obwohl diese 2000 Kilometer von ihr entfernt lebte. Die Bindung zwischen ihnen war noch stärker geworden, als ihr Vater die Familie wegen einer jüngeren Kollegin verließ.

Bevor Jean zu mir gekommen war, hatte sie mehrere Methoden (medikamentöse Behandlung, Psychotherapie, Tagebuchführen) ausprobiert, um mit ihrem Verlust in Berührung zu kommen und besser mit ihrer hartnäckigen Depression umgehen zu lernen. Sie hatte sogar versucht, eine «Trauer-Selbsthilfegruppe» zu leiten, in der Hoffnung, daß ihr dies bei der Bewältigung ihres Verlustschmerzes helfen würde. Doch alles hatte sich als erfolglos erwiesen. Jean, die in einem helfenden Beruf arbeitete, schämte sich, weil sie offenbar nicht in der Lage war, mit einer Situation fertig zu werden, die, professionell gesehen, ihr tägliches Brot war. Die Folge war, daß sie sich nun in ihrem Beruf «wie eine Betrügerin» vorkam. Außerdem war sie ständig müde, reizbar und hatte ernste Probleme damit, morgens aus dem Bett zu kommen, sich zu konzentrieren oder ganz allgemein zu motivieren.

Nach mehreren Sitzungen machte ich den Vorschlag, Jean solle Musikstücke zusammentragen, die sie an ihre Mutter erinnerten, Melodien, die aus dem einen oder anderen Grund eine emotionale Verbindung zu ihr darstellten. Zu unserer dritten Sitzung brachte Jean eine Liste von zwölf Songs mit, die alle eine gewisse Bedeutung für die Tochter-Mutter-Beziehung hatten. Später gelang es ihr, Kassetten mit neun dieser Songs aufzutreiben. Ich riet Jean nun, sich an den folgenden Abenden in aller Ruhe einen bequemen, ruhigen Platz in ihrem Zuhause zu suchen, die Telefonstecker herauszuziehen und die Gelegenheit zum passiven Anhören dieser Musikstücke zu nutzen. Ihr einziger «Auftrag» war es, der Musik zuzuhören, sich dem Fluß der von ihr ausgelösten Gefühle zu überlassen und diese aufzuschreiben, falls sie dies als hilfreich empfand.

In unserer nächsten Sitzung berichtete Jean, daß sie zunächst eine gewisse Bangigkeit in bezug auf das Hören dieser Musik verspürt hatte, weil sie fürchtete, sie könnte emotional aufgeladen sein. Nachdem sie diese erste Hürde überwunden hatte, so erzählte sie weiter, erlebte sie in dem Augenblick, als der erste Song erklang, eine Katharsis und war endlich fähig, ihren Verlust wirklich zu beweinen. Im Verlauf der nachfolgenden Abende, während derer sie die Musikstücke erneut anhörte, entwarf sie einen detaillierten, ausdrucksstarken Brief, der ihr half, sich von den Verlustgefühlen zu befreien, die sich all die Jahre in ihr aufgestaut hatten. Die Musik, so erkannte sie, setzte auf wirkungsvolle Weise ihre bis dahin vergrabenen Emotionen frei.

In den nächsten Wochen berichtete Jean zufrieden, daß nicht nur ihre depressiven Stimmungen abnahmen, sondern daß sich auch Gedanken an ihre Mutter in Kombination mit liebevollen, heiteren Erinnerungen einstellten. Obwohl die Songs weiterhin gelegentlich Gefühle der Trauer in ihr auslösten, so schenkten sie ihr doch auch immer dann Trost und Erleichterung, wenn sie das Bedürfnis hatte, ihre Trauer emotional zu verarbeiten. Zorn und Kummer, die sie fortwährend gespürt hatte, fingen an zu verschwinden. Ein paar Wochen später teilte mir Jean mit, daß ihre berufliche Arbeit erheblich von dieser therapeutischen Erfahrung profitierte und daß sie das Gefühl habe, auf dem besten Weg zu sein, wieder ein voll funktionsfähiger und zufriedener Mensch zu werden.

Übung 15
Musik als Auslöser von Gefühlsreaktionen

Diese Übung kann möglicherweise sehr starke Gefühle in Ihnen freisetzen, und Sie sollten sie sich daher nur nach eigenem Ermessen zumuten. Sie kann angewendet werden, um Verlustgefühle auszulösen, den Verlust zu verarbeiten und auf diese Weise voranzukommen.

1. Sie können diese Übung entweder allein machen oder zusammen mit einer oder mehreren anderen Personen, die ähnliche Gefühle im Zusammenhang mit einem Verlust haben.
2. Für die Anfangsphase dieser Übung wählen Sie ein Musikstück aus (es können aber auch mehrere sein), das eine besondere emotionale Bedeutung für Sie hat und/oder in enger Verbindung zu dem Verlustobjekt steht. Der zweite Teil der Übung verlangt beruhigende, entspannende Melodien mit positiven Obertönen. (Siehe hierzu die Musik-Menüs «Beruhigende Musik», S. 96, und «Kontakt und Distanz zu einer depressiven Stimmung finden», S. 50.)
3. Betrachten Sie diese Übung als Gelegenheit zu einer «tiefgreifenden» Erfahrung, eine, die Sie darin unterstützen wird, Ihren gegenwärtigen Gefühlszustand *durchzustehen* und zu einem zu finden, der vom Akzeptieren des Verlustes bestimmt ist.

4. Spüren Sie, sobald die Musik spielt, ihre Macht, die Gefühle zu aktivieren und zu vertiefen, die Sie gegenwärtig im Zusammenhang mit dem Verlust haben (Trauer, Verlustschmerz, Kummer, Wut und so fort).

5. Spüren Sie, während diese Gefühle in Ihnen ausgelöst werden, aktiv die Intensität, mit der sie Sie durchfließen. Während dies geschieht, gestatten Sie sich, jegliche schmerzlichen Gefühle, Gedanken und Erinnerungen, die Sie im Zusammenhang mit dem Verlust haben, auszudrücken. Das kann bedeuten, daß Sie weinen, mit einem Menschen, dem Sie vertrauen, sprechen wollen oder laut jammern. Wenn Sie das Bedürfnis haben, sich körperlich auszudrücken, dann leben Sie Ihre Frustration oder Ihre Wut aus, indem Sie auf einen weichen, unzerbrechlichen Gegenstand wie etwa ein Kissen einschlagen, an dem Sie sich nicht verletzen können. (Wenn Sie während der Übung das Gefühl haben, daß Ihnen schwindlig, übel oder sonst irgendwie schlecht wird, dann brechen Sie die Übung sofort ab, und fahren Sie mit Tiefenatmung oder einer Entspannungsübung fort; siehe die Abschnitte «Atmen», S. 413, und «Entspannung», S. 139. Sollten Sie meinen, zu einem späteren Zeitpunkt mit der Übung weitermachen zu können, dann tun Sie dies auf eigene Verantwortung. Finden Sie jedoch, daß die Gefühle zu stark oder überwältigend sind, dann müssen Sie beim Umgang mit dieser Trauererfahrung professionelle Hilfe in Anspruch nehmen.)

6. Nachdem Sie sich die Gelegenheit gegeben haben, die Gefühle, die im Zusammenhang mit dem Verlust stehen, zu durchleben und zu verarbeiten, gehen Sie zu der Musik für den zweiten Teil der Übung über, die Sie wegen ihrer beruhigenden, tröstlichen und positiven Eigenschaften ausgewählt haben.

7. Während Sie dem zweiten Teil Ihrer Musikauswahl zuhören, schlagen Sie im Gespräch (mit sich selbst oder Ihren Freunden) allmählich einen positiveren, hoffnungsvolleren, optimistischeren Ton an. Jetzt kann es nützlich sein, den Verlust zu akzeptieren, über Ihre Ängste und Ihre Hilflosigkeit zu sprechen, zu erkennen, daß Sie sich selbst und anderen die Zeit zugestehen müssen, die erforderlich ist, um den Verlust zu ver-

arbeiten, daran zu denken, daß es Unterstützungssysteme (psychologische Beratung, Selbsthilfegruppen) gibt, die man in Anspruch nehmen könnte. Nutzen Sie die Gelegenheit, sich positive Eigenschaften des verlorenen geliebten Menschen bewußtzumachen, um Verbindung mit liebevollen Erinnerungen aufzunehmen und sie den übrigen Übungsteilnehmern (falls vorhanden) mitzuteilen.

8. An dieser Stelle nehmen Sie sich vielleicht vor, etwas in Ihrem Leben zu verbessern und sich Menschen, die Sie möglicherweise vernachlässigt haben, stärker zuzuwenden. Zu Ihren Zielsetzungen kann gehören, daß Sie in Zukunft um (professionelle oder persönliche) Hilfe bitten und sie annehmen, daß Sie sich genug Ruhe gönnen, daß Sie sich um sich selbst, um Ihre Bedürfnisse und Pflichten kümmern und daß Sie etwas für Ihre Gesundheit tun, indem Sie sich entsprechend ernähren, Sport treiben und allen potentiell schädlichen Substanzen wie Alkohol, Tabak und Medikamenten aus dem Weg gehen.

Sind wir intensiv mit dem gegenwärtigen Moment in Fühlung, können wir erkennen, daß alle unsere Vorfahren und alle zukünftigen Generationen in uns anwesend sind.[1]

GEFÜHLE UND GEDANKEN SCHLAGEN IM HERZEN,
WOHNEN IM GEIST, STERBEN MIT DEM KÖRPER.
TRANSFORMIERT IN MUSIK, HALLEN SIE IM HERZEN WIDER,
KLINGEN IM GEIST NACH, LEBEN EWIG.

12

ERWACHSEN ZU WERDEN VERÄNDERT GAR NICHTS.

ES IST DIE VERÄNDERUNG,

DIE EINEN ERWACHSEN WERDEN LÄSST.

Wachstum / Veränderung

Auf das Herz kannst du dich verlassen;
der Geist hingegen verändert sich.

Egal, wie sehr wir uns am Vertrauten festhalten,
das einzig Konstante im Leben ist die Veränderung.

Das Tao der Musik sucht kein Publikum, und doch erreicht es jedermann. Selber zeitlos, definiert es die Zeit. Unberührbar, wird es von jedermann wahrgenommen. Von allen ersehnt, ist es dennoch unbeschreibbar. Wahrgenommen, kann es niemals gesehen werden. Genossen, ist es niemals geschmeckt worden. Und so folgt die Musik *dem Weg* auf unendlich vielen Pfaden und durch zahllose Kulturen, findet launenhaft Millionen von Ausdrucksformen, während das Tao der Musik selbst unverändert bleibt. Wie Charlotte Joko Beck es in ihrem Buch *Zen im Alltag* ausgedrückt hat: «Es gibt nichts im Universum außer Veränderung.»[1]

Vertraute Musik verleiht uns ein Gefühl der Kontrolle. Wir können die Melodie summen, den Text singen, nach verborgenen Bedeutungen suchen. Darüber hinaus haben wir die Möglichkeit, wenn wir Musik auf unserer Stereoanlage spielen, die Lautstärke zu kontrollieren. Die Höhen und Tiefen zu regulieren. Unseren Equalizer einzustellen oder andere «Wirkungen» zu erzielen, die im Rahmen unserer Stereoanlage möglich sind. «Dem Menschen, der allein und ängstlich ist, verleiht ein geordnetes Universum ein sicheres Gefühl. ... Musik ist das Spiegelbild und der Ausdruck dieser Ordnung. ... Wenn wir uns der Musik hingeben, dann spüren wir unsere Verbindung mit einer geplanten und geordneten Welt.»[2] Fühlen Sie sich wohl mit Veränderung und Wachstum. Tauchen Sie ein in ihr Geheimnis. Probieren Sie etwas Neues aus. «Musik spiegelt nicht nur die Evolution des Lebens wider; sie ist eins mit dem Prozeß des Wachstums und der Veränderung.»[3]

Erst kürzlich, als ich an einer wichtigen psychologischen Konferenz teilnahm, lief ich einem alten Freund und Mentor in die Arme. Ed, ein wunderbarer Musiker, ist klinischer Psychologe und spezialisiert auf die Arbeit mit Jugendlichen und College-Schülern. Während unseres kurzen Zusammentreffens hatte ich die Gelegenheit, ihn zu fragen, wie er es nach 35 Jahren noch immer schaffe, den Kontakt mit solch quecksilbrigen Leuten aufrechtzuerhalten.

Eds Antwort war kurz und einfach: «Musik!»

«Popmusik zu hören», sagte er, «gibt einem eine Vorstellung davon, wo die Jungen mit Herz und Kopf sind, mehr als der Fernseher, die Zeitung oder der Besuch professioneller Workshops und Konferenzen. Letztlich läuft alles darauf hinaus, mit den Menschen zu kommunizieren, zu Veränderungen fähig zu sein, zu wachsen und sich verändernden Zeiten anzupassen.»

Aber zum *wahren* Fortschritt gehören Wachstum, Entwicklung und innere Wandlung, und das ist etwas, das der eigensinnige Balzrück nicht mitmachen will.[4]

In meiner eigenen Praxis konnte ich ebenfalls feststellen, daß zeitgenössische Musik ein ausgezeichnetes Barometer für Veränderungen ist. Sie definiert die Zeit und spiegelt sie wider. Tatsächlich ist die Kenntnis der aktuellen Musik außerordentlich hilfreich, wenn man sich bewußtmachen will, wo die jungen Leute als Gruppe heute in sozialer, politischer, sexueller, philosophischer und emotionaler Hinsicht stehen. Andererseits kann man sich, indem man den einzelnen danach fragt, welche Art von Musik er bevorzugt, eine recht treffende Vorstellung davon machen, auf welchem Entwicklungsstand sich diese Person im Augenblick gerade befindet.

«Als ich in den 50er Jahren als sehr junger, unerfahrener psychologischer Berater anfing», erzählte Ed, «wußte ich oft nicht, worüber ich mit meinen jugendlichen Klienten sprechen sollte. Früher oder später redeten wir dann über Musik, und dies erwies sich als ausgezeichnetes Mittel, um das Eis zu brechen.»

Wenn man eine vertrauensvolle und dauerhafte Allianz mit einem anderen Menschen aufbauen will, dann ist es unbedingt erforderlich, etwas mit ihm gemeinsam zu haben. Selbst wenn der eigene Musikgeschmack demjenigen der Person, mit der man es zu tun hat, entgegengesetzt ist, läßt allein schon die Tatsache, daß es eine gemeinsame Leidenschaft für Musik gibt, eine bestimmte Affinität zwischen einem selbst und dem anderen entstehen. Wenn es keine gemeinsame Basis gibt, wird die Beziehung, so sie überhaupt zustande kommt, in der Regel von kurzer Dauer oder oberflächlich sein. Auch wenn eine gemeinsame Leidenschaft für Musik nicht zwangsläufig «rhythmische Synchronität» (siehe S. 353) herstellen muß, wird sie doch oft eine Nähe bewirken, die von jenen, die Musik als bedeutungslos abtun, mißverstanden wird.

In der Vorstellungswelt des Anfängers gibt es viele Möglichkeiten, in jener des Experten nur wenige.[5]

Unsere musikalischen Präferenzen sind ein recht zuverlässiger Spiegel unserer Persönlichkeit, unserer Weltsicht und unseres Geisteszustandes. Ein Jugendlicher, der klassischer Musik den

Vorzug gibt, wird sich vermutlich in seiner Einstellung von jenem unterscheiden, der Rockmusik lieber mag. Einer, der sich zwischen beiden Richtungen nicht entscheiden kann, weist in der Regel einen recht komplizierten Charakter auf. Jemand, der sich intensiv mit Protestsongs beschäftigt, ist meist in einer vollkommen anderen geistigen Verfassung als jemand, der ausschließlich romantische Balladen hört. Daß sich unsere musikalischen Vorlieben im «*Hör* und Jetzt» unserem emotionalen Zustand entsprechend verändern, darf als ziemlich sicher gelten.

«Unterschiedliche Musik anzuhören», erklärt Ed, «ist genauso, wie verschiedenen Arten von Menschen zuzuhören. Manche mag man ein wenig mehr, andere ein bißchen weniger. Mit manchen kann man etwas anfangen, mit anderen nicht. Aber wenn man nur genau genug hinhört, hat jede Musik etwas Einzigartiges und bietet immer wieder Neues.» Zu Hause zieht es Ed jedoch vor, sich in klassischen Jazz zu vertiefen. «Letzten Endes», sagt er, «möchte man ja immer mit dem zusammensein, was man liebt.»

EINE GENERATION OHNE EIGENE MUSIK
IST WIE EIN WESEN OHNE SEELE.

Mit der Hilfe von Musik(-therapie) ist der einzelne «im wahrsten Sinne des Wortes fähig, sein eigenes Entstehen zu hören. Wenn es beim menschlichen Überleben um ein Repertoire flexibler Bewältigungsreaktionen auf innere wie äußere Anforderungen geht, dann kann man im Spielen improvisierter Musik hören, wie ein Mensch diese Anforderungen auf kreative Weise erfüllt.»[6]

Veränderung erzeugt Wachstum

Wir leben in einer Welt ohne Grenzen.
Musik spiegelt diese Welt am genauesten wider,
wenn es ihr erlaubt wird, so zu fließen
und sich so zu entwickeln wie das Leben selbst.

Wenn eine Veränderung in unserem Leben stattfindet, spüren wir oft Ängste und Sorgen und nachfolgend eine Leere. Statt darin eine Gelegenheit für persönliches Wachstum zu sehen, trauern wir über den Verlust (des Arbeitsplatzes, des Partners, der Freunde aus der Kindheit, eines alten Autos oder Zuhauses, der Kinder, die aus dem Haus gehen). Eine positive Art, mit den vielen unvermeidlichen Veränderungen in unserem Leben umzugehen, besteht darin, sie in Beziehung zu Veränderungen zu setzen, die wir in der Vergangenheit durchlebt haben.

Nehmen Sie sich einen Augenblick Zeit, und blicken Sie zurück auf Angelegenheiten und Lebenssituationen in Ihrer Vergangenheit, aus denen Sie schließlich «herausgewachsen» sind und die im Rückblick gar nicht so schlimm waren wie erwartet. Was haben Sie im Verlauf dieser Übergänge gelernt? Insbesondere möchten Sie sich vielleicht auf die Kämpfe konzentrieren, die Sie als Kind oder als Jugendlicher durchstehen mußten. Auf jene Dinge, die in dieser Zeit der Entwicklung wahrhaft bedeutsam zu sein schienen. Auf die unbeholfenen ersten Tanzschritte, den grauenvollen Haarschnitt, das verlorene Flußballspiel, die nicht eingehaltene Verabredung, eine Fünf (oder Sechs!) in einer Schularbeit. War der Schmerz darüber wirklich ohne Ende? War die Situation tatsächlich unerträglich? War sie diese Abnutzung Ihrer Nerven wirklich wert? Die Ängste, den Streß, die Depression, die Sorgen, das Altern? Oder waren diese Situationen einfach *Herausforderungen*? Gelegenheiten, um zu reifen, für das persönliche *Wachstum*?

Ein anderer Gesichtspunkt, den Sie in Betracht ziehen sollten, ist, daß Schmerz und Mühsal entgegen einer weitverbreiteten Meinung kein Monopol auf Wachstum und Veränderung haben. Wenn Sie Ihren bisherigen Lebensweg betrachten, entdecken Sie vermutlich ebenso viele Situationen, in denen Wohlbefinden und Vergnügen auf gleiche Weise persönliches Wachstum bewirkt haben wie Konflikte und zufällige Ärgernisse. Im Rückblick auf Ihre Entwicklung stoßen Sie wahrscheinlich auf Fälle, in denen Frieden, Entschlossenheit und Übereinstimmung ebensoviel Vorankommen ermöglicht haben wie Frustration, Konflikt und Rebellion. Selbstverständlich führt harte Arbeit zu Veränderungen in unserem Leben. Doch auf maßvolle Weise geschieht dies auch, wenn wir uns zurücklehnen und auf den Weg blicken, der vor unseren Augen sichtbar wird. Manche bezeichnen dies vielleicht als Kontemplation. Oftmals ermöglichen Schweigen und Geduld sehr viel rascher und wirkungsvoller positive Veränderungen als Aktion und Reaktion. Letzten Endes ist alles einfach eine Frage des Gleichgewichts, der Einstimmung auf den Rhythmus der Dinge, die sich entwickeln und um uns her entfalten.

Die Neugier stellt eine Frage, und die Natur stellt ihr zehn. Ein Prozent zusätzliche rhythmische Wahrnehmung wird zu einem Punkt, von dem aus man höhere Ebenen anstreben kann, und die Durchquerung einer jeden von ihnen schafft Zugang zu wieder neuen, höheren Punkten, Ebene um Ebene, Perspektive um Perspektive.[7]

Wachstum als nach vorn gerichtete Bewegung kann auch als Tanz des Lebens verstanden werden. Und wie bei jedem Tanz geht es sehr viel leichter, wenn wir, uns verändernd und wachsend, zu der Musik tanzen, die uns umgibt, unserem eigenen Rhythmus folgen und nach Harmonie streben.

Auf der anderen Seite gibt es jedoch auch bestimmte Vorstellungen und Herangehensweisen, die Wachstum hemmen oder überflüssige Hürden und Hindernisse auf dem Weg zur harmonischen Veränderung errichten.

Beispielsweise ähnelt das Bemühen, mit einer pessimistischen Einstellung etwas zu bewerkstelligen, dem Versuch, eine

Betonmauer zu duchbrechen. Es ist sehr viel einfacher, optimistisch zu denken, die Situation genau zu studieren und den *Weg des geringsten Widerstands zu wählen*. Statt sich Sorgen zu machen, sollte man sich der Sache aus einer auf Problemlösung ausgerichteten Perspektive nähern. Erkennen Sie die eigenen Grenzen. Bringen Sie die Option des Loslassens zur Anwendung. Statt festzuhalten und in einem ewigen Kreislauf negative Einstellungen zu wiederholen, ist es besser, eine positive Sichtweise zu entwickeln. Befleißigen Sie sich einer optimistischen Haltung. Erkennen Sie eine Veränderung als Herausforderung, als Gelegenheit zu Wachstum, als gute Ausrede für ein Abenteuer. Im Leben ist immer noch Platz für ein paar zusätzliche Erinnerungen.

Das Vergnügen am Musikmachen und die Freude am kreativen Prozeß dienen als Motivatoren, um die Angst vor dem Selbstausdruck, der Selbstdarstellung und der Veränderung zu überwinden,[8]

Wenn Sie keine Lust haben zu tanzen, dann ruhen Sie sich aus. Wenn Sie das «Musikstück», das gerade gespielt wird, nicht mögen, dann suchen Sie ein anderes aus. Ist dies jenseits Ihres Einflußbereichs, dann seien Sie geduldig, schon bald wird sich das Leben für Sie wieder verändern. Erkennen Sie, wann Sie die Möglichkeit haben, die Musik selbst zu bestimmen oder entsprechende Vorschläge zu machen. Erkennen und akzeptieren Sie außerdem jene Situationen, in denen Ihnen diese Option nicht offensteht. Wenn «sie» eine Melodie spielen, die Sie mögen, dann erfreuen Sie sich im «*Hör* und Jetzt» daran. Und sollte die Musik einmal nicht von der Art sein, die Sie selbst ausgewählt hätten, dann geben Sie ihr eine Chance, hören Sie zu. Sollten Sie sie dann noch immer nicht mögen, lassen Sie los. Wie auch immer Sie sich entscheiden, Sie haben soeben etwas vollkommen Neues und anderes erfahren.

Musik verbindet uns mit unserer Essenz, die Bewegung und Vibration ist. Während wir zuhören oder spielen, spüren wir den Fluß, die Bewegung in und um uns, die totale Vergänglichkeit des Lebens. ...Im Vorankommen auf der Reise der Transformation dürfen wir uns auf jeder Stufe der Musik bedienen, die uns hilft, in Bewegung zu bleiben, zu fließen, offen zu sein und uns auszuliefern.[9]

Übung 16
Neue Erinnerungen schaffen

Durch die von uns getroffene Wahl entwickeln wir uns weiter.

Diese Übung nutzt Musik, um uns bei einer vorgestellten «Zeitreise» zu unterstützen, mittels derer wir verschiedene Aspekte eines projizierten Wachstums und positiver Veränderung in unserem Leben visualisieren können.

Musik als Hilfsmittel für das «Mitfließen» mit der Veränderung und das Anstreben von Wachstum kann uns zum Verständnis verschiedenster sozialer, emotionaler und philosophischer Probleme führen. Sie vermag emotionale Standpunkte und Bewegung zu initiieren, das Gleichgewicht während der einzelnen Übergangsphasen aufrechtzuerhalten und als «Stichwortgeber» zu fungieren, um alte Erinnerungen festzuhalten wie auch um neu entstehende Vorstellungen und Ideen zu erkennen. Musik hilft uns außerdem dabei, eine optimistische und positive Haltung zu bewahren, nachhallende Ängste und übermäßige Besorgnis fernzuhalten, sie stellt persönliches Wachstum vor einen musikalischen Hintergrund, verankert uns im «Hör und Jetzt» und erhält unsere Konzentration auf den sich fortentwickelnden Weg aufrecht.

1. Wählen Sie Musik aus, die in Ihnen Gefühle der Inspiration und Bewegung auslöst. (Siehe hierzu die Musik-Menüs «Inspirierende Musik», S. 88, und «Stimulierende Musik», S. 52).

2. Legen Sie sich hin, schließen Sie die Augen, und beginnen Sie mit der Tiefenatmung. Während dieser Übung werden Sie die vollkommene Kontrolle über diesen (vorgestellten) Lebensübergang haben. Sie werden der Architekt, der Komponist Ihrer eigenen Realität sein. Sich dem Fluß überlassend, werden Sie zugleich aktiv an dem Prozeß teilhaben.

3. Stellen Sie sich das Abenteuer vor, auf das sich einzulassen Sie im Begriff sind. Hören Sie, während die Musik spielt, auf Ihr innerstes Selbst, das stumm diese Gelegenheit beschreibt, einen unerfüllten Traum wahr werden zu lassen, neue Menschen kennenzulernen, mit ihnen neue Erfahrungen zu teilen, neue Erinnerungen zu schaffen. Falls Sie jemals einen Anlaß brauchten, um etwas «Verrücktes» zu tun, hier ist er!

4. Wenn Sie sich selbst dabei zuhören, wie Sie die Einzelheiten der kommenden Transaktion beschreiben, seien Sie genau, klar und vor allem positiv und optimistisch darin, *wie alles gelingen wird*. Während Sie Ihre Atmung fortsetzen, spüren Sie Ihr «lächelndes Gesicht» und stellen es sich genau vor. Visualisieren Sie, wie Sie exakt jene Veränderungen durchlaufen, die Sie sich wünschen. Mit der Musik als Ihrem «Zeitreisegefährten» konzentrieren Sie sich ausschließlich auf positive, nach vorn gerichtete Auswirkungen. Hindernisse begreifen Sie als Herausforderungen. Konflikte sind neue Gelegenheiten für Wachstum und Bewegung. Schwierigkeiten sind abenteuerliche Begegnungen mit der Wirklichkeit, die sich fortentwickelt.

5. Auf dem von einem sicheren Gefühl, Fließen und Wohlbefinden getragenen musikalischen Rhythmen reitend, stellen Sie sich selbst fünf Jahre später vor, wie Sie auf all die Veränderungen zurückblicken, die sich mittlerweile ereignet haben. Nehmen Sie auch hier wieder das Lächeln wahr, das sich auf Ihrem Gesicht abzeichnet. Indem Sie durch Ihre Transformation auf sich selbst zurückblicken, lauschen Sie auf sich selbst im

«*Hör* und Jetzt», beschreiben das Aufblühen, das Sie im Verlauf von fünf schnellen Jahren erfahren haben. Hören Sie die Befriedigung, die der Reifungsprozeß mit sich gebracht hat, den Stolz darüber, daß Sie die Kontrolle über Ihren Weg in die Hand genommen und die Wirklichkeit Ihres Lebensflusses selbst erschaffen haben.

6. Sobald Sie Ihre positive Metamorphose aktualisiert haben, gestatten Sie es der Musik, Sie wieder in den gegenwärtigen Augenblick zurückzubringen. Lassen Sie es, während Sie aus Ihrem neuen Abenteuer in die Gegenwart zurückkehren, zu, daß die durch die Musik ausgelösten Gefühle ein Bestandteil Ihres akustischen Gedächtnisses (siehe S. 367) werden.

Haben Sie die Übung auf diese Weise erst einmal erfolgreich zu Ende geführt, werden Sie bei Ihrem zukünftigen Tanz auf dem Weg der Erschaffung Ihrer eigenen Wirklichkeiten nur mehr die Augen schließen und einen tiefen Atemzug machen müssen, um Ihrem akustischen Gedächtnis die Gelegenheit zu geben, Sie zurück zu dem Gefühl von Fließen und Harmonie zu führen, das Sie auf Ihrer «Zeitreise» begleitet hat.

Eins mit dem Tao, drückt sich Musik durch die 10 000 Dinge aus. Meisterschaft wird erlangt durch ernsthaftes Engagement, Vollkommenheit jedoch ist nie zu erreichen. Trost fließt nach Jahren harter Arbeit, Makellosigkeit hingegen ist ausgeschlossen. Akzeptieren Sie die Suche, und geben Sie den Kampf auf, indem Sie eins werden mit dem Instrument, Ihr Selbst ein Echo des Tao.

ÖFFNE DEIN HERZ, SEI ACHTSAM, ERWARTE NICHTS.

«WAHRHEIT» WINDET UND VERDREHT SICH.

MUSIK PASST SICH AN, WEIL SIE FLEXIBEL IST,

SIE GEHT MIT, WEIL SIE BIEGSAM IST.

SEI EWIG JUNG. WENN DU EIN ENDE ERREICHST,

SIEH DICH NACH EINEM ANFANG UM.

13

Aufschieben

Tu es! Raff dich auf!

Was immer Menschen zu einem Psychotherapeuten führt, ohne es zu wissen, bringen Sie stets eigene Lösungen mit. Als Kliniker ist es unsere Aufgabe, Patienten dabei zu unterstützen, die atmosphärischen Störungen (den psychischen Lärm) zu beseitigen, die sie daran hindern, mit dem Leben und mit sich selbst zu harmonisieren. Als Sally und ihre Mutter mich zum erstenmal aufsuchten, steckte in jeder ihrer Fragen bereits eine Lösung, die ihnen jedoch als solche nicht bewußt war. Erforderlich war lediglich ein wenig Feinabstimmung.

Sally hatte ein Problem. Sie war 14 Jahre alt, liebte Independent-Musik und hatte eine Schwäche für teure CDs. Doch war sie – so die Auffassung ihrer Mutter – «noch zu jung, um bei Fremden zu arbeiten». Folglich fehlte ihr das Geld für neue CDs.

Außerdem hatte sie noch ein zweites Problem: Ihre Mutter haßte diese Musik.

Zum Glück steckte auch Sallys Mutter in einem Dilemma. Sie mußte an den Wochenenden arbeiten und hatte daher nicht die Zeit, das Haus selbst sauber zu halten. Sie fand, daß es sich dabei um eine Aufgabe handelte, die Sally leicht erledigen und ihr eine Vorstellung vom Wert des Geldes vermitteln konnte. Der Mutter gelang es jedoch nicht, ihre Tochter – einen «gewohnheitsmäßig alles aufschiebenden Menschen» – dazu zu motivieren, Dinge zu tun, die keinen Spaß machten. Außerdem hielt sie nichts davon, Sally ein Taschengeld zuzugestehen, weil sie der Meinung war, daß Geld verdient werden müsse. Anders ausgedrückt: Mama hatte das Geld, das Sally benötigte, während Sally über die Zeit verfügte, um die Bedürfnisse ihrer Familie zu erfüllen. Es mußte eine Übereinkunft getroffen werden.

Wie bei allen Kompromissen war es an beiden Parteien, sowohl zu geben als auch zu nehmen. Mit mir als Vermittler entwickelten Sally und ihre Mutter einen Verhaltensvertrag, in dem die folgenden Punkte enthalten waren:

- Mutter und Tochter einigten sich auf einen wöchentlichen Zeitplan, in dessen Rahmen Sally die Hausarbeit erledigen sollte, und auf einen fairen Stundenlohn. Diesem Plan zufolge hatte Sally außerdem die Möglichkeit, für bestimmte Tätigkeiten (Säubern des Backofens, kleine Reparaturarbeiten, Bügeln der Vorhänge, Reinigen der Lampenschirme, Fensterputzen, Abstauben und so fort) Zulagen zu erhalten.
- Sally würde ihre Pflichten dem Plan zufolge erledigen, ohne sie *aufzuschieben*. Sollte sie ihre Arbeit hinauszögern oder in ihrem Eifer nachlassen, würde ihre Mutter sie «feuern» und sich wieder eine professionelle Reinigungskraft suchen.
- Sally war es gestattet, ihr schwerverdientes Geld zur Anschaffung ihrer Musik zu verwenden.
- Sally sollte die Musik während des Saubermachens in

jeder von ihr gewünschten Lautstärke spielen dürfen. (Während dieser Zeit war Sallys Mutter ohnehin nicht zu Hause.)

- In der Zeit, in der die anderen Familienmitglieder zu Hause waren, sollte Sally ihre Musik mit gemäßigter Lautstärke in ihrem eigenen Zimmer hören.
- Die Vereinbarungen würden, falls erforderlich, in den alle 14 Tage stattfindenden Sitzungen besprochen und überprüft werden.

Ein paar Wochen später, nachdem es zu einer Feinabstimmung bei einigen wichtigen Einzelheiten gekommen war, stellten Sally und ihre Mutter fest, daß das Abkommen nicht nur zum Nutzen aller Beteiligten war, sondern daß auch ein Großteil der Independent-Musik sich wie die klassische Rockmusik der Mutter anhörte.

In späteren Sitzungen erklärte Sally, daß sie etliche Stücke aus der Rockmusiksammlung ihrer Mutter durchaus mochte. Nach dieser Offenbarung begannen Mutter und Tochter ihre Musik miteinander zu teilen. Damit erschufen sie eine emotionale Brücke und eröffneten sich vollkommen neue Kommunikationswege.

> Wer ganz und gar gegenwärtig, vollständig bewußt ist, vermag aus jedem Augenblick alles herauszuholen. Das Tao ist hier und jetzt.[1]

Die meisten von uns gehen irgendwann irgendwelchen Verzögerungstaktiken in die Falle. Nachfolgend ein paar Vorschläge, wie man Aufschieben verhindern und sich unangenehmen Situationen stellen kann.

1. *Was steckt hinter dem Zaudern?* Bevor Sie versuchen können, ihre Verzögerungsstrategie zu durchbrechen, müssen Sie herausfinden, was Ihrem Problem zugrunde liegt.

- Ist es Perfektionismus? Wenn ja, dann muß er angegangen werden, am besten mit der Hilfe eines Psychotherapeuten.
- Ist das angestrebte Ziel überhaupt erreichbar? Ist es vernünftig? Wenn nicht, dann akzeptieren Sie die Tatsache, daß Sie es mit einer unrealistischen Anforderung zu tun haben, und fangen Sie noch einmal von vorn an. (Welches sind vernünftige Alternativen?)
- Wirkt das Problem überwältigend? Wenn ja, kann es in kleinere Bestandteile zerlegt oder eventuell mit größerem zeitlichen Aufwand gelöst werden? Läßt es sich aus einer anderen Richtung angehen?
- Entspricht das Projekt Ihren Fähigkeiten oder Sachkenntnissen? Wenn nein, wäre es dann vielleicht praktikabler oder sinnvoller, es zu delegieren, es einem Kollegen zu übertragen oder es mit diesem gemeinsam zu bearbeiten? Oder sollte es an einen Spezialisten weitergereicht werden?
- Handelt es sich um ein zugewiesenes Projekt, um einen Bestandteil Ihrer beruflichen Aufgaben? Wenn es etwas ist, wofür Sie bezahlt werden, nicht gerne tun, aber tun müssen, um Ihren Arbeitsplatz zu behalten, dann finden Sie sich damit ab, und machen Sie sich klar, daß Sie die Sache schnell hinter sich haben, wenn Sie sie erst einmal anpacken. Man würde es wohl kaum Arbeit nennen, wenn es *nur* darum ginge, Spaß zu haben!
- Ist die Aufgabenstellung nicht eindeutig? Dann sorgen Sie für Klärung.
- Fürchten Sie sich davor, daß das Endresultat von anderen bewertet wird? Wenn ja, dann sollten Sie sich damit abfinden, daß es Ihnen niemals möglich sein wird, die subjektive Bewertung Ihrer Arbeit durch andere zu kontrollieren. Sie können nicht mehr machen, als Ihr Bestes zu tun.
- Sind Sie körperlich oder geistig nicht dazu in der Lage, diese Aufgabe zu bewältigen? Ist dies die Ursache Ihrer Schwierigkeiten, dann müssen Sie die entsprechenden

Schritte tun und das Projekt entweder delegieren, aufgeben und etwas Neues anfangen oder der zuständigen Person erklären, daß Sie sich nicht imstande sehen, den Anforderungen zu entsprechen.

- Fürchten Sie sich vor dem Erfolg? Könnte es sein, daß die Angst davor Sie davon abhält, den Abschluß des Projektes zu betreiben? Handelt es sich um etwas, das Ihnen soviel Freude macht, daß Sie fürchten, Ihr Leben könnte danach wieder leer, langweilig und sinnlos sein? Wenn Sie meinen, daß einer dieser Gründe Ihrem Zaudern zugrunde liegen könnte, dann hilft es Ihnen möglicherweise, wenn Sie sich mit diesem Bewußtsein abfinden und es sich gestatten, die Aufregung zu spüren, die der Abschluß eines Projekts mit sich bringt. Und letzterer verschafft Ihnen immerhin die Gelegenheit, sich auf eine neue Aufgabe oder eine neue Richtung einzulassen.
- Warten Sie darauf, daß sich irgendein «Wunder» ereignet? Vielleicht wird es geschehen. Doch bis dahin ist es an Ihnen, Ihre Wirklichkeit selbst zu erschaffen. Man weiß nie, was die Magie veranlaßt, tatsächlich einzugreifen.

2. *Ist die Aufgabe auch wirklich zu bewältigen?* Wenn Sie zu dem Schluß kommen, daß Ihr Aufschieben einer Sache gilt, die Sie tatsächlich bewerkstelligen können, ist eine der folgenden Herangehensweisen in Betracht zu ziehen:

- Nehmen Sie sich ein paar Minuten Zeit, machen Sie ein paar tiefe Atemzüge, schließen Sie die Augen, und stellen Sie sich in einer zukünftigen Situation mit *dem bereits abgeschlossenen* Projekt vor.
- Visualisieren Sie, wie Sie sich fühlen, nachdem Sie die Aufgabe *beendet* haben.
- Betrachten Sie die *zum Abschluß gebrachte* Arbeit, «berühren» Sie sie, spüren Sie den Stolz und die Erleichterung, die mit dem Erreichen des Ziels einhergehen.
- Danach öffnen Sie die Augen und kehren ins *«Hör* und

Jetzt» zurück. Fragen Sie sich auf der Basis dieser Visualisation, was genau Sie tun müssen, um sich dazu zu bringen, die Aufgabe in Angriff zu nehmen, sie durchzuführen und abzuschließen.

3. *Wenn die Aufgabe den Rahmen Ihrer Möglichkeiten nicht sprengt,* dann treffen Sie realistische Entscheidungen, und ziehen Sie dabei die Ausmaße des Projekts in Betracht sowie die Zeitmenge, die Sie investieren können (oder wollen). Dann zerlegen Sie das Projekt in kleinere, «machbare» Einzelteile, umreißen die Abfolge der einzelnen Schritte, die Sie innerhalb Ihres zeitlichen Rahmens tun müssen, um die rechtzeitige, aber auch angemessene Fertigstellung zu erreichen. Und schließlich, wenn Sie die Aufgabe bisher vor sich hergeschoben haben, sagen Sie sich, daß Sie bereit sind, die Verantwortung für die Durchführung dieses Projekts zu übernehmen.

4. *Musik als Mittel, um Zaudern zu überwinden.* Es gibt eine Reihe von Möglichkeiten, Musik im Kampf gegen die eigenen Aufschiebetaktiken einzusetzen. Richtig angewandt, trägt Musik dazu bei:

- eine angenehme Umgebung zu schaffen, aus der heraus man nach vorn blicken (oder hören) kann;
- störenden «psychischen Lärm» zu übertönen;
- eine angenehme und zugleich auf Vorankommen ausgerichtete Atmosphäre zu schaffen;
- die Konzentration auf die gestellte Aufgabe zu verstärken (siehe das Kapitel «Zentrierung», S. 293);
- Sie in der Gegenwart zu erden (siehe Kapitel *«Hör* und Jetzt», S. 317);
- die natürliche Ausschüttung von Endorphinen zu stimulieren und auszulösen;
- Motivation zu bewirken und aufrechtzuerhalten (siehe die Übung «Training durch Entrainment», S. 216)!
- einen angenehmen Rhythmus zu schaffen oder das Tem-

po zu forcieren (siehe den Abschnitt «Rhythmische Synchronität», S. 353);
- ein Gefühl von «Geselligkeit» während der Arbeit hervorzurufen (siehe S. 235);
- ein Gefühl für Disziplin und Strukturierung zu bekommen, das die Zeit schneller vergehen läßt (siehe das Kapitel «Zeitplanung», S. 157).

Jeden Tag, bevor Sie Ihre Aufgabe in Angriff nehmen, wählen Sie die Art von Musik aus, von der Sie meinen, daß sie dafür sorgt, daß Sie Ihre Ziele erreichen können. Wenn Sie zum Beispiel ein langsames, stetiges Tempo beibehalten müssen, dann sollten Sie sich für beruhigende, entspannende Musik mit einem gleichmäßigen Beat entscheiden, die Ihnen hilft, Ihr Arbeitstempo festzusetzen und aufrechtzuerhalten, während sie gleichzeitig dafür sorgt, daß Sie in Ihrer Aufmerksamkeit nicht nachlassen. Ein rascheres Arbeitstempo verlangt nach einer fröhlicheren, stimulierenden Musik. In beiden Fällen werden die zugrundeliegenden Rhythmen dazu beitragen, die Konzentration zu stabilisieren und das Tempo festzulegen – immer vorausgesetzt, es handelt sich dabei um Musik, an der Sie Freude haben.

Wenn es darum geht, einen Zeitplan einzuhalten, kann die Musik als angenehmer Zeitnehmer oder als «Wecker» dienen, der Ihnen bewußtmacht, wieviel Zeit bereits verstrichen ist. Zugleich ist sie Ihnen ein unaufdringlicher Gesellschafter, schafft die Illusion, daß die Zeit schneller vergeht, und hilft Ihnen, in Ihrer Arbeit müheloser zu «fließen».

Schließlich vermag eine gute Auswahl des musikalischen Hintergrunds einer Aufgabe, die Sie ob ihrer Langweiligkeit und Farblosigkeit vor sich herschieben, fast immer einen abwechslungsreichen, befriedigenden und angenehmen Anstrich zu verleihen.

Dem Später gerät das Jetzt in die Quere.

ÜBUNG 17
Zaudern mit Rhythmus besiegen

Verwenden Sie diese Übung, um eine gefürchtete Aufgabe wie etwa den Hausputz oder irgendeine andere lästige Pflicht, die Sie vor sich herschieben, in Angriff zu nehmen, sie durchzuziehen und zu beenden.

1. Versuchen Sie nach bestem Wissen und Gewissen festzustellen, wie lange Sie für das Projekt brauchen werden. Damit beugen Sie der Wahrscheinlichkeit vor, daß Ihnen mitten in der Arbeit die Musik ausgeht und Sie sie unterbrechen müssen, um neue auszuwählen.

2. Wählen Sie Musik für die angenommene Dauer Ihrer Tätigkeit *und für eine zusätzliche Stunde* aus. Der Grund hierfür sind nicht einplanbare Unterbrechungen und der Hang der meisten Menschen, den Zeitaufwand für eine geplante Arbeit zu unterschätzen. (Hier kann sich ein CD-Wechsler als sinnvoll erweisen!)

Seien Sie innovativ. Seien Sie abenteuerlustig, haben Sie Spaß. Wählen Sie die Musik aus, die Sie lange Zeit nicht mehr gehört haben, die Ihnen zugleich aber immer gefehlt hat. Entscheiden Sie sich für Musik, die Ihren Bedürfnissen entspricht. Denken Sie daran, jeder Mensch hat die Tendenz, sich rhythmisch auf einen Klang einzustimmen (siehe hierzu den Abschnitt «Rhythmische Synchronität», S. 353). Wenn Sie also langsame Musik spielen, dann werden Sie vermutlich eher langsamer, dafür aber auch genauer arbeiten. Umgeben Sie sich jedoch mit Musik eines schnelleren Tempos, so werden Sie sich in Ihrer Geschwindigkeit darauf einstellen. Müssen Sie beispielsweise das Silber putzen, dann kann langsame, beruhigende Musik angemessen sein (siehe hierzu das Musik-Menü «Beruhigende Musik», S. 96). Um jedoch den Dachboden aufzuräumen, mögen stimulierende, energetisierende Melodien erforderlich sein (siehe hierzu die Musik-Menüs «Stimulierende Musik», S. 52, und «Inspirierende Musik», S. 88). Zum Zwecke des Entrainments, also für eine Abfolge, bestehend aus Aufbau-, Stimulierungs- und Abklingphase, seien Ihnen die Musik-Menüs «Entrainment-Sequenz: Big Band», Seite 220, «Entrainment-Sequenz: 60er Jahre Pop», Seite 221, und «Entrainment-Sequenz für die schmale Geldbörse», Seite 222, empfohlen.

Ziehen Sie los, und kaufen Sie sich stimulierende, fröhliche Musik, die Ihnen helfen wird, sich rhythmisch auf Ihr eigenes Arbeitstempo einzustellen. Betrachten Sie es als Investition, die Sie ansonsten in eine Reinigungskraft stecken müßten. Für das Geld, das Sie für fünf Stunden Saubermachen zu bezahlen hätten, können Sie einiges an Musik anschaffen. Seien Sie nett zu sich! Außerdem wird Sie bald die ganze Nachbarschaft um Ihre «Musikbibliothek» beneiden.

3. *Planen Sie im voraus.* Deponieren Sie Ihre Musikauswahl (CDs, Platten, Kassetten) neben Ihrer Anlage. Das wird Sie in die richtige Stimmung bringen, um Ihr Vorhaben zu strukturieren, zu organisieren und in Angriff zu nehmen.

4. *Visualisieren Sie das erreichte Ziel.* Wenn Sie erst einmal losgelegt haben, konzentrieren Sie sich auf die Zielgerade. Das Schwierigste an einer (gefürchteten) Aufgabe ist der Anfang. Das Nachdenken über die Musik und der Akt des Auswählens fungieren als «Stichwortgeber» dafür, daß Sie bei der Erfüllung der Aufgabe *bereits einen Anfang gemacht haben.* Wenn Sie erst einmal losgelegt haben, wird die Musik Ihnen Dampf machen und diesen auch aufrechterhalten.

5. *Haben Sie Spaß an Ihrem Tun.* Nachdem Sie nun angefangen haben, widmen Sie sich Ihrer Tätigkeit mit Freude.

SCHAFFE NEUE ERINNERUNGEN, JETZT!

14

Altern

Das Tao der Musik ist nicht erlernbar, es wohnt jedem von uns inne.
Ohne Erwartung sind wir für seinen Rhythmus geboren,
leben in seiner Harmonie und kehren schließlich in
sein nachklingendes Wesen zurück.

Zu den stärksten und bedeutsamsten Katalysatoren des Alterungsprozesses gehören Streß, Sorgen, Depression, geringe Selbstachtung, Bewegungsmangel und ein geschwächtes, anfälliges Immunsystem. Indem wir diesen Faktoren mittels Musik entgegenwirken, sie verringern oder ausschalten, sorgen wir dafür, daß der Alterungsprozeß langsamer voranschreitet oder sogar aussetzt. Da sie ohne Alter ist, verbindet Musik Altes und Modernes, definiert den Rhythmus jeder Generation. Auf ihrem spiralförmigen, harmonischen Weg übersetzt sie Chaos in Erneuerung. Die Vorstellungskraft stimulierend, schafft sie Verbindungen zwischen den Generationen und schlägt Brücken zwischen den Kulturen. Von der vergangenen Jugend borgend, hilft sie, die Zukunft festzulegen, und beschreibt zugleich die Vergangenheit. Träume in Erinnerungen verwandelnd, durchzieht Musik alles. Sie ist ewig jung.

Musiktherapie hilft insbesondere den Älteren. Verbunden mit leichten Übungen, kann das Hören von Musik Schmerzen lindern und Bewegung auf eine Weise fördern, wie es sportliche Betätigung allein nicht vermag. Der Neurologe Oliver Sacks erzählt, wie einige Parkinsonpatienten und Patienten mit anderen Gehirnkrankheiten wahrhaft bemerkenswert auf Musik reagieren: «Man sieht Parkinsonpatienten, die zwar nicht gehen, aber wunderbar tanzen, zwar nicht sprechen, aber großartig singen können.» Sacks beschreibt eine Patientin, die praktisch bewegungslos war, außer wenn sie am Klavier saß, wo sie sogleich fließende Bewegungen und Anmut entwickelte. Wenn sie Chopin hörte – ihren Lieblingskomponisten –, nahm ihre meßbare Gehirnaktivität von komagleicher Langsamkeit bis fast in den normalen Bereich hinein zu.[1]

In der folgenden Übung wird Musik verwendet, um Sie zu motivieren und zu ermutigen, ein Hobby oder eine Aktivität wiederaufzunehmen, das oder die Sie vergessen oder vernachlässigt haben. Die Musik dient hier dazu, die Visualisation einer erwünschten Aktivität zu fördern, und hilft Ihnen so, diese Wirklichkeit zu erschaffen.

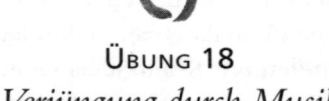

Übung 18
Verjüngung durch Musik

Diese Übung ist für all jene gedacht, die sich selbst als «reife Erwachsene» bezeichnen würden.

Als Kinder pfeifen wir eine einfache Melodie und staunen.
Wenn wir alt werden, pfeifen wir diese einfache Melodie,
und das Staunen kehrt zurück.

1. Wählen Sie eine Reihe von Musikstücken aus, die Sie in eine Zeit zurückführen, in der Sie sich «jung», lebendig und voller Kraft gefühlt haben. (Siehe hierzu die Musik-Menüs 7–11, S. 198–203, um Ihrem musikalischen Erinnerungsvermögen mit Topsongs aus fünf Jahrzehnten auf die Sprünge zu helfen.)

2. Während Sie der Musik lauschen, lehnen Sie sich zurück und denken über Aktivitäten oder Hobbys nach, die, Ihrer Auffassung nach, früher einmal jenseits Ihrer Möglichkeiten waren und die Sie aus einer Reihe von Gründen nicht haben aufnehmen können. Zu den Hindernissen mögen Arbeitsverpflichtungen, eine chronische Krankheit, das Aufziehen der Kinder, die Pflege eines geliebten Menschen oder ein größeres Interesse für andere Hobbys und Aktivitäten gezählt haben. Dabei kann es sich um Golfspielen, Skifahren, Bergsteigen, Tiefseefischen, Motorradfahren, Sporttauchen, Schnorcheln in tropischen Gewässern, Musikmachen in einer kleinen Combo oder in einem Orchester, Singen im Kirchenchor, einen Urlaub in einem exotischen Land oder um jede andere Aktivität handeln, die sich nun im Rahmen Ihrer Möglichkeiten befindet.

3. Unter Berücksichtigung Ihres gegenwärtigen Befindens, Ihrer finanziellen Situation und zeitlicher Beschränkungen wählen Sie eine – oder mehrere – der oben genannten Aktivitäten aus, der Sie noch immer gerne nachgehen würden. Falls Ihnen kein solches Hobby aus Ihrer Vergangenheit einfallen sollte oder Sie sich nicht dazu in der Lage sehen, dasjenige aufzunehmen, dem Sie den Vorzug geben, dann überprüfen Sie, was Sie gegenwärtig interessiert. Seien Sie abenteuerlustig, aber zugleich realistisch. Wenn Ihnen nichts einfällt, dann ziehen Sie Ihren «inneren Führer» (siehe S. 453) zu Rate.

4. Wählen Sie zu Anfang ein Hobby oder ein Abenteuer aus, das einfach, erreichbar und im «*Hör und Jetzt*» (siehe S. 317) für Sie attraktiv ist. Später, wenn Sie sich in Ihrem «Jungbrun-

nen» zunehmend wohler fühlen, können Sie Ihren Horizont nach eigenem Ermessen erweitern.

5. Nachdem Sie sich für ein Hobby oder eine Aktivität entschieden haben, das oder die Sie weiterverfolgen wollen, wählen Sie ein paar Musikstücke aus, die in *Ihrem* Leben von besonderer Bedeutung sind. Spielen Sie diese Musik im Hintergrund, während Sie das «Verweilen in der Spirale» initiieren und eine musikalische Reise zu Ihrem «besonderen Platz» (siehe S. 442 und 450) unternehmen.

6. Sobald Sie an Ihrem «besonderen Platz» eingetroffen sind, verbinden Sie sich mit der Musik und überlassen sich ihrem Fluß. Spüren Sie, wie die Musik Sie auflädt und mit Kraft erfüllt. Stellen Sie sich vor, wie Sie die verjüngenden Vibrationen, die von den Musikstücken ausgehen, «einatmen».

7. Während Sie der Musik zuhören, stellen Sie sich vor, wie Ihre Ideen Wirklichkeit werden, ähnlich, wie sich die verschiedenen Aspekte der Musik zusammentun, um vollkommene Harmonie entstehen zu lassen. Während Ihr Geist zu dem Beat «tanzt», spüren Sie die Rhythmen, die bis in das Mark Ihrer Knochen hinein und auch in den letzten Winkeln Ihres Kopfes widerhallen. Stellen Sie sich vor, daß Sie mit diesen Rhythmen fließen, während Sie zugleich visualisieren, daß Sie Ihr Hobby aktiv betreiben.

8. Während Sie sich vorstellen, daß Sie intensiv mit der gewählten Aktivität beschäftigt sind, spüren Sie, wie die Musik Ihren Körper belebt und Ihren Geist erfrischt. Hören Sie sich selbst dabei zu, wie Sie mitsingen oder -summen. Wenn Sie einen entsprechenden Drang verspüren, lassen Sie es zu, daß Ihre Finger den Rhythmus mitschnippen, Ihre Hände dazu klatschen oder Ihre Füße den Beat stampfend aufnehmen. Fließen Sie.

9. Wenn Musiker auftreten, zapfen sie Energien in ihrem innersten Kern an und übertragen diese über ihre Instrumente auf die Musik. Indem Sie sich von den durch die Musiker in die Vibrationen der Musik übersetzten lebhaften Energien inspirieren lassen, spüren Sie, wie in Ihnen Lebendigkeit, Ausdauer und Kraft widerhallen. Visualisieren Sie sich selbst, wie Sie bei

voller Gesundheit, glücklich und aktiv ihrem Hobby nachgehen.

10. Bringen Sie diese Visualisation zum Abschluß, indem Sie sich vorstellen, daß Sie schon bald wieder zu diesem Hobby oder zu dieser Aktivität zurückkehren werden. Wenn Sie sich hingegen für andere Projekte oder Abenteuer entscheiden, dann stellen Sie sich vor, wie Sie diese aktiv planen.

11. Nachdem Sie sich derart mit der Hilfe von Musik und Visualisation gestärkt haben, können Sie nun die gleiche Hintergrundmusik als Katalysator verwenden, der Ihnen hilft, einige dieser Bilder in Ihrem Alltag zu verwirklichen. (Um zu erfahren, wie auf diese kodierten musikalischen Stichwortgeber während zukünftiger Vorhaben automatisch zugegriffen werden kann, sehen Sie sich bitte den Abschnitt «Akustisches Gedächtnis», S. 367, an.)

Eins mit dem Tao zu sein bewirkt Veränderung, während zugleich die Harmonie unserer Welt erhalten bleibt. Das, was im Winter schläft, erwacht im Frühling. Was im Herbst ausruht, erblüht im Sommer. Vom Tao abzuirren heißt, daß die Jahreszeiten aus dem Rhythmus kommen. Disharmonie wird zur Norm. Musik inspiriert, während sie entspannt, sie breitet sich aus, während sie eindringt, sie hebt auf, ohne zu berühren, zieht, ohne zu zerren, ruft, ohne die Stimme zu erheben, erobert, ohne etwas zu tun. Indem Musik das Mystische vereinfacht, ziert sie den Weg.

Musikalisches Vermögen bleibt erhalten, während andere kognitive Funktionen versagen. Alzheimerpatienten singen trotz Aphasie und Gedächtnisverlust weiterhin alte Lieder und tanzen zu Melodien aus der Vergangenheit, wenn man ihnen die Gelegenheit dazu gibt.[2]

GUTE MUSIK ALTERT AUF ANGENEHME WEISE.

♩

Topsongs der 30er Jahre

«When Your Hair Has Turned to Silver»
«Happy Days Are Here Again»
«On the Sunny Side of the Street»
«Little White Lies»
«I Got Rhythm»
«Dream a Little Dream of Me»
«Good Night Sweetheart»
«Stardust»
«Brother, Can You Spare a Dime?»
«Night and Day»
«Stormy Weather»
«Smoke Gets In Your Eyes»
«Did You Ever See a Dream Walking?»
«Anything Goes»
«Lost in a Fog»
«You're the Top»
«I Get a Kick Out of You»
«Cheek to Cheek»
«On the Good Ship Lollipop»
«The Way You Look Tonight»
«It's De-Lovely»
«Pennies From Heaven»
«Once in a While»
«September in the Rain»
«Good Night, My Love»
«My Reverie»
«Heigh Ho»
«Ti Pi Tin»
«You Must Have Been a Beautiful Baby»
«Sunrise Serenade»

«Moonlight Serenade»
«If I Didn't Care»

MUSIK-MENÜ 8
Topsongs der 40er Jahre

«The Woodpecker Song»
«I'll never Smile Again»
«When You Wish Upon a Star»
«Frenesì»
«Tonight We Love»
«Chattanooga Choo Choo»
«Intermezzo»
«Maria Elena»
«This is Worth Fighting For»
«The White Cliffs of Dover»
«Don't Sit Under the Apple Tree»
«Tangerine»
«White Christmas»
«That Old Black Magic»
«Don't Get Around Much Anymore»
«Paper Doll»
«Mairzy Doats»
«I'll Be Seeing You»
«Besame mucho»
«It Had to Be You»
«Don't Fence Me In»
«It's Been a Long, Long Time»
«Accentuate the Positive»
«Sentimental Journey»
«Oh! What It Seemed to Be»
«Let it Snow!»

«Personality»
«The Gypsy»
«Peg O' My Heart»
«For Sentimental Reasons»
«Linda»
«Buttons and Bows»
«I'm Looking Over a Four Leaf Clover»
«Nature Boy»
«A Tree in the Meadow»
«Some Enchanted Evening»
«Cruising Down the River»
«I Can Dream, Can't I?»

MUSIK-MENÜ 9
Topsongs der 50er Jahre

«My Foolish Heart»
«Bewitched»
«Goodnight Irene»
«Mona Lisa»
«Frosty the Snowman»
«Too Young»
«Because of You»
«Hello, Young Lovers»
«Tennessee Waltz»
«If»
«Slow Poke»
«Wheel of Fortune»
«Kiss of Fire»
«Glow Worm»
«Hoch Much is That Doggie in the Window?»
«Your Cheatin' Heart»

«Ebb Tide»
«Stranger in Paradise»
«Young at Heart»
«Three Coins in the Fountain»
«Sh-Boom»
«Mister Sandman»
«The Ballad of Davy Crockett»
«Unchained Melody»
«Cherry Pink and Apple Blossom White»
«Heartbreak Hotel»
«Moonglow»
«Love Me Tender»
«Whatever Will Be, Will Be»
«Love Letters in the Sand»
«Tammy»
«All Shook Up»
«April Love»
«The Purple People Eater»
«Peggy Sue»
«Volare»
«All I Have to Do Is Dream»
«It's All in the Game»
«The Chipmunk Song»
«Smoke Gets in Your Eyes»
«Come Softly to Me»
«Mack the Knife»
«Rock Around the Clock»
«Love is a Many-Splendored Thing»

Musik-Menü 10
Topsongs der 6oer Jahre

«Theme from A Summer Place»
«Cathy's Clown»
«Itsy Bitsy Bikini»
«Save the Last Dance for Me»
«Are You Lonesome Tonight?»
«Tossin' and Turnin'»
«Hit the Road, Jack»
«Take Good Care of My Baby»
«Moon River»
«Peppermint Twist»
«I Can't Stop Loving You»
«Sherry»
«I Left My Heart in San Francisco»
«He's So Fine»
«Sukiyaki»
«More»
«Blue Velvet»
«Dominique»
«I Want to Hold Your Hand»
«She Loves You»
«Hello Dolly»
«People»
«A Hard Day's Night»
«Oh, Pretty Woman»
«I Feel Fine»
«Downtown»
«Goldfinger»
«King of the Road»
«Yesterday»
«Help!»

«Satisfaction»
«A Taste of Honey»
«The Shadow of Your Smile»
«Strangers in the Night»
«The Ballad of the Green Berets»
«Michele»
«Somewhere My Love»
«Winchester Cathedral»
«This Is My Song»
«It Must Be Him»
«To Sir With Love»
«Gentle On My Mind»
«Love Is Blue»
«Honey»
«This Guy's In Love With You»
«Hey Jude»
«Those Were the Days»
«Wichita Lineman»
«Traces»
«A Boy Named Sue»
«Aquarius/Let the Sunshine In»
«Jean»
«Raindrops Keep Fallin' On My Head»
«Leaving On a Jet Plane»

MUSIK-MENÜ 11
Topsongs der 70er Jahre

«Bridge Over Troubled Water»
«Let It Be»
«Everything is Beautiful»
«Close To You»

«We've Only Just Begun»
«Fire and Rain»
«Something»
«It's Impossible»
«Where Do I Begin?»
«It's Too Late»
«Baby, I'm a Want You»
«American Pie»
«Without You»
«Alone Again (Naturally)»
«The First Time Ever I Saw Your Face»
«Dueling Banjos»
«Tie a Yellow Ribbon Round the Ole Oak Tree»
«And I Love You So»
«Loves Me Like a Rock»
«Time in a Bottle»
«The Way We Were»
«The Entertainer»
«Annie's Song»
«I Honestly Love You»
«My Eyes Adored You»
«Angle Baby»
«Have You Never Been Mellow?»
«Feelings»
«Wildfire»
«I Write the Songs»
««Fifty Ways to Leave Your Lover»
«Silly Love Songs»
«Muskrat Love»
«After the Loving»
«Evergreen»
«When I Need You»
«How Deep Is Your Love?»
«Just the Way You Are»
«We'll Never Have to Say Goodbye Again»
«Bluer Than Blue»

«Three Times a Lady»
«Time Passages»
«You Don't Bring Me Flowers»
«Crazy Love»
«Lead Me On»
«You're Only Lonely»

Ergänzung der Musik-Menüs 7 bis 11

Deutsche Schlager der 30er und 40er Jahre

Auswahl aus dem Programm des Palast-Orchesters
«Abends, wenn die Lichter glühen»
«Annabelle»
«Die Männer sind schon der Liebe wert»
«Dort tanzt Lulu»
«Ein Kuß nach Ladenschluß»
«Eva»
«Fräulein, pardon»
«Ich fahr in meiner kleinen Limousine»
«Kein Schwein ruft mich an»
«Was will der Mann da auf der Veranda?»

Auswahl Comedian Harmonists
«Veronika, der Lenz ist da»
«Mein kleiner grüner Kaktus»
«Ein Freund»
«Schöne Isabelle aus Kastilien»
«Irgendwo auf der Welt»
«Ein bißchen Leichtsinn kann nicht schaden»
«Das ist die Liebe der Matrosen»

Auswahl Marlene Dietrich
«Ich bin von Kopf bis Fuß auf Liebe eingestellt»
«Lili-Marlen»
«Johnny, wenn du Geburtstag hast»
«Ich bin die fesche Lola»

Auswahl Zarah Leander
«Ich weiß, es wird einmal ein Wunder geschehn»
«Waldemar»

Deutsche Schlager der 50er Jahre

«Die Gitarre und das Meer»
«Caprifischer»
«Marina»
«Wer soll das bezahlen?»
«Halbstark»
«Der lachende Vagabund»
«Brennend heißer Wüstensand»
«Wenn ein Schiff vorüberfährt»

Deutsche Schlager der 60er Jahre

«Ein Schiff wird kommen»
«So ein Tag»
«Marmor, Stein und Eisen bricht»
«Ich will 'nen Cowboy als Mann»
«Rote Rosen aus Athen»
«Tanze mit mir in den Morgen»
«Schuld war nur der Bossa Nova»

Deutsche Schlager der 70er Jahre

«17 Jahr, blondes Haar»
«Alles klar auf der Andrea Doria»
«Der Junge mit der Mundharmonika»

«Fahrn, Fahrn, Fahrn auf der Autobahn»
«Fiesta Mexicana»
«Ganz in Weiß»
«Griechischer Wein»
«Mendocino»
«Zug nach Nirgendwo»
«Verdammt lang her»

KLANG-IDEE
Denken Sie daran:
Immer, wenn Sie zusätzlichen psychischen,
vibrierenden oder verjüngenden Antrieb
benötigen, haben Sie die Möglichkeit,
diese Vitalität und Motivation durch
die Musik Ihrer Jugend auszulösen.

15

Körperliche Betätigung und Musik

*Abgesehen davon, daß Musik körperliche Ertüchtigung angenehmer
macht, sorgt sie auch dafür, daß Sie Ihr Übungsprogramm durchhalten,
beugt zu raschem Ermüden vor und befähigt Sie, trotz geringerem
Einsatz mehr aus sich herauszuholen. Außerdem reguliert sie
Ihre Atmung und fördert eine bessere Muskelkoordination.*

Das Werben, die Verabredungen, Verlobungen und Eheschlüsse
zwischen Musik und Sport beziehungsweise körperlicher Ertüchtigung haben derart zugenommen, daß es schwer geworden
ist, sich das eine ohne das andere vorzustellen. Schließlich fördert ja Musik – als farbenfrohe Vibration – Bewegung oder
Tanzen. Körperübungen andererseits haben viel mit Bewe-
gungskunst gemein, oder eben mit dem Tanz. Und Tanz kann,
wie Körperübungen auch, mit einem Partner, einer Gruppe
oder allein durchgeführt werden.

Die Wirkung, die Musik auf sich wiederholende körperliche Handlungen hat, ist vor allem eine rhythmisierende.
... Atmen, Gehen, der Herzschlag und der Geschlechtsver-

kehr sind allesamt rhythmische Aspekte unseres physischen Seins.[1]

Können Sie sich einen Aerobic-Kurs ohne musikalischen Hintergrund vorstellen? Eine Militärparade ohne Trommlercorps, das mit seinen Doppelschlägen das Tempo vorgibt? Eine Halbzeitpause ohne Kapelle? Die Sportgeschichte ist erfüllt von Klängen. Man denke nur an das weiche und doch kraftvolle, dumpfe Aufschlagen eines Tennisballs oder an das Heulen eines PS-starken Motors, der in einen höheren Gang gejagt wird und über den Speedway donnert. An das Keuchen zweier Läufer, die einander auf der Zielgeraden zu überholen versuchen, das mühelose «Zischen» eines Basketballs durch das Netz des Korbes. Der Ton der «Musik» ist in Wahrheit abhängig vom «*Hör* und Jetzt» (siehe S. 317).

> Die richtige Musik auszuwählen ist schwieriger als dafür zu sorgen, daß die Einstellung der Tonhöhe oder der Frequenz mit der Schnelligkeit oder Langsamkeit Ihrer Bewegungen korrespondiert. Andere Faktoren, die berücksichtigt werden müssen, sind Konzentration, Anmut und Begabung, die Ihr Sport oder Ihre Körperübung voraussetzt, Ihre Selbstwahrnehmung und die Selbstachtung, die erforderlich sind, um gute Leistungen zu erbringen, und schließlich müssen Sie wissen, ob Sie Streß höchster Intensität meiden sollten oder als Motivationsfaktor brauchen.[2]

Kate Gfeller, Professorin an der Universität von Iowa, führte eine Studie durch, in der sie die Einstellung junger Erwachsener (18 bis 30 Jahre alt) im Hinblick auf ihre musikalischen Vorlieben und auf die Verwendung von Musik in Verbindung mit Aerobic-Übungen untersuchte. 97 Prozent der Befragten gaben an, «daß Musik sich auf ihre Leistungen auswirkte. Musikart (96 Prozent), Tempo (96 Prozent), Rhythmus (94 Prozent) und die durch die Musik geweckten Assoziationen (93 Prozent) waren die Komponenten, welche die aerobe Aktivität am wirkungsvollsten unter-

stützten. 97 Prozent der Probanden gaben an, daß Musik die
mentale Einstellung gegenüber der Aktivität verbessert, während
79 Prozent meinten, daß Musik Tempo, Kraft und Ausdauer
steigert.»[3]

Weitere Ergebnisse dieser Studie legen nahe, daß «Musik
Aktivität unterstützt, und zwar sowohl im Hinblick auf erhöhte
Motivation als auch insofern, als sie die Gangart der Übungen
festlegt; die Verwendung der bevorzugten Musikart ist entscheidend, da die Abstimmung auf den musikalischen Geschmack der
Sportler ihre aktive Konzentration auf die Aktivität selbst er-
leichtert; die ausgewählte Musik sollte für einen angemessenen
Rhythmus sorgen, mit dessen Hilfe die einzelnen Bewegungen
aufeinander abgestimmt und koordiniert werden können; die
Musik sollte ‹angenehme Assoziationen› wecken, etwa Bilder
wie in den Filmen *Rocky* und *Fame*, in denen die Figuren über
Widrigkeiten triumphieren; Aerobic ‹sollte im optimalen Fall
mit Stretching und Aufwärmen beginnen und enden, wobei die
Aktivität gegen Ende langsam abnimmt›.»[4]

Wenn Sie meinen, einen *Grund* für Ihre Körperertüchtigung zu brauchen, dann wählen Sie aus der nachfolgenden Liste
einen oder mehrere aus. Die «Warum-Frage» (siehe S. 379) ist
von geringerer Relevanz. Wie in vielen anderen Situationen
auch, sind das Was (die von Ihnen gewählten Übungen), das Wo
(Sie sie machen), das Wann (Sie sich die Zeit dafür nehmen) und
das Wie (Sie Ihr Programm durchführen) das, was eigentlich
zählt. (Bevor Sie Ihr gewohntes Aktivitätsniveau ändern, sollten
Sie, vor allem, wenn Sie unter Krankheiten leiden oder irgendwelche Bedenken hinsichtlich des Übungsprogrammes haben,
unbedingt Ihren Arzt konsultieren.)

Was für die Körperertüchtigung spricht

Körperertüchtigung
- verbessert den Muskeltonus;
- reduziert Schlaflosigkeit;
- stärkt das Immunsystem;
- verbessert die Verdauung;
- stimuliert Blutfluß und vaskuläre Zirkulation;
- regeneriert die Gelenke
- klärt den Kopf und erhöht das Konzentrationsniveau;
- baut Stehvermögen auf und reduziert Erschöpfung;
- senkt den Cholesterinspiegel;
- senkt den Blutdruck;
- stärkt Herz und Lunge;
- «putzt» ganz allgemein unsere mentalen, physischen und emotionalen Systeme;
- stärkt die Atemwege;
- beugt Herzerkrankungen vor;
- verbrennt Kalorien und hilft, der Fettleibigkeit vorzubeugen;
- löst muskuläre Verkrampfungen auf;
- steigert die Selbstachtung und das Selbstvertrauen;
- trägt dazu bei, Depressionen aufzulösen;
- reduziert Wut und Frustration;
- verringert Angst;
- steigert den Grundumsatz des Körpers;
- erfrischt Körper und Geist;
- steigert Aufmerksamkeit und Toleranz;
- trägt dazu bei, daß man sich «einfach gut» fühlt.

Wie kann Musik helfen?

Es gibt eine Reihe von Möglichkeiten, Musik einzusetzen, um ein Körperübungsprogramm zu verbessern. Die Energie, die Musik erzeugt, kann Sie motivieren, einen Anfang zu finden, Ihren Rhythmus beizubehalten und die Intensität Ihres Programms zu regulieren. Während sie externe Geräusche durch angenehmere Klänge abblockt, verwandelt sie außerdem ansonsten langweilige Tätigkeiten in Aktivitäten mit Erholungswert und macht Ihr Übungsprogramm zu einem willkommenen Teil eines jeden Tages. Darüber hinaus haben Untersuchungen gezeigt, daß Musik die körperliche Aktivität noch zu verbessern vermag, indem sie den Blutdruck senkt, die Atmung reguliert und dazu beiträgt, die Geist-Körper-Koordination zu verfeinern. Zuvor ausgewählte Hintergrundmusik kann so programmiert werden, daß sie als Zeitnehmer fungiert und die gewünschte Dauer des persönlichen Übungsprogramms festlegt. Nicht zuletzt haben Sie auf diese Weise die ideale Gelegenheit, sich ältere Musikstücke wieder einmal anzuhören oder mit jenen neuen zu experimentieren, von denen Sie schon soviel gehört haben.

Wenn wir unserem Körper mehr Achtung entgegenbringen und genauer auf ihn hören, dann gehen wir eine engere Verbindung mit uns selbst und unserer Umwelt ein.[5]

In ihrem ausgezeichneten Buch *Die heilende Kraft der klassischen Musik* beschäftigt sich Stephanie Merritt mit der Frage, warum Dirigenten großer Orchester «viel länger leben als der Durchschnittsmensch. Selbst in ihrem siebten und achten Lebensjahrzehnt sind sie gesund und ausgeglichen.» Stephanie Merritt meint, daß «ein Dirigent, der ein Orchester zu führen hat und daher seine Arme ständig über seinem Kopf bewegt, damit seine Nacken- und Schultermuskulatur lockert und den Herzmuskel trainiert. Hierbei handelt es sich um eine der besten aerobischen Übungen für das Herz. Die Blutzirkulation und der Stoffwechsel von Dirigenten wird so besser stimuliert als bei irgendeiner anderen Art von Körperübung. Zugleich nehmen sie die vollen, reichen Klänge und Vibrationen der Musik mit ihrem ganzen Wesen auf.»[6]

Zu Anfang des Jahres kam Daphne, die Besitzerin zweier örtlicher Heilbäder, in mein Büro, um sich im Hinblick auf die Verbesserung des Klangumfelds ihrer Einrichtungen beraten zu lassen. Wie die meisten Leute ihrer Profession war sie davon überzeugt, daß die Herstellung des richtigen musikalischen Ambientes in einem Gesundheits- und Fitneßzentrum ebenso wichtig ist wie die Bereitstellung der besten Trainingsgeräte, die Schaffung einer angenehmen Umgebung und das Einstellen gut ausgebildeter, höflicher Angestellter. Bei der Auswahl der Hintergrundmusik für ihre Heilbäder war sie jedoch auf Schwierigkeiten gestoßen. Es kamen die üblichen Klagen: Ein und dieselbe Musik wurde als zu laut/zu leise, zu schnell/zu langsam oder zu modern/zu altmodisch empfunden.

Die eine von Daphnes Einrichtungen lag zentral in einem der Vororte und war für Kinder, Jugendliche, Erwachsene und ältere Menschen bestimmt. Die andere befand sich gegenüber einem Universitätscampus und wurde dementsprechend vor allem von Studenten frequentiert. Tatsächlich bestand Daphnes Problem dahin, daß sie sich bemühte, zu viele unterschiedliche Bevölkerungsgruppen mit ein und derselben Art von Musik zufriedenzustellen. Zunächst hatte sie Musik von einer örtlichen Radiostation abonniert. Wie vorauszusehen, erwies sich diese Musik als zu wenig differenziert für die sehr unterschiedlichen Leute, die ihre Gesundheitszentren betreuten. Dann versuchte sie, die Musik selbst zu programmieren. Das Problem hierbei war, daß sie früher oder später entweder die Musik spielte, die ihr gefiel, oder aber sich zu sehr an individuellen Wünschen orientierte. Wie sie es mir gegenüber ausdrückte, fühlte sie sich wie eine «Band, die Bestellungen annahm».

Aufgrund der demographischen Gegebenheiten riet ich ihr dazu, die beiden Heilbäder unterschiedlich zu behandeln. Dennoch gab es Ansätze, die wir in beiden ausprobierten. Zunächst einmal gaben wir den Mitgliedern die Gelegenheit, ihre Wahl selbst zu treffen. In jedem Bereich der Anlage (Laufbahn, Aufenthaltsaum für Jugendliche, kardiovaskuläres Zentrum, Nautilus-Raum, Gewichtheberbereich, Ruheraum, Fitneßgeräteraum) legten wir ihnen eine Art «musikalische Speisekarte» vor, die verschiedene Alternativen bot. Sie hatten die Wahl zwischen «klassischem Rock» (Musik aus den 60er und 70er Jahren), Topfourty-Hits (also der Musik, die sich zum jeweiligen Zeitpunkt gerade in den Charts befand), Jazz, Country-Music, Rhythm and Blues, Big-Band-Musik, Independent-Musik, Heavy-Metal, New Age, Weltmusik, einer Mischung (nach dem Zufallsprinzip aus all den bereits genannten Musikrichtungen zusammengestellt) und Stille (keine Musik). Zum Glück war der Radiosender bereit, diese Musikrichtungen zur Verfügung zu stellen, denn sonst wäre es erforderlich geworden, eine kleine Musikbibliothek zusammenzustellen, wie sie in dem Abschnitt «Entrainment» (S. 393) beschrieben wird.

Dann durften jene Mitglieder, die sich für bestimmte Kurse (wie Taiji, Volleyball, Yoga, Wasser-Aerobic) eingeschrieben hatten, über die Musik entscheiden, die für die Dauer ihrer Übungen spielen sollte. Drittens bot Daphne «persönliche Themen-Tage» in den spezialisierten Kursen an, in deren Rahmen sie einzelne Teilnehmer ermutigte, ihre eigenen CDs und Kassetten mitzubringen. Am ersten Tag eines neuen Kurses hatten die Kursmitglieder nun die Gelegenheit, sich für diese «Themen-Tage» einzutragen. In letzter Instanz war jedoch bei den zeitlich begrenzten Kursen der jeweilige Trainer für die Musikauswahl zuständig (entweder ließ er die Gruppe zwischen mehreren Möglichkeiten wählen, oder aber er vergab «Themen-Tage»). Vor allem diese Option erwies sich als äußerst erfolgreich, da sie die eingeschriebenen Teilnehmer noch zusätzlich motivierte und jeden Kurs um ein gewisses Überraschungsmoment und um Vielfalt bereicherte.

Viertens führten die Einzelgespräche mit den Aerobic-Trainern zu einer Reihe ausgezeichneter Entrainment-Zusammenstellungen, die sich jeweils aus einer Aufwärm-, einer Aufrechterhaltungs- und einer Abkühlphase zusammensetzten.

Zusätzlich wurden noch besondere Kassetten für Anfänger-, mittlere und Fortgeschrittenenkurse zusammengestellt. Fünftens erhielten Einzelpersonen in abgeschlossenen Bereichen (wie in den Solariumräumen)‘ die Gelegenheit, über Musik und Lautstärke selbst zu bestimmen, solange sie sich dort aufhielten. Für die Kinderkrippe schließlich stellten wir eine kleine Musikbibliothek aus sowohl beruhigender als auch stimulierender Musik zusammen, die von klassischem Rock über Barockmusik bis hin zu Disney-Soundtracks und Kinderreimen reichte.

Sobald die Entscheidung über die Musikauswahl getroffen und die Lautstärke eingestellt war, traten an die Stelle von Klagen zunehmend Lob und hilfreiche Ratschläge. Diese Kombination, in der den Mitgliedern ein gewisses Maß an Kontrolle über ihr Klangumfeld übertragen und Musik gespielt wurde, die besser zu den unterschiedlichen Bereichen paßte, erwies sich als außerordentlich erfolgreich.

○

ÜBUNG 19
Training durch Entrainment

Diese Übung bezweckt dreierlei. Sie will für eine Aufwärmphase, eine Phase, in der die Leistung aufrechterhalten wird, und eine Abkühlphase sorgen.

Entrainment kann selbstverständlich verwendet werden, um Einfluß auf unseren gegenwärtigen mentalen und physischen Zustand in jeder gewünschten Richtung zu nehmen. Im Fall eines Körperübungsprogramms haben wir die Möglichkeit, unserem Körper und Geist mittels einer dem Entrainment dienlichen Musikzusammenstellung den Zugang zur Aufwärmphase zu erleichtern, ein aktives Work-out zu initiieren und zu stimulieren und schließlich eine weiche und angenehme Abkühlphase zu erreichen. Damit gelingt es, den größtmöglichen mentalen, emotionalen und physischen Nutzen aus unserem Übungsprogramm zu ziehen.

Die Musikauswahl

Die Auswahl des Musikstücks für Anfänger erfordert sorgfältiges Abwägen und ist schwieriger, als es vielleicht auf den ersten Blick zu sein scheint.[7] Die Musik, die Sie für diese Übung auswählen, wird bestimmt durch die von Ihnen gewünschte Übungsintensität. Dabei kann es sich um leichte, moderate, aber auch höchst anspruchsvolle Aerobic-Übungen handeln. Im wesentlichen dienen Aerobic-Übungen dem Zweck, unsere großen Muskelgruppen und unser Herz-Kreislauf-System zu stärken. Sie tragen außerdem zur Steigerung der körperlichen Ausdauer bei. Manche Aerobic-Übungen beinhalten Schwimmen, Jogging, Skiwandern, Rudern, Fahrradfahren, schnelles Gehen und natürlich Tanzen.

Weniger intensive Übungen, auch wenn sie nicht so dynamisch und körperlich anstrengend sind wie andere Aerobic-Übungen, vergrößern ebenfalls die Körperkraft und -beweglichkeit. Hierzu gehören gemäßigtes Gehen, Stretching, Yoga, Taiji oder auch Gewichtheben.

1. *Die Auswahl treffen.* Bevor Sie Ihre Entrainment-Kassette aufnehmen oder Ihren Entrainment-Musikhintergrund auswählen können, müssen Sie den Ausgangspunkt, Ihren mentalen und physischen Zustand, ermitteln, *auf dessen Basis* Sie mit Ihrem Übungsprogramm beginnen. Danach erst wissen Sie, welches die Grundlage ist, von der aus Sie sich zunächst steigern und dann wieder zurückfallen können.

2. *Die Aufwärmphase.* Für alle drei Übungsebenen (langsam, mittel, schnell) sollte Ihre Aufwärmphase wenistens aus 10 bis 15 Minuten Musik gemäßigten und gleichmäßigen Tempos bestehen. Im günstigsten Fall wirkt die Musik moderat belebend und motiviert Sie, sich mental und physisch auf den Beginn Ihres Übungsprogramms vorzubereiten.

Falls Ihr Übungsprogramm aus einem Work-Out geringer Intensität besteht, sollte Ihre Auswahl für die zweite Phase, in der Sie Ihr Leistungsniveau aufrechterhalten, aus Musik bestehen, deren Tempo ein wenig lebhafter ist als jenes der Aufwärmphase. Indem Sie Ihr Übungsprogramm um Hintergrundmusik ergänzen, haben Sie den zusätzlichen Vorteil, daß Sie die Musik so auswählen und zusammenstellen können, daß sie sich genau mit der für diesen Übungsteil veranschlagten Zeit deckt und die Funktion eines «musikalischen Zeitgebers» übernimmt (siehe hierzu auch das Kapitel «Zeitplanung», S. 157).

Tatsächlich setzen Sie, während Sie die Musikauswahl vorbereiten, die Sie durch Ihr Übungsprogramm begleiten soll, «Zeitmarker», die Sie darüber auf dem laufenden halten, wie weit Sie während jedes Ihrer Übungsdurchgänge bereits sind. In den einzelnen Phasen wird die gewählte Intensitätsebene, die Sie durch den Beat oder das Tempo der Musik regulieren können, selbstverständlich nicht von jedem gleich empfunden. Bevor Sie anfangen, müssen Sie eine persönliche Entscheidung darüber treffen, welches Tempo sich für *Sie* «genau richtig» anfühlt. Die Musik für Ihre Abkühlphase ist am besten von ähnlichem Tempo wie jene für die Aufwärmphase, doch sollte sie sich eher etwas «bremsend», beruhigender oder entspannender anfühlen beziehungsweise entsprechende Assoziationen wecken. Beispiele für Entrainment-Zusammenstellungen, Aufwärm-, Aufrechterhaltungs- und Abkühlphasen eingeschlossen, finden sich am Ende dieses Kapitels.

3. *Die aktive mittlere Phase: die Aufrechterhaltung der Leistung.* Bei Aerobic-Übungen ist es naheliegend, daß die Musikauswahl für Ihre Aufrechterhaltungsphase die Zeit diktiert, die Sie für diesen Hauptteil Ihres Workout aufwenden wollen (wenn Sie also 30 Minuten lang energisch trainieren möchten, dann wählen Sie eine Musiksequenz dieser Dauer). Nach der einleitenden Aufwärmphase werden Sie das Tempo der Hintergrundmusik in der aktiven Phase um Ihrer Stimulierung willen erheblich steigern wollen.

Das Pulsieren der Musik für diesen mittleren Übungsteil

sollte recht lebhaft, dynamisch und kraftvoll sein, Sie dazu motivieren, Ihre Ressourcen zu aktivieren und Ihre Kräfte nach außen zu tragen. Wie sich die Musik «anfühlt» und die Intensität ihres Tempos, diese beiden Dinge sollten immer *Ihre* persönlichen Vorlieben und die Ebene *Ihrer* körperlichen Kapazität und Ausdauer widerspiegeln. Im Verlauf der gesamten Übung genießen Sie den Vorzug, in Ihrem eigenen musikalischen Abenteuer zugleich Regisseur, Choreograph, Arrangeur und Darsteller zu sein.

4. *Die Abkühlphase.* Sie sollte aus 10 bis 15 Minuten einer Musik bestehen, die Ihnen im Hinblick auf Tempo und Aktivität das Gefühl eines «langsamen Zurückschraubens» gibt. An die Zusammenstellung dieses sehr wichtigen Abschnitts Ihrer Aerobic-Übungen sollten Sie unter dem Gesichtspunkt herangehen, daß Sie nun einen weniger aufgewühlten, ruhigeren und gemäßigteren Seinszustand erreichen wollen. Statt jedoch Ihr Leistungsniveau vollkommen «herunterzufahren», sollte Ihnen die Musik helfen, einen Zustand «wacher Entspannung» zu erreichen.

Wie ich dies in dem Abschnitt über «Entrainment» (S. 393) erkläre, ist es am sinnvollsten, sich dieser musikalischen Ergänzung zur Körperertüchtigung zu nähern, indem Sie Ihre eigenen «Körperertüchtigungs-Entrainment-Kassetten» so zusammenstellen, daß sie die für Sie typischen, ganz persönlichen Workouts widerspiegeln. Nachdem Sie anfangs ein wenig Zeit in das Zusammenstellen und Aufnehmen einer eigenen Kassette investiert haben, können Sie sich nun stets aufs neue an dem Nutzen Ihrer eigenen «musikalischen Zielsetzung» erfreuen, immer dann nämlich, wenn Sie zu Ihrem nächsten «Auftritt» bereit sind. Wenn Sie darüber hinaus mehrere Kassetten mit unterschiedlichen Musikarten (Jazz, Pop, Rock, Independent, Country) und Tempi (hohe Leistungsanforderung, mittlere Gangart, wechselnde Rhythmen) zusammenstellen, verfügen Sie über eine wachsende Bibliothek von «Entrainment-Kassetten», die das Aufkommen von Monotonie verhindern und Ihre Körperertüchtigungsprogramme zugleich um eine farbige Vielfalt bereichern.

Nimm bewußt wahr, wie deine Füße die Erde berühren. Geh so, als würdest du die Erde mit deinen Füßen küssen.[8]

MUSIK-MENÜ 12
Entrainment-Sequenz: Big Band

Aufwärmen:
>Harry James: «Ciribiribin»
>Glen Miller: «A String of Pearls»

Aufrechterhalten:
>Glen Miller: «In the Mood»
>Duke Ellington: «Take the ‹A› Train»
>Woody Herman: «Woodchopper's Ball»
>Count Basie: «One O'Clock Jump»
>Tommy Dorsey: «Opus One»
>Charlie Barnet: «Skyliner»
>Stan Kenton: «Taboo»
>The Hi-Los: «Rockin Chair»

Aufrechterhalten eines hohen Energieniveaus:
>Bob Crosby: «South Rampart Street Parade»
>Sy Oliver: «Well, Git It»
>Benny Goodman: «Let's Dance»

Abkühlen:
>Ink Spots: «If I Didn't Care»
>The Mills Brothers: «Paper Doll»

Musik-Menü 13
Entrainment-Sequenz: 6oer-Jahre-Pop

Aufwärmen:
    Lovin' Spoonful: «Daydream»
    The (Young) Rascals: «A Beautiful Morning»

Aufrechterhalten der Leistung:
    Lovin' Spoonful: «Do You Believe in Magic»
    Sly and The Family Stone: «Dance To the Music»
    Sly and The Family Stone: «I Want To Take You Higher»
    Tommy James and the Shondells: »Mony Mony»
    Wilson Pickett: «In The Midnight Hour»
    Wilson Pickett: «Land of 1000 Dances»
    Wilson Pickett: «Funky Broadway»
    The (Young) Rascals: «Good Lovin'»
    The (Young) Rascals: «Come On Up»
    The (Young) Rascals: «People Got To Be Free»
    The (Young) Rascals: «See»
    Mitch Ryder and the Detroit Wheels: «Jenny Take a Ride!»
    Mitch Ryder and the Detroit Wheels: «Little Latin Lupe Lu»
    Mitch Rider and the Detroit Wheels: «Shake a Tail Feather»
    Mitch Ryder and the Detroid Wheels: «Devil With a Blue Dress/Good Golly Miss Molly»
    Mitch Ryder and the Detroit Wheels: «Sock It To Me Baby»
    Spencer Davis Group: «Gimme Some Lovin'»
    Spencer Davis Group: «I'm A Man»
    Them: «Gloria»

Abkühlen:

The (Young) Rascals: «Groovin»
The (Young) Rascals: «Love is a Beautiful Thing»

Entrainment-Sequenz für die schmale Geldbörse

Die nachfolgenden drei Platten beziehungsweise CDs setzen sich aus gemäßigten bis lebhaften Stücken zusammen, die zu zwei verschiedene Aerobic-Übungsfolgen entsprechend zusammengestellt werden können. Jedes Album weist außerdem mindestens einen Titel auf, der für die Aufwärm- beziehungsweise für die Abkühlphase tauglich ist.

Fine Young Cannibals: *The Raw and The Cooked*. 80er-Jahre-Pop. Tanzmusik. Stetige, treibende Beats und eingängige Melodien. Verwenden Sie Lied Nummer neun, «As Hard As It Is», sowohl für Ihre Aufwärm- als auch für Ihre Abkühlphase, und arrangieren (oder programmieren) Sie die übrigen Titel der Platte so, daß sie ein 40minütiges Work-out ermöglichen.

The B-52's: *Cosmic Thing*. Tanzmusik. Auch hier wieder stetige, treibende Beats und sehr eingängige Melodien. 80er-Jahre-Pop. Verwenden Sie Titel Nummer zehn, «Follow Your Bliss», zum Aufwärmen beziehungsweise Abkühlen, und arrangieren Sie die übrigen neun Songs in einer Reihenfolge, die der von Ihnen gewünschten Intensität und den Anforderungen entspricht, die Sie an das Aufrechterhalten Ihrer Leistung stellen. Plattenlänge insgesamt: etwas über 47 Minuten.

Elastica: *Elastica*. 90er-Jahre-Pop. Independent-Tanzmusik. Gemäßigte bis lebhaft-energetische Beats mit eingängigen

Melodien. Verwenden Sie Titel Nummer acht, «Indian Song», Titel Nummer sechs, «Hold Me Now», und Titel Nummer sieben, «S.O.F.T.», für Ihre Aufwärm-/Abkühlphase, und stellen Sie die übrigen 13 Songs so zusammen, daß ihre Abfolge die Ebene der von Ihnen gewünschten Intensität widerspiegelt. Das ganze Album dauert etwas mehr als 40 Minuten.

Weitere Popmusik, die sich auf ähnliche Weise eignet:

Cyndy Lauper: *She's So Unusual*

Michael Jackson: *Bad*

Michael Jackson: *Thriller*

Verschiedene Orchester: *Power Classics.* Sehr lebhafte klassische Meisterstücke. Zusammenstellung aus fünf CDs oder Kassetten mit einer Spielzeit von insgesamt fünf Stunden und 14 Minuten.

Weitere stimulierende und beruhigende Musik finden Sie in den Musik-Menüs «Stimulierende Musik» und «Beruhigende Musik» auf Seite 52 und 96.

TEIL III

Soziale Themen

*Sogar Stummfilme
waren mit Musik unterlegt.*

16

Verbesserung der Kommunikation

Eine Melodie ist wie eine Notenehe – eine jede Note
hängt in Sachen Harmonie von der anderen ab.
Während eine Note ruht, gärt eine andere; wohin die eine führt,
dahin folgt die andere. Der Harmonie verpflichtet,
beruht ihre Vereinigung auf einer klaren Kommunikation.

Kommunikation ist die Essenz jeder erfolgreichen Beziehung.
«In jeglicher Kommunikation ist das Signal, welches die In-
formation transportiert, der entscheidende, ausschlaggebende
Faktor für die Interpretation der Botschaft durch den Empfänger.»[1] Wissenschaftliche Beweisführung hat gezeigt, daß Musik als wirkungsvolles Signal beim Austausch emotionaler Botschaften dient. Subtrahieren Sie von einer Botschaft ihren
emotionalen Gehalt, und Sie können Informationen ebensogut
mit der Morsetaste übermitteln. Eine Serie von Experimenten
legt nahe, daß Musik ein wirkungsvolles Mittel darstellt, um
Empfänglichkeit zu steigern und Diskrepanzen zwischen zwei
beliebigen Personen zu überbrücken.[2] Anders ausgedrückt: Sie
hilft uns, miteinander in Verbindung zu treten. Anderen Studien

zufolge tragen die multidimensionalen, nonverbalen Eigenschaften der Musik (die Verarbeitungsprozesse in der rechten Gehirnhälfte stimulieren) dazu bei, lineare verbale Kommunikationskanäle hinter sich zu lassen.[3] Kurz, Musik hilft uns, verbale Barrieren zu überwinden und die Bedeutung unserer Botschaften in emotionaler, psychischer und gedanklicher Hinsicht zu bereichern.

OHNE SICH IN LOGISCHE BEGRÜNDUNGEN ODER ARGUMENTATIONEN
ZU RETTEN, VERSUCHT MUSIK NICHT,
ZU ÜBERREDEN, ZU BEKEHREN ODER ZU ÜBERWINDEN;
STATT DESSEN NIMMT SIE ALLE DINGE GLEICHERMASSEN AN.

Eine Reihe von Untersuchungen hat gezeigt, daß Hintergrundmusik bei zu Beginn anstrengenden Begegnungen recht nützlich sein kann, was sie zu einer idealen Ergänzung macht, wenn es eine Situation verlangt, ein erstes Gespräch zu führen, oder wenn man sich in einer unangenehmen Umgebung mit anderen unterhält. Vergleichbare Studien haben außerdem ergeben, daß beruhigende Hintergrundmusik zu verstärkter verbaler Kommunikation ermutigt.[4] Einfach ausgedrückt, scheint das Material zu beweisen, daß Musik den Prozeß der Beziehungsaufnahme erleichtert.

> Die Erleichterung der Kommunikation zwischen Familienmitgliedern scheint die am weitesten verbreitete Verwendung von Musik in der Familientherapie zu sein. Die nonverbale Eigenschaft von Musik und der anderen Künste läßt sie auf geeignete Weise die Aufgabe bewältigen, entspannte, bedrohungsfreie Kommunikation zwischen Familienmitgliedern zu ermöglichen.[5]

Unabhängig davon, um welche Art von Beziehung es sich handelt (um eine schulische, berufliche, romantische, soziale, familiäre), es gibt bestimmte Attribute, die für eine erfolgreiche Kommunikation entscheidend sind. Aktives Zuhören (aufrichtig beteiligt zu sein an dem, was der andere zu sagen hat) zum Beispiel ist von größter Wichtigkeit. Viele Menschen sind dazu in der Lage, sich ganz und gar auf Situationskomödien und Seifenopern «einzulassen», sich ganz und gar in die Geschichte und die dargestellten Charaktere hineinziehen zu lassen. Doch wenn es um das wirkliche Leben geht, um eine Begegnung von Angesicht zu Angesicht, schalten sie plötzlich auf eine ganze Reihe automatisierter Verfahrenstechniken um. Einige dieser Herangehensweisen sind:

- Problemlösung oder Ratschläge erteilen («Am besten *solltest* du ...»);
- Verinnerlichen oder Personalisieren («*Ich* würde so etwas nie tun!»);
- in Wettstreit treten («Ach, wirklich, *meine* Tochter hat das schon im Alter von zwei Jahren gemacht!»);
- Vorverurteilen («Es ist doch offensichtlich, *der hat noch nie einen richtigen Job gehabt!»);*
- *Abwehr* («Also, *das* habe ich doch nie gesagt!»).

Die Konzentration und Ausrichtung auf das, was tatsächlich gesagt wird, sind entscheidende Ecksteine einer klaren Kommunikation, die wir oft als selbstverständlich erachten. Tagträume («Ich würde *so* gut in einem Cabriolet aussehen!») und Pläne für die Zukunft («Und wenn ich mit dem Rasenmähen fertig bin, dann muß ich ...») sind typische Beispiele für das, was uns davon ablenkt, einfach nur mit anderen zu «sein» (siehe das Kapitel «Sein *statt* sein wollen», S. 339), die gerade mittels Kommunikation ihr Leben mit uns teilen. Ebenso wichtig in diesem Zusammenhang ist es, im «*Hör* und Jetzt» (siehe S. 317), also im Augenblick zu sein. Es gibt nichts Schlimmeres, als mit den Gedanken woanders zu sein – zum Beispiel bei der Frage, ob man den Videorecorder richtig programmiert hat, bevor man aus dem Haus gegangen ist –, während der andere auf eine mitfühlende Reaktion auf ein persönliches Problem wartet, von dem er gerade erzählt hat. Spontaneität bereichert die Kommunikation, auf Erwartungen – die sich darin äußern, daß man die angefangenen Sätze des anderen für ihn beendet – hingegen sollte man ebenso verzichten wie auf den Versuch, die Gedanken seines Gegenübers zu lesen.

EINE REDE HALTEN ODER EIN GESPRÄCH FÜHREN –
WORTE HABEN NUR GERINGEN WERT,
WENN DIE BOTSCHAFT UNHARMONISCH IST.

Musikalisch ausgedrückt, kann man sagen, daß es darauf ankommt, die Kommunikation der beiden Personen zu «harmonisieren», «Synchronität» zu erzeugen, einen gemeinsamen Puls oder Rhythmus mit dem «Tanz»-Partner herzustellen. Man kann sie sich als einen Tanz vorstellen, bei dem die Führung zwischen den beiden Personen unablässig hin- und hergereicht wird. Wahrscheinlich haben Sie schon einmal von dem inzwischen weitverbreiteten Rat gehört, sich bei öffentlichen Reden das Publikum «in Unterwäsche» vorzustellen. Wenn ich meine Patienten darin unterstütze, das Ringen, zu dem es in Gesprächen zwischen zwei Personen oftmals kommt, aufzugeben, dann bediene ich mich des Bildes des Tauziehens. Ich fordere sie auf, das Seil loszulassen und den Wettkampf einzustellen. Wenn Ihnen beispielsweise jemand von seiner aufregenden Reise «an die Küste» im Sommer erzählt, dann sollten Sie ihn nicht unterbrechen, um zu berichten, wie toll Ihr letzter Urlaub auf Mallorca war.

Abgesehen von ihrer Fähigkeit, während eines alltäglichen Gesprächs «die Gangart zu bestimmen», kann Hintergrundmusik uns auch zu besseren Zuhörern machen und unser Anbindungsvermögen steigern.

Musik verlangt, wie die Sprache, das Verarbeiten von nacheinander präsentierten Elementen, das Einbeziehen dieser Elemente in größere, bedeutsamere Muster und das Erkennen dieser Muster trotz ihrer voneinander abweichenden Entstehungsweisen (zum Beispiel durch unterschiedliche Sprecher oder Instrumente).[6]

Abgesehen von all den anderen durch Musik beeinflußbaren Kommunikationsfaktoren, trägt insbesondere beruhigende Musik dazu bei, den allgemeinen Eindruck von der Person, mit der man sich austauscht, zu verstärken. Für meine Doktorarbeit entwickelte ich einen Test, um herauszufinden, ob im vorhinein ausgewählte Musik der Verbesserung der Kommunikation zwischen zwei Menschen, einem Klienten und einem psychologischen Berater, bei ihrem ersten Zusammentreffen dient. Allgemein herrscht die Auffassung, daß die erste Begegnung zwischen zwei Personen außerordentlich wichtig ist im Hinblick auf den bleibenden Eindruck. Festzustellen, daß Hintergrundmusik in der Tat einen solchen ersten Eindruck fördern könnte, vor allem, wenn zwei einander fremde Menschen in einer derartigen, für viele unangenehmen Situation aufeinandertreffen, würde Musik zu einem wirkungsvollen Hilfsmittel machen.

Wie zu erwarten war, zeigten die Testergebnisse, daß beruhigende, im Hintergrund gespielte Barockmusik tatsächlich die Wahrnehmung des Sachverstands, der Attraktivität und der Glaubwürdigkeit beim jeweils anderen *erheblich* fördert. Außerdem wiesen die langsamen Sätze von Streichquartetten, die ich als Hintergrundmusik für meine Studie ausgewählt hatte, die Tendenz auf, den einzelnen in seiner Wahrnehmung von Ruhe, Tiefe, Erregung und Positivität während der Interaktionen zu fördern und darüber hinaus seine Befürchtungen zu reduzieren. Am Ende der Sitzungen waren die Berater wie auch die an der Studie beteiligten Klienten fast einhellig der Auffassung, daß die Musik ihnen außerordentlich wirkungsvoll dabei geholfen hatte, sich während dieser ersten Begegnungen wohl, ungezwungen und positiv zu fühlen.[7]

Von diesen Ergebnissen und Beobachtungen ausgehend, rate ich Leuten, denen es schwerfällt, zuzuhören, sich zu konzentrieren oder Informationen während des Zuhörens zu verarbeiten, zu regelmäßigem Musikhören. Kommunikationsprobleme haben oft etwas mit der Unfähigkeit zu tun, dem zuzuhören, was der andere zu sagen hat (statt es im voraus erraten zu wollen), in der Gegenwart zu bleiben (statt vorauszueilen und darüber nachzudenken, was man später noch erledigen muß oder was die Person wahrscheinlich noch sagen wird) oder einfach mit dem anderen zu «sein» (zu «fließen», statt beispielsweise unbedingt eine gemeinsame Basis finden zu *wollen*).

KLANG-IDEE
Hören Sie zu,
und vertrauen Sie Ihrer Fähigkeit, zu hören.

O

ÜBUNG 20
Verbesserung des Hör-
und Kommunikationsvermögens

1. Wählen Sie einen Zeitraum von 20 bis 30 Minuten irgendwann im Laufe eines Tages, währenddessen Sie nicht gestört werden.

2. Suchen Sie sich ein paar Musikzusammenstellungen aus, die lang genug sind, um den anberaumten Zeitraum zu füllen.

3. Akzeptieren Sie die Bedingung, daß während dieser 20 oder 30 Minuten *Ihre einzige Verantwortung darin besteht, sich vollkommen auf die Musik und ihre Bestandteile einzulassen.*

4. Während Sie bequem sitzen oder liegen, konzentrieren Sie sich auf die folgenden Zielsetzungen:

- Bei der Musik zu sein – beim Text, den Instrumenten oder der Melodie, Sie haben die Wahl –, statt irgend etwas Bestimmtes hören zu «wollen»;
- Im «Hör und Jetzt» zu bleiben;
- Zuzuhören (siehe das Kapitel «Wie man zuhört: Die Erziehung des Ohrs», S. 279).

Während Sie «üben», zuzuhören, zu sein und bei der Musik zu sein, erlauben Sie es sich, mit der Musik zu fließen. Hören Sie sie so, wie sie ist, das Ganze ebenso wie die Summe seiner Teile. Gestatten Sie es sich, den Augenblick zu erleben. Mit ein wenig Übung werden diese Sitzungen Sie darin unterstützen, ein sichereres Gefühl für diese drei sehr wichtigen Bereiche der Kommunikation zu entwickeln.

Durch ihre Ausgeglichenheit schlägt Musik Brücken zwischen den Kulturen. Allem innewohnend, das da ist, feiert sie die Vielfalt. Sie kennt keine ethnische Zugehörigkeit, dient keiner Rasse, ehrt jegliches Alter, respektiert beide Geschlechter. Sie betet nicht den einen oder den anderen Gott an, neigt keiner Philosophie zu. Sie sympathisiert mit allen Geschöpfen und ist mit der Zeit synchron. Da sie ohne Ich ist, existiert Musik in Übereinstimmung mit dem Tao.

Musik wurde schon häufig als universelle Sprache bezeichnet. Oft sind wir frustriert, wenn wir mit Leuten, die eine andere Sprache als unsere eigene sprechen, nicht verbal kommunizieren können. Mitunter ist es recht schwierig, Menschen aus anderen Ländern oder mit einem anderen kulturellen oder ethnischen Hintergrund die gewünschten Bilder oder Informationen zu vermitteln. Der Musik scheint es hingegen möglich zu sein, diese Barrieren zu überwinden und die Lücken in der verbalen Kommunikation zu schließen.

Bei dem gegenwärtigen wachsenden Interesse an verschiedenen Arten der Weltmusik nutzen viele von uns die Gelegenheit, über Rhythmen, Beats und Melodien aus abgelegenen, exotischen Orten die Verbindung zu anderen Kulturen aufzunehmen. Unsere Zeitgenossen in Südamerika und Afrika, in Ländern wie China und Japan, geographisch weit von uns entfernt, sind seit Jahren über die amerikanische Musik auf unsere Kultur «eingestellt». Nun scheint die Zeit dafür gekommen zu sein, daß diese Völker ihrerseits uns die Essenz ihrer Kulturen musikalisch vermitteln.

Musik ist eine endlose Suche nach Harmonie;
Krieg ist eine endlose Suche nach Frieden;
Rhythmus ist eine endlose Suche nach Stille;
Vielfalt ist eine endlose Suche nach Einheit.

Dem Leser sei empfohlen, sich, um die Kommunikation zu verbessern, mit den folgenden Kapiteln zu befassen: «Beziehungsfragen», Seite 239, «Zentrierung», Seite 293, «Loslassen», Seite 325, und «Den Geist reinigen», Seite 345.

KLANG-IDEE
Bevor Sie sprechen, hören Sie zu.
Erst der anderen Person und dann sich selbst.
Betrachten Sie Ihre alltäglichen
zwischenmenschlichen Begegnungen als Gelegenheiten
zur Schaffung von Harmonie.

17

MAL RICHTIG, MAL FALSCH GESTIMMT; MAL ZU HOCH, MAL ZU TIEF.
MAL KONSONANT, MAL DISSONANT; MAL EINS, MAL ENTZWEIT.
JEDER VON UNS IST NICHTS ALS EINE EINZELNE NOTE
IN DER SINFONIE DES LEBENS.

Gesellschaft / Geselligkeit

*Eine Melodie ist wie ein Freund, der weder Eifersucht
noch Vorbehalte, noch Erwartungen kennt.
In ihrer Bedingungslosigkeit kann eine Melodie eine
selbstlose Verbündete sein, wenn wir glücklich,
und eine Krücke, wenn wir traurig sind.*

Oftmals im Laufe unseres Lebens hören wir die Worte: «Ich
möchte allein sein.» Wie häufig aber wird der Wunsch geäußert,
einsam zu sein? Das Wort «einsam» wird im allgemeinen definiert als «ohne Gesellschaft» oder «von anderen abgeschnitten zu
sein». «Allein» zu sein hingegen heißt, von anderen separiert,
«für sich» zu sein.

An verschiedenen Punkten ihres Lebens lernen die meisten
von uns beides, «Alleinsein» und «Einsamsein», kennen. Man
kann in einem großen, leeren Gebäude ganz und gar allein sein
und sich vollkommen wohl fühlen. Andererseits befindet man
sich vielleicht mitten in einer Silvesterparade auf einem Wagen,
umgeben von Tausenden von Menschen oder in einem ausver-
kauften Sportstadion und fühlt sich einsam, trostlos, verlassen.

Allgemein gesprochen, kann Einsamkeit entweder aus äußeren (Umzug, ein neuer Arbeitsplatz, Ruhestand, Scheidung) oder aus inneren Gründen (geringe soziale oder kommunikative Fähigkeiten, wenig Selbstachtung, Schüchternheit, Angst vor Zurückweisung) resultieren. Alleinsein andererseits kann die Folge der eigenen Wahl oder der Unfähigkeit sein, reife Beziehungen einzugehen oder aufrechtzuerhalten.

Für beide Fälle hält dieses Kapitel verschiedene Vorschläge bereit, wie man Musik verwenden kann, um Gefühle der Einsamkeit zu lindern, und wie man für angenehme und vielfältige Gesellschaft sorgen kann, wenn man allein ist.

> Musik zu hören macht uns wichtige Aspekte von uns selbst bewußt. ... Musik fügt uns wieder zu einem Ganzen zusammen.[1]

Mit Musik Einsamsein und Alleinsein transzendieren

1. *Musik nimmt das Schweigen aus der Stille.* Stille wird allgemein mit Leere, Trost oder Einsamkeit in Verbindung gebracht. Musik stellt ein energetisches Ambiente her. Indem sie den Raum besetzt, in dem die Stille Leere hat entstehen lassen, fügt Musik ein Gefühl der Lebendigkeit hinzu.

2. *Musik setzt in Bewegung.* Musik erhöht den Stoffwechsel des Körpers, wirkt sich auf die Muskelkraft aus und reduziert körperliche Erschöpfung. Mit ihren energetisierenden Rhythmen motiviert sie uns, unsere Starre aufzugeben. Musik beeinflußt unser inneres Pulsieren, verführt uns dazu, Synchronität (siehe den Abschnitt «Rhythmische Synchronität», S. 353) mit äußeren, pulsierenden Vibrationen herzustellen. Sie fordert uns dazu heraus, mit unserem Alleinsein zu tanzen. Andererseits kommt es oft vor, daß sie uns motiviert, aus unserem Schneckenhaus herauszukommen, daß sie uns energetisch auflädt, da-

mit wir in die Welt ziehen und neue Abenteuer suchen. Machen Sie sich auf den Weg, um eine gute Jazzband oder ein Sinfonieorchester zu hören, laden sie einen Freund zum Tanzen ein.

3. *Musik inspiriert.* Inspirierende Melodien und aufreizende rhythmische Muster fordern unseren Geist heraus und setzen unsere Gefühle in Bewegung. Aus der Stille entlassen, werden musikalische Vibrationen in strahlende Farben übersetzt, die den Durst der Leinwand löschen.

4. *Musik fördert die Visualisierung.* Musik ist für unsere Ohren, was Farben für unsere Augen sind. Musik – das sind gehörte Farben. So hören sich Farben an, wenn wir wirklich hinhören. Es ist unmöglich, allein zu sein, wenn der Geist durch seine eigene Kreativität bereichert wird.

5. *Musik trägt dazu bei, die Konzentration zu steigern, und schafft Kreativität.* Für den Schriftsteller scheinen die Noten, die in grammatischen Formen widerhallen, Seite um Seite dieses bisher noch nicht geschriebenen Buches zu füllen.

6. *Musik fließt.* Freigesetzt, ob durch das Herz, ein Instrument oder eine geschriebene Partitur, «will» Musik nicht sein. Sie *ist.* In ihrer Gegenwart haben wir die Neigung, uns anzuschließen. Zu verschmelzen und überzufließen, zu erblühen.

7. *Musik ist zeitlos.* Während sie uns fest im Boden der Gegenwart verankert, begleitet sie uns, wenn wir die Vergangenheit besuchen, und veranlaßt uns, die Zukunft loszumachen, die sich vor uns ausbreitet.

8. *Musik reinigt den Geist.* Indem sie uns in das «Hör und Jetzt» zurückbringt und uns mental, physisch und emotional in Bewegung versetzt, befreit uns Musik aus unseren stagnierenden, negativen und selbstzerstörerischen Stimmungen und sorgt dafür, daß wir vorankommen. Sie bringt den Geist zur Ruhe, gestattet ihm, sich zu erholen. Das wiederum verjüngt den Körper und regt den Gefühlsbereich an.

9. *Musik befreit uns.* Allein mit unserer Musik, können wir Mozart, Bach, Beethoven, die Beatles, Barbara Streisand, Elvis, Madonna, Capurso, Kiri Te Kanawa, die Supremes, die Temptations, Neville Marriner, Boyz II Men, Mariah Carey oder ir-

gendein anderer Darsteller oder Komponist sein, ein Solo spielen, eine Aufnahme machen oder ein Orchester vor einem Millionenpublikum dirigieren.

10. *Musik kann uns Ziele liefern.* Musik kann uns einen soliden Grund und reichlich Motivation geben, um tanzen zu lernen. Machen Sie den Versuch, bei einer kleinen örtlichen Theatergruppe eine Nebenrolle zu ergattern. Lernen Sie ein Instrument, das Sie schon immer spielen können wollten. Nehmen Sie Gesangsunterricht. Schließen Sie sich Ihrem Kirchenchor an. Treten Sie auf einer Kleinkunstbühne auf, oder sorgen Sie während der Ferien bei einer Familienzusammenkunft für Unterhaltung. Fangen Sie an, sich eine umfassende Musiksammlung zuzulegen.

Zuletzt sei gesagt, daß zwar Einsamkeitsgefühle zum Positiven gewendet werden können (sie können uns motivieren, aktiver zu werden, die Kontrolle über unser Leben auszuüben, Veränderungen zu initiieren), daß sie möglicherweise aber auch zu Traurigkeit, Depression, Isolation oder Entfremdung führen. Dieses Lebensgefühl wird oft mit den Begriffen Leere und Dumpfheit umschrieben. Wenn Sie das nächstemal ein Gefühl von Leere befällt, dann erinnern Sie sich daran, daß Sie ein Instrument der Natur sind und daß die meisten Instrumente ohne die Leere in ihrem Inneren nur Klötze aus Holz, Haut, Metall, Glas, Saiten oder anderen unbeweglichen Stoffen wären. Wenn Sie sich einsam oder allein fühlen, wird Musik immer ein vertrauenswürdiger, verläßlicher Gefährte sein. Sie erinnert uns rasch und auf freundliche Weise daran, daß Harmonie ein Geisteszustand ist.

KLANG-IDEE
Wenn Sie das nächstemal eine lange Reise planen,
dann vergessen Sie nicht, Ihre Lieblingskassetten oder
-CDs mitzunehmen. Sie werden Ihnen auf großartige
Weise Gesellschaft leisten und Sie wach halten.

18

WENN LÄRM UND STILLE NEBENEINANDER EXISTIEREN KÖNNEN,
DANN SIND AUCH WIR DAZU FÄHIG.

Beziehungsfragen

Zum Glück gibt es da diese andere Art Mensch: jene,
die immer synchron geht, die solche Freude zu bereiten vermag,
die zu spüren scheint, welchen Zug du als nächsten machst.
Alles, was du mit diesen Leuten unternimmst, ist wie ein Tanz.

Wir haben bereits festgestellt, daß wirkungsvolle Kommunikation der Eckstein der meisten, wenn nicht aller erfolgreichen Beziehungen ist. Im allgemeinen hat der Unterschied zwischen einer scheiternden und einer blühenden Beziehung etwas mit der zwischen den Partnern vorhandenen Kommunikationsebene und -qualität zu tun.

Es gibt eine Reihe von Möglichkeiten, Musik zur Entwicklung, Verbesserung und Aufrechterhaltung von Beziehungen durch Förderung der Kommunikation einzusetzen. Beispielsweise trägt Musik dazu bei, die Zuhör- wie auch die Konzentrationsfähigkeit zu erhöhen, die beide für eine klare Kommunikation unabdingbar sind. Indem sie eine Ausrichtung auf das «*Hör* und Jetzt» entwickelt und aufrechterhält sowie die

Feinheit des Gehörs schult, löscht Musik alte, ablenkende Botschaften und verbessert unsere Fähigkeit, uns auf den «Text» (die Worte») des «Songs» (der Botschaft) einzulassen. Außerdem überwindet Musik soziale, kulturelle und sogar ökonomische Barrieren zwischen den Menschen, indem sie aus dem reichen Fundus von Rhythmen und Tempi der verschiedensten Völker schöpft. Indem Musik unsere Fähigkeit schult, zwischen den Satzmelodien und anderen Hörcharakteristika zu unterscheiden, die unsere Kommunikationsstile prägen, unterstützt sie uns darin, uns auf die «Harmonie» oder «Dissonanz» im Gefolge jeder Interaktion einzustimmen.

> Ein einziger Ton für sich genommen ist noch keine Melodie. Erst wenn er mit anderen Tönen, die sich von ihm unterscheiden, zusammen existiert, tritt eine Melodie zutage.[1]

Wenn wir es mit einer Beziehung zu tun haben, egal, welcher Art sie ist, dann gibt es mehrere Ziele, die wir im Auge behalten sollten.

- *Aktives Zuhören.* Hören Sie mit Aufmerksamkeit, Offenheit und Interesse zu. Ohne Urteil, Vorurteil oder Erwartung (siehe das Kapitel «Wie man zuhört: Die Erziehung des Ohrs», S. 279, und den Abschnitt «Erwartungen», S. 370).
- *Konzentration auf den Augenblick.* Hören Sie jetzt zu. Hören Sie das Jetzt (siehe auch das Kapitel «*Hör* und Jetzt», S. 317). Lassen Sie es nicht zu, daß Geräusche und Botschaften aus der Vergangenheit oder Ängste in bezug auf die Zukunft Einfluß auf das nehmen, was Ihr Partner Ihnen *in diesem Augenblick* mitzuteilen versucht.
- *Empathie.* Geben Sie sich konzentriert Mühe, die Perspektive oder die Situation der anderen Person zu verstehen. Fragen Sie sich, wie Sie gerne behandelt werden würden, wenn die Rollen vertauscht wären. Hören Sie auf die gleiche Weise zu, wie Sie sich wünschen würden, daß man Ihnen zuhört.

- *Verzicht auf Projektionen.* Wenn Sie den Drang spüren, den anderen zu unterbrechen, dann ersetzen Sie diesen Wunsch aktiv durch die Stichwortgeber «Atme!» oder «Hör zu!». Vermeiden Sie Schuldzuweisungen, Sarkasmus oder Drohungen, da sie damit Ihrem Partner lediglich eine defensive Haltung aufzwingen. Machen Sie sich darüber hinaus Ihre Impulse bewußt, wenn Sie Ihren Ärger oder Ihre Frustration nach außen tragen oder projizieren und sich davon zu überzeugen suchen, daß sie ihren Ursprung in der anderen Person haben.

- *Ausstrahlung von Warmherzigkeit und Verständnis.* Bestätigen Sie die Gefühle und Sorgen des anderen, indem Sie seine Botschaft so wiederholen, wie Sie sie verstehen. Lassen Sie die andere Person wissen, daß Sie hören, was sie sagt, indem Sie die Botschaft mit einer bestätigenden Reaktion anerkennen («Allein schon zu *hören*, was für einen schweren Tag du hattest, gibt mir das Gefühl, vollkommen erschöpft zu sein», oder «Du hörst dich wütend an!»).

- *Klarstellung anstreben.* Wenn Sie sich nicht sicher sind, was Ihnen Ihr Gesprächspartner zu vermitteln sucht, dann bitten Sie ruhig und vorsichtig um Klarstellung in allen Punkten, die Sie nicht verstehen. Bitten Sie um Beispiele, und vermeiden Sie dabei «alles oder nichts» −, negativ formulierte und «immer/nie»-Aussagen («Du machst ja *nie* irgend etwas im Haus!»). Bauen Sie Ihre Botschaft statt dessen so um, daß sie positiver und genauer klingt («Ich bin dankbar, daß du dich immer um den Abwasch und die Wäsche kümmerst, aber ich wäre wirklich froh, wenn du die Kinder hinbringen und die Rechnungen bezahlen könntest.»).

- *Harmonie anstreben.* Wenn Sie Ihre Gedanken, Gefühle und Ihren Standpunkt vermitteln, dann bemühen Sie sich dabei aktiv und bewußt um Harmonie. Seien Sie positiv. Übernehmen Sie Verantwortung für Ihre Gedanken und Gefühle. Treffen Sie Ich-Aussagen, während Sie zugleich Ihre Bedürfnisse klar und deutlich zum Ausdruck bringen («Ich möchte jetzt einfach in den Arm genommen werden.»). Je mehr Einfühlungsvermögen Sie für andere Menschen aufbringen, desto leichter wird es ihnen fallen, sich Ihnen gegenüber zu öffnen oder sich Ihnen zur Verfügung zu stellen.

Wir erachten es als selbstverständlich, daß alle Männer und alle Frauen gleich geschaffen sind...[2]

- *Falsche Versprechungen meiden.* Versuchen Sie bei jeder Uneinigkeit eine harmonische, beiderseits akzeptable Lösung zu finden, ohne etwas zu versprechen, das Sie nicht halten können oder wollen.
- *Konfliktvermeidung.* Vergessen Sie nicht, daß es Ihr Ziel ist, zu einem friedlichen und harmonischen Miteinander zu finden. Versuchen Sie überflüssige Konflikte oder eine negative Eskalation zu vermeiden. Innere Musik kann miteinander geteilt, aber niemals verglichen werden.
- *Gefühle und Gedanken aussprechen: Klarheit ist von größter Wichtigkeit!* Wenn Sie im Augenblick über Gebühr wütend oder deprimiert und nicht bereit sind, offen und objektiv zuzuhören, dann holen Sie tief Luft, und lassen Sie die andere Person wissen, daß dies kein geeigneter Moment ist, um die gegenwärtige Situation zu besprechen. Sagen Sie, daß Sie Zeit für sich alleine brauchen, und versuchen Sie eine *klare* Vorstellung davon zu vermitteln, wann es günstiger ist, sich mit der Sache zu befassen.
- *Übung.* Für ein Duett muß mehr geübt werden als für ein Solo.

Ebensowenig wie es einen Song ohne Melodie gibt, kann ein Leben ohne tiefe Beziehung Sinn haben.[3]

KLANG-IDEE
Teilen Sie mit anderen ein Lächeln,
und hören Sie die Harmonie.

Steigerung des Einfühlungsvermögens als Hörer

Musik kann ein Transformator gemeinsam empfundenen Sinns sein.

Eine Beziehung kann ebensowenig wie eine Melodie vereinfacht werden. Zergliedern Sie sie in Noten, und die Essenz ist
verloren. Eine Melodie ist größer als die Summe ihrer Töne.
Wenn man nach dem Herzen der Melodie sucht, dann stellt man
fest, daß sie selbst das Herz ist.

1. Besorgen Sie sich eine Reihe von Musikstücken, die Sie
schon seit einiger Zeit gerne gehört hätten. Wenn Sie eine
Auswahl zusammengestellt haben, nehmen Sie sich vor, daß Sie
diese Stücke ein paar Abende lang mehrmals spielen werden.

2. Hören Sie sich in den nächsten paar Wochen die Musik
einfach an (30 Minuten pro Abend, mindestens zwei oder drei
Abende die Woche, am besten jedoch mehr).

3. Gestehen Sie es sich beim ersten Anhören zu, einfach
mit der Musik zu fließen, ohne darauf zu lauern oder zu warten
(siehe den Abschnitt «Erwartungen», S. 370), wohin die Melodie
Sie trägt oder welche Botschaft der Text haben könnte. Hören
Sie offen und objektiv zu.

4. Nach dem ersten Anhören beginnen Sie nun, unterschiedliche Hörerfahrungen zu suchen. Zuerst könnten Sie sich
die Komposition anhören und sich bemühen, in ihr etwas Neues
und Frisches zu entdecken. Vielleicht lauschen Sie auf interessante Veränderungen oder Nuancen in der Melodie oder auf
eine «verborgene» Botschaft im Text, die Ihnen beim erstenmal
entgangen ist.

5. Bei weiterem Anhören versuchen Sie sich jeweils auf
etwas Neues zu konzentrieren, das Sie bei den vorangegangenen
Malen noch nicht berücksichtigt haben. Dabei kann es einfach

darum gehen, sich den Geigern oder der Rhythmusgruppe zu widmen. Konzentrieren Sie sich bewußt auf einen bestimmten Aspekt der Musik.

6. Bei anderer Gelegenheit entscheiden Sie sich vielleicht dafür, eine einzelne Stimme oder ein anderes Instrument herauszugreifen, und folgen diesem Element durch das gesamte Musikstück. Während Sie sich an dieser Übung versuchen, machen Sie sich bewußt, wie schwer es ist, die anderen Instrumente oder Komponenten davon abzuhalten, Ihre Konzentration zu «kontaminieren».

7. Wenn Sie das Stück das nächstemal anhören, dann versuchen Sie, es von einem Standpunkt tieferen emotionalen Bewußtseins aus wahrzunehmen. Versuchen Sie, die Gefühle zu hören, die der Komponist oder der Interpret in dem Stück zu vermitteln versucht. Haben Sie je Gefühle gehabt, die diesen glichen? Waren Sie jemals in einer Situation, in der dieses Musikstück der «ideale» Soundtrack hätte sein können? Können Sie sich Zeiten vorstellen, in denen Sie dieses Musikstück (emotional) selbst hätten komponieren können?

8. Fahren Sie mit den obigen Mustern und den verschiedenen Zusammenstellungen fort, und ergänzen Sie sie nach und nach. Um weiterzukommen und ein tieferes Einfühlungsvermögen und bessere Hörgenauigkeit zu entwickeln, sollten Sie gelegentlich andere Musikarten auf die gleiche Weise untersuchen. Jedesmal, wenn Sie diese Musikstücke hören, *treten Sie an die Erfahrung wie an ein Abenteuer heran.* Eine seltene Gelegenheit, um über den Reichtum unterschiedlicher Kulturen zu staunen, oder um mit Menschen, mit denen Sie sehr wahrscheinlich niemals in persönlichen Kontakt treten werden (die Musiker, Sänger, Komponisten), erlebte oder zum Ausdruck gebrachte Gefühle zu teilen.

Diese Übung wird dazu beitragen, Ihr Hör- und Konzentrationsvermögen zu entwickeln, Ihre Fähigkeit, im Augenblick zu bleiben, zu maximieren und Ihre Geduld zu steigern. Außerdem wird sie Ihnen helfen, sich zu entspannen, während sie zugleich

Ihre mentalen Kapazitäten trainiert. Durch stetiges Üben werden nicht nur Ihr Hörvermögen, Ihre Konzentration und Ihr Verständnis für andere gefördert, sondern Sie werden auch durch Ihr ganz persönliches Musikuniversum bereichert.

ZWISCHEN DEM SONG UND DER ERINNERUNG AN IHN,
ZWISCHEN DER MUSIK UND IHRER WAHRNEHMUNG,
ZWISCHEN DEM RHYTHMUS UND DEM TANZ IST DAS TAO.

19

Romantische Intimität

Jede Ebene des Lebens ist von Rhythmus und Entrainment erfüllt.
... wenn zwei Menschen «ineinander verliebt» sind,
scheinen sie sich in ein und demselben Puls zu vereinen.
Wenn das Eintauchen in den Puls der Liebe
durch Diskussionen unterbrochen wird, gerät das Paar aus dem Takt.

So mächtig sind die sinnlich-sexuellen Kräfte der Musik und des Rhythmus, daß Puritaner aller Zeiten versucht haben, sie zu brandmarken und zu unterdrücken, indem sie sie mit negativen und sogar satanischen Einflüssen in Verbindung brachten. Der folgende Fall aus dem Jahr 1933 ist hierfür ein Beispiel.

Während sich die Frauen früher einmal mit sittsamen Flirts zufriedengegeben hatten, ist eine große Anzahl von ihnen nun ständig auf der Suche nach erotischen Abenteuern und hat die sexuelle Leidenschaft damit in eine Art von «Hobby» verwandelt. Für ebendiese übermäßige Betonung des Sexualtriebs, für diese falsche Einstellung ihm gegenüber ist nun die Jazzmusik verantwortlich gewesen. Das orgiastische Element in seinem synkopischen Rhythmus, das völlig getrennt von irgendeinem gehobeneren musikalischen Inhalt war, erzeugte eine übermäßige Erregung der Nerven und lockerte die Kräfte der Selbstbeherrschung. Daraus entstanden eine unechte Heiterkeit, ein vermeintliches Durchhaltevermögen und eine Unersättlichkeit, die zu einer *moralisch* und körperlich schädlichen Reaktion führte.[1]

Veröffentlichungen jüngeren Datums haben vernünftigere und objektivere Perspektiven aufgezeigt:

> Die Wirkung der Synkopierung im Jazz ist vor allem sexuell: Der Beat verbindet sich irgendwie mit dem Rhythmus der Sexualität in Mann und Frau. Auch hartes, lautes, nicht nachlassendes Pulsieren hat eine vergleichbare Wirkung. … Solche Rhythmen verfügen tatsächlich über die Fähigkeit, die subtilen Kräfte des Körpers abwärts, in diese Region der Anatomie, zu zwingen, und erhöhen damit die Ausschüttung von Sexualhormonen.[2]

«*Musex*»

In vielerlei Hinsicht scheint die Kunst der Liebe mit der Kunst der Musik untrennbar verbunden. Während beide den Sinnen ein Fest bereiten, haben sie auch etwas mit Rhythmus, Leidenschaft und sorgfältigem Timing zu tun. Beide bieten einzigartige Möglichkeiten des Selbstausdrucks, für abenteuerliches Experimentieren, Intimität und unbeschränkte Inspiration. Indem beide erfüllen und erschöpfen, frustrieren und erfreuen, erregen und besänftigen, stellen sie eine fruchtbare Basis dar, um durch getrennte oder gemeinsame Fantasien dem Alltag zu entkommen. Außerdem bieten Musik und Liebe eine Plattform, auf der wir unsere Leistungen durch Übung und ein wachsendes Bewußtsein von uns selbst als sexuelles und musikalisches Instrument verbessern können.

Es folgt eine Reihe von Vorschlägen, die Sie in Betracht ziehen können, wenn Sie Musik als Mittel zur Verbesserung romantischer oder intimer Zwischenspiele zum Einsatz bringen wollen.

- *Erstens:* Fragen Sie sich, auf welche Weise die Musik Ihre romantische oder sexuelle Erfahrung bereichern soll. Geht es um Intimität? Inspiration? Potenz? Ausdauer? Sinnlichkeit? Den Aufbau eines besonderen rhythmischen Pulsierens? Leidenschaft? Beseitigung der Hemmungen, damit Sie Ihre Fantasien besser mitteilen können? Das Erzeugen der richtigen Stimmung, um klar, offen und geradeheraus kommunizieren zu können?
- *Zweitens:* Wählen Sie Musik aus, die über die emotionalen Eigenschaften verfügt, die Ihnen bei der Umsetzung Ihrer sexuellen Fantasien helfen. Ein musikalisches Aphrodisiakum. Entsprechende Vorschläge finden Sie weiter hinten in dem Musik-Menü «Romantisch-magische Nachtklubmusik», Seite 260.
- *Drittens:* Gehen Sie an jede sexuelle Erfahrung als an ein Abenteuer heran; gestatten Sie es der Musik, Ihnen als Führer zu dienen.
- *Viertens:* Geben Sie der Musik die Chance, als ständiger, widerhallender Stichwortgeber zu fungieren, damit Sie den *Prozeß* des sexuellen Abenteuers genießen können und nicht nur auf das Endergebnis (den Orgasmus) abzielen.
- *Zuletzt:* Betrachten Sie Ihr Liebesspiel als Gelegenheit zum «Musex».

Indem Sie Musik als Katalysator nutzen, profitieren Sie von musikverwandten Bildern und Assoziationen und schaffen so ein kreatives Szenario für Ihren besonderen Abend. Beispielsweise könnten Sie sich Ihr Liebesspiel als Sinfoniekonzert vorstellen.

Sie sind der Dirigent, und Ihr Partner ist das Orchester. Ihre Sinneseindrücke sind das Publikum... Reißen Sie es von den Sitzen!

HEISSE JEDE VIBRATION MIT DEINER HAUT WILLKOMMEN,

HÖRE MIT JEDER ZELLE DEINES KÖRPERS.

In einem weiteren Szenario sind Sie der Maestro. Hier wird der Körper Ihres Partners zu einem zarten und empfindlichen Instrument. So wie ein virtuoser Musiker eine grenzenlose Vielfalt von Klängen und Vibrationen aus einem Instrument herausholen kann, so vermag ein leidenschaftlicher Liebhaber ein Universum von Wünschen und Empfindungen in einem bereitwilligen Empfänger auszulösen. Wechseln Sie sich darin ab, das Instrument zu sein.

Sie können aus der Vielfalt der musikalischen Richtungen auswählen, um das richtige Ambiente zu schaffen und die Einleitung, Entfaltung und Verwirklichung Ihres innersten sexuellen Strebens und Ihrer verborgensten Wünsche zu fördern.

VERLANGEN NACH DEM RHYTHMUS ZWEIER KÖRPER,

DEM EINSWERDEN, VOM KLANG IN DIE BESINNUNGSLOSIGKEIT GEFÜHRT,

VON DER HARMONIE ZUM SCHWEIGEN GEBRACHT,

IM PULSSCHLAG VEREINT, DER MELODIE DES TAO ACHTEND.

Indische Ragas beispielsweise pflegen mit einem weichen Schlag zu beginnen, einer Liebkosung, einem sanften Locken. Dann baut sich die Musik langsam, stetig und sinnlich zu einem erregenden Zusammenspiel auf- und absteigender Muster auf, die mit Schleifern, Trillern und Lautmalereien verziert sind und in denen sexuelle Leidenschaft, Potenz und Ausdauer mitschwingen. Während die Musik Leidenschaft und Erregung vertieft, beginnt das starke Gefühl in ihr zu pulsieren. Die intensivierenden Gegenrhythmen und das quälende Dröhnen wecken den Körper und entzücken den Geist, erzeugen Bewegung und Gefühle, die sich zu einem rasenden Höhepunkt hin aufbauen. Nachdem die Musik ihre Kraft verströmt hat, findet sie zu ungehinderter Auflösung.

IN IHREM ENTZÜCKEN –
LIEBE IM RHYTHMUS, RHYTHMUS IN DER LIEBE –
SIND ZWEI EINS MIT DEM TAO.

Der magische Nachtklub

Mein Lieb ist eine rote Ros',
Die frisch am Stocke blüht.
Eine rote, rote Ros'! Mein Lieb,
Ist wie ein süßes Lied!

Der «magische Nachtklub» verschafft Ihnen und Ihrem Partner die Gelegenheit, eine Nacht «zu Hause» zu verbringen. Ein intimer «Klub» in Ihren eigenen vier Wänden, in dem romantische «Beutezüge» stattfinden. Er ist so beschaffen, daß er eine beliebige Zahl kreativer, ganz persönlicher Abenteuer in der bequemen eigenen Umgebung ermöglicht. Mit ein wenig Vorstellungskraft und der passenden Musik können Sie eine ansehnliche Reihe magischer Abende in der Sicherheit, Wärme und Geborgenheit des eigenen Zuhauses verbringen. Obwohl der Schauplatz des «magischen Nachtklubs» typischerweise bei Ihnen zu Hause ist, haben diese selbsterschaffenen intimen Eskapaden den Vorteil, daß Sie damit auch «auf die Straße» gehen können. Mit anderen Worten: Den «magischen Nachtklub» können Sie überall buchen – sei es in einem Hotelzimmer, in einer Berghütte, einem Bungalow am See oder in Ihrem Wohnzimmer. Wenn Sie erst einmal im «Klub» eingetroffen sind, dann bleiben Sie über Nacht.

Ein Besuch im «magischen Nachtklub» heißt: keine verstopften Straßen, keine Parkplatzprobleme, keine Trinkgelder, keine Betrunkenen, kein unerwünschter Zigarettenqualm, keine Menschenmengen und kein Anstehen in einer Schlange. Das bedeutet: Sie entscheiden selbst, ob Sie sich «aufbrezeln», ausziehen oder gar nicht erst etwas anziehen. Im «Klub» spielen Sie die Musik Ihrer Wahl in der Lautstärke, die Sie bevorzugen. Obwohl Sie nicht unbedingt tanzen müssen, ist doch sehr dazu zu raten, durch rhythmische Bewegungen mögliche Hemmungen abzulegen. Essen und Trinken, ebenfalls nur dann, wenn Sie wollen, kann so exotisch sein, wie Ihre Fantasie (und Ihr Geldbeutel) es erlaubt. Da Sie nach einem Abend in den eigenen vier Wänden nicht nach Hause fahren müssen, ist eine Entscheidung darüber, wer denn auf dem Rückweg der Fahrer sein soll, nicht erforderlich.

Eines der bei meinen Klienten besonders beliebten Abenteuer im «magischen Nachtklub» ist der «Themenabend». In einer solchen Nacht wird vor allem Wert darauf gelegt, mittels praktischer Details für die richtige Stimmung zu einem besonderen Anlaß zu sorgen. In diesem Sommer zum Beispiel wählte eine meiner Klientinnen das Thema «Strand»: Sie und ihr Mann trugen Bikinis beziehungsweise Badehose und spielten die Musik der Beach Boys. Ich habe mit mehreren Paaren gearbeitet, die ihre Hochzeitsnacht wiederbelebten, indem sie als Soundtrack die Songs benutzten, die damals aktuell waren. Einige haben sich entschieden, an den Originalschauplatz ihrer Hochzeitsnacht oder -reise zurückzukehren und dort Zimmer für ihren «magischen Nachtklub» zu buchen. Ein anderes Paar spielte «englischer Pub», ließ keltische Musik laufen, schaffte ein Dart-Board an, besorgte importiertes Bier und Käse und buk Kidney-Pie. Wieder ein anderes Paar hielt eine «spanische Nacht» ab, lieh sich hierzu spanische Kostüme, spielte spanische Musik und bestellte Paella. Wie Sie sehen, sind Themenabende im «magischen Nachtklub» das Äquivalent der Erwachsenen für kindliche Verkleidungsspiele. Sie sind eine Gelegenheit, sich selbst ein wenig zu verwöhnen.

Schließlich... Ja, tatsächlich gibt es gar kein Schließlich! Durch Hintergrundmusik werden die Bilder lebendiger, die Sinne geschärft, und die Kreativität hat ihren festen Platz. Mit dem «magischen Nachtklub» tun sich endlose Möglichkeiten auf! Zwei Fantasievorstellungen sind besser als nur eine.

Tempeltänzer in alten Kulturen, ob es sich dabei nun um Frauen oder Männer handelte, waren in der Lage, intensivste sexuelle Energie zu mobilisieren. ... Sie waren bestens darin ausgebildet, sich auf spirituelle Archetypen und Kräfte zu beziehen, ihnen durch ihren eigenen Körper ein physisches, äußeres Erscheinungsbild zu verleihen und durch die Macht von Bewegung und Musik Energien auf andere zu übertragen oder in ihnen zu wecken.[3]

Um Sie bei Ihren romantischen Streifzügen zu unterstützen, sind nachfolgend ein paar zusätzliche «Stimmungsmacher» aufgeführt.

1. *Musik.* Der Leser sei auf das Musik-Menü «Romantisch-magische Nachtklubmusik» am Ende dieses Kapitels hingewiesen. Allgemein kann Ihre Unterhaltung sowohl durch Mozart, John Coltrane und Ravi Shankar als auch durch Gregorianische Choräle, Pearl Jam oder die Smashing Pumpkins besorgt werden. Außerdem haben Sie mit dem Geld, das Sie sparen, weil Sie zu Hause bleiben, die Möglichkeit, nach und nach eine beeindruckende Musikauswahl zusammenzutragen, mit deren Hilfe Sie zahllose Abenteuer im «magischen Nachtklub» bestreiten können. Wenn Sie sich für Themenabende entscheiden, dann verbringen Sie vielleicht eine Nacht im Blues-Klub und hören Dexter Gordon zu. Beim nächstenmal lassen Sie sich möglicherweise von Franz Liszt unterhalten, der Sie mit seinen «Liebesträumen» verwöhnt.

Aber ist denn Musik ein Aphrodisiakum? Das hängt vermutlich davon ab, wie Sie zuhören…, sich selbst. Barbara Anne Scarantino zum Beispiel geht davon aus, daß, «noch bevor es strukturierte Musik gab, Töne und Rhythmen bei primitiven Kulturen vor allem verwendet wurden, um einen Partner anzuziehen».[4] Sie fügt hinzu:

> Die großen Perkussionsinstrumente wie etwa die Baßtrommel, beeinflussen uns emotional, indem sie unsere niederen Leidenschaften erregen. Und die Klangvibration der elektrischen Baßgitarre, deren sehr niedriger Frequenzbereich sehr verstärkt wird, wirkt wie ein sexueller Stimulus, weil er genau an der «entscheidenen Stelle» zwischen den Schenkeln widerhallt. Trommel und Baß in Kombination stellen ein musikalisches Aphrodisiakum dar, das zur Verbreitung der Popmusik mehr beigetragen hat als irgendein anderes Element.[5]

In bezug auf Jazz meint die Autorin:

> Das Pulsieren und die Synkopierung der Jazzmusik sind ebenfalls sexuell erregend. Mit ihren primitiven afrikanischen Wurzeln induzieren synkopische Jazzrhythmen (mit der Betonung auf dem Off-Beat im Viervierteltakt) starke physische und emotionale Energien und, weil der Körper die Spannung abschütteln will, muß er sich einfach bewegen (wobei das Aktivitätszentrum im Hüftbereich liegt). Die Stimulierung dieses unteren Chakra (Energiezentrums) führt zu einer massiven Ausschüttung von Sexualhormonen und dem Bedürfnis, das sexuelle Begehren so bald wie möglich zu befriedigen. In manchen Fällen mag es sogar vorkommen, daß die Leute die Kontrolle über sich verlieren.[6]

2. *Kleidung.* Ihnen eine bestimmte Art von Kleidung (Kostüme, Uniformen) nahezulegen wäre ebenso anmaßend wie der Rat zu einem bestimmten Wein. All dies ist relativ! Hier

reicht es aus, darauf hinzuweisen, daß der «magische Nachtklub» für Sie und Ihren Partner genügend Möglichkeiten zur Kreativität bietet. Während bei einigen Seide, Samt, Wildleder, Pelze und Perlen am besten funktionieren, bevorzugen andere vielleicht Baumwolle, Jeansstoff, schwarzes Leder und Modeschmuck. Andererseits bietet sich hier für Sie die Gelegenheit, einmal spitze Stiefel, Zylinder, Haube, Diadem, die Schuhe mit den Pfennigabsätzen, Lendenschurz und «Zorro»-Maske aus dem Schrank zu holen, in dem sie langsam einstauben. Wenn Sie nie die Möglichkeit hatten, eine Cheerleader-Uniform oder ein Vereinstrikot anzuziehen, dann ist dies vielleicht Ihre Chance! Wenn Sie sich für einen Themenabend entschieden haben, dann kleiden Sie sich entsprechend; schließlich würden Sie ja auch bei einem klassischen Konzert nicht die gleichen Klamotten tragen wie in einem Jazzkeller.

3. *Getränke.* Nach Wahl und Geschmack. Während bei einigen gute Weine und Champagner die gewünschte Wirkung zeigen, tragen bei anderen heißer Kakao oder exotische Tees den Sieg davon. Ob Alkoholika nun in Ihr geplantes Spiel passen oder nicht, versuchen Sie Ihr Repertoire an Erfrischungsgetränken zu erweitern; da draußen gibt es für jedermann das richtige Getränk, ob alkoholisch oder nicht. Haben Sie gewußt, daß es Cocktails gibt, die «Sex on the Beach», «Screaming Orgasms» und «Gin & Sin» heißen? Investieren Sie etwas Geld in einen Cocktail-Führer. Probieren und forschen Sie.

4. *Essen.* Der Volksmund kennt verschiedene Speisen sexuell anregender Wirkung (Austern, Ginseng, Schildkröteneier, Bananen, Spargel, Schokolade, Vanille); die wissenschaftliche Forschung hat jedoch keine erotisierenden Kräfte in diesen Lebensmitteln feststellen können. Im wesentlichen gilt: Wenn Sie Alkohol trinken wollen, dann sollten Sie diese Art der flüssigen Erfrischung durch nahrhafte Speisen ausgleichen. Sollten Sie Sex haben wollen, dann ist es vielleicht ratsam, Ihre Nahrungsaufnahme vorher auf leichte Appetithappen, Salate oder Vorspeisen zu beschränken. Sparen Sie sich die großen Mahlzeiten (oder die Pizza) für nach dem Sex auf. Es ist außerdem schön, Süßigkeiten

bei der Hand zu haben. Gebäck oder andere verführerische Desserts runden einen gelungenen Abend ab.

5. *Düfte.* Etwas Subtiles. Diane Ackerman vertritt die Auffassung, daß einige Düfte tatsächlich eine sexuell anregende Wirkung haben:

Moschus ruft hormonale Veränderungen bei der Frau hervor, die ihn riecht. Warum Blumenduft uns erregen soll? Nun, Blumen haben ein robustes und energiegeladenes Sexualleben: Der Duft einer Blume verkündet der ganzen Welt, daß sie fruchtbar, willig und begehrenswert ist, daß ihre Sexualorgane vor Nektar nur so triefen. Ihr Duft erinnert uns in einem Anflug an Fruchtbarkeit, Energie und Lebenskraft, an all den Optimismus, die Erwartung und das leidenschaftliche Blühen der Jugend. Wir atmen begeistert ihren Duft ein, und egal wie alt wir sind, wir fühlen uns jung und bereit für eine von der Leidenschaft entflammte Welt.[7]

Lassen Sie sich von Ihrer Nase leiten, wenn Sie Düfte einkaufen.

6. *Kerzen.* Tropffreie. Halten Sie sich an die üblichen Sicherheitsvorschriften.

7. *Massageöle.* Denken Sie an Ihre Laken, Teppichböden, Teppiche, Ihre Möbel und Kleidungsstücke; Öle können unangenehme Flecken hinterlassen. Halten Sie ein Handtuch griffbereit. Heutzutage gibt es viele verschiedene mit künstlichen wie natürlichen Duft- und Aromastoffen versetzte Öle. Denken Sie auch an den Geschmack (und die Kalorien).

8. *Jalousien.* Lassen Sie sie runter. Das ist *Ihre* Show. Sie ist nicht für Ihre Nachbarn bestimmt.

9. *Telefone und Handys.* Allesamt abstellen. Sollten Sie einen Anrufbeantworter haben, dann stellen Sie ihn ab; Sie wollen die schönsten Augenblicke Ihres romantischen Abends nicht in Gedanken daran verbringen, wer Sie wohl eben angerufen hat.

10. *Beleuchtung.* Wenn Kerzen nichts für Sie sind und Sie

sich für die elektrische Beleuchtung entscheiden, dann sorgen Sie dafür, daß das Licht schwach ist. Farbiges Licht, insbesondere wenn es blau oder rot ist, trägt dazu bei, eine sinnliche, verführerische Atmosphäre zu schaffen.

11. *Wahl des Tages (der Nacht).* Obwohl jeder Tag (jede Nacht) der Woche oder des Wochenendes in Ordnung ist, sind Nächte, nach denen weder Sie noch Ihr Partner zu früh aufstehen müssen, am besten geeignet. Je geringer die zeitlichen Begrenzungen sind, desto besser ist es. Das ist die Gelegenheit für ein abenteuerliches Liebeserlebnis. *Seien* Sie da.

12. *Treffen Sie eine Verabredung.* Für welchen Tag oder für welche Nacht Sie sich auch entscheiden, verabreden Sie sich fest. Sprechen Sie eine formale oder eine informelle Einladung aus. Manchmal kann ein einfacher Satz («Ich will Dich; wie wär's mit heute abend?»), den Sie mit einem Marker auf eine Karteikarte schreiben, mehr ausrichten als ein elaboriertes Schmuckgedicht auf einer teuren Karte aus dem Schreibwarengeschäft. Eine romantische Bemerkung, die am darauffolgenden Tag zu Hause oder im Büro ankommt, ist eine schöne Idee. Sie kann als Stichwortgeber fungieren, um die Gefühle, die während Ihres besonderen Abends ausgelöst wurden, auch lange Zeit nach dem Ereignis wieder zum Vorschein zu bringen. Seien Sie innovativ, schicken Sie ein Telegramm, ein Fax, eine E-Mail oder, wenn Ihr Portemonnaie es zuläßt, Blumen.

13. *Sprechen Sie miteinander darüber.* Reden Sie mit Ihrem Partner über Ihre Pläne, den Schauplatz und insbesondere über die Einzelheiten. Schreiben Sie die einzelnen Gänge eines romantischen Menüs auf, erwähnen all die Speisen, die Sie gerne essen, und tauschen Sie sich hierüber aus. Seien Sie gleichberechtigte Partner. Gegenseitiger Respekt sowie das Teilen der Kontrolle und der Verantwortung für Ihren besonderen Abend kann ebenso erotisch sein wie das *Kamasutra.*

14. *Versprechen und erwarten Sie nicht zuviel.* Versuchen Sie möglichst, Aspekte unerwähnt zu lassen, die zu Enttäuschungen führen könnten. Hierzu gehören feste Vorstellungen, wie der Abend verlaufen «sollte» oder «müßte», jegliche Form von Er-

wartungen und Warum-Fragen (siehe hierzu die Abschnitte «Sollte und müßte», S. 387, «Erwartungen», S. 370, und «Warum-Fragen», S. 379). Wichtig ist, *was* Sie tun, *wo* und *wann* es stattfindet und *wie* Sie es anstellen.

15. *Experimentieren Sie.* Seien Sie abenteuerlustig. Denken Sie in Richtung Abwechslung und Vielfalt. Erweitern Sie Ihren Horizont (auch den vertikalen). Auch wenn sich Ihr «magischer Nachtklub» immer am gleichen Ort befindet, so wird der eigentliche Ablauf doch nur von Ihrer Fantasie begrenzt. Tragen Sie den einen Abend einen dreiteiligen Anzug, den nächsten einen seidigen Morgenmantel. Dinieren Sie den einen Abend bei Kaviar und Sekt, und geben Sie sich beim nächstenmal mit Eibrötchen zufrieden. Probieren Sie verschiedene Weine aus, schließlich ist jede Erfahrung im «magischen Nachtklub» ein besonderer Anlaß. Begeben Sie sich in unterschiedliche musikalische Umgebungen. Während einige Jazz (Dexter Gordon), Romantik (Chopin), Klassik (Mozart) oder New Age (George Winston) bevorzugen, erfüllen vielleicht Marvin Gaye, Frank Sinatra, Billie Holiday, Van Morrison oder Boyz II Men die Bedürfnisse anderer und erzeugen eine verlockende, verführerische Atmosphäre. Denken Sie daran: Ihr Abend zu Hause hat etwas mit Ambiente und Bewegung zu tun. Bedienen Sie sich all dessen, was für Sie erforderlich ist, um «rhythmische Synchronität» herzustellen (siehe S. 353).

Dies ist nur der erste Teil Ihres Abends im «magischen Nachtklub». Obwohl einige Paare damit zufrieden sind, ihren romantischen Beutezug an dieser Stelle zu beenden, ziehen es die meisten vor, in diesen Vorbereitungen die Ouvertüre der zweiten Hälfte der Nacht zu sehen.

Rhythmus und geschlechtliche Liebe können sehr wohl als Bestandteile ein und desselben Prozesses betrachtet werden. Ganz allgemein gesprochen, gehen die Menschen mit denen, die sie nicht mögen, nicht sehr synchron, dafür aber mit denen, die sie lieben, um so mehr.[8]

Übung 22
Der magische Nachtklub

Hier verwenden Sie Entrainment-Musik (siehe den Abschnitt «Entrainment», S. 393) als Hinzufügung zu Ouvertüre, Hauptteil, Coda und Zugabe.

1. Beginnen Sie Ihr sexuelles Abenteuer mit einer Reihe von Musikstücken, die Sie für die intime Ouvertüre in Stimmung bringen und Erregung entstehen lassen. Das zu schaffende Ambiente sollte vor Wärme, Vertrauen und Gefühlen von Nähe vibrieren. Haben Sie Freude an dem Prozeß. Lassen Sie es zu, daß er sich entfaltet wie ein kokettes Zusammenspiel rhythmischer und melodischer Dialoge.

2. Nachdem Sie die Ausgangsstimmung erreicht haben, steigern Sie den Puls des Abends mit einer Musikauswahl, die Sie und Ihr Partner als sinnlich empfinden. Diese Musik sollte als Katalysator fungieren, das Fleisch und die Sinne reizen, als stimulierender musikalischer Hintergrund für ein sexuelles Vorspiel dienen. Bleiben Sie bei dem Prozeß. Er geschieht im «*Hör* und Jetzt». Hören Sie ihm zu, hören Sie ihn, *Sie* erschaffen diese Wirklichkeit.

3. Lassen Sie sich, wenn Sie die Tore sexuellen Begehrens durchschreiten, von der Musik die leidenschaftlichen Wege entlangführen, die Sie kennenlernen möchten. Während der Beat Ihre Gangart bestimmt, gestatten Sie dem Rhythmus, Sie durch unerforschte Hügel, über Gipfel und Spalten und Täler zu geleiten. Sehen Sie sich als Pionier. Wenn Sie an irgendeiner Stelle vom Weg abkommen oder Ihnen lineares Denken in die Quere kommt, dann kehren Sie einfach zur Musik, zum Fluß zurück, und gestatten Sie es ihnen, Sie zurück auf den von Ihnen gewählten Pfad zu führen.

4. Lassen Sie es zu, daß die Musik Sie verführt und Sie in

einen Verführer verwandelt. Indem Sie mit dem Prozeß fließen, hören Sie die Musik, die durch Ihre miteinander verschmelzenden Körper geschaffen wird. Lassen Sie Ihren Körper frei, und erlauben Sie Ihrem befreiten Fleisch, die Botschaften zu hören, die mit diesem Tanz übermittelt werden.

5. Spüren Sie im Wogen Ihrer Körper, im Kreisen Ihrer Gedanken und im Explodieren Ihrer Gefühle den Widerhall Ihrer sich verbindenden, miteinander verschmelzenden Körper. Und, wenn es auch nur für einen winzigen Augenblick ist, gestatten Sie sich das Entzücken vollkommener Bewußtheit, vollkommener Losgelöstheit.

6. Schmecken Sie die Melodie Ihrer intimen Begegnung. Und, wenn Ihre Körper zur Ruhe kommen, genießen Sie die Ekstase des Augenblicks, baden Sie in diesem Echo. Umarmen Sie einander in Harmonie.

DAS TAO DER MUSIK BEGEGNET EINEM, WENN LIPPEN, IN EINEM SANFTEN KUSS, EINE ÖFFNUNG FINDEN... WENN FINGER, SAITEN STREICHELND, DEN KLANG IN IHRER SCHWEIGENDEN STILLE ERWECKEN... WENN ATEM, ALS SANFTES SEUFZEN ENTLASSEN, DURCH HÖLZERNE HÖHLEN HALLT, IN JEDER ÖFFNUNG FRIEDEN FINDEND... WENN HÄNDE, VERLANGEN SPÜREND, DEN NACHHALL DES FLEISCHES LIEBKOSEN.

MUSIK-MENÜ 15
Romantisch-magische Nachtklubmusik

Vorschläge aus dem Bereich Pop und New Age

William Ackerman: *Imaginary Roads*
Tori Amos: *Boys for Pele*

Tori Amos: *Little Earthquakes*
Fiona Apple: *Tidal*
Rafael Aragon: *Passion*
Anita Baker: *The Songstress*
Anita Baker: *Rapture*
Tony Bennett: *MTV Unplugged*
Toni Braxton: *Secrets*
Toni Braxton: *Toni Braxton*
Bobby Brown: *Don't Be Cruel*
Peabo Bryson: *The Peabo Bryson Collection*
Jonathan Cain: *Piano With a View*
Mariah Carey: *Daydream*
Natalie Cole: *Unforgettable, With Love*
Natalie Cole: *Stardust*
Natalie Cole: *Take a Look*
John Coltrane Quartet: *Ballads*
Celine Dion: *Unison*
Celine Dion: *Falling Into You*
Celine Dion: *The Colour of My Love*
Celine Dion: *Celine Dion*
The Commodores: *Best of*
D'Angelo: *Brown Sugar*
Endless Love: *Great Motown Love Songs*
Enigma: *MCMXC, a. D.*
Enigma: *The Cross of Changes*
Enya: *The Memory of Trees*
Enya: *Watermark*
Enya: *Shepherd Moons*
Gloria Estefan: *Mi Tierra*
Gloria Estefan: *Destiny*
Gloria Estefan: *Greatest Hits*
Gloria Estefan: *Hold Me, Thrill Me, Kiss Me*
Cesaria Evora: *Cabo Verde*
Terrence Farrell: *Love Songs for Guitar*
Roberta Flack: *The Best of Roberta Flack:
Softly with These Songs*

Marvin Gaye: *I Want You*
Marvin Gaye: *Let's Get it On*
Marvin Gaye: *Here My Dear*
Marvin Gaye: *Vulnerable*
Marvin Gaye: *Midnight Love*
Hector Ivan Garcia: *Ecos de Amor (Songs of Romance)*
Dexter Gordon: *Ballads*
Dexter Gordon: *Go*
Dexter Gordon: *Dexter Calling*
Dexter Gordon: *Our Man in Paris*
Govi: *Passion & Grace*
Michael Gray: *Emergence*
Al Green: *Greatest Hits*
Al Green: *Anthology*
Al Gromer Khan: *Mahogany Nights*
Al Gromer Khan & Kai Taschner: *Black Marble &
    Sweet Fire*
Pedro Guerra: *Tan Cerca de Tì*
Enrique Iglesias: *Enamorado Por Primera Vez*
Enrique Iglesias: *Vivir*
Enrique Iglesias: *Enrique Iglesias*
Julio Iglesias: *Volver*
Julio Iglesias: *Tango*
Julio Iglesias: *Crazy*
Julio Iglesias: *1100 Bel Air Place*
Brian Keane: *Suleyman the Magnificent*
K. D. Lang: *Ingenue*
Madonna: *Something to Remember*
Johnny Mathis: *All About Love*
Johnny Mathis: *16 Most Requested Songs*
Maxwell: *Maxwell's Urban Hang Suite*
Boyz II Men: *Cooley High Harmony or II*
Luis Miguel: *Nada as Igual*
Van Morrison: *Enlightment*
Van Morrison: *The Healing Game*
Van Morrison: *Too Long in Exile*

Van Morrison: *Best of*
Anne-Sophie Mutter: *Romance*
Narada Artists: *Romance Music for Piano*
Willie Nelson: *Stardust*
Willie Nelson: *Spirit*
Willie Nelson: *Greatest Hits*
Heather Nova: *Oyster*
Laura Pausini: *Las Cosas Que Vives*
Emile Pandolfi: *Once Upon a Romance*
Madeleine Peyroux: *Dreamland*
Nina Postolovskava: *Romantic Piano*
Gary Prim & David M. Combs: *Beautiful Thoughts*
Ike Quebec: *Blue & Sentimental*
Ike Quebec: *Soul Samba*
Ike Quebec: *The Art of Ike Quebec*
Bonnie Raitt: *Nick of Time*
Stephen Rhodes: *Venus*
The Righteous Brothers: *Greatest Hits*
Joshua Redman: *Freedom in the Groove*
Joshua Redman: *Moodswing*
Joshua Redman: *Joshua Redman*
Steve Roach & Robert Rich: *Soma*
Steve Roach & Robert Rich: *Strata*
Gabrielle Roth & The Mirrors: *Initiation*
Gabrielle Roth & The Mirrors: *Ritual*
Gabrielle Roth & The Mirrors: *Totem*
Gabrielle Roth & The Mirrors: *Trance*
Gabrielle Roth & The Mirrors: *Tongues*
Linda Ronstadt: *Frenesì*
Linda Ronstadt: *with Nelson Riddle and His Orchestra*
Sade: *Love Deluxe*
Sade: *The Best of Sade*
Jon Secada: *Amandolo*
Jon Secada: *Jon Secada*
Jon Secada: Amor Heart, Soul & A Voice
Paul Simon: *Negotiations & Love Songs*

Frank Sinatra: *Love Songs*
Frank Sinatra: *Sinatra's 8oth, All the Best*
Frank Sinatra: *The Reprise Collection*
Rod Stewart: *If We Fall in Love Tonight*
The John Tesh Project: *Sax by the Fire*
UB 40: *Labour of Love*
UB 40: *Promises & Lies*
Dawn Upshaw: *Forgotten Songs*
Dawn Upshaw: *Dawn Upshaw Sings Debussy*
Luther Vandross: *Your Secret Love*
Luther Vandross: *The Night I Fell in Love*
Luther Vandross: *Never Too Much*
Glen Velez: *Assyrian Rose*
Andrew Lloyd Webber: *Love Songs*
Ben Webster (with Strings): *Music for Loving*
Ben Webster (with Strings): *The Warm Moods*
Ben Webster (with Strings): *Soulville*
George Winston: *Forest*
Yanni: *Reflections of Passion*

Die nachfolgenden Vorschläge dienen dem Erreichen rhythmischer Synchronität im Ambiente einer beruhigenden Sinnlichkeit.

Musikvorschläge aus den Bereichen
Klassik und Romantik

Gershwin: Rhapsody in Blue
Liszt: Liebesträume, op. 62, G 541
Ravel: Bolero
Ravel: Daphnis und Chloé
Schubert: Die schöne Müllerin, D 795, Nr. 1–20
   («Der Neugierige»)
Schubert: Streichquartett Nr. 12, D 703, in c-Moll
Beethoven: Sonate Nr. 14, op. 27,2, in cis-Moll
   («Mondschein»)

Beethoven: Albumblatt für Elise, WoO 59, in a-Moll
Rimsky-Korssakoff: Scheherazade, op. 35
Rimsky-Korssakoff: Sadko («O wunderlich ist das indische
   Land»)
Debussy: Prélude à l'après-midi d'un faune
   (Vorspiel zu Nachmittag eines Fauns)
Debussy: Clair de lune (1882)
Debussy: La Mer, L 109 (1903/05)
Debussy: Nocturnes (1898/99) Nr. 3, Sirènes
Dvorak: Romantische Stücke, B 150, op. 75 (Larghetto)
Dvorak: Sinfonie Nr. 5, op. 24, B 54, in F-Dur, 2. Satz
Delius: Hassan (Serenade/(Intermezzo)
Strawinsky: Le Sacre du Printemps (1913/21; rev. 1947)
Rachmaninoff: Sinfonie Nr. 2, op. 27, in e-Moll (1907),
   3. Satz
Tschaikowsky: Der Nußknacker, op. 71
   (Nr. 8, Blumenwalzer)
Tschaikowsky: Konzert für Violine und Orchester, op. 35,
   in D-Dur, 2. Satz
Tschaikowsky: Dornröschen, op. 66, Nr. 17, Panorama
Wieniawski: Konzert für Violine und Orchester Nr. 2,
   op. 22, in d-Moll, 2. Satz

Nat King Cole in Einzelauswahl

«Embraceable You»
«Unforgettable»
«The Ruby and the Pearl»
«That's All»
«Stardust»
«That Sunday, That Summer»
«On The Street Where You Live»
«L-O-V-E»

Big-Band-Musik in Einzelauswahl

Artie Shaw: «Begin the Beguine»
Tommy Dorsey: «I'm Getting Sentimental Over You»
Glenn Miller: «Moonlight Serenade»
Claude Thornhill: «Snowfall»

Jazziger Blues: Saxophone, entspannend-sinnliche Einzelauswahl

Dexter Gordon
    Sechs-CD-Box: *The Complete Blue Note Sixties Sessions* oder:
    «Darn that Dream»
    «Don't Explain»
    «I'm a Fool to Want You»
    «You've Changed»
    «Guess I'll Hang My Tears Out to Dry»
    «Body and Soul»
    «As Time Goes By»
    «Sophisticated Lady»
    «Easy Living»
    «Stairway to the Stars»
    «Still Time»
    «Ernie's Tune»
    «For All We Know»
    «Cry Me a River»
    «Tenderly»
    «Don't Worry About Me»
    «I Should Care»
    «Someone to Watch Over Me»
    «Stardust»

Ben Webster
    «Tenderly»
    «That's All»
    «Come Rain or Come Shine»

«Old Folks»
«You're Mine, You!»
«Do Nothing Till You Hear From Me»
«Chelsea Bridge»
«Love's Away»
«Soulville»
«Star Dust»
«I Got it Bad and that Ain't Good»
«Prelude to a Kiss»
«John Brown's Body»

Ike Quebec
«Just One More Chance»
«Brother Can You Spare a Dime»
«Heavy Soul»
«I Want a Little Girl»
«Blue and Sentimental»
«Don't Take Your Love From Me»
«Blues for Charlie»
«Count Every Star»

John Coltrane
«The Night We Called it a Day»
«Naima»
«I'll Wait and Pray»
«Central Park West»
«Everytime We Say Goodbye»
«Equinox»
«Original Untitled Ballad» (To Her Ladyship)
«Say It (Over and Over Again)»
«You Don't Know What Love Is»
«Too Young to Go Steady»
«I Wish I Knew»
«What's New»
«Nancy (with the Laughing Face)»

Frank Morgan
  «In a Sentimental Mood»
  «Bessie's Blues»

Außerdem sind empfehlenswert:
  Kenny G.
  Frank Sinatra
  Johnny Mathis
  David und Steve Gordon

Wenden Sie die Entrainment-Techniken an, wie sie in Anhang B, S. 393, beschrieben werden. Wählen Sie aus den zahlreichen Veröffentlichungen dieser Künstler aus, und stellen Sie, indem Sie sich von Ihrer Sinnlichkeit führen lassen, Ihre eigene Entrainment-Kassette zusammen.

20

Den Geist motivieren

Er [der Rhythmus] läßt uns spielen, ob jung oder alt.
Er legt die Form des Spiels fest, weitgehend.
Durch Spiel führt er uns zur Selbsterkenntnis,
indem er als immerfort gegenwärtiger Anreiz zum Üben dient.

Musik verbessert das räumliche Vorstellungsvermögen und die Fähigkeit, visuelle Objekte genau wahrzunehmen, bildliche Konzepte zu entwickeln und zwischen vorhandenen Möglichkeiten zu unterscheiden. Außerdem spielt sie eine nicht zu unterschätzende Rolle für die Entspannung, und sie kann dazu beitragen, die Konzentration und das Gedächtnis zu verbessern. Seit der Veröffentlichung des Buches *Superlearning* von Ostrander und Schroeder[1] haben viele Erzieher entdeckt, daß die langsamen Sätze von barocken Streichkonzerten sehr bedeutsame Hilfsmittel beim Lernen und Behalten des Gelernten sind. Offenbar dient diese beruhigende und besänftigende Musik (mit Tempi von vier Schlägen pro Takt und durchschnittlich 60 Schlägen pro Minute) zugleich der Entspannung und der Aufmerksamkeitssteigerung, indem sie einen stetigen, angenehmen Rhythmus festlegt, bei dem der Lernende sein Material besser integrieren kann.

Überhaupt hat man festgestellt, daß Barockmusik im Vergleich mit anderen Musikformen am erfolgreichsten darin ist, «Alpha-Zustände» (das heißt ein Gefühl von entspannter Wachheit bei gleichzeitigem Wohlfühlen) beim Hörer hervorzurufen.[2] Gegenüber anderen Musikrichtungen hat sich Barockmusik auch als besonders entspannend und angenehm erwiesen.[3] Untersuchungen haben gezeigt, daß bei der Frage nach den «beruhigendsten» Musikstücken die ersten Plätze von Barockkompositionen (beispielsweise von J. S. Bach oder Telemann) belegt werden.[4]

DIE GESCHRIEBENE ODER GESPROCHENE SPRACHE UMGEHEND,

TRANSZENDIERT MUSIK ALLE VORSTELLUNGEN.

SICH ÜBER DEN GEDANKEN ERHEBEND,

GEHT SIE ÜBER DAS VERSTEHEN HINAUS.

Während meiner gesamten Berufslaufbahn hatte ich reichlich Gelegenheit, mich mit Jugendlichen und jungen Erwachsenen im Alter von 12 bis etwa 22 Jahren (sechs Jahre High-School und zwei bis vier Jahre College) und mit Erwachsenen im Rahmen der Erwachsenenbildung zu beschäftigen. Durch diese Kontakte boten sich mir zahlreiche Möglichkeiten, im Hinblick auf bessere Lern- und Lesemethoden Vorschläge zu machen. Neben den in meiner Altersgruppe üblichen, eher traditionellen Herangehensweisen habe ich immer wieder die Verwendung von Hintergrundmusik als Ergänzung empfohlen.

Rhythmus, Beat und Melodie verschmelzend, führt das Tao der Musik Geist, Gehirn, Körper und Seele zusammen. Das Ganze geht eine Verbindung ein, und die Verbindung wird ganz. Die Art und Weise, wie Musik als Ergänzung von Lernsituationen zum Einsatz kommen kann, scheint nur durch unsere

Vorstellungskraft begrenzt. Beispielsweise vermag sie, als beruhigende Hintergrundmusik, dazu beizutragen, den Verstand ebenso von «psychischem Lärm» zu reinigen oder vor einer Überflutung durch Tausende von Gedanken, Bildern, Ideen und Sorgen zu bewahren. Unauffällig reduziert Musik Streß und Angstgefühle, indem sie Entspannung ermöglicht und einer als unangenehm empfundenen Stille entgegenwirkt. Weil sie unerwünschte Außengeräusche abblockt, hilft Musik, die Konzentration zu verbessern und ins «*Hör* und Jetzt» zurückzukehren. Im direkten Zusammenhang mit dem Lernen fördert sie die Bündelung von Aufmerksamkeit, lädt energetisch auf und verstärkt die Wachheit. All dies dient dazu, eine bessere und angenehmere rhythmische Gangart aufzunehmen und aufrechtzuerhalten, die gutem Lernen, Lesen und anderweitigem Studieren zugrunde liegt. Außerdem bietet Musik nicht nur eine kreative Form des Zeitmanagements, sondern schafft außerdem eine angenehme Umgebung und ruft ein Gefühl der Inspiration hervor. Im allgemeinen wird also sorgfältig ausgewählte – und entsprechend angewandte – Musik entscheidend dazu beitragen, den Geist zu motivieren, zu reinigen und zu stimulieren.

Für Schüler oder Studenten, die sich auf Prüfungen vorbereiten und sich dabei lange Wörterlisten einprägen müssen, empfehle ich die nachfolgende Übung.

ÜBUNG 23

Die Verwendung von Musik beim Einprägen
von Wörterlisten

*Eine Musikrichtung, die wir noch niemals zuvor
gehört haben, kann unseren Geist für ein vollkommen
neuartiges Gefühl und eine neue Weltsicht öffnen.
Ein aufwühlendes patriotisches Lied in Kriegszeiten vermag
die Gedanken einer ganzen Nation zu kodieren,
zu vereinigen und zu intensivieren. Und in der Kombination
von Worten und Musik sind viele Vorstellungen auf nie
zuvor dagewesene Weise programmierbar.*

Für diese Übung brauchen Sie zwei Geräte (eines, um Musik
abzuspielen, und ein weiteres, um aufzunehmen), zumindest
aber eines, mit dem aufgenommen werden kann. Die Zahl der
benötigten Leerkassetten ist abhängig von der Anzahl der Wörter,
die Sie lernen möchten, und von der Geschwindigkeit, mit der
Sie sie auf Band sprechen. Die erforderliche Musikmenge ergibt
sich aus der von Ihnen gewünschten musikalischen Vielfalt.

MUSIK SORGT DAFÜR, DASS DIE KANÄLE UNSERER RECHTEN GEHIRNHÄLFTE
BESCHÄFTIGT SIND. WÄHREND SPRECHENDE STIMMEN ODER LESEN VON DER LINKEN
GEHIRNHÄLFTE VERARBEITET WERDEN, NIMMT MUSIK DIE RECHTE IN ANSPRUCH.

---

1. Finden Sie einen ruhigen Ort, an dem Sie gleichzeitig
Zugang zu einem Abspiel- und zu einem Aufnahmegerät haben
(zum Beispiel CD-Player und Kassettenrecorder).

2. Bereiten Sie die von Ihnen bevorzugte Musik vor (siehe
hierzu den Abschnitt «Die eigene Musikauswahl», S. 437). Die
für diese Übung vorgeschlagene Barockmusik ist von der glei-

chen besänftigenden Art wie die im Musik-Menü «Beruhigende Musik», S. 96. Gemäß Ihren Vorlieben möchten Sie vielleicht verschiedene Arten beruhigender Musik (etwa auch jene, die in dem Musik-Menü «Meditationsmusik», S. 303, vorgeschlagen wird) oder vielleicht sogar stimulierende Musik (siehe das Musik-Menü «Stimulierende Musik», S. 52) ausprobieren.

3. Bereiten Sie die Wörterliste vor, die Sie sich einprägen wollen.

4. Legen Sie eine Leerkassette in Ihren Kassettenrecorder ein.

5. Fangen Sie an, die von Ihnen gewählte Musik in gemäßigter Lautstärke abzuspielen. Merke: Bevor Sie die vollständige Wortliste für die Nachwelt aufnehmen, sollten Sie zunächst eine Probeaufnahme machen, um sicher zu sein, daß die Lautstärke der Hintergrundmusik und Ihrer Stimme gut aufeinander abgestimmt sind. Am besten ist es, wenn die beruhigende Musik einen kaum hörbaren, dämpfenden Hintergrund für Ihre Worte bildet. Ihre Stimme hingegen sollte klar und deutlich im Vordergrund stehen und es Ihnen leichtmachen, die einzelnen Wörter (oder was immer sonst Sie aufnehmen) und ihre Erklärungen zu hören.

6. Während die Musik nun im Hintergrund spielt, fangen Sie an, die Wörterliste in dem Ihnen gemäßen Tempo und in gleichmäßigem Rhythmus abzulesen. Auch wenn Sie hierzu eine ganze Weile brauchen und außerdem vielleicht einige Leerkassetten erforderlich sein werden, so habe ich doch festgestellt, daß das Endresultat, vorausgesetzt, die beschriebenen Schritte wurden richtig durchgeführt, immer sehr beeindruckend war.

Erstens hilft uns allein schon der Akt, die Wörter und ihre Definitionen laut vorzulesen, dabei, sie uns einzuprägen. Zweitens reinigt das Lesen, während im Hintergrund Musik spielt, den Geist, bestimmt das Lese- und Atemtempo und verankert die Bedeutung der Wörter tiefer in uns als ohne Musik. Drittens können Sie jetzt, da Sie Ihre Wörterliste aufgenommen haben, sie so oft abspielen, bis Ihnen schlecht wird. Viele meiner Klienten haben mir erzählt, daß sie, während sie sich auf eine Prüfung vorbereiteten, ihre Kassetten während des Autofahrens, im Flugzeug, beim Sonnenbaden, beim Sport, unter der Dusche, beim Putzen und Bügeln, bei der Gartenarbeit und sogar beim Einschlafen gehört haben. Einige berichteten sogar, daß sie ein Band in einem Autoreverse-Recorder die ganze Nacht, während sie schliefen, abspielten.

Wenn Sie weder Lust noch Zeit haben, die oben beschriebene Prozedur zu durchlaufen, könnten Sie es damit versuchen, immer die gleiche Musik im Hintergrund zu spielen, während Sie sich mit den Wörtern beschäftigen. Wofür auch immer Sie sich entscheiden, der Gewinn durch die Hintergrundmusik ist in der Regel bemerkenswert.

Wenn die Dinge rhythmisch gestaltet werden, dann erhöht dies unsere Fähigkeit, sie zu lernen und sich an sie zu erinnern, in ganz erheblichem Maße. Wie bereits angesprochen, muß der «Rhythmus, um Wirkung zu zeigen, nicht irgendwie bemerkenswert sein. Er muß nicht objektiv sein. Er muß nicht bewußt wahrgenommen werden. Im besten Fall kann er eine Gewohnheit sein.»[5]

Jurastudenten haben die Verwendung von Hintergrundmusik bei der Prüfungsvorbereitung mir gegenüber als besonders nützlich bezeichnet, Medizinstudenten benutzten sie insbesondere, um Physiologie und menschliche Anatomie zu lernen. Ich kenne sogar Ärzte, die am liebsten mit Musik operieren.

Chemie- und Physikstudenten, die sich lange Tabellen und mathematische Formeln einprägen müssen, kamen nach höchst anspruchsvollen Prüfungen zu mir und schwärmten von der entspannenden Wirkung der Musik. Andere, die ich in dieser Richtung beraten habe, waren Grundstücksmakler, Krankenschwestern, Friseure, Mechaniker, Elektriker und Röntgenassistenten. In der Tat wird jeder, der Prüfungen ablegen und daher lernen und sich etwas merken muß, davon profitieren, wenn er sich Hintergrundmusik als Ergänzung zu seinen Lern- und Lesebemühungen zunutze macht.

Es treten auch Probleme in Verbindung mit Stimmungs-schwankungen auf, und was an einem Tag vielleicht ent-spannend wirkt, kann am darauffolgenden als störend emp-funden werden.[6]

Eine Reihe von Teenagern erklärte mir, daß Heavy-Metal- oder Rap-Musik entspannend auf sie wirke und ihnen die Konzen-tration erleichtere. Einige College-Studenten folgten meinem Vorschlag, im Laufe eines Semesters Industrial, Independent, Techno oder Jazz-Fusion auf ihre entspannende Wirkung hin zu überprüfen. Die Antwort auf die Frage, warum eine bestimmte Art von Musik bei einzelnen oder speziellen Personengruppen funktioniert, ist nicht so wichtig wie die, was Musik bei dem Betreffenden bei welcher Gelegenheit, in welcher Situation und in welcher Umgebung zu bewirken vermag.

Von «älteren Herrschaften» erfuhr ich, daß mein Vorschlag, es mit Musik aus der Zeit zu probieren, als sie noch jung waren, ihnen wieder Lust machte, zu lernen und zu lesen.

Wir blicken zurück und bringen verschiedene Musikstücke mit bedeutenden Lebensereignissen in Verbindung.[7]

Dennoch, alles ist relativ. Ich kann gar nicht genug hervorheben, wie wichtig der individuelle Geschmack ist, um den Zauber freizusetzen.

ÜBUNG 24
Verbesserung der Aufnahmefähigkeit

Diese Übung wird Sie darin unterstützen, Musik zur Verbesse-rung der Konzentration heranzuziehen, damit Sie sich entspan-nen, das Tempo angeben und störenden psychischen Lärm ver-meiden können.

Die «beste» Begleitmusik für das Lesen, Lernen oder Studieren ist immer die, die sich in Ihrem Fall als am wirkungsvollsten erweist. Das einzige, was ein Außenstehender tun kann, ist, Vorschläge zu machen. Allgemein wurde jedoch festgestellt, daß die Mehrheit im Zusammenhang mit Lesen, Lernen oder Studieren von Musik profitiert, die ein Gefühl der Ruhe oder Entspannung auslöst (wobei «entspannende» Musik wieder für jedes Individuum relativ ist). Der allgemeine Nutzen von als beruhigend eingestufter Musik ist recht unterschiedlich und beinhaltet eine verbesserte Einstellung, Streß- und Angstreduktion, einen gesenkten Blutdruck und eine niedrigere Pulsfrequenz, eine angenehme Gangart und verbesserte Konzentration. Die nachfolgende Übung präsentiert zwei leicht voneinander abweichende Szenarios.

Das erste (2a) läßt Ihnen die freie Wahl bei der Zusammenstellung und vorherigen Kategorisierung von «beruhigender» Musik. Das zweite (2b) schlägt die Verwendung von Barockmusik als Ergänzung des Lernens vor. Dies geschieht auf der Basis des überwältigenden Forschungsmaterials, das die Wirksamkeit von Barockmusik in Lernsituationen bestätigt. Wer sich intensiver mit dem Nutzen von Barockmusik in diesem Bereich beschäftigen will, sei neben dem bereits erwähnten Buch von Ostrander, Ostrander und Schroeder auf die Artikel von Nielzèn und Cesarec[8], Hunter[9], Devlin und Sawatzky[10], Ortiz[11], Logan und Roberts[12] sowie Wapnick[13] verwiesen.

Die Universalität von Musik beruht auf den Grundeigenschaften des menschlichen Geistes, vor allem auf dem Bedürfnis, unseren Erfahrungen Ordnung aufzuerlegen.[14]

1. Wählen Sie eine Leerkassette, die Sie mit 90 bis 120 Minuten Musik bespielen können.

2a. Wählen sie nach eigenem Geschmack «beruhigende» Musik aus, um die Kassette zu füllen.

2b. Wählen Sie eine große Zahl barocker Kompositionen aus (siehe hierzu das Musik-Menü «Beruhigende Musik», S. 96).

«Barocke» Musik ist solche, die zwischen etwa 1600 und 1750 komponiert wurde. Zu den berühmtesten Komponisten dieser Zeit gehören: J. S. Bach, Vivaldi, Corelli, Telemann, Scarlatti, Buxtehude, Purcell und Händel. Es wird zur Verwendung der langsamen Sätze ihrer Streichkonzerte geraten.

3. Wählen Sie die langsamen Sätze der Barockmusik aus, und nehmen Sie sie in der gewünschten Reihenfolge auf Ihre Kassette auf, bis sie voll ist. Achten Sie während des Aufnehmens auf die Lautstärke, vor allem dann, wenn Sie nacheinander verschiedene Quellen benutzen. Es ist wichtig, daß die Lautstärke nicht zu sehr schwankt, da Sie dies unnötig ablenken und die Schaffung des gewünschten musikalischen Ambientes stören würde.

4. Sobald Sie genug Material beisammen haben, können Sie entscheiden, ob Sie die zweite Seite mit den gleichen Stücken bespielen möchten. Ist Ihr Fundus jedoch noch nicht erschöpft, so haben Sie die Möglichkeit, auch für die zweite Seite nach Ihren Vorstellungen auszuwählen. Solange Sie sorgfältig darauf achten, Ihre Aufnahme nicht zu unter- oder zu übersteuern, ist Ihnen die Reihenfolge der Musikstücke vollkommen freigestellt.

5. Suchen Sie all die Unterlagen zusammen, die Sie zum Lernen brauchen, und begeben Sie sich an Ihren bevorzugten Lernort.

6. Obgleich Ihnen die Lautstärke, mit der Sie Ihre Hintergrundmusik abspielen, freigestellt ist, wird zu 45 bis 50 Dezibel geraten. Das bedeutet, daß die Musik kaum hörbar im Hintergrund spielt. Ich rate Ihnen, verschiedene Lautstärken auszuprobieren, damit Sie die für Ihre Bedürfnisse optimale herausfinden können.

Wie sich gezeigt hat, sorgt die Verwendung von beruhigender Hintergrundmusik beim Lernen dafür, psychischen Lärm und ungewollte Außengeräusche zu reduzieren oder ganz auszuschließen. Dies führt dazu, daß Sie sich besser konzentrieren und entspannen können, so daß Sie aufnahmefähiger sind. Wenn Sie sich die Zeit nehmen, eine kleine «Bibliothek» persönlicher «Lernmusik» zusammenzustellen, haben Sie die Möglichkeit, viele Male und nach Wunsch auf sie zurückzugreifen. Experimentieren Sie, und, vor allem, haben Sie Spaß an dem Prozeß selbst!

NACHDEM ER GELERNT HAT, KANN DER SCHÜLER ANDERE LEHREN.

NACHDEM ER GELERNT HAT, KANN DER LERNENDE ENDLICH VERSTEHEN.

IN ERMANGELUNG VON WISSEN ODER KENNTNISSEN

SCHREITET DER WEISE MIT DEM TAO VORAN.

KLANG-IDEE

Lernen Sie jeden Tag ein neues Wort.
Nur wegen seines Klangs.

21

Wie man zuhört:
Die Erziehung des Ohrs

*Bei anderen hören wir, wessen sie wirklich bedürfen, welche Hilfe
zu leisten sie uns gestatten, welches Potential der Veränderung existiert.
Wir nehmen ihre Stärken und ihren Schmerz wahr.
Wir erkennen, welche Unterstützung zur Verfügung steht,
mit welchen Hindernissen gerechnet werden muß.*

Musik kann auf unterschiedliche Weise zum Einsatz kommen,
wenn es darum geht, unser Hörvermögen zu steigern. Abgesehen von den Eigenschaften, mit denen sie uns hilft, uns zu
konzentrieren, erzieht Musik auch unser Ohr, indem sie unsere
Empfänglichkeit und unser Einfühlungsvermögen im Hinblick
auf unsere Klangumgebung fördert. Es folgen eine Reihe von
Vorschlägen, die zur Verbesserung des Klangbewußtseins und
der intellektuellen Fähigkeiten beitragen und allgemein dafür
sorgen, daß wir klarer und effektiver denken und reagieren.

Klangvorschläge

1. *In diesem Augenblick ist dieses Geräusch / diese Musik alles, was es gibt.* Wenn Sie sich in einer Situation befinden, in der Sie zuhören müssen oder wollen oder in der dies von Ihnen erwartet wird, dann sagen Sie sich bewußt, daß Sie in diesem Augenblick – während Sie zuhören – nirgendwo anders hingehen müssen, keine anderen Pflichten und auch sonst nichts anderes zu tun haben. In diesem Moment, während dieser Zeit, spielt nichts anderes eine Rolle, existiert nichts außer *Ihnen und den Klängen*, denen Sie zuhören.

2. *Hören Sie bedingungslos und ohne Erwartungen zu* (siehe den Abschnitt «Erwartungen», S. 370). Gestatten Sie es sich, beim Zuhören auf alle Arten der Vorwegnahme, Beurteilung oder Erwartung, die Bedeutung der Klänge betreffend, zu verzichten. Nehmen Sie Musik und Klänge einfach als «Musik und Klänge» wahr, ohne sie mit Etiketten oder Beschreibungen (schnell/langsam, laut/leise) zu versehen, ohne sie mit anderer Musik, anderen Klängen, anderem Lärm zu vergleichen, ohne sich mit Vorurteilen bezüglich dessen zu beschäftigen, wie sie sein oder nicht klingen sollten. Befreien Sie sich für diese Übung von allen Fragen nach dem «warum» und auch nach dem «wie» (Wie oder warum kommen diese Klänge zustande?) und dem «woher» (Woher rühren diese Klänge?), und konzentrieren Sie sich einfach auf das, «was» Sie hören. Wenn Sie sich noch weiter in das «*Hör* und Jetzt» (siehe S. 317) vertiefen wollen, dann gestatten Sie es Ihrem Bewußtsein, nachdem Sie sich auf das «was» der Klänge eingestimmt haben, sich auch der Frage, «wann» die Klänge stattfinden (nämlich *jetzt!*), zuzuwenden. Hören findet immer unter Einbeziehung von Filtern statt. Bevor Sie anfangen zuzuhören, vergewissern Sie sich, daß die Ihren frei, ohne Vorurteile, Meinungen, Vorwegnahmen, Erwartungen oder Beurteilungen sind. Beschränken Sie sich darauf, nur zuzuhören.

3. *Nehmen Sie die Klänge jetzt wahr, beschäftigen Sie sich mit ihnen später.* Wenn sich nebensächliche Gedanken (also «psychischer Lärm», der mit der eigentlichen Aufgabe nichts zu tun hat)

einschleichen, dann lassen Sie sie vorüberziehen und erteilen Ihnen erst später wieder das Wort. Bei Gesprächen im Rahmen sozialer Interaktion ist der Inhalt zweitrangig. Entscheidend ist das Zuhören. Die Antwort liegt nicht im Hören, sondern im Zuhören. Wenn Sie gefragt werden, liegt die Antwort eben darin. Zuhören ist die Antwort auf alle Fragen.

4. *Appellieren Sie an Ihre innere Stille.* Gönnen Sie Ihrem Verstand ein wenig Ruhe. Erinnern Sie sich an die Stille, die im Kern Ihrer selbst ruht. Wenn Ihr Geist mit Gedanken überflutet wird, dann lauschen Sie auf die Stille. Horchen Sie auf die Botschaft des schlagenden Herzens.

5. *Lösen Sie sich vom Ich ab, und verbinden Sie sich mit dem Klang.* Befreien Sie sich von allen vorgefaßten Meinungen, Vorstellungen oder Gefühlen, die Sie hinsichtlich der Klangquelle (Lautsprecher, Instrumente, Musiker, Art der Klangreproduktion) haben. Stellen Sie persönliche Präferenzen und Urteile («Dieses Orchester ist nur von durchschnittlicher Qualität»), Erwartungen («Diese Übung wird meine Aufnahmefähigkeit sofort verbessern!»), Kritik («Das hört sich wie Trompeten an; ich wünschte, ich hätte mich für Musik ohne Trompeten entschieden!»), Vorlieben («Ich wünschte, ich hätte jetzt diese Lautsprecher für 1000 Mark das Stück, sie würden soviel besser klingen!») oder Erwartungen («Ich bin absolut sicher, daß gleich jemand an die Tür klopfen wird!») beiseite. Hören Sie einfach zu. Fließen Sie mit der Musik. Wenn Sie der Botschaft keinen Widerstand entgegensetzen, werden Sie sie hören. Im Gespräch wirkt sich Nachdenken störend auf das Zuhören aus. Erwartungen verhindern Verständnis, Vorwegnahmen behindern den Prozeß, Projektionen führen zu Fehlinterpretationen. Wenn Sie im Orchester sind, dann spielen Sie. Wenn Sie im Publikum sitzen, dann hören Sie zu. Leben Sie achtsam, Gefühle vernebeln den Verstand.

6. *Hören Sie anderen so zu, wie Sie möchten, daß man Ihnen zuhört.* Lassen Sie es zu, daß Sie mit der Klangquelle verschmelzen, «eins» mit ihr werden. Wenn Sie diese Klänge wären, wie würden Sie dann am liebsten gehört? Wenn Sie sprechen oder

auftreten, wie möchten Sie dann, daß man Sie aufnimmt? Daß man Ihnen zuhört? Daß man Sie hört? Hören Sie, wenn andere sprechen, auf den Rhythmus ihres Atems, die Melodie ihrer Stimmen, den Klang ihrer Gedanken. Betrachten Sie Worte als Beschränkungen des Selbstausdrucks.

7. *Hören Sie zu, im «Hör und Jetzt»!* Hören Sie im *«Hör* und Jetzt» zu. Hören Sie nicht zu auf der Basis von Vergleichen mit Dingen, von denen Sie in der Vergangenheit gehört haben oder von denen Sie in der nahen Zukunft zu hören hoffen. Beschränken Sie sich ausschließlich auf die Wahrnehmung der Klänge im gegenwärtigen Augenblick. Lassen Sie es nicht zu, daß irgend etwas außerhalb Ihres Hörvergnügens die Schönheit und den Reichtum der Augenblickserfahrung beeinträchtigt. Seien Sie im Zuhören präsent. Sie werden nie zurückkehren müssen.

8. *Steuern Sie rechtzeitiges und angemessenes Feedback bei.* Unterstützen Sie den Redefluß des Sprechers mit unvoreingenommenen und offenen Reaktionen («Ja, ich sehe ...» – «Und was geschah, als ...?» – «Und was war dann, als ...?» – «Aha, und was ist dabei rausgekommen?»). Bleiben Sie objektiv, richten Sie Ihre ungeschmälerte Aufmerksamkeit auf die Bedürfnisse der Person, und bestätigen Sie ihre Botschaften (zum Beispiel: «Scheint eine klare Sache zu sein!» – «Ich verstehe, was du sagen willst.»). Damit versichern Sie dem Sprecher, daß er es mit einem verständnisvollen, zugewandten, einfühlsamen, interessierten und vorurteilsfreien Zuhörer zu tun hat. Zögern Sie nicht, um Klarstellungen zu bitten. Wenn Sie Zweifel haben, dann halten Sie Rückfrage beim Sprecher, und sorgen Sie dafür, daß Sie die Bedeutung der Gedanken und Gefühle, die er zum Ausdruck gebracht hat, richtig verstehen. Nur durch den Rhythmus können wir kommunizieren. Nur durch Harmonie vermögen wir zueinander in Beziehung zu treten. Nur durch Zuhören sind wir imstande, einander zu verstehen.

9. *Körpersprache.* «Lauschen» Sie den kommunikativen Rhythmen des Körpers. Machen Sie sich, während Sie zuhören, die körperliche Nähe, den Gesichtsausdruck, den Blickkontakt,

mögliche Berührungen, die soziale Distanzierung, das angespannte oder ruhige Vibrieren, den Ton der Stimme bewußt. Fühlt sich der Ton fröhlich oder traurig an? Ist er laut und aufgeregt oder leise und ruhig? Klar oder konfus? Heißen Sie jede Vibration willkommen. Hören Sie mit jeder Zelle Ihres Körpers zu.

10. *ENThören.* Während Sie zuhören, *ENT*hören Sie sich. Um sich zu «*ENT*hören», hören Sie unkritisch, ohne Erwartungen, Assoziationen oder Interpretationen auf das, was gesagt wird. Hören Sie aus einem äußeren Bezugssystem zu (das heißt, Sie richten Ihre Aufmerksamkeit auf die subjektive Wirklichkeit des Sprechers). Hören Sie aus der Perspektive des Sprechers zu, ohne ihm Ihre eigene überzustülpen.

Während Sie auf das hören, «was» gesagt wird (auf den «Text»), achten Sie auf die zugrundeliegenden und umgebenden «Wies» (die Produktion, das Arrangement) oder auf *die Art und Weise,* wie die Botschaft vermittelt wird. Ist der Sprecher leidenschaftlich? Defensiv? Geht es ihm um Lösungen, oder will er nur Spannungen abbauen, ohne wirklich nach einer Antwort zu suchen? Am besten kann man zuhören, indem man den eigenen inneren Lärm ignoriert.

11. *Entbinden Sie sich von Lösungsversuchen.* Lösen Sie sich von Ihrem Ich. Bleiben Sie beim Zuhören leer. Seien Sie mit der Stille zufrieden. Gehen Sie nicht dem zwanghaften Versuch in die Falle, unbedingt das Richtige sagen zu wollen, Probleme zu lösen, alternative Möglichkeiten vorzuschlagen oder zu erzählen, wie Sie mit der gegebenen Situation umgehen würden. Jede Situation ist vollständig abhängig von der Person, die sie erlebt, und von dem Augenblick, in dem sie stattfindet. Lassen Sie los, und hören Sie nur zu. Wenn ein Mensch um Antworten auf seine Probleme bittet oder offensichtlich Lösungen für aktuelle Themen sucht, dann ist es oft besser, aufmerksam und mitfühlend zu bleiben und dem Sprecher freundlich zu raten, die Hilfe eines professionellen Beraters in Anspruch zu nehmen, der ihm vielleicht besser durch das Labyrinth seiner persönlichen Situation zu helfen vermag.

☯

ÜBUNG 25
Zuhören

Das vorrangige Ziel der nachfolgenden Übungen ist es, zur Erziehung unserer Ohren und unseres Geistes beizutragen. Die Übungen sind außerdem so beschaffen, daß sie unsere Fähigkeit schulen, uns auf den gegenwärtigen Augenblick zu konzentrieren, vor allem, wenn es darum geht, Musik, Vorträgen, einer geselligen Unterhaltung oder einem Alltagsgespräch zuzuhören. Die Übungen können beim Anhören von Musik, Stimmen oder beliebigen anderen Klängen umgesetzt werden. Die Wörter «Klang» und «Musik» werden hier gleichbedeutend verwendet.[1]

1. *Die eigene Vergangenheit neu entdecken.* Entdecken und erforschen Sie eine Musik neu, die Sie schon seit langer Zeit nicht mehr gehört haben (ein bestimmtes klassisches Stück, einen Folk-Song, eine Melodie aus der Teenagerzeit). Horchen Sie beim Zuhören auf etwas, das Ihnen niemals zuvor aufgefallen ist. Auf etwas Positives. Etwas Negatives. Welche Gefühle löst das Musikstück in Ihnen aus? Frustration? Angst? Freude? Traurigkeit? Nostalgie? Aufregung? Können Sie sich daran erinnern, wann Sie sich zuletzt mit diesen Gefühlen identifiziert haben?

Da Gedanken den Bewußtseinsprozeß stören, hilft die Musik uns dabei, das Tao zu erleben, indem sie (bewußte Gedanken umgehend) unser Bewußtsein bis in einen Bereich jenseits des Kognitiven hinein transzendiert (oder aber sie löst das Ich auf).

2. *Feinabstimmung auf die eigene Umgebung.* Wenn Sie das nächstemal ein Kaufhaus betreten, dann stimmen Sie sich auf die dort gespielte Hintergrundmusik ein. Auf den «Soundtrack» des Geschäfts. Welcher Zweck wird Ihrer Meinung nach mit dieser Musik verfolgt? Hat sie die Aufgabe, zu stimulieren? Zu entspannen und einen zur Reduzierung des eigenen Tempos zu bewegen? Soll sie helfen, sich in der fremden Umgebung zu Hause zu fühlen? Funktioniert es? Wenn es sich um *Ihr* Geschäft handeln würde, welche Art von Musik würden *Sie* dann zu Gehör bringen?

WENN DU ZUHÖRST,

DANN MACH DIR DEN LÄRM BEWUSST.

---

3. *Den Klang beobachten.* Wenn Sie sich in einer Turnhalle oder einem Fitneßzentrum austoben und dort Musik gespielt wird, dann versuchen Sie sich von der Musik zu lösen. Stimmen Sie sich darauf ein, wie die anderen auf die verschiedenen Musikstücke reagieren. Stellen Sie fest, ob und wie ihre Bewegungen und ihre Geschwindigkeit mit den unterschiedlichen Beats und Rhythmen mitgehen. Laufen ihre Work-outs synchron mit der Musik?

Indem der Zuhörer der Musik zuhört, wird er zur
kreativen Kraft. Komponierend, ohne etwas zu tun, hörend,
ohne zu denken, spielend, ohne darzustellen, tanzend, ohne sich
zu bewegen, werden Musik und Zuhörer eins mit dem Tao.

4. *Unterschwelliges Zuhören.* Rufen Sie sich, wenn Sie im Fernsehen Werbung sehen, willentlich die im Hinter- oder Vordergrund spielende Musik ins Bewußtsein. Hat das, wie sich die Musik anfühlt, irgend etwas mit dem «Wunsch» der Zuschauer zu tun, dieses bestimmte Produkt zu erwerben? Wenn Sie die Musik mit dem Produkt assoziieren, sehen Sie sich dann irgend-

wie veranlaßt, loszustürmen und das Produkt zu kaufen, oder fühlen Sie sich durch die Musik eher abgestoßen?

«Was hörst du dir da an?» wollte das kleine Kind wissen.
«Ich höre mir die Stille zwischen den Tönen an», antwortete der Weise.

5. *Kinomagie.* Versuchen Sie sich vorzustellen, wie ein bestimmter Film ohne Hintergrundmusik wirken würde. Würde der musiklose Streifen das gleiche in Ihnen auslösen? Würde das Fehlen von Musik Einfluß nehmen auf die projizierten Gefühle? Würde eine andere Filmmusik Ihrer Meinung nach eine größere oder geringere Wirkung haben?

Darsteller spielen, und das Publikum hört zu.
Entertainer treten auf, und die Massen tanzen.
Wenn der Weise spielt, sind die Leute still.

6. *Klänge synchronisieren.* Wenn Sie eine Tanzszene in einem Film oder in einem Tanzvideo sehen, stellen Sie einen Augenblick lang den Ton ab, und schauen Sie aufmerksam zu. Sobald Sie das Gefühl haben, daß Sie auf den Rhythmus der Tänzer eingestimmt, synchron (siehe den Abschnitt «Rhythmische Synchronität», S. 353) mit ihren Bewegungen sind, stellen Sie den Ton wieder an, und stellen Sie fest, ob Ihre Hörbilder zu dem tatsächlichen Soundtrack passen oder nicht.

Klänge erklären sich selbst nicht; sie offenbaren sich.[2]

Zusatzübung: Stellen Sie Ihren Fernseher an, und drehen Sie die Lautstärke ganz und gar herunter. Nun zappen Sie durch die Kanäle, bis Sie auf ein Musikvideo stoßen oder auf dem Bildschirm Leute tanzen sehen. Versuchen Sie von den Bewegungen der Personen auf dem Bildschirm darauf zu schließen, wie sich die Musik anhören könnte. Nach einer Weile stellen Sie den Ton wieder an und stellen fest, wie gut «eingestimmt» Sie waren.

7. «*Nun ade, du mein lieb Heimatland*...» Legen Sie eine Heimatliebe vermittelnde Schallplatte oder CD auf. Schließen Sie die Augen, und hören Sie sich die Musik an. Womit transportiert sie Heimatliebe? Welche Bilder löst sie in Ihrem Geist aus? Wie kam es, daß die Musik in Ihnen diese Bilder hervorruft?

Wir lernen Klänge zu schätzen, indem wir zuhören. Wenn man Klängen zuhört – und sie nicht einfach nur «hört» –, dann werden sie zu Musik.[3]

8. *Akustische Erinnerungen.* Haben Sie Ihre eigene Titelmusik oder Ihre eigene Erkennungsmelodie? Ihren eigenen Soundtrack? (Jede Situationskomödie hat einen!) Wenn ja, wo hat diese Musik ihren Ursprung? Wie ist sie zu diesem Platz in Ihrem Leben gekommen? Können Sie sich daran erinnern, wie Sie die Musik, die nun «*Ihr* Soundtrack» ist, zum erstenmal gehört haben? *Was* ereignete sich in diesem Moment? *Wo* befanden Sie sich? *Wann* war es? *Wer* war bei Ihnen – physisch, mental oder spirituell? *Wie* kam es ursprünglich zu der Verbindung zwischen Ihnen und Ihrer Titelmusik? Hat diese Musik noch die gleiche Wirkung auf Sie wie in dem ursprünglichen Augenblick?

Die Bestätigung geht natürlich nicht von den Worten selbst aus, sondern von dem, wofür sie stehen. Sie kommt zum Tragen, wenn sich die Person tatsächlich gehört *fühlt*. Eine bestimmte Geschichte aus dem eigenen Leben braucht nicht besonders wichtig zu sein. Aber sie mitzuteilen erzeugt ein Gemeinschaftsgefühl – von Herz zu Herz.[4]

9. *Zeitreisen.* Hören Sie sich ein Musikstück aus Ihrer Kindheit an. Welche Erinnerungen werden in Ihnen ausgelöst? Können Sie sich entsinnen, wie alt Sie waren, als Sie die Musik zum erstenmal hörten? Wie haben Sie oder die Menschen, die für Sie wichtig waren, ausgesehen? Was hatte dieses Musikstück oder dieser Satz an sich, daß er für Sie zu etwas Besonderem wurde? (Siehe die Musik-Menüs 7 bis 11, S. 198–203).

Stellen Sie sich einen einzelnen, reinen Ton vor, der endlos durch die Zeit schallt. Hören Sie zu, wie er in der Entfernung verklingt. Ihm mit Ihrem inneren Ohr folgend, gestatten Sie ihm, Sie dorthin zu bringen, wohin er will.

Weitere Vorschläge in Sachen Zuhören

- Seien Sie authentisch in Ihren Gesten und Reaktionen.
- Stellen Sie sich auf Menschen als Individuen ein – darauf, wie jeder einzelne in diesem Augenblick «ist», nicht darauf, wie dieser Mensch beim letztenmal «war», als Sie mit ihm gesprochen haben, und auch nicht darauf, was Sie meinen, wie dieser Mensch möglicherweise «ist» oder sein «könnte», noch darauf, wie er sein «sollte».
- Versuchen Sie soweit wie irgend möglich auf Beurteilungen zu verzichten. Gestehen Sie der Person die Sorgfalt und den Respekt zu, die Sie sich für sich selbst wünschen.
- Seien Sie sich innerer Einflüsse bewußt. Bleiben Sie sich Ihrer eigenen Ängste, Ihres Geisteszustands und Ihrer Vorurteile bewußt. Lassen Sie nicht außer acht, daß Ihr «psychischer Lärm» und Ihr inneres Echo möglicherweise das verschiebt, was der andere erzählt.
- Seien Sie sich äußerer Einflüsse bewußt. Machen Sie sich Ihre Grenzen klar; ziehen Sie Trennungslinien. Hören Sie auf Ihren inneren Puls. Seien Sie entschieden in bezug auf Themen oder Bereiche, über die Sie nicht gerne sprechen möchten (Politik, Religion, persönliche oder sexuelle Angelegenheiten, besondere Ängste).
- Machen Sie sich das Vorhandensein von «Filtern» bewußt. Was oder wie etwas gesagt wird, ist immer in den individuellen Eigenschaften der Person und darüber hinaus auch in zahlreichen anderen Faktoren wie etwa dem kulturellen, sozialen oder ethnischen Hintergrund verankert.

- Hören Sie die Not, die in der Stimme eines jeden mitschwingt.
- Machen Sie sich bewußt, daß die wahre Bedeutung der Botschaft über die bloßen Worte hinausgeht. Sie liegt in der Melodie, der Tonhöhe und der Lautstärke des Mitgeteilten.

«Ich *höre* doch zu...» – «Hör besser *genau* zu...» – «Du
solltest mir genau zuhören...» – «*Nie* hörst du mir zu...» –
«Hör mir *endlich* zu...»

Zuhören ist ein Prozeß, kein Ziel und auch kein Mittel zum
Zweck.

KLANG-IDEE
Bevor Sie singen, atmen Sie.
Bevor Sie antworten, hören Sie zu.

TEIL IV

Spezielle Themen

Ich beneide das Kind,
weil ihm noch Myriaden von Klängen
zu entdecken bleiben.

22

Zentrierung (Stille)

Wenn alles andere versagt, vergiß nicht,
du hast das Recht zu schweigen.

In den letzten Jahren sind immer mehr Menschen zu mir gekommen, weil sie sich für «Zentrierung» oder das Erlangen eines
inneren Gleichgewichts interessierten. Ob dies nun in der Ein-
zeltherapie, bei Workshops oder im Verlauf von Alltagsgesprä-
chen zum Ausdruck gebracht wird, die Frage danach, wie man
Körper, Geist und Seele miteinander in Einklang bringen kann,
stellt sich immer auf die gleiche Weise: «Wie kann ich mich
zentrieren?»

Was ist Zentrierung? Für mich bedeutet es, über eine gewisse innere Ruhe zu verfügen, ausgeglichen, gelassen und mit
sich selbst im reinen zu sein.

Unabhängig von der persönlichen Definition dieses Be-
griffs, muß jeder seine eigene Art finden, sich zu zentrieren. Mir

fällt dies am leichtesten, wenn ich ein Instrument spiele. Folglich ist meine Antwort auf die Frage: «Welche Methode ist zu empfehlen, um sich zu zentrieren?» die Gegenfrage: «Haben Sie ein Instrument?» Dabei geht es gar nicht einmal darum, daß der Betreffende ein Musikinstrument spielt, sondern lediglich darum, ob er eines *besitzt* oder *Zugang* dazu hat.

Ich habe viele sehr begabte Musiker kennengelernt, die rasch einen Punkt innerer Ruhe erreichen, indem sie sich sozusagen in ihr Instrument versenken. Es kann dann vorkommen, daß ein ahnungsloser Spaziergänger stehenbleibt und es fast nicht über sich bringt, wieder zu gehen. Oft reicht es schon aus, sich in der Nähe eines zentrierten Menschen aufzuhalten, um einen beruhigenden Einfluß zu spüren. Es fühlt sich einfach gut an.

Ich hatte das Glück, einen solchen Zustand vor zwei Jahren während eines Konzerts in der Kapelle der Bucknell University zu erleben. Der tibetische Flötist Nawang Khechog ergötzte die Zuhörer mit einer Mischung aus Chanting und seiner meisterhaften Beherrschung des Holzblasinstruments der australischen Aborigines, des Didgeridoo. Obwohl die Klänge, die er seinem Instrument entlockte, äußerst erhaben waren, schien alles der tiefen Stille untergeordnet, die aus dem Zentrum seiner Leidenschaft widerhallte. Ein paar Augenblicke lang fühlte es sich so an, als vibriere das gesamte Publikum in einem gemeinsamen Mittelpunkt.

> Es ist, als könnten wir in die Bäume hineinatmen und sie zum Sprechen bringen. Wir halten einen Zweig in Händen, blasen in ihn hinein, und er stöhnt, er singt.[1]

Es ist keine Frage, daß die meisten von uns nicht so begabt darin sind wie Meister Khechog. Doch habe ich mit einer Vielzahl von Leuten gearbeitet, die nichts über Musik wußten und über keinerlei musikalische Begabung verfügten, die aber mit Hilfe von Musikinstrumenten ein tiefes Gefühl inneren Friedens oder der Zentriertheit erreicht haben. Die Herangehensweise ist, dem Taoismus entsprechend, recht einfach. Sie hat etwas mit «sein» statt mit «sein wollen» zu tun, mit «loslassen» statt «tun». Damit, im «*Hör* und Jezt» zu sein, statt sich über Früher und Später Sorgen zu machen (siehe die Kapitel «Sein *statt* sein wollen», S. 339, «Loslassen», S. 325, und «*Hör* und Jetzt», S. 317).

ÜBUNG 26

Klangkonvergenz

Durch eine musikalische Erfahrung
können wir unseren Kopf leeren, indem wir unsere Befangenheit
überwinden und vielleicht, einen Augenblick lang,
unseren Brennpunkt erkennen.

Wenn Sie Zugang zu einem Klavier haben, dann probieren Sie das Folgende aus:

1. Setzen Sie sich an das Klavier, und suchen Sie einen Ton aus, irgendeinen, der sich gut anhört oder «anfühlt». Wählen Sie auf Ihrem Instrument einen Ton, der sich im Gleichklang mit Ihren gegenwärtigen Schwingungsbedürfnissen befindet.
2. Sobald Sie den richtigen Ton gefunden haben, legen Sie Ihren Finger leicht auf die Taste. Schließen Sie die Augen, atmen Sie gleichmäßig und natürlich ein und aus. Drücken Sie nun mit dem Finger die gewählte Taste, und halten Sie sie in dieser Stellung fest.
3. Hören Sie nun den Ton an, so lange, bis er verklungen ist.
4. Während Sie mit dem Finger weiter die Taste hinunterdrücken, spüren Sie die entstehenden Schwingungen, die Ihren Finger hinaufsteigen, durch die Länge Ihres Armes und in Ihren Körper hineinfließen.

5. Schlagen Sie immer wieder die gleiche Taste an, um den gleichen Ton hervorzubringen, bis Sie fähig sind, der entstehenden Vibration bis in Ihr Zentrum hinein zu folgen.

6. Spielen Sie den Ton immer wieder, bis er Sie an einen Ort führt, den Sie als Ort der inneren Gelassenheit, der inneren Ruhe erkennen, an dem die Stille so tief ist, daß sie tatsächlich alle anderen Geräusche übertönt.

Sollten Sie keinen Zugang zu einem Klavier haben, so läßt sich die gleiche Übung auch mit fast jedem anderen Instrument durchführen. Ich habe festgestellt, daß hierfür Glockenspiele, Trommeln (oder andere Perkussionsinstrumente), Gitarren (oder andere Saiteninstrumente), Keyboards (oder andere Tasteninstrumente) sowie verschiedene Blech- und Blasinstrumente, darunter die simple Mundharmonika, die Blockflöte und die Groschenflöte, besonders geeignet sind.

Das Tao der Musik stellt, einer seiner Definitionen nach, ein Gleichgewicht dar. Wie bei allen anderen Dingen geht es auch hier um die Dualität von Yin und Yang. Positives kommt nicht ohne Negatives aus, Klang nicht ohne Stille.

Stille

Ist Klang das Fehlen von Stille oder Stille das Fehlen von Klang?

In der Mitte allen Klangs steht die Stille. Jeglicher Klang steigt aus der Stille auf und fällt in sie zurück. Zuhören ist die Kunst, die Stille zu entdecken. Stille ist der Schlüssel zu den vielen Abenteuern, die die Welt des Klangs zu bieten hat. Durch Stille sind wir wahrhaft sicher und frei. Wir kennen den Anfang, und wir kennen das Ende.[2]

Stille umgibt uns, innen wie außen. Jeglicher Klang erwächst aus der Stille. Alle Klänge enden dort. Jedesmal, wenn Sie einen Ton hören – irgendeinen Ton –, erleben Sie lediglich ein vorübergehendes Überlaufen des kollektiven Klanguniversums in die Stille hinein. Während Ihres Lebens entdecken Sie ständig neue Wege, um die verschiedensten Klänge und Geräusche in ihren stillen Zufluchten freizusetzen. Zupfen Sie zum Beispiel ein a auf einer Gitarrensaite, und die Vibrationen dienen als Schlüssel, um diesen bestimmten Klang aus dem heraus freizusetzen, was noch vor einem Augenblick reine Stille war. Sobald die Vibration aufhört, zieht sich das a sofort in das «stille Universum» zurück und ruht dort, bis es erneut zum Leben erweckt wird.

Stille ist entscheidend, um einem Klang Raum und Bedeutung zu geben, und kann nahezu als eigenständiges Element empfunden werden.[3]

Der Klang ist, wie alles andere in unserer Welt, flüchtig und befristet. Seine Kurzlebigkeit macht seine Gegenwart und unsere Suche nach ihr sogar noch verführerischer. Schlagen Sie eine Trommel, und hören Sie zu, wie die feinfühlig proportionierten Vibrationen genau die richtige Energiemenge erzeugen, um die vertrauten Töne aus dem «stillen Universum» heraus freizusetzen.

Alles in der Natur hat seinen ureigensten «Schlüssel», der, wenn er richtig gedreht wird, seinen eigenen speziellen Klang aus der Stille heraus freisetzt. Die Wellen der Ozeane erfüllen eine endlose Mission, indem sie ihr Ungestüm an ihrer immerwährenden Bestimmung auslassen – an den Küsten, die ihre unnachahmliche Melodie an den stillen Stränden anstimmen. Vögel sind fähig, kleine, doch beneidenswerte Klangregenbögen aus dem stillen Ambiente jeglicher Umgebung heraus freizusetzen. Jede Vogelart verfügt über einen eigenen Klangschlüssel, der Töne wie kein zweiter zu Gehör bringen kann. Der Wind bedient sich jeden Winkels und jeder Ritze, die er finden kann, um der Natur ihre verblüffende Klangvielfalt zu entlocken. Haben Sie keine Angst vor der Stille; hören Sie ihr einfach zu.

Wenn Sie heute durch ihre Tagesaktivitäten treiben,
dann dämpfen Sie jeglichen Klang mit einer «Auszeit»,
einer kleinen Dosis Stille. Gleichgewicht.
Der Durst sorgt dafür, daß wir den Geschmack
des Wassers um soviel mehr zu schätzen wissen.
Suchen Sie Ausgleich.

ÜBUNG 27

Das eigene Zentrum finden

Sich zu zentrieren oder das Gleichgewicht des Selbst zu finden
beginnt mit dem Stillwerden... und endet mit der Stille.
(Siehe auch die Abschnitte «Rhythmische Synchronität», S. 353,
und «Psychischer Lärm», S. 358).

1. Wählen Sie ein Musikinstrument aus, zu dem Sie Zugang haben, und spielen Sie einen einzigen Ton. Hören Sie dem
Ton genau zu, und folgen Sie ihm, bis er sich vollständig aufgelöst hat. Während der Ton verblaßt, werden Sie sich willentlich
Ihres inneren Klangs, Ihrer Atmung, Ihres Pulses und Ihres
Herzschlags bewußt.

2. Während Sie atmen und sich auf das *«Hör* und Jetzt»
konzentrieren, horchen Sie darauf, wie Ihr Wesenskern Ihre
inneren Ressourcen zusammenzieht.

3. Sollten Sie kein Instrument zur Hand haben, dann verwenden Sie irgendeinen anderen Gegenstand, mit dem sich
Töne erzeugen lassen, wie etwa ein Glas, ein Möbelstück aus
Holz, eine Kiste, einen leeren Kanister, oder summen Sie einfach. Spielen Sie mit dem «Instrument», bis in Ihnen ein Gefühl
der Verbundenheit mit ihm aufsteigt. Dies kann ein paar Sekunden oder mehrere Minuten dauern, also fahren Sie einfach

weiter darin fort, den Klang freizusetzen und ihm zu folgen, bis Sie spüren, daß Sie sich mit ihm verbinden.

4. Sobald Sie diesen Punkt des Angeschlossenseins gefunden haben, fangen Sie an, den Klang selbst einzuatmen oder aufzunehmen. Indem Sie den Ton als Ihren Brennpunkt benutzen, folgen Sie seinem Echo in die Tiefen Ihres inneren Seins, seinem Echobild in den Kern Ihres Geistes. Spüren Sie, wie die Vibrationen Ihr Knochenmark durchdringen. Folgen Sie den Klangwellen mit Ihrem inneren Ohr, und hören Sie, wie sie mit Ihrer Intuition, dem Zentrum Ihrer Persönlichkeit, zusammenfließen.

5. Spüren Sie, wie sich der Ton einer Spirale gleich in Sie hineinwindet. Während Sie dem Ton und der Ton Ihnen folgt, lassen Sie es zu, daß Ihr inneres Ohr den Ruhepunkt der Stille lokalisiert, der sich genau an der Schnittstelle zwischen innerem Lärmen und äußeren Klängen befindet. Die Vibrationen begleitend, die einander von Natur aus aufheben, geben Sie sich dem aufsteigenden Versöhnungsgefühl hin. Mit stabilisierten Vibrationen stimmen Sie sich nun auf diesen inneren Raum der Stille ein, in dem sich die Essenz Ihres Gleichgewichts befindet, diese innere Stille direkt unter der Oberfläche.

Zusatzübung: Gestehen Sie sich eine «ausgleichende Pause», eine innere «musikalische Massage» zu. Entscheiden Sie sich für ein besonders beruhigendes, meditatives Musikstück. Finden Sie einen ruhigen und bequemen Platz. Verwenden Sie möglichst Kopfhörer, um sich von aller äußeren Ablenkung oder von unerwünschten Geräuschen abzuschirmen. Gestatten Sie Ihrem Geist mit der von Ihnen ausgewählten Musik, die Sie nach innen, in Ihr Zentrum führt, zu fließen. Folgen Sie den sich windenden Melodien, so gut Sie es vermögen, der Musik, die Sie auf verschlungenen Wegen ..., im Inneren kreisend, Ihre Gedanken auflösend ..., zentriert.

♪

Musik-Menü 16
Zentrierungsmusik

Gabrielle Roth and The Mirrors: *Ritual* (2052)
Tony Scott: *Music For Zen Meditation* (6409)
R. Carlos Nakai: nach Belieben
George Winston: nach Belieben
Steven Halpern: *Spectrum Suite* (7552)
Paul Horn: *Inside the Taj Mahal* (Teil 1 oder 2)
  (4626, 4687)
Beethoven: Sonate Nr. 14, op. 27,2, in cis–Moll
  («Mondschein»)
The Benedictine Monks of Santo Domingo de Silos:
  Chant
Montserrat Figueras: *El Canto De La Sibilia I/II*
  (9650/9651)
Hans de Back: *Gong Meditation II* (0428)
Hans de Back: *Singing Bowl Meditation I*
  (Tibetische Klangschalen) (0425)
Rainer Tilmann: *Shabda. The Purity of Sound* (Klangschalen)
  (0429)
Barramundi: *Didgeridoo: Music for Meditation* (0475)
Shanghai Chinese Traditional Orchestra: *Chinese Feng Shui
  Music: Schildkröte–Norden* (3174)

Zentrierung, inneres Gleichgewicht oder das Erlangen von Ausgeglichenheit ist nicht ausschließlich durch Meditation im Hi-
malaja, Chanting im Taj Mahal oder durch Levitation in einer
ägyptischen Pyramide zu erreichen. Indem wir den bereits beschriebenen und noch zu beschreibenden Übungen folgen, sind
wir fähig, die Essenz des spiralförmigen Weges zum inneren
Zentrum zu integrieren. Nachdem wir diese grundlegende Fähigkeit erlangt haben, können wir darin fortfahren, zu üben und

ein Gefühl des inneren Gleichgewichts oder der inneren Ausgeglichenheit zu erlangen, während wir den Abwasch machen, den Fußboden saugen, die Möbel abstauben, die Rechnungen bezahlen, fernsehen, abgefallene Blätter zusammenrechen, im Garten arbeiten, mit einem Freund sprechen, spazierengehen, in der Schlange beim Metzger anstehen oder unseren Weg durch den dichten Feierabendverkehr suchen. Indem wir üben, uns in solchen oder vergleichbaren Situationen zu zentrieren, entscheiden wir uns dafür, täglich «Harmonisierung» zu praktizieren, und gewöhnen uns daran, auf die Herausforderungen, vor die unsere alltägliche Umgebung uns stellt, zu reagieren oder eben *nicht* zu reagieren, mit ihr zu interagieren oder auch nicht.

ÜBUNG 28
Zentrieren mit Musik

Unser Zentrum ist am leichtesten zu erreichen,
indem wir unseren Verstand aller Theorien entkleiden
und unser Bewußtsein nach innen, auf die
gegenwärtige Erfahrung lenken.

1. Fangen Sie an, indem Sie sich einen Augenblick Zeit nehmen, um zu horchen, was Ihr Herz, Ihr Körper und Ihr Geist Ihnen mitzuteilen hat.

2. Wählen Sie Ihrem augenblicklichen Gefühl gemäß ein Musikstück aus, das Ihren *gegenwärtigen* Zustand so genau wie möglich widerspiegelt. Wenn Sie sich beispielsweise ruhig und entspannt fühlen, dann spielen Sie ein sehr beruhigendes Stück, und hören Sie ihm zu, wie es Sie in das Zentrum Ihrer internen Spirale führt. Eine Reihe von Musikvorschlägen können Sie dem nachfolgenden Musik-Menü «Meditationsmusik» oder dem Musik-Menü «Beruhigende Musik», S. 96, entnehmen.

3. Machen Sie sich Sorgen, sind Sie wütend, oder stehen Sie «unter Dampf»? Dann hören Sie sich ein sehr rauhes oder sogar nervendes oder wütendes Stück an, und folgen Sie ihm bis zu seinem Ende. Hier geht es darum, daß Sie ein Musikstück finden, das für Sie eine Verbindung zu *Ihren* Gefühlen im «Hör und Jetzt» herstellt (siehe auch das Musik-Menü «Stimulierende Musik», S. 52).

4. Wenn es in Ihrem Kopf vor «psychischem Lärm» nur so schallt und hallt, müssen Sie Ihre inneren Vibrationen an den Klang Ihrer äußeren Umgebung anpassen. Unterdrücken Sie den inneren Lärm, neutralisieren Sie die widerhallende Spannung, sorgen Sie dafür, daß die tobenden, plappernden inneren Stimmen sich zurückhalten. Bringen Sie die Kakophonie, das Hämmern der inneren Uneinigkeit zum Schweigen. Bei dieser Art des Herangehens handelt es sich weniger darum, den Gedanken Einhalt zu gebieten, als vielmehr darum, sie freizusetzen und von der Leine zu lassen! (Siehe auch die Musik-Menüs «Musik für den Umgang mit Wut», S. 116, und «Musik zum Loslassen», S. 337.)

Mit ein wenig Übung kann jeder von uns seine Fähigkeit verbessern, *unabhängig* von der augenblicklichen Tätigkeit ein Gefühl der inneren «Zentriertheit» zu erreichen. Der Trick besteht darin, *das, was wir tun*, mit vollem Bewußtsein zu tun, ganz und gar bewußt im Augenblick zu bleiben und bei dem, *wie* wir es tun.

♪

Musik-Menü 17
Meditationsmusik (CDs)

Hans de Back: *Singing Bowl II. Chakra Meditation*
(Klangschalen) (0426)
Christian Bollmann: *Drehmomente* (Obertonmusik) (0562)
Chaurasia: *Krishna's Flute* (indische Flöte) (2923)
David Darling: *The Tao of Cello* (Solocello) (3113)
Dik Darnell: *In the Presence of Angels* (Keyboards) (7017)
Claude Desarzens/Martin de Montague: *Nagual*
(u. a.) (Synthesizer) (6051)
Deuter: *Silence is the Answer* (2 CDs) (4616)
William Eaton: *Tracks We Leave* (Koto-Harfengitarre,
Flöten) (5300)
Brian Eno: *Thursday Afternoon* (Ambient) (2577)
Peter Michael Hamel: *Colours of Time/Bardo*
(2 CDs, Minimalmusik) (4646)
Iasos: *Timeless Sound* (Keyboard-Space) (7782)
Al Gromer Khan & Amelia Cuni: *Monsoon Point*
(Ambient Space & indischer Gesang) (4488)
Sven Grünberg: *Prana Symphony* (orchestral) (7601)
Dennis Keene: *Voices of Ascension: Music of Hildegard v. Bingen*
(1690)
Liquid Mind: *Slow World* (Synthesizer) (0499)
Jon Mark: *Land of Merlin* (Keyboards) (4694)
Ustad Nishat Khan & Binchois Ensemble: *Meeting of Angels*
(Gregorianik und Sitar) (2239)
Coyote Oldman: *In Medicine River* (indianisch) (5105)
Coyote Oldman: *Tear of the Moon* (5345)
Paul Sauvanet: *Nomad* (Orchester, Ethno, Ambient)
(9079)
Steve Roach: *The Magnificent Void* (Electronic Space)
(9062)

Ravi Shankar: *Spirit of India* (Sitar, Morgenraga) (1468)
Santo: *Oberton Chakra-Meditation* (Obertonharfe) (4436)
Tony Scott: *Music for Zen Meditation* (Klarinette, Koto,
  Shakukachi) (6409)
David Sun: *Eternal Spirit* (Streicher und Chorklänge)
  (7303)
Tabo: *Mandala in Stone* (Ambient, tibetische Mantras,
  Gitarre) (1895)
TUU: *Mesh* (Ambient-Space-Elektronic) (9078)
Michael Vetter: *Zen Glocken* (japanische Rin-Schalen u. a.)
  (1554)
VOX: *X Chants* (frühchristliche Gesänge für Frauen)
  (7494)
Klaus Wiese: *Koan* (Klangschalen, Keyboards) (0095)

Siehe auch das Musik-Menü «Mantrische Musik», S. 423.

23

Kreativität

Trott geht nicht im Pferd, aber Pferd geht im Trott.

Wie oft hören wir den Satz: «Ich bin einfach nicht kreativ genug!» Und wie oft stimmen wir reflexartig oder aus Gewohnheit dieser «Beobachtung» zu und reagieren mit den Worten: «Ich leider auch nicht.»

Viele von uns sehen in der Kreativität etwas nahezu Magisches. Eine gefeierte Spezialität, im Augenblick der Empfängnis oder zum Zeitpunkt der Geburt gewährt, anderen vorbehalten. Leonardos *Mona Lisa*, also das war eine kreative Leistung! Wie ist es mit Bachs *Brandenburgischen Konzerten*? Einfach genial! Genauso wie Michelangelos herrliche Skulptur des David. Und was ist mit Händels *Messias*, Beethovens «Neunter» oder Mozarts *Eine kleine Nachtmusik*? Also die waren wirklich innovativ! Und dann sollten wir auch die Werke von Shakespeare, Wordsworth,

Hemingway und Poe nicht vergessen. Äsops *Fabeln*, die Märchen der Brüder Grimm und *Alice im Wunderland* von Lewis Carroll. Was ist mit den Ideen von Freud, Jung, Einstein und Maslow? Oder wie steht es mit mehr zeitgenössischen Phänomenen wie Stephen Hawkings Theorien, *Sgt. Pepper's Lonely Hearts' Club Band* von den Beatles, Pink Floyds *The Wall*, Marvin Gayes *What's Going On*?, den Filmen von Disney und Spielberg, Bob Kanes *Batman*, Siegels und Shusters *Superman*; Charles Schulz' Peanuts, Bill Wattersons wunderbaren Figuren Calvin und Hobbes und Scott Adams Dilbert? Kreativität feinster Ausprägung!

Aber ist denn Kreativität etwas, das man ausschließlich mit den Künsten assoziieren darf? Was ist mit großartigen architektonischen Leistungen wie dem Taj Mahal, dem Eiffelturm, den Pyramiden? Und wie steht es mit weltbewegenden Erfindungen wie etwa der Druckerpresse, der Glühbirne, dem Flugzeug, dem Auto, dem Grammophon, modernen Computern oder der Lasertechnologie? Oder mit historischen Dokumenten wie der Magna Carta, Lincolns Erklärung zur Sklavenbefreiung, der Menschenrechtscharta der Vereinten Nationen? Ist also Kreativität eine Qualität, die nur im Reich des Genius im Überfluß vorhanden ist?

Nicht wirklich. Tatsächlich sind Kreativität und Intelligenz nicht direkt aufeinander bezogen. Obgleich eine grundlegende Intelligenz erforderlich ist, damit wir uns überhaupt kreativ ausdrücken können, ist es möglich, daß Menschen im höchsten Maße intelligent, aber nicht in ebensolchem Maße kreativ sind, und umgekehrt. Ein weiterer Faktor ist der fehlende Anreiz in unserer Kultur, im Rahmen der vorhandenen Erziehungssysteme Kreativität überhaupt zu entwickeln. Statt Kreativität zu belohnen, neigen die meisten Lehranstalten – von der Grund- bis zur Hochschule – dazu, Künstlertum, Vorstellungskraft und Kreativität (Aktivitäten der rechten Gehirnhäfte) abzuwehren, während sie logisches Denken und lineare, traditionelle Verarbeitung und Gedächtnisleistung (Aktivitäten der linken Gehirnhälfte) fördern. Als ich in der Schulbehörde nach den Gründen für diese Tatsache fragte, wurde mir gesagt: «Kreativität kann man schlecht lehren oder benoten.» Eine Antwort, die selbst schon von wenig Kreativität oder Vorstellungskraft zeugt.

Für mich kann Kreativität als die Fähigkeit definiert werden, was immer da ist, zu benutzen, um ein Bedürfnis zu erfüllen, sich die Zeit zu vertreiben und allgemein das Beste aus den Talenten zu machen, über die man verfügt; sich etwas auszudenken, das auf irgendeine Weise für einen selbst oder andere hilfreich oder nützlich ist. Eine wirkungsvolle Methode, Schnee zu schippen, Blätter zusammenzurechen, den Rasen zu mähen, den Abwasch zu machen, die Wäsche zu legen, rechtzeitig an einem Ziel einzutreffen und dabei dem lästigen Verkehr aus dem Weg zu gehen oder das Haus sauber und ordentlich zu halten, ist dem Wesen nach ebenso kreativ und oft sehr viel nutzbringender als das Hervorbringen großer architektonischer oder künstlerischer Meisterwerke.

Gewöhnliche Leute, die gewöhnliche Dinge tun, sind sich oft ihres hohen kreativen Niveaus nicht bewußt. Die komischen Gewohnheiten meines Großvaters Paco, die Näharbeiten meiner Großmutter Fina, die Gerichte meiner Mutter, die Baseball-Geschichten meines Vaters – also *die* waren kreativ! Kreativität kommt ins Spiel, wenn sich eine Familie mit sechs Kindern ein Badezimmer teilt. Sie gedeiht in Personen mit durchschnittlicher Intelligenz, die alle, auch die Schulleitung, in Erstaunen versetzen, wenn sie ihren Schulabschluß mit «eins» machen. Sie hallt in Familien mit zwei oder mehreren volljährigen Kindern, aber nur einem Auto wider. Sie ist das, was Menschen besitzen, die dort Chancen wittern, wo alle anderen nur Hindernisse sehen, sie schlummert in Kindern, die über einen alten Pappkarton stolpern und einen Schlitten finden, oder in Unternehmern, die etwas von einem Marktdefizit hören und deshalb einen Trend voraussehen.

Einer der kreativsten Menschen, denen ich jemals begegnet bin, betrat in Gestalt einer 82jährigen Frau mein Büro. Sprühend vor Energie, machte Charlotte einen Termin mit mir aus, um die

«Übergänge ihres Lebens» zu besprechen und um tiefere Einblicke in die Psychodynamik ihrer persönlichen Welt zu erhalten. Vor Jahren, als sie in den 40ern war, hatte man bei Charlotte, einer sehr begabten Näherin, Arthritis diagnostiziert. Damals setzten die Ärzte sie widerwillig davon in Kenntnis, daß ihr Zustand sehr ernst war und daß sie über kurz oder lang ihr wunderbares Hobby, mit dem sie der Welt ihren Stempel aufdrückte, würde aufgeben müssen. Für Charlotte war Nähen die Mission ihres Lebens, das, was sie besser konnte als irgend jemand sonst in der Familie. Abgesehen davon, daß sie für ihre Näharbeiten «bekannt war», war Nähen, nach ihrem Verständnis, auch das, «was sie war».

Unmittelbar, nachdem man ihr die Diagnose mitgeteilt hatte, setzten die Ärzte die traurige Charlotte unter Medikamente und überwiesen sie an einen Physiotherapeuten. Obgleich ihr die Übungen bis zu einem gewissen Grad halfen, empfand sie sie doch auch als ermüdend und langweilig. Ihrer Meinung nach hatten die Ärzte sie «von der Weide genommen» und ihr die Rolle der «ältlichen Dame» zugewiesen, ohne die geringste Vorstellung davon zu haben, wer sie war oder was ihre Talente ihr oder ihrer Familie bedeuteten. Ungeachtet der Folgen, nähte sie trotz wachsender Schmerzen und rasch abnehmender Fingerfertigkeit und Augen-Hand-Koordination weiter.

Ein paar Monate später, als Charlotte zu Hause saß und im Fernsehen ein Konzert verfolgte, stellte sie fest, daß die Bewegungen, die der Harfner vollführte, jenen ähnelten, die der Physiotherapeut ihr beigebracht hatte. Am folgenden Tag tätigte Charlotte eine Reihe von Anrufen, bis sie schließlich einen Harfenlehrer gefunden hatte. Von dem Lehrer als seine älteste Schülerin willkommen geheißen, begann Charlotte, die Musik zwar mochte, aber niemals zuvor darin unterwiesen worden war und auch nie den Wunsch verspürt hatte, ein Instrument zu lernen, mit ihrer Ausbildung. Fast sofort, so erzählte Charlotte, spürte sie «die heilenden Kräfte der Harfe» durch ihre Hände vibrieren. Je mehr sie spielte, desto besser fühlte sie sich und desto flüssiger und müheloser konnte sie ihre Hände bewegen. Es dauerte nicht lange, und ihre frühere Koordinationsfähigkeit und Handbeweglichkeit waren wiederhergestellt. Nach Charlottes Meinung war für sie nicht nur das Zupfen und Anschlagen der Saiten heilsam, sondern auch die ganze Schwingungserfahrung, die ihr zuteil wurde, wenn sie das Instrument, das eine unglaublich belebende Wirkung zu haben schien, dicht vor ihren Körper hielt.

Die Auswirkungen dieser musikalischen Übungsstunden gingen weit über die Wiederherstellung ihrer Fähigkeiten als geschickte Näherin hinaus. Sobald Charlotte mit der Musik allgemein auf vertrauterem Fuß zu stehen begann, fing sie an, eine Verbindung zwischen Menschen und der Musik, die sie bevorzugten, zu erkennen. «Na, Sie wissen doch, wie die Leute anfangen, ihrem Hund ähnlich zu sehen?» erklärte sie. «Also ich finde, sie sehen auch so aus wie die Musik, die sie hören, und fühlen sich außerdem so an!» Als Folge dieser Beobachtung entwickelte Charlotte eine erstaunlich innovative Herangehensweise an ihre Näharbeiten.

Da sie sich durch die Musik belebt und motiviert fühlte, gab sie der seit langem bestehenden Nachfrage der Gemeinde nach, ihre Näharbeit auch außerhalb des Familienkreises zu betreiben. Charlotte stellte zwei einfache Bedingungen an jene, die ihre Dienste in Anspruch nehmen wollten. Erstens mußten sie selbst zu ihr kommen, wenn sie einen Auftrag erteilen wollten. Zweitens sollten sie Charlotte mit Proben ihrer Lieblingsmusik versorgen, die sie anhören konnte, während sie an dem bestellten Kleidungsstück arbeitete. «Ihre Vibrationen decken sich mit jener der Musik, die sie mögen», erzählte sie. «Indem ich mir während der Arbeit ihre Musik anhöre, kommen ihre Vibrationen aus dem Stereogerät, durchdringen mich und fließen in das Kleidungsstück ein. Es ist wie Magie!»

Ebenso «magisch» waren auch die Produkte sowie das Feedback, das Charlotte von ihren Kunden erhielt. Niemand vermochte es sich zu erklären, wie diese Frau, nachdem sie ihre Auftraggeber nur einmal für ein paar Minuten gesehen hatte, jedem Kleidungsstück eine derart unverwechselbare persönliche Note geben konnte und, wie die Kunden es ausdrückten, genau «den Geist» dessen einzufangen vermochte, was sie sich vorstellten. Nachdem sie sich 50 Jahre lang darauf beschränkt hatte, schöne, verzierte Gewänder für ihre Familie zu nähen, entwickelte sie nun auf kreative Weise einen Weg, um die Kleidungsstücke von ihr fremden Menschen persönlich zu gestalten, indem sie sich hierbei auf das Gefühl verließ, das die Vibrationen der Lieblingsmusik ihrer Auftraggeber in ihr auslösten. Schon bald hatte der Tag nicht mehr genug Stunden, als daß Charlotte mit den Anfragen aus der näheren Umgebung hätte Schritt halten können, von den Kunden aus den umliegenden Gemeinden ganz zu schweigen. Zum Glück verlor sie sich selbst nicht aus den Augen, setzte sich Grenzen und beschränkte sich auf bestimmte Aufträge und einen angenehmen Arbeitsplan. Das war vor 32 Jahren. Bis zum heutigen Tag spielt Charlotte, nun 82 Jahre alt, Harfe, entwickelt neue Einsichten und schafft für ein paar wenige Glückliche wunderbare Kunstwerke.

Universal ist die Neigung des Menschen, aus Chaos Ordnung zu machen.[1]

Wir bringen einen bedeutenden Teil unserer Zeit damit zu, Struktur oder Disziplin herzustellen. Fast unaufhörlich suchen wir nach dem Warum, nach Lösungen, Bedeutungen und dem «Sinn». Ohne Aussicht auf Erfolg ringen wir endlos darum, Ordnung in dem Chaos zu schaffen, Substanz in der Leere zu finden. Wir verzehren uns nach Harmonie und Symmetrie, die uns helfen sollen, unsere Realitäten zu definieren. Letztendlich verschwenden wir bei all diesem «Wollen» nur unsere Kraft, unsere Motivation und unsere Kreativität.

Was würde also geschehen, wenn wir uns den Luxus erlaubten, uns jeden Tag ein paar Minuten Zeit für die Wiederherstellung unserer Ressourcen zu nehmen? Wenn wir die Gelegenheit ergreifen würden, auf das zu hören, was tief, ganz tief in unserem Inneren verborgen ist, ungehindert von Struktur und

Disziplin? Wenn wir die Stille der Leere genössen und uns vollkommen wohl und in Frieden mit dem uns umgebenden Chaos fühlten?

Obgleich Musik als einzigartiges und mächtiges Hilfsmittel eingesetzt werden kann, um Struktur oder Ordnung zu fördern, stellt sie doch eine ebenso wirkungsvolle Fluchtmöglichkeit vor der Wirklichkeit dar und vermag uns in das temporäre mentale und emotionale Rückzugsgebiet zu führen, in dessen Geborgenheit wir uns vor den Anforderungen der äußeren Welt sicher fühlen können. Indem sie uns durch unseren innersten «psychischen Lärm» hindurch- und aus ihm herausgeleitet, hilft sie uns außerdem, unsere selbstauferlegten Ängste und Begrenzungen zu umgehen oder zu transzendieren.

Musik trägt den Geist an einen anderen Ort und gestattet es ihm, frei und unbelastet umherzuwandern.[2]

Das Ziel der nachfolgenden Übung ist es, Ihnen bei der Befreiung von jeglichen Bindungen, die Sie an vergangene oder gegenwärtige Sorgen ketten, und von selbstauferlegten zukünftigen Begrenzungen oder Erwartungen zu helfen. Als Unterstützung bei dieser Übung sollten Sie entweder Musik auswählen, mit der Sie wenige oder gar keine Assoziationen verbinden (daß heißt, keinesfalls Musik, die alte Bilder wachrufen könnte oder mit der Sie eng vertraut sind), oder aber solche, die Sie besonders interessant oder faszinierend finden (dabei kann es sich zum Beispiel um «Weltmusik» handeln, in der Elemente aus exotischen Ländern Asiens, des Mittleren Ostens oder Afrikas enthalten sind, oder um Musikstücke, in denen Instrumente wie indische Sitars, tibetische Klangschalen, Drehleiern oder Äolsharfen gespielt werden, die zu hören Sie nicht gewohnt sind; vielleicht haben Sie aber auch Freude daran, Gregorianische Gesänge, keltische Musik oder Musik aus dem Mittelalter oder der Renaissance kennenzulernen). In der Tat bietet sich Ihnen hier eine hervorragende Gelegenheit, mit neuer oder ungewöhnlicher Musik zu experimentieren oder sich auf diesen be-

sonderen Soundtrack einzustimmen, den Sie für eine nicht alltägliche Gelegenheit aufgespart haben.

Die Freude des Tao ist vielerlei, doch vor allem ist sie die
Erkenntnis, daß wir Teil von etwas sind, das größer ist als
wir selbst, eines Musters unendlicher Schönheit, das uns im
Inneren wie im Äußeren umfließt.[3]

ÜBUNG 29
Kreativitätssteigerung

*Musik anzuhören, die in Ihrem Geist Bilder von
weitentfernten Orten oder aufregenden romantischen Abenteuern
malt, wird Sie mit neuer Inspiration erfüllen.*

1. Legen Sie entweder Block und Stift bereit, oder versehen Sie einen tragbaren Recorder mit einer Leerkassette und
Batterien. Ziehen Sie sich an einen ruhigen, bequemen Ort
zurück, an dem Sie sich ungestört 20 bis 30 Minuten hinlegen
oder hinsetzen können.
2. Treffen Sie eine musikalische Auswahl, die Sie Ihrer
Auffassung nach besonders inspirieren oder motivieren wird,
eine, von der Sie glauben, daß sie Ihre Muse wecken und Ihre
kreativen Säfte zum Fließen bringen könnte. (Entsprechende
Anregungen finden Sie in dem Musik-Menü «Musik für veränderte Bewußtseinszustände». S. 315).
3. Bevor Sie nun Ihren kreativen Trip beginnen, schließen
Sie die Augen, leiten die Tiefenatmung ein und erinnern sich
selbst daran, daß Sie im Begriff sind, eine Reise anzutreten, bei
der es keine Regeln, Erwartungen, keine Begrenzungen, kein
«sollte» und «müßte» gibt (siehe die Abschnitte «Erwartungen»,
S. 370, und «Sollte und müßte», S. 387).

4. Der Akt des Loslassens (siehe S. 325) ist für diese Übung besonders wichtig. Während Sie es den musikalischen Bildern gestatten, für Sie die Bahn freizumachen, erinnern Sie sich daran, daß Sie dem Weg folgen werden, wohin er Sie auch führen mag. Machen Sie sich bewußt, wie die Musik Sie von Ihren Begrenzungen befreit, Ihnen Zugang zu den archetypischen Mustern verschafft, die in der unendlichen Weite des Kollektiven Unbewußten kodiert sind.

5. Stellen Sie Ihren Recorder an, und initiieren Sie das «Verweilen in der Spirale» (siehe S. 442).

6. Achten Sie während des gesamten Verlaufs Ihrer kreativen Reise auf jegliche Empfindungen oder Bilder, die womöglich auftauchen. Nun, da die Musik Ihre inneren Bilder freisetzt und dann intensiviert, fühlen Sie, wie sie mit Ihrem emotionalen Charakter verschmelzen, ihn formen.

7. Nachdem Sie Ihren «besonderen Platz» (siehe S. 450) erreicht haben, bleiben Sie auch weiterhin offen für Farben und Formen, Ausmaße und Eigenschaften, Düfte, Geschmacksnoten und natürlich für Klänge, auf die Sie im weiteren Verlauf Ihrer Reise eventuell stoßen. Wenn Sie ihnen begegnen, dann spüren Sie, wie Sie mit ihnen fließen und tanzen. Ergeben Sie sich auch hier vollkommen der Musik.

8. Sobald die Musik Ihren «inneren Führer» (siehe den Abschnitt «Innere Führer», S. 453) freisetzt, geben Sie acht auf Stichworte, Hinweise und Vorschläge, die eine genauere Erforschung der unsichtbaren, Sie umgebenden Reiche verlangt. Denken Sie daran, daß hier, an Ihrem besonderen Platz, Ihre Fähigkeit, in das Unsichtbare zu blicken, belebt wird, also beobachten Sie. Ihr Verlangen, das Unhörbare zu hören, wird erfüllt, also hören Sie zu.

9. Nun, da Sie tiefer in Ihre inneren Welten eindringen, fließen Sie mitten zwischen den Klangwellen, schweben durch die Stille des Raums zwischen den Tönen. Sobald Sie in diese Höhlung gelangt sind, suchen Sie sich einen privaten Ort, an dem Sie dem Kern Ihres vibrierenden Seins entgegentreten können. Dort sind alle physikalischen Gesetze außer Kraft gesetzt

und alle Vorstellungen von ihren Schranken befreit. Hier ist endlich dieser lang schon verlorene Raum, an dem Sie in der Stille vibrieren und mit ihr tanzen können. An diesem tiefsten aller Orte haben Sie die Möglichkeit, neue Erinnerungen zu stimulieren und die Saat neuer Eindrücke einzusammeln.

10. Nachdem Sie die Zeit, die Sie brauchen, mit Ihrem inneren Führer verbracht haben, kehren Sie in die rhythmische Struktur der Musik zurück und gestatten es ihren musikalischen Mustern, Sie zu stützen und hinaufzuheben in die Welt der Resonanz und Dissonanz, der Harmonie und Diskordanz. Wenn Sie das Verweilen in der Spirale beendet haben und ins *»Hör* und Jetzt»* (siehe S. 317) zurückgekehrt sind, dann nehmen Sie sich die Zeit, jeden Gedanken, jedes Gefühl, jede Idee oder Impression, die Sie von Ihrem inneren Führer und Ihrem besonderen Platz mitgebracht haben, sofort aufzuschreiben oder auf Band zu sprechen.

11. Selbst beim Zurückkehren in die «wirkliche Welt» denken Sie daran, keines der Bilder und keinen der Klänge, die Sie aus Ihrem tiefsten Inneren mitgebracht haben, zu verlieren. Seien Sie sich dessen bewußt, daß dies ein Ort ist, an den Sie zurückkehren können, wann immer Sie wollen und sooft Sie es wünschen. Hierzu müssen Sie es lediglich Ihrem «akustischen Gedächtnis» (siehe S. 367) gestatten, das Verweilen in der Spirale auszulösen, Ihren Geist von Erwartungen befreien und ihn für die Harmonie öffnen, die im Chaos im Überfluß vorhanden ist.

12. Nachdem Sie von Ihrem musikalischen Verweilen in der Spirale zurückgekehrt sind, können Sie sich in einen stimulierenden, beruhigenden, meditativen oder inspirierenden musikalischen Hintergrund hüllen, der für das richtige Ambiente sorgt, damit Sie nun an einem persönlichen kreativen Projekt arbeiten können. (Siehe die entsprechenden Musik-Menüs «Stimulierende Musik», S. 52, «Beruhigende Musik», S. 96, «Meditationsmusik», S. 303, und «Inspirierende Musik», S. 88).

MUSIK-MENÜ 18

Musik für veränderte Bewußtseinszustände (CDs)

Mustapha Teffey Addy: *Secret Rhythms*
(afrikanische Trancetrommel) (1116)

Robin Adnan Anders: *Blue Buddha* (Perkussion) (0902)

Kevin Braheny & Tim Clark: *The Spell* (Synthesizers)
(9065)

Michael Danna: *Skys* (Space) (9032)

Dead Can Dance: *Spirit Chaser* (vokal) (1258)

Philip Glass: *Powaggatsi* (Minimal) (9954)

Philip Glass: *Kundun* (9755)

Michael Harner: *Drumming for the Shamanic Journey*,
Teil 1 (5208)

David Hykes & The Harmonic Choir: *Harmonic Meetings*
(Obertonchor, 2 CDs) (4628)

Olga Kharitidi & Jim Wilson: *Entering the Circle*
(sibirischer Schamane, Keyboards) (2180)

Nana Nauwald: *Ecstatic Trance* (Trance nach F. Goodman)
(0053)

Layne Redmond: *Since the Beginning* (Perkussion, Stimmen)
(0904)

Jorge Reyes: *Comala* (präkolumbianische Trance) (2089)

Jorge Reyes: *Tonami* (Flöten, Perkussion, Ambient) (2088)

Robert Rich & Alio Die: *Fissures* (elektronische Klangräume) (9076)
Steve Roach: *On this Planet* (Synthesizer, Perkussion, Gesang) (9082)
Steve Roach, Michael Stearns & Ron Sunsinger: *Kiva* (indianisch) (9056)
Steve Roach, Stephen Kent & Kenneth Newby: *Halcyon Days* (Space, Didgeridoo) (9072)
Moussa Rosenfeld: *Dance into Trance* (Gnawa-Trommel) (0098)
Gabrielle Roth and the Mirrors: nach Belieben
Tulku: *Trancendence* (Trance World Music) (2197)
V. A. ellipsis arts: *Angels in the Mirror. Vodou Music of Haiti* (3148)
Glen Velez & Howard Levy: *Border States* (Rahmentrommel, Mundharmonika) (0907)

Psychedelic (Ambient-)Trance
Akasha Project: *MDMA Tuning* (6775)
Alan Eskinasi & Jim Wafer: *Brainscapes* (0050)
Grosskopf/Göttsching/Ulbrich/Baltes: *Ashra* (6769)
Everybody's Neighbour: *Foundland* (5654)
Nicholas Naylor-Leyland: *Under Water Sleeping* (2068)
Sanjiva: *Initiation* (6640)
Star Sounds Orchestra: *Psy Force* (6708)
Sven Väth: *Fusion* (2708)
Trance Asia Express: *The Best of GOA Trance* (6774)
Universal Psychedelic Trance: *Travelling* (2 CDs, Compilation) (8092)
V. A. Hearts of Space: *Proto Ambient* (9105)

24

Hör und Jetzt

Jeder einzelne Augenblick in der Musik hat
eine Vergangenheit und ist das Vorspiel für eine Zukunft.
Unser Erfolg als Zuhörer besteht in unserer
wachsenden Fähigkeit, jeden Augenblick in einem immer
größeren Zusammenhang zu hören.

Musik ist zeitlos. Wir komponieren sie, spielen sie und hören sie
in der Gegenwart, hören sie in der Zukunft und erinnern uns an
sie in der Vergangenheit. Obwohl das Leben, wie wir es kennen,
nur im gegenwärtigen Augenblick stattfinden kann, scheint es
so, als ob wir uns bewußt und unbewußt besonders stark an-
strengen würden, das unvermeidliche «Hier und Jetzt» zu vermeiden. Folglich werden wir oft so sehr von unseren Sorgen
darüber, was sich «in der Vergangenheit» ereignet hat und wie
wir es «in Zukunft» besser machen können, mit Beschlag belegt,
daß wir uns selten die Tatsache klarmachen, daß wir «jetzt», zum
gegenwärtigen Zeitpunkt, leben. Als Meister der Verkleidung
greifen uns Ablenkungen entweder in ihrer positiven (Erfolg,
Freude, Unterhaltung, Humor, Lachen, Festlichkeit) oder in

ihrer negativen Form (Ängste, Sorgen, Befürchtungen, Schmerzen, Jucken, Enttäuschungen) an. Diese Ablenkungen bombardieren uns in jedem wachen Augenblick und sind so allgegenwärtig, daß wir nur die Möglichkeit haben, sie anzuerkennen («Ja, da sind sie wieder!») und die *bewußte* Entscheidung zu treffen, uns auf das zu konzentrieren, womit wir im Moment gerade beschäftigt sind.

Wenn man nicht mehr vorausdenkt, dann ist jeder Schritt nicht länger nur ein Mittel zum Zweck, sondern an sich ein einzigartiges Ereignis.[1]

Es ist noch nicht lange her, da hatte ich das Vergnügen, mit Nancy zu arbeiten, einer Frau, die nie genug Zeit hatte. Die 48jährige Mutter zweier Kinder berichtete, daß sie glücklich verheiratet, jedoch unzufrieden mit ihrem Leben im allgemeinen sei. Bereits am Anfang unserer ersten Sitzung ließ Nancy mich wissen, daß sie, soweit sie sich zurückzuerinnern vermochte, niemals fähig gewesen war, an irgend etwas Freude zu haben. Sie hatte das Gefühl, «zu schnell alt zu werden» und daß die Welt an ihr vorbeiging.

Im Verlauf unserer ersten Sitzung wurde rasch deutlich, daß Nancy versuchte, mir sehr grundlegende Informationen über sich selbst zu vermitteln. Ihr Kopf, so erklärte sie, habe die Neigung, auf Wanderschaft zu gehen. An einer Stelle unseres Gesprächs fragte ich sie, wo ihr Kopf denn jetzt sei. «Na ja, ... also hier!» antwortete sie zögernd. Nachdem ich ihre Aufmerksamkeit erregt hatte, nutzte ich die Gelegenheit, meinen Standpunkt weiter zu verdeutlichen, indem ich sie fragte: «Wo sind Sie *in der Zeit?*» Ihre erste Reaktion war, mich mit ihrem Lieblingssatz bekannt zu machen: «Ich habe keine Zeit für so etwas!» Nachdem sie jedoch einen Augenblick lang darüber nachgedacht hatte, bestätigte Nancy, daß sie sich gerade in der Zeit hatte treiben lassen. Tatsächlich hatte sie sich die vergangenen paar Minuten darüber Sorgen gemacht, wie verstopft die Straßen auf ihrem Rückweg nach unserer Sitzung (die Zukunft) sein würden, hatte im Geist einen Konflikt, den sie am Morgen mit einem Kollegen gehabt hatte, noch einmal durchgespielt (die Vergangenheit), hatte sich gefragt, was sie am nächsten Tag zur Arbeit anziehen würde (wieder die Zukunft), und sich schuldig gefühlt, weil sie am vorigen Abend eine Stunde «verschwendet» hatte, um sich eine Sondersendung im Fernsehen anzuschauen (nochmals die Vergangenheit). Sie erklärte, daß ihr Geist dies «ununterbrochen» so mit ihr mache, und war felsenfest davon überzeugt, daß sie keinerlei Kontrolle über diese Geschehnisse hatte.

Als wir uns mit Nancys Alltagsmustern eingehender befaßten, wurde deutlich, daß sie sich in der Tat während eines Großteils ihrer Zeit in der Zukunft oder in der Vergangenheit befand, entweder versuchte, Ereignisse, die vielleicht stattfinden würden, vorherzusagen oder ihnen zuvorzukommen, oder über Dinge nachdachte, die sie in der Vergangenheit hätte effektiver handhaben «müssen». Sie verschwendete unglaublich viel Zeit dafür, so gestand sie sich ein, Ereignisse «zu erwarten» und herauszufinden, «warum» sie stattfinden würden oder nicht und «warum» sie stattgefunden hatten oder nicht. Für Nancy, so kam es mir vor, gab es kein Jetzt. Nur «damals» und «später».

Im Verlauf weiterer Sitzungen erkannte Nancy allmählich, wie umfassend und tief verwurzelt ihre Vermeidung der Gegenwart war. Immer, wenn ihre Kinder zu ihr kamen, verschwendete sie einen Großteil ihrer Zeit damit, sich zu fragen, wie lange es wohl dauern würde, bis sie sie wieder einmal besuchen würden. Sobald sie fort waren, machte sie sich Sorgen darüber, ob ihnen der Aufenthalt bei ihr auch Freude bereitet hatte, und fragte sich, was sie sonst noch hätte tun, sagen oder ihnen vorsetzen können, um ihr Wohlbefinden zu vergrößern. Selten, wenn überhaupt, erinnerte sie sich daran, was sich während des Besuchs tatsächlich ereignet hatte. In meinem Büro dachte Nancy — eine Karrierefrau, die darauf bestand, daß ihr ihre Arbeit Spaß machte — die meiste Zeit darüber nach, was zu Hause noch zu erledigen sein würde. Den Abend selbst brachte sie dann in der Regel damit zu, darüber nachzugrübeln, welcher Teil ihrer

Arbeit nicht fertig geworden war und wie sie sich am nächsten Tag damit beschäftigen würde. In den Ferien, so offenbarte sie, verschwendete sie ihre Zeit damit, sich entweder Sorgen darüber zu machen, ob dies ihr letzter gemeinsamer Urlaub sein würde, und versuchte daher, frühere Erwartungen zu erfüllen, oder sie strengte sich an, einen Ausgleich für etwas zu schaffen, was sie in der Vergangenheit nicht miteinander erlebt hatten. Selbst beim Sex, gab sie zu, schweiften ihre Gedanken ab. Kurz: Jedes Ereignis war vorüber, noch bevor sie merkte, daß es überhaupt stattfand. Am Ende, so schien es, blieb Nancy kaum mehr als die Vorstellung, was sie hätte tun *können*, oder die Hoffnung, daß «nächstesmal» alles besser sein würde. Eines ihrer vorrangigen Ziele, so verkündete sie traurig, war es, «eines Tages damit anzufangen, Freude an den Dingen zu haben». Es war ein Wunder, daß sie zwischen dem Widerhall des Gestern und dem Lärm des Morgen überhaupt etwas zu hören vermochte!

Im Verlauf der nächsten paar Wochen vermittelte ich Nancy eine Reihe von Musik- und Klangtechniken – von denen viele in diesem Buch beschrieben und erklärt werden –, um sie darin zu unterstützen, ein besseres Gespür für das Augenblickserleben zu entwickeln. Durch diese Techniken erlangte Nancy langsam die Fähigkeit zurück, in der Gegenwart zu sein und das Leben so zu sehen und zu würdigen, wie es sich gerade darstellte. Statt sich darauf zu konzentrieren, was geschehen «könnte» oder «warum» in der Vergangenheit etwas geschehen war, gelang es ihr in wachsendem Maße, wahrzunehmen, *was* sich in der Gegenwart abspielte und *wie* sich die Ereignisse bei ihrem zufälligen Zustandekommen entfalteten. Mit zusätzlicher Übung vermochte sie immer besser, den Augenblick zu würdigen und sich darauf zu konzentrieren, wer sie in diesem Moment war, statt sich darüber den Kopf zu zerbrechen, wer sie gewesen war oder was sie vermutlich nie sein würde. Sie fand zu der Erkenntnis, daß sie mit 48 Jahren «gar nicht so alt» war. Die Details der Besuche ihrer Kinder standen ihr immer lebhafter vor Augen, und aus einer Woche Ferien mit ihrem Mann kehrte sie mit reichen Erinnerungen zurück.

Obwohl einige der «musikpsychologischen» Methoden, die bei Nancys Behandlung zur Anwendung kamen, speziell auf ihre Probleme ausgerichtet waren, handelte es sich bei den meisten um einfache, allgemeine Übungen, wie sie jeder ausprobieren kann. Eine dieser Übungen hieß «Jagd nach den Klängen» und beinhaltete, daß sie während ihrer morgendlichen Spaziergänge so viele Klänge und Geräusche wie möglich entdecken sollte. Wenn sie ein Geräusch hörte, dann sollte sie einfach Notiz davon nehmen, es in diesem Augenblick hören und dann weitergehen. Da ihre Spaziergänge sie in die Nachbarschaft führten, wo sie regelmäßig spielende Kinder sah, verlangte eine weitere Übung von ihr, sich willentlich bewußt zu machen, wie Kinder unweigerlich in den Augenblick eintauchen. Wenn sie anfing, darüber nachzugrübeln, wieviel besser es doch gewesen wäre, wenn sie zu diesen Einsichten zu einem früheren Zeitpunkt in ihrem Leben fähig gewesen wäre, dann riet ich ihr, sich einfach daran zu erinnern, daß immer in dem Augenblick «der richtige Zeitpunkt» für eine Erkenntnis gekommen war, wenn sie sich einstellte. Schließlich, weil ja alte Gewohnheiten schwer zu durchbrechen sind, schlug ich ihr vor, sich ab und an *bewußt* ein Abdriften zu gestatten. Im allgemeinen wurde sie ermutigt, ihren eigenen Rhythmen zu folgen und zu vertrauen und zukünftige Hindernisse und vergangene Sorgen zu transzendieren, indem sie den Wert des Alltäglichen anerkannte, genau zuhörte und bewußt bei den Dingen war, die sie gerade tat.

Sehr oft sprechen oder denken wir in der Vergangenheit («Ich wünschte, ich hätte das getan!») oder in der Zukunft («Damit werde ich mich später beschäftigen.»). Ihnen wird sicher mehrfach in diesem Buch der Ausdruck *«Hör* und Jetzt» aufgefallen sein. Mein Ziel war es, hiermit den Leser ständig aufs neue zu «wecken» und ihn aufzufordern, sich eines erkennbaren

Stichwortgebers (in Form von Musik, Straßenverkehr, Wind, Vogelgesang, der Klimaanlage, einer schnurrenden Katze, der Stimme eines Menschen, der eigenen Atmung) zu bedienen, um in der Gegenwart verankert zu bleiben. Der Ausdruck «*Hör* und Jetzt» soll den Leser außerdem dazu bringen, auf seine inneren (ebenso wie auf die äußeren) Dialoge zu hören.

> Jeder Augenblick ist der einzige, den es gibt. Dieser Moment ist nicht linear zu ermessen. Das Geräusch, das aus diesem Augenblick heraus entsteht, ist das einzige Geräusch. Es ist frei von Vergangenheit und Zukunft.[2]

Eine hervorragende Methode, um größere Geschicklichkeit darin zu entwickeln, jeden gegenwärtigen Augenblick zu erkennen und sich an ihm zu erfreuen, besteht darin, sich zu erden. «Die Technik des Sicherdens, mit deren Hilfe sich ein Mensch im Nu im Hier und Jetzt verankern kann, verlangt nichts anderes, als ein Musikinstrument zu spielen. … Das Instrument/die Musik schafft den Übergang, überbrückt innere und äußere Welten wie auch Vergangenheit und Gegenwart. Obgleich sich die Umstände der Vergangenheit vielleicht gar nicht verändert haben, wird eine neue Art der Bezugnahme entdeckt. … Musikalische Improvisationen verleihen dem Individuum die Macht zu reagieren. … Improvisation geht über das Aufzählen der Details, das Zusammenfügen der Geschichte, die Gefühle und die aktiven Reaktionen hinaus.»[3] Wenn Sie also Musiker sind, egal ob Anfänger, Amateur oder Fachmann, dann ist die Improvisation auf Ihrem Instrument eine ausgezeichnete Methode, um sich im «*Hör* und Jetzt» zu erden.

> Durch seine Improvisation «können wir hören, wie der Betreffende entsteht, während er eine Beziehung zur Zeit herstellt».[4]

Die Vorteile, die durch diese Technik zu erlangen sind, stehen selbstverständlich nicht nur Musikern offen. Obgleich viele der

Übungen in diesem Buch wirkungsvolle Möglichkeiten präsentieren, um den Nutzen der Erdung oder die Verstärkung des Augenblicksbewußtseins erfahrbar zu machen, scheinen mir die folgenden hierfür doch am besten geeignet.

- Übung 9: «Kontrolle aufgeben: Loslassen», Seite 137;
- Übung 20: «Verbesserung des Hör- und Kommunikationsvermögens», Seite 232;
- Übung 21: «Steigerung des Einfühlungsvermögens als Hörer», Seite 243;
- Übung 35: «Seinen mantrischen Klang finden», Seite 420.

Musik vermag uns das ewige Jetzt ins Bewußtsein zu rufen, weil sie ausschließlich in der Gegenwart erlebt werden kann.[5]

Zum Schluß versuchen Sie sich den Ausdruck *«Hör* und Jetzt» selbst als Stichwortgeber vorzustellen, der Sie daran erinnert, zuzuhören.

Die Aussage von Musik erfolgt von Augenblick zu Augenblick. Was sie zum Ausdruck bringen will, wird auf dem Weg durch die Zeit lebendig.[6]

KLANG-IDEE
Nichts ist Zufall.

25

Loslassen

Ein Lächeln klingt wie eine wunderschöne Melodie.

«Laß einfach los!» Es hört sich so einfach an. Tatsache jedoch ist, daß es nicht einfach ist. Ballen Sie Ihre Hand einen Augenblick lang zur Faust. Drücken Sie fest zu, und erhalten Sie die Spannung aufrecht. Drücken Sie zehn Sekunden zu und dann noch einmal zehn Sekunden. Spüren Sie bei jeder verstreichenden Sekunde, wie die Anspannung, der Streß, das unangenehme Gefühl in Ihren Fingern und in Ihrer Hand zunehmen. Machen Sie sich bewußt, wie gut Ihre Finger und Ihre Hand sich fühlen werden, wenn Sie loslassen und es der Faust gestatten, sich zu öffnen und in den Zustand von Frieden und natürlicher Entspannung zurückzukehren, in dem sie sich noch vor ein paar Sekunden befand. Nachdem insgesamt 20 Sekunden verstrichen sind, geben Sie sich selbst die Genehmigung, loszulassen und sich über diese Belohnung zu freuen. Von der Anstrengung befreit, fliegt die Anspannung davon wie ein Schmetterling aus einer Papiertüte.

Nachdem Sie die einfache Erfahrung, eine 20sekündige *freiwillige* Anspannung loszulassen, gemacht haben, stellen Sie sich vor, wie gut es sich erst anfühlen würde, all die Angelegenheiten, Gedanken, Gefühle, Sorgen, Befürchtungen, Besorgnisse, Ängste, Anspannungen und Kümmernisse loszulassen, an denen Sie sich seit Stunden, Tagen, Wochen, Monaten, Jahren festhalten!

Der Begriff «Loslassen» ist einer der vielen, die in diesem Buch widerhallen. Tatsächlich steht er sogar für eine der vorrangigen Vorstellungen, die den meisten der darin abgehandelten Themen zugrunde liegen. Aber *wie* kann es uns gelingen, wirklich loszulassen?

Wenn die Freude vorüber ist, sind sie noch immer nicht bereit, sie loszulassen: sie feiern ihr Andenken mit ritueller Verehrung, sie fallen auf die Knie, um über sie zu sprechen, sie spielen Musik und singen, fasten und disziplinieren sich zu Ehren der acht Freuden. Wenn die Freuden zur Religion werden, wie kann man sie dann unter Kontrolle halten?[1]

Obwohl der Begriff «Loslassen» in den letzten Jahren recht populär geworden ist, wird er von vielen Menschen noch immer mißverstanden im Sinne einer mystisch-magischen Vorstellung.

Loslassen bedeutet, an einer Sache beteiligt zu sein, ohne ihr verhaftet zu bleiben. Nehmen wir zum Beispiel einen Künstler, der für seinen Lebensunterhalt malt. Im Laufe seines Berufslebens wird er sicherlich eine Reihe von Werken schaffen, die eine ganze Menge persönliche Beteiligung erfordert gemacht haben. Um jedoch leben zu können, darf der Künstler seinen Werken nicht verhaftet bleiben, sondern muß sie letztendlich an denjenigen, der das höchste Gebot macht, verkaufen.

Wahrlich: Wer den *Weg* hat, weilt nicht dabei.[2]

Mit vergleichbaren Situationen sind jene konfrontiert, die in helfenden Berufen tätig sind (Sozialarbeiter, Therapeuten, Psychologen, Geistliche, medizinisches Personal). Obwohl Zuhören und Beistehen im «*Hör* und Jetzt» stattfinden, ist es, sobald die Interaktion vorüber ist, an der Zeit, emotional «loszulassen». Rettungssanitäter zum Beispiel werden oft mit schockierenden Ereignissen konfrontiert, auf die sie sich schnell und intensiv einlassen müssen. Sobald der Patient jedoch im Krankenhaus abgeliefert ist, muß der Mensch, der einen solchen Beruf ausübt, loslassen und jede Identifizierung mit dem Zustand der verletzten Person, egal wie schlimm dieser auch ist, aufgeben. Die Faustregel «jetzt zuhören, später loslassen» gilt für all jene, für die Zuhören ein wesentlicher Bestandteil ihrer Arbeit ist.

Die Kunst des Loslassens ist besonders für Psychotherapeuten, Ärzte und Angehörige ähnlicher Berufe wichtig, die eine herzzerreißende Geschichte nach der anderen zu hören bekommen. Ohne diese Fähigkeit kann es rasch zu einem berufsbedingten Ausbrennen kommen. Während persönliche Anteilnahme am Schicksal des einzelnen im «*Hör* und Jetzt» entscheidend für die klinische Arbeit ist, ist andererseits die Fähigkeit loszulassen ebenso zwingend erforderlich. Letztere hat nichts mit Distanziertheit oder Gleichgültigkeit zu tun, sondern mit Trennung durch emotionale Ablösung. Es handelt sich um eine einfühlsame Objektivität oder um eine Distanzierung von jeglicher Bindung, die, wie alles im Leben, zeitlich begrenzt ist.

KLANG-IDEE
Umgeben Sie sich sooft wie möglich mit Musik, und nehmen Sie eine «melodische Auszeit», um eines der exotischen Paradiese in Ihrem Kopf aufzusuchen.

Die Einfachheit des Loslassens wird veranschaulicht durch seine Allgegenwart in unseren alltäglichen Aktivitäten. Die folgenden Beispiele für das Loslassen werden häufig als selbstverständlich hingenommen:

- niesen;
- weinen;
- lachen;
- einschlafen;
- eine Mannschaft anfeuern;
- aus vollem Herzen singen;
- gähnen;
- seufzen;
- sich strecken;
- lächeln;
- einen Orgasmus haben.

Also hat Loslassen etwas mit Befreiung zu tun. Es ist nichts, was man aktiv «tut», sondern etwas, das man zuläßt, dem man nachgibt, dem man sich ergibt. Loslassen hat mit «sein» zu tun statt mit «sein wollen» (siehe das Kapitel «Sein *statt* sein wollen», S. 339). Als Prozeß jedoch kann es beim Loslassen darum gehen, aktiv auf die Veränderung ungewollter, ungesunder oder sogar funktionsgestörter Denkmuster und Verhaltensweisen, die der Lebensqualität entgegenstehen, hinzuarbeiten. In gewisser Weise ist Loslassen ein Tun, *ohne* zu tun.

Ein weitverbreitetes Problem, dem wir Psychologen begegnen, betrifft die Unfähigkeit einiger unserer Patienten, während des Geschlechtsverkehrs einen Orgasmus zu haben. Sylvia, eine 26jährige Frau, die erst vor kurzem geheiratet hatte, präsentierte mir eine solche Situation. Ihr Hausarzt ging davon aus, daß ihre Schwierigkeiten psychischer Natur waren, und überwies sie daher an unsere Praxis zur Beratung. Bei unserem ersten Zusammentreffen machte ich Sylvia den Vorschlag, einen Aufenthalt in einer sehr angesehenen Spezialklinik in Betracht zu ziehen, die nicht weit von ihrem Zuhause entfernt war. Doch sie zog es vor, zunächst einmal mit mir über die Angelegenheit zu sprechen.

Es wurde rasch klar, daß ihr Problem in ihrer Unfähigkeit loszulassen begründet war. Sylvia hatte das Gefühl, es einfach «zu sehr zu versuchen, es zu sehr zu wollen». Statt die Erfahrung zu genießen und im Augenblick zu fließen, nahm sie das Ereignis in ihrer Vorstellung vorweg. (Siehe den Abschnitt «Erwartungen», S. 370)

Mich auf eine ganze Reihe von Studien beziehend, die in einer solchen Situation die Verwendung von Musik als hilfreich beschrieben hatten, schlug ich vor, es mit einem musikpsychologischen Ansatz zu versuchen. So wurde zum Beispiel im Rahmen einer Untersuchung festgestellt, daß die Verwendung von Musik als «Tempogeber» zwei interagierenden Menschen wirksam dabei zu helfen vermag, sich in ihrer Frequenz aufeinander einzustimmen.[3] Andere Studien unterstützen die Vorstellung, daß Musik ein im höchsten Maße Entspannung bewirkendes Hilfsmittel ist.[4] Wieder andere Ergebnisse zeigen, daß Musik als ausgezeichneter Katalysator funktioniert, der etwa lästige externe Geräusche nicht durchläßt und uns auf diese Weise hilft, uns auf «den Augenblick» und die Unmittelbarkeit der Situation zu konzentrieren.[5] Außerdem hat man herausgefunden, daß Musik eine angenehme Atmosphäre schafft und zugleich als mächtiger, doch unbedrohlicher Stimulus wirkt.[6] Und schließlich, und für den vorliegenden Fall besonders wichtig, spielt Musik eine entscheidende Rolle beim Abbau von Anspannung.[7]

Ich machte den Vorschlag, daß Sylvia und ihr Partner während ihres nächsten sexuellen Beisammenseins Musik als «Aphrodisiakum» zum Einsatz bringen sollten. Im Verlauf der folgenden paar Wochen experimentierten Sylvia und ihr Mann mit verschiedenen Arten des musikalischen Hintergrunds. Obwohl die Musik anfangs noch nicht die gewünschte Wirkung zeigte, half sie Sylvia doch dabei, sich zu entspannen, verringerte den in ihr tobenden, angstauslösenden «psychischen Lärm» (siehe S. 358) und unterstützte sie dabei, sich sehr viel besser auf das «*Hör* und Jetzt» zu konzentrieren. Außerdem hatte sie das Gefühl, daß die musikalischen Klangteppiche ihr sexuelles Repertoire um ein romantisches Flair bereicherten (siehe in diesem Zusammenhang das Kapitel «Romantische Intimität», S. 247).

Schließlich berichtete mir Sylvia, daß sie, «aus welchem Grund auch immer», eines Nachts den Rhythmen der Musik nachgegeben hatte. Während ihres Liebesspiels hatte die verführerische Wirkung von Al Gromer Khans *Mahogany Nights* (eine CD, die ich ihr als meinen persönlichen Favoriten empfohlen hatte) es ihr «gestattet», sich dem Augenblick zu überlassen und zum Orgasmus zu kommen. Obwohl sie auch weiterhin Musik als festen Bestandteil ihres sexuellen Beisammenseins betrachtete, fiel es ihr schon bald leichter, sich auch ohne eine solche «Untermalung» hinzugeben. Indem sie losließ, war sie schließlich in der Lage, ihrem inneren Puls zu vertrauen und sich zugleich harmonisch mit dem persönlichen Rhythmus ihres Partners zu verbinden.

Die Kunst des Loslassens bedarf, wie alles andere auch, der Übung. Je mehr wir uns darin trainieren, desto besser werden wir. Außerdem ist es erfahrungsgemäß am günstigsten, mit kleinen Schritten anzufangen und sich dann zu steigern. In diesem Sinne sollte auch die nachfolgende Übung verstanden werden.

Sich auf das zu konzentrieren, was Sie im Augenblick tun, ist einfach eine Frage des Loslassens der Dinge, die Sie im Augenblick nicht tun.[8]

Übung 30
Loslassen

1. Erstellen Sie eine Liste von Dingen, die Sie gerne «loslassen» oder von denen Sie sich gerne befreien würden. Beginnen Sie mit etwas sehr Einfachem. Mit einer Sache, von der

Sie wissen, daß es Ihnen wenig bis gar keine Schwierigkeiten bereiten wird, sie loszulassen. Nach und nach, wenn Sie im Prozeß des Loslassens an Geschicklichkeit gewinnen, ergänzen Sie Ihre Liste mit zunehmend schwierigeren Dingen. Im folgenden einige Beispiele:

- Einatmen, den Atem eine oder zwei Sekunden lang anhalten und dann ausatmen.
- Einen mit Helium gefüllten Ballon an seiner Schnur halten und dann loslassen.
- Einem anderen Autofahrer die Vorfahrt lassen.
- Sich nicht bei den Bemerkungen aufhalten, die eine unhöfliche Empfangssekretärin am Telefon gemacht hat.
- Darauf verzichten, während einer Auseinandersetzung die Stimme zu erheben.
- Auf den Gebrauch von Schimpfwörtern und Beleidigungen während eines Streits verzichten.
- Eine Enttäuschung erfahren und sich nicht dabei aufhalten.
- Ein bestimmtes Ergebnis erwarten, sich jedoch von der Erwartung verabschieden, sobald klar wird, daß sie sich nicht erfüllt.
- Jemandem seine Liebe gestehen.
- Sein Lieblingsteam anfeuern, das ein Spiel verliert, und später nicht ununterbrochen mit dieser Niederlage beschäftigt sein.
- Einen depressiven Gedanken haben oder eine depressive Erfahrung machen und ihn oder sie hinter sich lassen.
- In einer stressigen Situation Angst aufsteigen fühlen, dann jedoch die Angst auf positive, gesunde Weise entschärfen.
- Ein Besitzstück verlieren und den Verlust in die richtige Perspektive rücken.
- Angst vor einem bestimmten Hindernis haben, die Angst überwinden und dann entlassen.
- Jemandem mitteilen, daß man ihn mag.

- Den Verlust eines geliebten Menschen betrauern, dann aber den Schmerz loslassen.
- Zu spüren oder zu meinen, festhalten zu müssen, und dann doch loslassen.

Da nichts ewig anhält oder bestehen bleibt, ist es außerdem gut, sich im Loslassen von Dingen zu üben, die man mag. Zum Beispiel:

- Die Lieblingsmannschaft anfeuern, die zufällig gerade ein Spiel gewinnt, dann zu feiern, doch dabei die eigene Erregung in Schranken halten.
- Festzustellen und anzuerkennen, daß man an einem bestimmten Tag besonders gut aussieht und es sich nicht zu Kopfe steigen zu lassen.
- Ein Kompliment entgegennehmen, dann darauf verzichten, den verbleibenden Tag über nach zusätzlichen bestätigenden Bemerkungen zu fischen.
- Einen persönlichen oder beruflichen Durchbruch erleben, Stolz oder Erleichterung spüren und dann einfach weitermachen.
- Eine besonders erfreuliche Erfahrung machen und sie als Quelle energetischer Erneuerung nutzen, ohne sie in eine Aufstiegsfantasie zu verwandeln.

Mit anderen Worten, versuchen Sie, objektiv und losgelöst zu bleiben und das Ereignis aus der Perspektive einer «dritten Person» zu sehen und zu erleben. Lassen Sie die Erfahrung zu, aber nehmen Sie davon Abstand, ein Teil von ihr zu werden oder sie zu einem Teil Ihrer selbst zu machen.

2. Loslassen verlangt auch, sich auf einen gänzlich anderen Geisteszustand, ein völlig neues System gedanklicher Interpretation, reaktiver Gefühle und korrespondierender Verhaltensweisen einzustellen. Mit Übung, Bewußtseinsentwicklung und Willenskraft können wir die negativen, selbstzerstörerischen und sonstigen ungesunden Gedankenmuster durchschauen, die wir

aus unserem Alltagsrepertoire streichen müssen. Zu diesen Gedankenmustern zählen:

- Unrealistische Erwartungen («Ich werde die Verkaufsleistung meiner Arbeitskollegen konsequent jeden Monat überbieten.») *Lassen Sie los, ersetzen Sie dann die Aussage durch eine passendere* wie: «Jeden Monat tue ich mein Möglichstes; manchmal werde ich beim Verkauf am erfolgreichsten sein, manchmal auch nicht. Wie auch immer, jedenfalls werde ich damit zufrieden sein, daß ich mein Bestes gegeben habe.»
- Verinnerlichung der Gedanken und Gefühle anderer im Hinblick darauf, wie die Dinge sein «sollten» («Männer sollten niemals ihre Gefühle zeigen.») *Lassen Sie los, ersetzen Sie dann die Aussage durch eine passendere* wie: «Ich habe das Recht, meine Gefühle zu haben und zum Ausdruck zu bringen.»
- Selbstvernichtende Aussagen («Ich werde nie eine Arbeit finden.») oder übertriebene Verallgemeinerungen («Wenn ich diesen Job nicht bekomme, dann ist bewiesen, daß ich ein Versager bin.») *Lassen Sie los, ersetzen Sie dann die Aussage durch eine passendere* wie: «Wenn ich für diese Arbeit nicht ausgewählt werde, dann betrachte ich dies als nützliche Erfahrung und wende das, was ich gelernt habe, bei meinem nächsten Bewerbungsgespräch an.»
- Perfektionismus («Wenn ich auch nur einen Fehler mache, dann verdiene ich es gar nicht, hier zu sein»). *Lassen Sie los, ersetzen Sie dann die Aussage durch eine passendere* wie: «Jeder Mensch macht Fehler. Ich habe ein ebensogroßes Recht darauf, hier zu sein und aus meinen Fehlern zu lernen, wie irgend jemand sonst.»
- Bedingungslose Akzeptanz von destruktiven oder selbstzerstörerischen Regeln oder Gewohnheiten («Es hat gar keinen Sinn, wenn ich jemanden bitte, mit mir auszugehen, ich kann das einfach nicht!»). *Lassen Sie los, er-*

setzen Sie dann die Aussage durch eine passendere wie: «Ich werde diese Person bitten, mit mir auszugehen; eine Zurückweisung wird wahrscheinlich dafür sorgen, daß ich mich schlecht fühle. Dann lasse ich diese Gefühle los. Erhalte ich jedoch eine Zusage, werde ich vermutlich sehr glücklich sein. Dann werde ich mit dem Rest meines Tages weitermachen.»

Mit anderen Worten: Geben Sie unabhängig von der Situation alles Festhalten auf. Akzeptieren Sie die Tatsache, daß es unmöglich ist, die Reaktionen eines anderen Menschen zu kontrollieren (siehe das Kapitel «Kontrolle», S. 133).

WENN DU LOSLÄSST, DANN BEOBACHTE,

WIE SICH DAS DRAMA DEINES LEBENS UM DICH HERUM ENTFALTET.

LÖSE DICH VON DEM GEFÜHL, UND FLIESSE MIT DER ERFAHRUNG.

TANZE ZU DER MELODIE, SOLANGE SIE SPIELT.

WENN SIE VORBEI IST, GEH WEITER.

3. Nachdem Sie die Notwendigkeit erkannt haben, die verschiedenen selbstentwertenden, destruktiven und lähmenden Vorstellungen loszulassen, denen Sie bisher anhingen, müssen Sie visualisieren, wie Sie *aktiv* die Kontrolle über Ihre gegenwärtige Wirklichkeit übernehmen und die gewünschten Veränderungen *vornehmen.*

Eine musikalische Komposition wie etwa eine Improvisation ist eine akzeptable Form, einige unserer wilderen und unkontrollierbareren Gefühle zur Schau zu stellen.[9]

ÜBUNG 31

Die Auswahl Ihres Soundtracks

Bei dieser Übung schlüpfen Sie, um Ihren eigenen mentalen Soundtrack, Ihre Oper oder Ihr Musikvideo herzustellen, gleichzeitig in die Rolle des Schauspielers, des Produzenten, des Regisseurs und des Choreographen. Wann immer ein musikalischer Hintergrund bewußt ausgewählt oder zusammengestellt wird, um eine bestimmte Gefühlsreaktion auf ein bestimmtes Ereignis zu erzeugen, wird er sorgfältig arrangiert, um ganz bestimmte Gedanken und Gefühle auszulösen. Sobald diese Musik erst einmal mit diesem Ereignis assoziiert wird, etwa mit einer Filmszene, können die Gefühle, die ursprünglich durch den Film ausgelöst wurden, allein durch das Hören der Filmmusik zurückgeholt werden (siehe hierzu den Abschnitt «Stichwortgeber», S. 363).

Wählen Sie ein Musikstück, das so eng wie möglich mit der Energie in Beziehung steht, von der Sie meinen, daß Sie sie brauchen, um ein mentales «Musikvideo» einer Loslaß-Erfahrung herzustellen. Wenn beispielsweise eine an Ihren Arbeitskollegen gerichtete Bitte, das Rauchen in Ihrem Büro einzustellen, Angst in Ihnen auslöst, dann wollen Sie vermutlich Musik auswählen, die es Ihnen möglich macht, sich zu entspannen und Ihre Angst zu reduzieren. Benötigen Sie umgekehrt einen Energieschub, um die Gefühle, die Sie Ihrem Zimmergenossen entgegenbringen, loszulassen, dann machen Sie Ihre Visualisation, indem Sie Ihre Sorgen vor einen musikalischen Hintergrund aus optimistischer, stimulierender oder aufsässiger Musik stellen. (Siehe das Musik-Menü «Musik zum Loslassen», S. 337. Darüber hinaus können Sie auf die Anregungen durch die Musik-Menüs «Stimulierende Musik», S. 52, «Beruhigende Musik», S. 96, «Musik für den Umgang mit Wut», S. 116, und «Entrainment-Sequenz: Big Band», S. 220, zurückgreifen).

Ebenso wie ein Regisseur unterschiedliche musikalische Hintergründe auswählen wird, um die richtige Stimmung zu treffen oder verschiedenartige Gefühle in einem Stück oder Film auszulösen, so können auch Sie sich für die Musikstücke entscheiden, die Ihnen einen aktivierenden akustischen Hintergrund für den Prozeß des Loslassens zur Verfügung stellen.

Belastet beispielsweise von Selbstaussagen wie: «Es hat ja sowieso keinen Sinn, wenn ich jemanden bitte, mit mir auszugehen, ich kann das einfach nicht!», könnten Sie eine Visualisation wählen, die Sie als selbstsichere Persönlichkeit zeigt. Für einen Menschen, für den es ebensowenig bedrohlich, beängstigend oder kompliziert ist, eine Einladung auszusprechen, wie einen Verkäufer um einen Pullover in der richtigen Größe zu bitten, lautet die Antwort eben entweder ja oder nein. Tatsächlich ist in der Reaktion, die Sie in beiden Situationen (dem Aussprechen einer Einladung und der Bitte um den Pullover in der richtigen Größe) erhalten, keinerlei Aussage über Sie als Person enthalten. Sie gehen ein Risiko ohne Erwartung ein, und, wie immer die Antwort auch lauten mag, Sie können mit der Zurückweisung leben, ob es sich dabei um die Verabredung oder um den Pullover in Ihrer Größe handelt. Sollte die Antwort nein sein, dann gilt in beiden Fällen: Lassen Sie los, und sehen sich andernorts um.

Einen entsprechenden musikalischen Hintergrund brauchen Sie für Ihr «Musikvideo». Hierfür müssen Sie die passende Hörkulisse für Ihre Visualisation auswählen. Da es um das Loslassen Ihrer Furcht vor Zurückweisung geht, sollten Sie sich für beruhigende, entspannende Musikstücke entscheiden. Wenn Sie sich jedoch vor dem Ereignis «aufpumpen» müssen, dann ist belebende, aufweckende Musik die richtige. Möchten Sie sich jedoch im Sinne von Selbstbewußtsein und Romantik in Stimmung bringen, dann greifen Sie zu einem musikalischen Hintergrund, der Ihnen Selbstvertrauen, Mut, Leidenschaft und Abenteuerlust zu vermitteln imstande ist.

Später können Sie das akustische Gedächtnis (siehe S. 367)

genau diese musikalische Auswahl einspielen lassen, die Ihnen hilft, Ihre neuerworbenen Fertigkeiten im Loslassen je nach Bedarf einzusetzen.

Wenn deine Arbeit getan ist und du den Ruhm dafür geerntet hast, dann ziehe dich zurück, denn das ist der Weg des Himmels.[10]

Musik zum Loslassen
(CDs, Kassetten, Schallplatten)

Vorschläge aus den Bereichen Pop und Independent

B-52's: *Cosmic Thing*
Belly: *King* oder *Star*
Bonny Raitt: *The Bonnie Raitt Collection*
Bonny Raitt: *Road Tested*
Tracy Bonham: *The Burdens of Being Upright*
The Big Chill: *Original Motion Picture Soundtrack*
The Black Crowes: *Shake Your Money Maker*
The Darling Buds: *Erotica*
Counting Crows: *August & Everything After*
Counting Crows: *Recovering the Satellites*
Sheryl Crow: *Sheryl Crow*
The Grateful Dead: *What a Long, Strange Trip It's Been*
Elastica: *Elastica*
Garbage: *Garbage*
Kula Shaker: *K*
Cyndi Lauper: *She's So Unusual*
Cyndi Lauper: *Greatest Hits*

John Lennon: *Plastic Ono Band*
  (für die optimistische Auswahl)
Dave Mathews Band: *Under the Table & Dreaming*
Dave Mathews: *Crash*
Morphine: *Cure For Pain*
Alanis Morissette: *Jagged Little Pill*
Joan Osbourne: *Relish*
Rusted Root: *When I Woke*
Sly & The Family Stone: *Greatest Hits*
Sugarcubes: *Life's Too Good*
Cheap Trick: *Live at Budokan*
Neil Young (mit Pearl Jam): *Mirrorball*
Neil Young: *Ragged Glory*

26

Sein statt sein wollen

*Beim Komponieren von Musik befinden wir uns
gleichzeitig im Prozeß des Gewesenseins,
des Seins und des Seinwerdens.*

Wasser ist Harmonie. Der Regen küßt die Bäche. Die Bäche
fließen in Flüsse. Flüsse folgen ihrem Weg in die Seen und
Ozeane, ihr Tanz wird zu Regen. Indem es einfach ist, wird
Wasser zu sich selbst. Seien Sie wie Wasser. Wenn es heiß wird,
dann dampfen Sie. Wenn es kalt wird, dann werden Sie zu Eis.
Wenn Sie tanzen, dann seien Sie der Rhythmus. Werden Sie,
indem Sie einfach sind, Sie selbst!

Sein oder sein wollen, das ist hier unser Daseinskampf! Vom
Augenblick unserer Geburt an beginnen wir zu lernen, und
während wir lernen, gelangen wir irgendwie zu der Überzeu-
gung, daß nur sehr wenige Dinge ohne Kampf Wirklichkeit
werden. Wir kämpfen darum, krabbeln zu lernen, zu stehen,
unsere ersten Worte zu sagen, aus unserem Bett zu klettern und

in die Keksdose zu langen. Von Anfang an werden wir belohnt dafür, daß wir «sein wollen», doch nur selten, wenn überhaupt, dafür, daß wir «sind». Darin bestärkt, unser wesenhaftes Fließen aufzugeben, kämpfen wir uns durch das Leben und versuchen unbewußt – dafür jedoch mit aller Kraft –, die reine Essenz des Seins zu vergessen und durch anderes zu ersetzen. Wie der große Meister Laotse sagt, sind wir so verzückt von einer Gesellschaft, die unser Bewußtsein für unsere eigene Individualität erblinden läßt, daß wir anfangen, uns selbst für die Masken zu halten, die wir tragen.

Eins mit dem Tao der Musik zu sein hilft uns, die flüchtige Ahnung vom «Sein» zu transzendieren, und führt uns an einen Ort in uns selbst, an dem wir einfach «sein» dürfen. «Sein» statt «sein wollen» ist ein weitverbreitetes Ringen, dem sich jeder von uns im Alltag stellen muß. Noch bevor wir aufwachen, «wollen» wir früh genug wach «sein». Dann «wollen» wir rechtzeitig bei der Arbeit, in der Schule, in der Sporthalle oder an irgendeinem anderen Ort «sein». Pünktlich zu «sein» ist sehr, sehr wichtig; es wird in unserer Gesellschaft und Kultur erwartet. Phrasen wie «sei ein Mann» oder «versuch, dich wie eine Dame zu benehmen» haben die Tendenz, unsere Persönlichkeit zu färben oder zu verzerren. Wir stecken irgendwo fest zwischen dem, der wir sind, und dem, der wir nach der Ansicht anderer sein sollten.

EIN KÜNSTLER, DER EIN KUNSTWERK ERSCHAFFT,
EIN ATHLET, DER AN EINEM WETTKAMPF TEILNIMMT,
EIN PUBLIKUM, DAS ZUHÖRT,
SIE ALLE VERLIEREN DIE ZEIT AUS DEN AUGEN.
UNABHÄNGIG VON DEM WEG, DEN SIE BESCHREITEN,
SIND SIE ALLE EINS MIT DEM TAO.

Wenn wir uns auf den Weg zur Arbeit machen, werden wir manchmal mit der Bemerkung «Ich wünsche dir einen schönen Tag!» fortgeschickt, worauf wir vielleicht entgegnen: «Ich werd's versuchen.» Ähnlich fordern viele ihre Kinder auf, bevor diese zur Schule aufbrechen: «Versuch, vorsichtig zu sein!» Während unseres täglichen Trotts «versuchen» wir, eine ausgeglichene Ernährung beizubehalten, «versuchen», regelmäßig Sport zu treiben, und «versuchen», mit anderen klarzukommen und einen guten Eindruck zu machen. Wir «versuchen», während Konferenzen nicht einzuschlafen, und während wir unser Bestes zu geben «versuchen», «versuchen» wir zugleich, produktiv zu sein. Als Schüler «versuchen» wir, im Unterricht aufzupassen und gute Noten nach Hause zu bringen. In der Sporthalle «versuchen» wir, unseren Gegner im Squash zu besiegen. Die Arbeit zu Hause wird oft zu einem «Versuch», jeden seinen Teil der häuslichen Pflichten erledigen zu lassen. Am Ende des Tages «versuchen» wir, pünktlich heimzukommen, «versuchen», die Verkehrsregeln zu beachten und so sicher wie möglich zu fahren. Daheim «versuchen» wir, Zeit mit unserer Familie zu verbringen. Während der Woche erinnern wir einander daran, am Wochenende zu «versuchen», Spaß zu haben – oder produktiv zu sein. Sobald das Wochenende vor der Tür steht, «versuchen» wir, uns zu amüsieren oder etwas zu erledigen. Für viele Menschen, die erschöpft sind von einem Tag des «Versuchens», endet dieser damit, daß sie «versuchen» einzuschlafen. Das Leben ist schwer!

Und wieviel Zeit verbringen wir damit, einfach zu «sein»?

Die meisten von uns gehen der Versuchung in die Falle, sich durch noch ein weiteres Etikett zu definieren oder zu beschreiben. «Ich *bin* Studentin ..., Hausfrau/Ehemann ..., Architekt ..., Krankenschwester ..., Mutter/Vater.» Oft verheddern wir uns in den Wirren des «Seinwollens» und «versuchen», unsere eigenen Erwartungen hinsichtlich dessen zu erfüllen, welches unsere Rollen sein *sollten* (siehe den Abschnitt «Sollte und müßte», S. 387).

Für viele Leute in meinem Büro «bin» ich ein Psychologe, und manchmal, wenn die Dinge ruhig laufen, werde ich mir dessen bewußt und «fließe» mühelos in meiner selbstgewählten

Rolle. Dann wieder kann jedoch mein Verstand ins Schwimmen geraten, und ich stelle fest, daß ich kämpfen muß. Also «versuche» ich, meinen Patienten zu helfen. In solchen Zeiten werde ich mir dessen bewußt, daß ich nur «versuche», Psychologe zu sein. In unserem Beruf, wie in jeder anderen Lebensrolle, fühlt sich «sein» natürlich und entspannt an. Wie bereits erwähnt, liegt das daran, daß es «fließt». Da scheint eine Offenheit zu sein, die offenbar alles umfaßt. Wenn ein Komponist die Ebene des Verstandes verläßt, in den Nicht-Geist eintritt, dann schreibt sich der Song von selbst. Wann immer ein Interpret «ist», statt «sein zu wollen» oder «versucht zu sein», kann man den Sänger von seinem Lied nicht mehr trennen.

Wenn wir «sind», scheinen wir durch den Tag zu «fließen». Wir überwinden Barrieren und überfliegen Hindernisse. Wir fließen in unserem eigenen Strom, treten hervor. Lösungen scheinen aus unserem ruhigen und friedlichen Geist an die Oberfläche zu fluten. Es ist ein Gefühl, wie auf ruhiger See zu segeln, vorwärts getrieben von einer sanften Brise. Im «Sein-Modus» tun wir, was wir tun, dort, wo wir es tun, auf genau die Art, wie wir es tun. Ohne daß es irgendeines Grundes bedarf, «sind» wir einfach. «Seiend» sind wir zugleich verletzlich und stark. Verwirrt, traurig oder wütend zu «sein» ist in Ordnung. Wie bei Yin und Yang ist uns intuitiv die Dualität dieser Gefühle oder Geisteszustände bewußt, die Spiegelbilder geistiger Klarheit, des Glücklich- oder Entspanntseins sind. «Sein» kann nur im «*Hör* und Jetzt» stattfinden. Näher als durch «Sein» können wir Sterblichen meiner Meinung nach dem Fliegen nicht kommen.

Das Bedürfnis fallenzulassen, die Welt verstehen zu wollen, und einfach in der Welt, im Leben, in der Musik zu sein – das könnte die neue Richtung der Menschheit sein.[1]

«Sein zu wollen» oder «zu versuchen» macht das Leben zu einer Art Wettkampf. Wir «schlagen uns durch» und fühlen uns, als würden wir uns selbst oder einen anderen «spielen». «Sein wollend», beugen wir uns festgelegten Rollen, Gewohnheiten, Mechanismen, Bildern und Fassaden. Probleme lösend, projektierend, analysierend, interpretierend und zu erraten versuchend, was als nächstes kommt, fühlen wir uns erstickt oder überwältigt. Wir «versuchen», frühere Fehler zu vermeiden, und übersehen dabei die potentiellen Möglichkeiten innerhalb und außerhalb des «*Hör* und Jetzt». Verwirrt, traurig oder wütend «versuchen» wir herauszufinden, warum das so ist. Wir grübeln darüber nach, wie wir uns eigentlich fühlen sollten. Wir erfüllen unsere eigenen Erwartungen nicht. «Seinwollen» fühlt sich so an, als würden wir gegen uns selbst und die Welt kämpfen und dabei gegen den Strom schwimmen. Folglich kommt es uns wie ein Tanz vor, wenn unsere Bewegungen synchron sind mit unserem inneren Rhythmus. Sollen sich unsere Bewegungen aber einem äußeren Rhythmus anpassen, wird ein Kampf daraus.

Die Balinesen sprechen von «dem anderen Geist» als einem Seinszustand, der durch Tanz und Musik erreicht werden kann. … Damit gemeint ist die Freiheit von jeglichen Beschränkungen durch die Zeit und vollständiges Aufgehen im «zeitlosen Jetzt des göttlichen Geistes», der Verlust des Selbst im Sein.[2]

In zwischenmenschlichen Beziehungen erliegen wir manchmal der Versuchung, statt einfach zu sein, «wirklich» (echt, authentisch) sein zu wollen. Doch wenn wir «sind», müssen wir uns keine Sorgen machen, ob wir authentisch, echt, wirklich sind oder nicht. Sobald diese Frage auftaucht, «versuchen» wir zu sein. Wenn wir authentisch sind, dann sind wir.

Wenn wir mit jeder Situation eins sind, reagieren wir mit vollkommener Harmonie.[3]

WENN DU IRGEND ETWAS SEIN WILLST,

DANN SEI HÖREN.

343

27

Mit einem klaren Geist

kannst du nicht ewig weiterdenken.

Einmal gehört, ist Musik nichts als ein Ausdruck des Tao,

Echos sind Reflexionen des Tao.

Den Geist reinigen

Statt Wissen zu sammeln, solltest du deinen Geist leeren.
Wenn dein Geist rein ist,
dann besitzt du bereits wahres Wissen.

Cathy fiel es schwer, ihren Geist von dem zu reinigen, was sie als unablässiges Geplapper bezeichnete und was ich mit dem Begriff «psychischer Lärm» fasse (siehe S. 358). Diese innere Störung erschien ihr so «laut», daß es ihr manchmal schwerfiel, anderen überhaupt zuzuhören. Ich muß wohl kaum hinzufügen, daß ihre Bemühungen, während der Mitarbeiterbesprechungen still zu sitzen oder sich während ihrer Abendkurse zu konzentrieren, zum Scheitern verurteilt waren.

Sie beschrieb das Phänomen folgendermaßen: In dem Augenblick, in dem sie morgens wach wurde, überfielen aufdringliche, lästige Gedanken ihren Geist. Diese «Invasion» ihrer mentalen Privatsphäre setzte sich den ganzen Tag bis zum Einschlafen fort. Diese Gedanken, die von Sorgen über Dinge, auf die sie keinen Einfluß hatte, bis zu einem häufigen Sichbeschämtfühlen reichten, ratterten wie ein endloser Zug durch ihren Verstand. Da sie ihre beiden Kinder allein großzog, die Abendschule besuchte und eine Vollzeitbeschäftigung hatte, konnte Cathy aus zeitlichen und finanziellen Gründen nicht regelmäßig in die Therapie kommen. Sie hielt nichts von Medikamenten, suchte jedoch nach etwas, das ihren Geist beruhigen und ihr durch diesen Abschnitt ihres Lebens helfen würde. Ich riet ihr, es mit Musik zu versuchen.

Cathy mochte Rhythm-and-Blues-Musik aus den 70er Jahren. Mein «Rezept» verlangte von ihr, eine Reihe von Stükken auszuwählen, die sie gerne hörte oder bei denen sie gerne mitsang. Immer dann, wenn ihr Verstand zu rasen begann, sollte sie sich der kraftvollen Musik mit ihren starken, stampfenden Rhythmen und schnellen, durchdringenden Tempi hingeben. Ich empfahl ihr zu versuchen, die Lautstärke der Musik auf die ihres inneren Dröhnens abzustimmen, damit die Vibrationen der Musik zu ihren eigenen paßten und sie sich folglich eine Art «musikalische Massage» verabreichte. Ziel war es, «rhythmische Synchronität» (siehe S. 353) mit ihrer äußeren Umgebung herzustellen.

Wann immer der psychische Lärm abzunehmen begann, sollte sie auch die Lautstärke der Musik herunterdrehen und diese überhaupt möglichst immer in Übereinstimmung mit ihrem inneren Zustand halten. Die Wirkung dieser Vorschläge war der eines Zaubermittels vergleichbar. Cathy erlebte, daß sie ihren «psychischen Lärm» während der einst gefürchteten Fahrten durch die Stadt einfach fortspülte und mit klarem Geist und erfrischt an ihrem Ziel eintraf. Je öfter sie diese Technik zur Anwendung brachte, so stellte sie fest, desto mehr nahm ihr Bedürfnis nach lauten und stampfenden Melodien ab, und sie fand Zugang zu den weicheren, beruhigenderen Stücken. Mit anderen Worten, die Musik half ihr mittels Entrainment (siehe S. 393), ihren emotionalen und mentalen Zustand zu verändern. Da ihr diese Möglichkeit, ihr inneres Geplapper zum Schweigen zu bringen, während des Tages zur Verfügung stand, konnte sie sich besser auf ihre täglichen Pflichten konzentrieren. Bereits nach kurzer Zeit fühlte sich Cathy in der Lage, bei Besprechungen und in der Abendschule zuzuhören, das Gehörte aufzunehmen und zu behalten und ihre eigenen Ideen einzubringen.

Wenn wir hinter das Lärmen und das Durcheinander unseres Lebens blicken, dann erkennen wir unsere inneren Rhythmen, die Bestandteil der übergreifenden Rhythmen der Natur sind.[1]

ÜBUNG 32

Den Geist reinigen

Der von außen kommenden Musik zuzuhören
bringt den Lärm im Innern zum Schweigen.

1. Für diese Übung müssen Sie eine Entrainment-Sequenz zusammenstellen. Suchen Sie Musikstücke aus, die zu Ihrer *gegenwärtigen* unruhigen Stimmung (Frustration, Verwirrung) passen. Anregungen finden Sie in den Musik-Menüs 12–14, S. 220–222, sowie «Musik für den Umgang mit Wut», S. 116, «Musik zum Loslassen», S. 337, und «Entrainment-Sequenz gegen depressive Stimmungen», S. 47.

2. Wählen Sie weitere Musikstücke aus, die sich irgendwo zwischen Ihrem *gegenwärtigen* inneren Zustand und der Stimmung befinden, *die Sie erreichen wollen* (ruhig, fröhlich). Anregungen finden Sie im Musik-Menü «Beruhigende Musik», S. 96. Die Stücke für den mittleren Teil des Entrainments sollten sich auch gefühlsmäßig zwischen den Extremen des Anfangs und des Endes befinden.

3. Beschließen Sie die Entrainment-Sequenz mit Musik-

stücken, die den von Ihnen gewünschten Zustand (Entspannt-heit, Positivität) so genau wie möglich widerspiegeln. Dabei sollte es sich um Melodien handeln, die sich möglichst wie der *Gefühlszustand* «anhören», den Sie am Ende der Übung erreicht haben wollen. (Entscheiden Sie sich für Zusammenstellungen, die das von Ihnen gewünschte emotionale Befinden reflektieren. Siehe hierzu das Musik-Menü «Beruhigende Musik», S. 96).

4. Setzen oder legen Sie sich bequem mit geschlossenen Augen hin. Beginnen Sie mit der Tiefenatmung (siehe hierzu den Abschnitt «Atmen», S. 413). Sobald die Musik einsetzt, gestatten Sie Ihrem Geist, sich auf sie zu konzentrieren und mit ihrem emotionalen Gehalt zu fließen.

5. Erlauben Sie Ihrem Körper, ohne etwas zu forcieren (siehe das Kapitel «Sein *statt* sein wollen», S. 339), auf den sich verändernden Puls der Musik zu reagieren und sich ihm anzu-passen. Statt mit Ihrem Körper zur Musik zu tanzen, lassen Sie es zu, daß die Musik in Ihrem Geist tanzt wie ein Wackelpudding und auf die pulsierenden Vibrationen reagiert.

6. Seien Sie in jedem Augenblick bei der Musik (siehe das Kapitel «*Hör* und Jetzt», S. 317). Bleiben Sie sich willentlich Ihrer Gefühle bewußt, die mit dem emotionalen Gehalt der Musik «fließen» und sich mit ihm verbinden. Hören Sie Ihre Gedanken, die sich mit den der Komposition zugrundeliegenden Vorstel-lungen verknüpfen und durch sie transformiert werden.

7. Hören Sie, wie der Beat der Musik Ihren mit Gedanken und Gefühlen überfrachteten Kopf freischüttelt. Während dies geschieht, hören Sie darauf, wie die Melodien mit den Ge-danken und Gefühlen verschmelzen, sie in Fluß und Bewegung bringen und sie herauslösen. Lehnen Sie sich zurück, und «se-hen» Sie zu, wie der Rhythmus der Instrumente sie vor sich herschiebt und auskehrt, sie aus Ihrem Körper und Geist «hin-auseskortiert» und in die Vergessenheit befördert. Hören Sie zu, und überlassen Sie sich ihren sich verändernden Gemütszu-ständen, die von einer von der Musik ausgehenden sanften, doch überzeugenden Macht transformiert werden.

8. Sobald die Musiksequenz beginnt, die den von Ihnen

gewünschten Gefühlszustand widerspiegelt, spüren Sie, wie Sie im wahrsten Sinne des Wortes zu diesem Zustand *werden*. Gewähren Sie der Musik willentlich Zugang zu Ihrem Körper, Ihrem Herzen und Ihrem Geist, und erlauben Sie ihr, Ihren vollgestopften Geist zu reinigen.

9. Wenn die Musiksequenz zum Abschluß gekommen ist, gestatten Sie dieser «akustischen Erinnerung» (siehe den Abschnitt «Akustisches Gedächtnis», S. 367), auch weiterhin in Ihnen widerzuhallen und die reinigenden, fließenden, positiven Energien, die Sie gerade aufgenommen haben, zu reflektieren.

10. Atmen Sie harmonisch weiter, und genießen Sie die Stille, die in ihrem nun klaren Verstand widerhallt.

Wie kann eine so süße, harmonische Melodie
mitten in diesem modernen Getöse existieren –
im Verkehrslärm, dem sozialen Spektakel, der emotionalen
Verwirrung, der Lärmverschmutzung?
Unsere innere Musik ist unhörbar. Um sie wahrzunehmen,
müssen wir loslassen, bis wir in der Stille eintreffen.

Diese selbstvergessene Leere ist anscheinend sehr nützlich für das Auffinden von Perlen und derlei Dingen, denn sie öffnet einem die Augen für das, was vor einem liegt. Wer hingegen den Kopf mit anderen Dingen voll hat, ist dazu nicht fähig. Während einer innerlich *leer* und selbstvergessen dem Gesang eines Vogels lauscht, fragt der mit Gedanken und Wissen Vollgestopfte nur, *was* für ein Vogel da wohl singt.[2]

KLANG-IDEE
Nehmen Sie ab und an Ihr Recht in Anspruch,
nicht zuzuhören.

Erklärung von Vorstellungen und Begriffen

All die Musik, die existiert, jede niedergeschriebene Note,
jede vorgestellte Melodie und auch jene,
die noch erdacht werden müssen, hat es schon immer gegeben.
Wir müssen sie lediglich aufspüren.

Rhythmische Synchronität

Schlag mit einem Stock auf eine Membran, und Lärm
dringt an dein Ohr – ein unmelodischer, unharmonischer Klang.
Schlag ein zweites und ein drittes Mal darauf,
und schon hast du einen Rhythmus.

Carl Seashore zufolge wirkt sich Rhythmus auf elf grundlegende
Arten auf unsere Wahrnehmung aus.

- Er unterstützt die Wahrnehmung, indem er Ordnung
  schafft;
- er reguliert die Anstrengung der Konzentration;
- er verschafft uns ein Gefühl des Gleichgewichts;
- er verschafft uns ein Gefühl der Freiheit, des Überflusses
  und der Weite;
- er verschafft uns ein Gefühl der Macht;
- er stimuliert und beruhigt (auch wenn dies vielleicht
  widersprüchlich zu sein scheint);
- er ist unwillkürlich;

- er findet Resonanz im gesamten Organismus;
- er regt an zu anhaltendem und bereicherndem Umgang;
- seine Wirkung ist detailliert und komplex;
- er resultiert im Spiel und folglich im freien Selbstausdruck und der Freude daran.[1]

Wir erleben zahllose Situationen, in denen wir «unseren Rhythmus finden» oder synchron mit etwas sind. Zum Beispiel habe ich während meines kürzlichen Aufenthalts in New York die Multidimensionalität und Verschiedenartigkeit der Umgebung und jede sich bietende Gelegenheit ausgenutzt, um mich nach dem Zufallsprinzip auf Erkundungstour zu begeben. Da ich aus einer Kleinstadt stamme, in der es entschieden langsamer zugeht als in Manhattan, hatte ich jedesmal, wenn ich den Fuß vor mein Hotel setzte, das Gefühl, mich während der Hauptverkehrszeit auf der Bundesautobahn zu befinden. Die Rhythmen der Stadt, so fand ich rasch heraus, unterschieden sich sehr von meinen eigenen. Das Tempo der New Yorker war getrieben, staccato. Die große Mehrheit erschien mir irgendwie schneller und aggressiver in ihrem Vorankommen. Ich war mit ihr nicht synchron. Während diese Menschen wirklich in New York «waren», «versuchte» ich nur, in New York «zu sein». Als ich zur Seite trat, um diese Realität wahrzunehmen, erkannte ich, daß die Bewegungen dieser Menschen, obwohl schneller, als ich es gewohnt war, dennoch ruhig und koordiniert waren. Ähnlich einer Uhr, einer gut geölten Maschine oder einer disziplinierten Militärkapelle waren diese Leute, die weder einander noch ihre Umgebung bewußt wahrzunehmen schienen, aufeinander abgestimmt.

Doch ging es dabei wirklich um die Geschwindigkeit ihrer Fortbewegung? Ich prägte mir ihr Tempo ein, stellte meinen inneren Kilometerzähler ein und versuchte erneut, mit der Masse zu verschmelzen. Aussichtslos. Innerhalb weniger Augenblicke stellte ich fest, daß ich zu schnell ging, und verlangsamte meinen Schritt. Fast sofort mußte jemand hinter mir zur Seite treten, um nicht über mich zu stolpern. Ich entschuldigte mich. Zu spät, schon war sie fort. Als ich mich umdrehte, um mich zu entschuldigen, kam ich mir so vor, als sei ich mitten im dichtesten Verkehr auf die Bremse getreten und müsse mich nun gegen die bevorstehenden Kollisionen mit den nachdrängenden Menschenmengen wappnen. Doch irgendwie glitten die Scharen ruhig an mir vorbei, vergleichbar den Zugvögeln, die im Winter in V-Formation über den Himmel ziehen. Ich war fasziniert. Im Gleichklang mit der Melodie hupender Taxis, heulender Sirenen, exotischer Akzente und ihren inneren Uhren verfügten sie über eine gemeinsame rhythmische Synchronität.[2]

Gegen Ende meines fünftägigen Besuches paßte ich mich langsam dem allgemeinen Fluß an. Ich hatte aufgehört, mich krampfhaft einfügen zu «wollen», und indem ich einfach nur da war, hatte ich zur Harmonie mit den New Yorkern gefunden. Ein paar Wochen später, während eines Urlaubs in London, machte ich ähnliche Erfahrungen.

Manchmal müssen wir unsere Rhythmen verändern, um mit den Menschen und Situationen unserer direkten Umgebung zu harmonieren. Dies mit Hilfe von Musik zu tun ist eine der Möglichkeiten.[3]

Rhythmische Synchronität – das Gefühl, zu Hause zu sein. Eines der besten Beispiele für rhythmische Synchronität sind Sportmannschaften. Durch reine Entschlossenheit und das Engagement für die Vervollkommnung ihres Sports verwandeln die gut aufeinander abgestimmten Teammitglieder endlose Trainingsstunden in eine elegante Darbietung rhythmischer Harmonie. Andere Beispiele für dieses synchrone Miteinander sind Musikensembles, Eiskunstlauf der Paare und Chöre.

Auch beim Tanz ist dieses erstaunliche Phänomen zu beobachten. Bei geübten Paaren scheinen alle Bewegungen der Partner mühelos ineinanderzufließen. Selbst plötzliche, abrupte Veränderungen sind Teil dieses Zusammenspiels, unterstreichen und bestätigen es. Poesie der Bewegung. Ein weiteres Beispiel liefert das Gespräch. Es kommt vor, daß zwei Menschen so gut aufeinander abgestimmt sind, daß sie füreinander die Sätze beenden. Da sie einen gemeinsamen «Puls» haben, scheinen sie in praktisch allem übereinzustimmen. Tatsächlich verhält es sich so, daß sie «sind», statt etwas «sein zu wollen» (siehe auch das Kapitel «Sein *statt* sein wollen», S. 339).

Unter den Begriff rhythmische Synchronität fallen auch jene einzigartigen Gefühle, die wir manchmal erleben, wenn wir mit einem besonders guten Freund zusammen sind. Irgendwie ist da eine empathische Resonanz zwischen den beiden Individuen. Selbst mitten in einer Meinungsverschiedenheit oder Auseinandersetzung ist die Beziehung frei von Bedrohung, sicher, kostbar. Ein solches Miteinander ist keineswegs nur auf Menschen beschränkt, und viele entdecken eine vergleichbare Affinität zu Tieren.

Eng verwandt mit rhythmischer Synchronität ist «Entrainment», ein Phänomen, bei dem es um harmonische Beziehungen und die Ähnlichkeit von Frequenzen zweier oder mehrerer Rhythmen geht. Entrainment wurde von J. R. Evans als «Modifizierung eines rhythmischen Phänomens durch den Fluß eines weiteren rhythmischen Phänomens» definiert. Das bedeutet, daß «es Personen mit ähnlichen Rhythmen oder Rhythmushierarchien leichter fällt, sich aufeinander einzustimmen oder einander mitzureißen».[4] Folglich kann Entrainment durch Empathie oder die gesteigerte Sympathie zwischen zwei Menschen verstärkt werden (siehe auch den Abschnitt «Entrainment», S. 393).

In diesen Bereich gehört auch die von T. J. Tracey und P. B. Ray entwickelte Theorie von der Komplementarität als «Mittel, um Harmonie und Konflikt in der Kommunikation innerhalb einer Beziehung begrifflich zu fassen». Die Autoren vertreten die Auffassung, daß Beziehungen, für die ein hohes Maß an Komplementarität typisch ist, «produktiver sind, weil jeder der beiden Beteiligten der Einflußnahme des jeweils anderen mehr Raum gibt». Sie fügen hinzu, daß «es nur selten zu Unstimmigkeiten darüber kommt, was von wem erledigt werden soll». Außerdem hätten diese komplementären Beziehungen «die Tendenz, lange

Zeit bestehenzubleiben, da die Bedürfnisse beider Partner gleichermaßen erfüllt werden».[5]

Zu den Beispielen für mangelnde rhythmische Synchronität zählen Paare, die einfach nicht miteinander «klarkommen», Sportmannschaften ohne Teamgeist, reizlos klingende Musikgruppen und Besucher vom Lande, die in der großen Stadt hoffnungslos verloren wirken.

Noch krasser stellt sich dies für Angehörige fremder Kulturen dar. Musik kann hier sehr hilfreich sein. Ich empfehle Patienten, die einen anderen kulturellen Hintergrund haben, sich an Musik satt zu hören, die ihnen als typisch «amerikanisch» erscheint. Tatsächlich ist es am besten, wenn sich die Bewohner eines Landes für die Rhythmen und Melodien öffnen, die ihnen das Gefühl geben, «im Einklang» miteinander zu sein, und es diesen Klängen gestatten, die Unterschiede zu überbrücken und Kommunikation zu ermöglichen.

VIBRATIONEN SIND TANZENDE ENERGIEN.

357

LAUSCHE AUF DAS TAO IN DEN KLÄNGEN DER STILLE.
SCHENKE IHM DEINE AUFMERKSAMKEIT, DENN ES IST NICHT HÖRBAR.
JEDE NOTE ENTHÄLT IHRE EIGENE SYMPHONIE..., JEDER SCHLAG SEIN EIGENES
MUSTER..., JEDER ATEMZUG SEINE EIGENE MELODIE...,
JEDER GEDANKE SEINE EIGENE HARMONIE.
INMITTEN ALL DES LÄRMS, MACH DIR DIE STILLE ZU EIGEN.

Psychischer Lärm

Die Musik besitzt weder Werte noch moralische Vorstellungen.
Musik denkt nicht. Wenn die Musik unser Denken ersetzt,
sind wir in Trance und offen für Anregungen.
Wir sind in Bewegung.

Immer wieder in diesem Buch stoßen Sie auf den Begriff «psychischer Lärm». Dabei handelt es sich um einen Terminus, den ich eingeführt habe, um all die aufdringlichen, unerwünschten Gedanken und mentalen Bilder zusammenzufassen, die sich uns in den Weg stellen, wenn wir versuchen, uns zu entspannen, zu konzentrieren und im Augenblick zu bleiben. «Das Lärmen dessen, was die Zen-Meister unseren Affenverstand nennen, lenkt unsere Aufmerksamkeit vom allein wichtigen Augenblick ab.»[1]

Unter «psychischem Lärm» firmieren die folgenden Phänomene:

- Innere Stimmen;
- Verstandesdurcheinander;

- mentale Störungen;
- sich abgetrennt, verwirrt, durcheinander, verschwommen, benebelt fühlen;
- Verstandesrasen.

«Psychischer Lärm» sind jene aufdringlichen, nervtötenden Gedanken, die sich unserem Bemühen um einen klaren und geordneten Verstand entgegenstellen. Am stärksten werden sie uns bewußt, wenn wir meditieren oder einschlafen *wollen*. Sie bringen uns aus dem Gleichgewicht und verunsichern uns. Sie verwandeln rationales Denken in Chaos und lassen Vernunftprozesse verschwimmen. Sie verfolgen uns mit Warum-Fragen und Anforderungen (siehe auch die Abschnitte «Warum-Fragen», S. 379, und «Sollte und müßte», S. 387). Mitunter können sie so überwältigend sein, daß manche Menschen sich fühlen, als seien sie in einem Haus mit lauter Spiegeln, aber ohne Ausgang gefangen. Anderen kommt es so vor, als sei ihr Kopf im Begriff zu explodieren. Im schlimmsten Fall ähnelt «psychischer Lärm» einem mentalen Pandämonium.

Psychischer Lärm verstopft und verwirrt unseren Verstand. Sein Vorhandensein bringt normale, von Minute zu Minute ablaufende Ereignisse durcheinander und zwingt uns, uns durch Labyrinthe der Ablenkung und emotionalen Aufgewühltheit zu kämpfen. Er trübt unser Wahrnehmungsvermögen, benebelt unsere Intuition und lähmt unsere Kreativität. Psychischer Lärm tritt in vielerlei Formen auf und steht für gewöhnlich in Verbindung mit:

- *Unsinnigen Anforderungen an sich selbst* unter dem Motto «sollte, hätte, müßte» («Ich *hätte* ein ‹sehr gut› schaffen müssen!» – «Ich *müßte* eine Lohnerhöhung durchsetzen!» – «Ich *hätte* klüger *sein sollen!*»).
- *Emotional belastenden Aussagen* wie: «Aber was, wenn …?» – «Ich werde nie in der Lage sein, zu …» – «Ich kann einfach nicht …» – «Sehen Sie denn nicht, daß …»
- *Unrealistischen Erwartungen:* «Ich fehle nicht einen Tag im

Jahr bei der Arbeit, warum also sollten dies meine Angestellten tun?» – «Heute darf ich nicht zu spät kommen; wehe, wenn zuviel Verkehr ist, dann werde ich verrückt!»

- *Übersteigerter Emotionalität* (den Verstand von Gefühlen trüben lassen): «Ich fühle mich so *allein*, daß ich ein wirklich *jämmerliches* Bild abgeben muß!» – «Ich bin heute so schrecklich erschöpft, aber ich bin ja auch *kein besonders gesunder Mensch*!»
- *Der Neigung, aus allem eine Katastrophe zu machen:* «Wenn ich dieses Rennen nicht gewinne, wird man mich auf immer als Verlierer im Gedächtnis behalten.» – «Während meines Vortrags werde ich bestimmt meinen Text vergessen, und *alle werden mich verspotten*!» – «Ich habe eine Stelle an meinem Arm, und wenn ich deshalb zum Arzt gehe, wird er feststellen, daß ich Krebs habe, und ich werde einen genauso langen und qualvollen Tod sterben wie mein Onkel.»
- *Dramatisieren:* «Wenn ich während des Vorstellungsgesprächs irgendeinen Fehler mache, werden sie mir den Job nie anbieten und *keiner* wird mich je mehr einstellen!»
- *Willkürlichen Schlußfolgerungen* (aus mangelhaften Informationen grundsätzlich die schlimmsten Schlüsse ziehen): «Ich kann mich nicht an die Telefonnummer erinnern; bestimmt läßt mein Gedächtnis nach, oder ich bekomme Alzheimer!» – «Ich werde diese Erkältung einfach nicht los und fühle mich so abgeschlagen; alles im Grunde Symptome für Aids!»
- *Negativer Ausrichtung:* «Wozu soll es gut sein, dieser Mannschaft zuzujubeln, sie sind ja doch bloß *Verlierer*!» – «Es ist *gefährlich*, Popkonzerte zu besuchen!» – «Dieses Wetter ist einfach *ungerecht*!»
- *Personalisieren:* «Es ist ja alles meine Schuld!» – «Immer, wenn *ich* auftauche, geschieht irgend etwas Schreckliches!» – «Wenn *ich* mir das Spiel ansehe, verlieren sie!»

- *Übertreibungen:* «Das wird *nie* aufhören!» – «Diese Arbeit ist *unerträglich!*» – «Es kommt überhaupt nicht in Frage, daß ich mit dem Flugzeug reise, die Dinger stürzen ja *andauernd* ab!»
- *Warum-Fragen.* Die Frage nach dem Warum scheint ein besonders weitverbreiteter Auslöser psychischen Lärms zu sein. «Warum passiert immer mir so etwas?» – «Warum verhältst du dich so?» – «Warum machen die Leute so etwas?» – «Warum kannst du die Dinge denn nicht so sehen wie ich?» Manchmal kann allein schon das Wort «warum» psychischen Lärm darstellen!

Wie Sie sehen, verwandelt psychischer Lärm Stille in Chaos. Indem wir also diese leere Stille mit Melodien und positiven Harmonien füllen oder das Chaos durch Rhythmusstrukturen und Kadenzen ersetzen, können wir psychischen Lärm reduzieren oder gar ausschalten. Eine Vielzahl unterschiedlichster «musikalischer Übungen» hilft uns dabei.

Wenn psychischer Lärm Sie quält, kann es nützlich sein, zu singen, ein Instrument zu spielen oder vor einem musikalischen Hintergrund ein Gedicht zu sprechen. Durch Musik können wir unseren inneren Zustand im Äußeren manifestieren. Oder, wie Anthony Storr es ausdrückt: Musik kann einen «vorübergehenden Rückzug ermöglichen, dadurch eine Neuordnung im Verstand auslösen und uns darin unterstützen, uns auf die äußere Welt einzustellen, statt ihr zu entfliehen».[2]

Neben der Musik selbst gibt es noch eine Reihe anderer Klänge, die ebenso sicher zum Ziel führen, zum Beispiel «weißes Rauschen» oder «Klangmasken».[3] Obwohl spezielle Geräte erhältlich sind, die einen Klangschirm herstellen, hat ein einfacher Hausventilator, eine Klimaanlage oder irgendein anderes Elektrogerät, das ein gleichmäßiges Summen, ein beruhigendes Murmeln oder etwas Vergleichbares hervorbringt, denselben Effekt. Ähnlich wirken auch natürliche Klänge wie etwa das fortgesetzte Rauschen eines Wasserfalls, das Rollen von Wellen, das Gurgeln eines Baches oder unermüdlicher Wind. Darüber hinaus bieten die Geräte, mit denen «weißes Rauschen» hergestellt werden kann, unterschiedliche Klangmasken, darunter digitale Imitationen der oben genannten und anderer natürlicher Klänge.

Offenbar tritt «weißes Rauschen» in Konkurrenz zu dem erbarmungslosen Bombardement des psychischen Lärms, der unseren Verstand überfällt, und setzt sich häufig durch. Für viele beginnt psychischer Lärm mit einem einfachen Gedanken oder einer kleinen Sorge. Diese weiten sich aus bis zu dem Punkt, an dem das Ganze einen chaotischen und verwirrenden Charakter annimmt. Der «psychische Lärm» scheint alle unmittelbaren, praktischen Belange in den Hintergrund zu drängen. Vor kurzem hatte ich einen Patienten, der genau diese Situation beschrieb und dann hinzufügte: «Ich wünschte, ich könnte meinen Kopf ein paar Sekunden lang öffnen und all diese Stimmen herausschütteln!» Er verglich sich mit einem Menschen, der Wasser im Ohr hat. «Man möchte den Kopf zur Seite neigen und so lange klopfen, bis alles herauskommt.»

Äußeres «weißes Rauschen» fungiert also als Konkurrenz zum *inneren* psychischen Lärm. Da der Klang (die Klangmaske), der sich im Wettstreit mit psychischem Lärm befindet, ununterbrochen und unnachgiebig ist, gibt der Verstand schließlich auf und kann sich entspannen. Indem das «weiße Rauschen» dafür sorgt, daß die inneren Stimmen sich beruhigen, ermöglicht es dem nachgebenden Verstand, einzuschlafen, tiefer in die Meditation zu gehen oder über vorrangige Belange klarer nachzudenken.

Musik wirkt sich maskierend auf die akustische Wahrnehmung aus.[4]

Stichwortgeber

Musik erlangt ihren emotionalen Wert durch Assoziation.

Als Zuhörer assoziieren wir aufgrund der Verbindung, welche die Musik mit unseren Erfahrungen eingeht, sehr persönliche Bilder und Bedeutungen mit ihr.

Manche Schriftsteller sind wie besessen von irgendwelchen billigen und geschmacklosen Country-und-Western-Songs, andere eher von einem bestimmten Präludium oder einem Tongedicht. Ich meine, daß die Musik, die sie auswählen, eine Art mentalen Rahmen für den Kern des Buches erschafft. Jedesmal, wenn die Musik erklingt, erzeugt sie das emotionale Terrain, von dem der Schriftsteller weiß, daß darin sein Buch spielt. Indem sie auf diese Weise als Gedächtnisstütze fungiert, führt sie einen fetischistischen Zuhörer zu einem immer gleichbleibenden Zustand wacher innerer Ruhe ...[1]

Für viele von uns hat Musik zu dem einen oder anderen Zeitpunkt die Funktion, uns für vollkommen neue oder andere Wirklichkeiten zu öffnen. Sie erschließt uns unverbrauchte Denkweisen, sorgt dafür, daß wir uns selbst und der Welt auf andere Weise zuhören, uns und sie neu empfinden. «Schon oft hat Musik ganze Menschheitsbewegungen kodiert, die praktisch nicht existierten, bis der musikalische Bezugspunkt seinen Auftritt hatte. Die frühen Singles der Beatles sorgten für die Entstehung einer vollkommen neuen Subkultur, indem sie sie in ihrer Musik kodierten. Ein paar Jahre später geschah das gleiche durch die Veröffentlichung ihres Albums *Sgt. Pepper*.»[2]

Obleich uns dies meist auf einer persönlichen Ebene berührt oder inspiriert, treffen zur rechten Zeit veröffentlichte Melodien manchmal mit der Entfaltung sozialer oder politischer Ereignisse zusammen und schlagen einen universellen Akkord an. «Ein aufwühlender patriotischer Song vermag während eines in Gang befindlichen Krieges die Gedanken einer ganzen Nation zu kodieren, zu intensivieren, ja, gleichzuschalten.»[3]

Musik ruft ein mentales und emotionales Bild des Augenblicks hervor, in dem sie das erstemal gehört wurde. Sobald eine bestimmte Erfahrung mit einer bestimmten Musik zusammenfällt, wird später, jedesmal, wenn diese Musik spielt, das gleiche emotionale Terrain, in dem die Erfahrung der Person widerhallt, wiedererschaffen. Hört man dann diese Musik, dann wirkt sie als rhythmische Gedächtnisstütze oder als Stichwortgeber, die oder der uns veranlaßt, zu diesem Augenblick oder diesem Gefühl zurückzukehren, der oder das nun in hörbarer Zeit konserviert ist.

Wenn ein Musikstück komponiert wird, spiegelt es das Lebensgefühl des Komponisten *zu diesem Zeitpunkt* wider. Dieses Gefühl, das durch den Komponisten in diesem Augenblick in Musik übersetzt wurde, lebt – auf einer bestimmten Ebene – in der Komposition fort. Durch die Musik sind wir nicht nur in der

Lage, die ursprünglichen Emotionen des Komponisten zu hören, sondern in gewisser Weise sogar zu fühlen – gefiltert durch unsere eigene emotionale Interpretation.

Ein Paar, das ich vor kurzem kennenlernte, sprach über den Urlaub, den es zwei Jahre zuvor auf den Bahamas zugebracht hatte. Solange sie auf den Inseln waren, erzählten die beiden, «spielte überall, wohin wir auch gingen, Reggae-Musik». Obwohl ihnen diese Musikrichtung schon vor ihrer Reise bekannt gewesen war, hatten sie niemals irgendwelche «außermusikalischen Assoziationen» damit verbunden. Anders ausgedrückt, sie assoziierten Reggae-Musik mit nichts anderem als mit eben dieser rhythmischen, lebhaften Musik selbst. Sie hatte für sie keine persönliche oder besondere Bedeutung. Seit ihrem Urlaub jedoch fühlten sie sich jedesmal, wenn Reggae-Musik erklang, auf die Inseln zurückversetzt. Egal, wo sie auch waren oder was sie gerade taten, immer wenn Reggae-Musik gespielt wurde, hatten sie den Geschmack tropischer Getränke im Mund, spürten den warmen Windhauch, der vom Meer kommt, rochen die Gewürze der Karibik und sahen leuchtende, allgegenwärtige Farben. Die Musik fungiert also tatsächlich als akustischer Schlüsselreiz, der solche Erinnerungen auslöst, die bis zu einem gewissen Grad mit allen fünf Sinnen erlebt werden.

Weil Musik die Macht besitzt, in unser Unbewußtes einzudringen, neigen wir dazu, häufig außermusikalische Verbindungen mit Ereignissen herzustellen, die vor einem bestimmten musikalischen Hintergrund ablaufen. Immer wenn Musik derart mit einem Ereignis assoziiert wird, fungiert sie als Stichwort, das uns, wenn wir es hören, zu diesem Ereignis zurückführt.

Es ist auch möglich, diese Phänomene mittels «klassischer Konditionierung» zu erklären.

Ein weitverbreitetes Beispiel für außermusikalische Assoziationen bei affektiver Reaktion auf Musik ist klassische Konditionierung oder Assoziation durch Kontiguität. In bestimmten Fällen lösen musikalische Stimuli emotionale Reaktionen aus, nicht weil die Musik über bestimmte musikalisch-strukturelle Eigenschaften verfügt, sondern weil sie bereits in der Vergangenheit Reize mit emotionaler Auswirkung begleitet hat.[4]

In diesem Buch werden diese «außermusikalischen Assoziationen» oder «Assoziationen durch Kontiguität» «stichwortgebende» Assoziationen oder schlicht «Stichwortgeber» genannt. Der Sinn dieser Bezeichnung liegt darin, vor Augen zu führen, daß Musik oder Klänge über die Fähigkeit verfügen, uns an einen bestimmten Ort oder in eine bestimmte Zeit zurückzutransportieren oder für ein bestimmtes Gefühl oder eine Erinnerung, die wir bewußt oder unbewußt mit diesen bestimmten Klängen assoziieren, das «Stichwort» zu geben. Diese stichwortgebende Fähigkeit ist ein wichtiges Werkzeug, um den Leser in den Genuß der unschätzbaren Wirkungen zu bringen, die durch die Verwendung von Musik oder Klängen als Ergänzung einer Reihe anderer Techniken erzielt werden können.

KLANG-IDEE
Wenn Sie das nächstemal das Bedürfnis
verspüren zu reden, dann verwenden Sie diesen Drang
als Stichwortgeber, um zuzuhören.

Songs und Gedichte würden zu lebenswichtigen Gedächtnisstützen und eigenständigen Werkzeugen für die Errichtung einer neuen Gesellschaft, und musikalische Fähigkeiten wären in der Tat eine Begabung, die das Überleben sichern könnte.[5]

Musik kann uns helfen, frühere Stadien unseres Lebens
wiederzubeleben und die ganze Schlagkraft
dieser emotionalen Momente neu zu erleben.

Akustisches Gedächtnis

*Wir blicken zurück und stellen eine Verbindung
her zwischen verschiedenen Musikstücken
und bedeutsamen Lebensereignissen.*

Der Begriff «akustisches Gedächtnis» dient hier als Schlagwort, das alle Klänge umfaßt – nicht nur musikalische –, die in unserem Gedächtnis gespeichert sind. Es handelt sich also um alle Töne, die uns auf ein bemerkenswertes Ereignis oder eine Angelegenheit aus unserer Vergangenheit aufmerksam machen, Erinnerungen auslösen oder uns inspirieren, zur Tat zu schreiten.

Das akustische Gedächtnis ist ein Reservoir aller akustischen Erfahrungen, Gedanken, Gefühle oder Ereignisse, die in das kollektive Unbewußte Eingang gefunden haben. Donner, Regen, Wind, Lachen, Stimmen, die die Erinnerung an bestimmte Gesichter auslösen, Melodien, die uns an die verschiedensten Orte zurückführen, sie alle hallen in unserem akustischen Gedächtnis nach. Mit der Hilfe von Musik und anderen Klängen erhalten wir Zugang zu unseren akustischen Erinnerungen. Auf diese Weise geben wir uns selbst das Stichwort, um zu dem harmonischen Fließen zurückzukehren, das wir erlebten, als wir zum erstenmal eine bestimmte Melodie oder bestimmte Klänge mit einem bestimmten Ereignis in Verbindung brachten (siehe auch den Abschnitt «Stichwortgeber», S. 363). Dabei handelt es sich um Musik-Ereignis-Verbindungen, die aus irgendeinem persönlichen Grund in unserem akustischen Gedächtnis gespeichert wurden.

Wenn wir uns beispielsweise, wenn wir Entspannungsübungen machen, dazu entschließen, immer die gleiche Musik zu spielen, wird sich diese schließlich mit unserer Entspannungskur zusammenschließen. Früher oder später wird allein schon das Hören dieser Musik, deren vertraute Klänge in unserem akustischen Gedächtnis gespeichert sind, Gefühle der Ruhe oder Entspannung auslösen.

Musik, die aus dem Gedächtnis bezogen wird, verfügt über ähnliche Wirkungsweisen wie Musik, die aus der externen Welt stammt.[1]

Folglich reicht es aus, sie im Hintergrund zu spielen, um ein ähnliches Gefühl von Leichtigkeit und Reaktionen auszulösen, wie wir sie während unserer Entspannungsübungen entwickelt und integriert haben. Auch Musik, die wir immer wieder beim Sex, bei Körperübungen oder anderen Aktivitäten gehört haben, wird in der Regel das Stichwort für diese Musik-Ereignis-Verbindungen geben und damit Erinnerungen (Vergangenheit) auslösen oder den Wunsch (Zukunft) hervorbringen, diese Aktivitäten in der Gegenwart aufzunehmen.

Man kann Songs als wichtige Lagerstätte eines Wissens betrachten, das von einer Generation zur nächsten weitergegeben wird. Wir im Westen sind allerdings weit entfernt vom tiefen Wissen der Aborigines über «Klanglinien» und die Verwendung von Musik als «Landkarten» und «Datenbanken»...[2]

Obgleich sich eine Reihe von Abschnitten in diesem Buch auf das akustische Gedächtnis bezieht, sei der Leser besonders auf zwei hingewiesen, nämlich auf «Stichwortgeber», S. 363, und «Erinnerungsvermögen», S. 151, um sich eine Vorstellung davon zu machen, wie eng diese Bereiche miteinander verbunden sind.

Erwartungen

Da Musik formlos ist, gibt sie sich selbst Form.
Da sie mit dem Geist aller Dinge harmoniert,
findet sie ihr Gleichgewicht.
Da sie frei ist, ohne Beschränkung oder Erwartung,
kommt Musik dem Tao nahe.

Wir alle wachsen mit «Erwartungen» auf und gehen mit ihnen durchs Leben. An ihrem Geburtstag und an Feiertagen *erwarten* die meisten von uns Geschenke. Vor allem Kindern wird die Erwartung eingepflanzt, daß bei besonderen Gelegenheiten ein bestimmter Geldbetrag für sie ausgegeben wird.

Unsere Tage sind von Erwartungen belastet. Wir gehen davon aus, daß etwas zu unserer Zufriedenheit erledigt wird und daß Pakete rechtzeitig ankommen, wir verlangen, daß andere die Dinge so sehen wie wir, und warten auf den «besonderen» Anruf. Wir setzen voraus, daß der Wecker rechtzeitig klingelt, daß die Betätigung des richtigen Schalters Elektrizität fließen läßt und uns bei der Zubereitung unseres Frühstücks hilft. Jeden Morgen klettern wir in unser Auto, drehen den Schlüssel und erwarten, daß es anspringt. Wenn wir das Haus zu einer bestimmten Zeit verlassen und mit einer bestimmten Geschwindigkeit vorankommen, dann gehen wir davon aus, daß wir rechtzeitig an unserem Arbeitsplatz eintreffen. Wenn wir vor Straßenschildern oder Ampeln anhalten, dann nehmen wir an, daß der Hintermann ebenfalls bremst. Wenn sich alles «wie erwartet» verhält, dann kommen wir gesund, wohlbehalten und rechtzeitig im Büro an. Doch was geschieht, wenn sich eine dieser Erwartungen nicht erfüllt? Wenn alles abläuft wie erwartet, dann sind wir nicht etwa begeistert oder auch nur ein wenig glücklich darüber, sondern nehmen all dies als gegeben hin. Wir *erwarten* es so. Erfüllt sich eine unserer Erwartungen jedoch nicht, dann kann uns das in Panik versetzen.

AN JEDEN KLANG SIND MILLIONEN ERWARTUNGEN GEKNÜPFT.
MIT JEDER ERWARTUNG SIND MILLIONEN KLÄNGE VERBUNDEN.

Sinn dieses Abschnitts ist es, jenen zu helfen, die sich selbst mit überflüssigen, unproduktiven und sogar schädlichen Erwartungshaltungen belasten. Wie in dem Kapitel über die Warum-Frage gibt es auch hier einen signifikanten Unterschied zwischen gesunden und vernünftigen Erwartungen («Die Erdanziehungskraft wird heute genauso wie gestern funktionieren.») und ungesunden oder selbstzerstörerischen («Meine Lieblingsmannschaft hat ihren Gegner letztes Jahr besiegt, also bin ich sicher, daß sie auch in dieser Saison wieder gewinnen wird.»). Sorgen stellen sich ein, wenn unser emotionales Leben aufgrund von unrealistischen Erwartungen entweder gestört oder von ihnen abhängig wird (siehe auch den Abschnitt «Warum-Fragen», S. 379).

HÜTE DICH VOR DEN FILTERN, DURCH DIE DU HÖRST.
MANCHMAL IST DAS GEHÖRTE NUR EIN ECHO DEINER INNEREN ÄNGSTE.

Die meisten Menschen sind Gewohnheitstiere. Wir scheuen Veränderungen und fahren jeden Abend auf der gleichen Strecke von der Arbeit nach Hause. Betreten wir einen Raum, den wir kennen, dann steuern wir automatisch auf den immer gleichen Sessel, *unseren* Sessel, zu und erwarten, daß die anderen *ihren* Sessel, auf denen sie auch schon beim letztenmal saßen, beanspruchen werden. Und normalerweise geschieht dies auch! Im Lebensmittelgeschäft kaufen wir immer, Woche für Woche, die gleiche Milch-, Käse- und Brotmarke, fühlen uns in einem vertrauten Restaurant auf unserem gewohnten Platz wohl. Wir kleiden uns auf eine bestimmte, «uniforme» Weise, mittels derer wir nicht nur erkennbar, sondern auch klassifizierbar sind. Abweichungen von diesen Normen schaffen leicht Distanz. Man hat sich dann nicht so verhalten, wie es von einem erwartet wurde.

Nehmen Sie etwa die Worte «Bäh, bäh, schwarzes Schaf». Versuchen Sie sich vorzustellen, daß Sie sie niemals zuvor gesehen haben und daß Sie folglich für das, was als nächstes kommt, vollkommen offen sind. Die Aufgabe ist unerfüllbar. Was immer als nächstes kommt, findet nicht in einem Vakuum statt, sondern wird zwangsläufig im Licht dessen gesehen, was voranging.[1]

Stellen Sie sich vor, Ihr Leben ohne Vermutungen, vorgefaßte Meinungen oder Erwartungen zu verbringen. Statt tage- oder sogar wochenlang darauf zu hoffen, daß «heute» dieses «besondere Paket» eintrifft, würden Sie statt dessen jeden Morgen aufwachen, Ihren alltäglichen Aktivitäten nachgehen, und schließlich, eines Tages, wäre das Paket einfach da!

Ein einfaches «Guten Morgen». Ein freundliches «Hallo». Ein sanftes «Ist heute nicht ein schöner Tag?», gefolgt von einem warmen Lächeln. Eine kreative Wendung, die den Plot am Ende eines guten, spannenden Buches sicher unter Dach und Fach bringt. Ein «Bonus-Track» am Ende einer CD. Das 13. Plätzchen in einem Dutzend. Wieviel süßer kommen einem die Dinge vor, die unerwartet, die einfach da sind!

Sie sehen Ihrer Lieblingsmannschaft zu und *erwarten*, daß sie gewinnen wird. Sie *muß* gewinnen, denn schließlich ist sie *Ihre* Lieblingsmannschaft! Stellen Sie sich statt dessen vor, den Fernseher anzustellen und das Spiel so zu verfolgen, wie es sich entwickelt, dabei jeden Spielzug so zu genießen, wie er sich im Hier und Jetzt ereignet, und auf die Vorwegnahme des Ergebnisses zu verzichten.

An einem gewöhnlichen Morgen − nicht Ihrem Geburtstag, einem Feiertag oder Jahrestag − kommen Sie morgens ins Wohnzimmer und stellen fest, daß jemand in Ihrem Haushalt Zeit und Geld investiert hat, um Ihnen eine Freude zu machen. Sie öffnen das Paket, und im Inneren der Schachtel finden Sie genau das, ein Geschenk! Ein völlig unerwartetes Zeichen der Wertschätzung. Denken Sie daran, wie gut es sich anfühlt, wenn man unerwartet etwas geschenkt bekommt. Ein Anruf, ein Brief, eine Karte, ein Besuch von einem alten Freund, eine Umarmung oder ein Kuß von Ihrem Kind, wenn es keinen direkten Anlaß gibt. Plötzlich ist etwas da, geschieht etwas, und darin liegt das Wunder.

Wenn Sie die Zukunft zu sehr mit Erwartungen überfrachten und ständig irgendeinen wünschenswerten Zustand, den Sie Ihrer Meinung nach hätten erreichen sollen, mit dem vergleichen, was ist, dann wird Sie die Kluft zwischen Ihrer Erwartung und der Wirklichkeit oft enttäuschen oder verwirren.[2]

Sie befinden sich in einem Ihnen unbekannten Kaufhaus. Jemand kommt zu Ihnen und fragt Sie, ob Sie Hilfe brauchen. Nicht, weil diese Person dort arbeitet, sondern einfach, weil Sie verwirrt aussehen, so, als ob Sie Hilfe *bräuchten*. Ihr Auto gibt − unerwartet − mitten im Feierabendverkehr den Geist auf. Sie fühlen sich orientierungslos. Während andere Fahrer an Ihnen vorbeirasen, ärgerlich hupen, über Sie den Kopf schütteln und Sie mit unfreundlichen Gesten belegen, hält hinter Ihnen jemand an. Kein Polizist und auch kein Autoverkäufer, sondern einfach ein freundlicher Mensch, der bereit ist, sich die Zeit zu nehmen, Ihnen zu helfen. Unerwarteterweise.

Eingeschränkt durch seine Erwartungen, ein Gefangener
seiner Vergangenheit, kümmert sich der Zuhörer um
die Zukunft und vernachlässigt das Jetzt.
Gefesselt durch sein ausgebildetes Gehör, horcht der Techniker
auf die Struktur und läßt sich die Melodie entgehen.
Gebunden durch das Vorhersagbare, untersucht der Perfektionist
die Präzision und verpaßt die Expression.
Kummer ist die Folge von Erwartungen, Erfüllung hat
ihren Ursprung in der Offenheit für das Jetzt.

In der Erwartung dessen zu leben, was sich ereignen «sollte» oder «wahrscheinlich» ereignen wird, beraubt einen der Freude an den Überraschungen des Lebens. Es entkleidet den sich entwickelnden Augenblick des Wunderbaren. Unrealistische Erwartungen verursachen Enttäuschungen, die wiederum Gefühle der Angst, Frustration, Entfremdung, Depression oder sogar einen Verlust der Selbstachtung zur Folge haben. Wenn man sich von solchen Erwartungen freimacht und sich darauf verlegt, den Augenblick zu erleben, kann man Streß und was sonst seinen Ursprung in unbegründeten Erwartungen an sich selbst und andere hat, minimieren, in vielen Fällen sogar eliminieren.

Was Menschen zu hören erwarten, scheint einen Einfluß auf das zu haben, was sie tatsächlich hören.[3]

Folgendes können Sie tun.

1. *Bleiben Sie im «Hör und Jetzt».* Wir können es uns zum Ziel setzen, mental und emotional offen zu bleiben für die

Ereignisse des Lebens, wenn sie eintreten. Die meisten Erwartungen jedoch beruhen auf vergangenen oder zukünftigen Ereignissen statt auf dem «*Hör* und Jetzt». Wir sind es gewohnt, von der Vergangenheit auf die Gegenwart zu schließen, und hoffen oder erwarten, daß sich Vergleichbares auch in der Zukunft auf die bereits bekannte Weise einstellt. Außerdem neigen wir dazu, in die Zukunft zu blicken und uns auf der Basis unserer Erwartungen in Vorhersagen und Prophezeiungen zu versuchen. Das ist an sich auch gar nicht falsch. Es wird erst dann zum Problem, wenn wir solche Erwartungen zum Fundament unseres Lebens machen.

Ziele und Erwartungen haben nichts mit dem zu tun, was wir in der Gegenwart machen. Sie sind nicht die Wirklichkeit im Hier und Jetzt. Sie sind im besten Fall Abstraktionen dessen, was geschehen wird, wenn alles nach Plan verläuft.[4]

2. *Stellen Sie Ihre Erwartungen in einen realistischen Rahmen.* Wie realistisch sind Ihre Erwartungen? Wären Sie emotional nicht eher auf der sicheren Seite, wenn Sie weitere Möglichkeiten in Betracht zögen und sich auf sie vorbereiten oder einfach auf das warten würden, was sich tatsächlich ereignen wird?

Alles Leid entsteht durch die Aktivität des Geistes. Können Sie auf Worte und Vorstellungen, auf Einstellungen und Erwartungen verzichten?[5]

3. *Versuchen Sie, sich nicht von Erwartungen abhängig zu machen.* Es ist in Ordnung, zu erwarten, daß ein bestimmtes Ereignis stattfinden wird, und es dann emotional loszulassen, wenn es doch nicht eintritt. Wer sich allerdings auf eine bestimmte Ereignisabfolge verläßt, begibt sich in eine riskante und anfällige Position.

Treten Sie mit leerem Geist ein. Seien Sie frei von Erwartungen.[6]

4. *Projizieren Sie Ihre Erwartungen niemals auf andere.* Davon auszugehen, daß andere Menschen sich so verhalten oder so denken und fühlen, wie Sie es tun, kann riskant und manchmal sogar gefährlich sein. Dies trifft besonders dann zu, wenn es um heikle Themen wie Religion, Politik und Philosophie geht. Wenn Sie für eine Sichtweise Partei ergreifen und sie verteidigen, dann seien Sie sich darüber im klaren, daß andere vermutlich gegensätzliche Positionen beziehen werden.

Erwartungen blockieren Ihre Entwicklung und begrenzen Ihren Horizont.[7]

5. *Machen Sie sich den Unterschied zwischen Zielen und Erwartungen bewußt.* «Ein sicherer Anhaltspunkt dafür, ob wir durch ein Ziel oder durch eine Erwartung motiviert werden, ist, daß Ziele immer befriedigend sind; möglicherweise sind sie nicht erfreulich, aber sie sind immer befriedigend. Erwartungen hingegen sind immer unbefriedigend, da sie ihren Ursprung in unserem kleinen Geist, in unserem Ich haben.»[8]

Wenn man sich immer nur mit vertrauten Musikformen beschäftigt, kann sich eine Erwartungshaltung einschleichen: Wir geben uns nicht ganz und gar den Klängen des Augenblicks hin, sondern warten begierig auf das, wovon wir wissen, daß es folgen wird.[9]

Übung 33
Ohne Erwartung sein

Wenn Sie diese Übung machen, dann erlauben Sie sich, Ihre Konzentration auf Erwartungen, feste Vorstellungen oder vorgefaßte Meinungen in bezug auf die Gefühle oder Gedanken, welche die Musik möglicherweise in Ihnen auslöst, loszulassen.

1. Entscheiden Sie sich für das erste Musikstück, dem Sie begegnen. Sie können auch versuchen, Ihre Auswahl mit geschlossenen Augen zu treffen.

2. Setzen oder legen Sie sich bequem hin, mit geschlossenen Augen. Sobald die Musik zu spielen beginnt, lassen Sie Ihren Verstand treiben, folgen den Klangwellen, wohin auch immer sie Sie tragen.

3. Gestatten Sie Ihrem Körper, sich dem Rhythmus hinzugeben, jeden Pulsschlag zu spüren in dem Augenblick, da er stattfindet.

4. Seien Sie in jedem verstreichenden Moment bei der Musik. Seien Sie empfänglich – doch analysieren Sie nicht – für alle Gedanken, die Ihnen vielleicht kommen, für alle Bilder, denen Sie begegnen, und für alle Gefühle, die sich einstellen.

5. Gestatten Sie es Ihrem inneren Selbst, mit der Musik zu fließen und sich von ihr einhüllen zu lassen, ohne Erwartung dessen, wie Ihre Gefühle sein «sollten» oder was Sie durch diese Übung zu erreichen hoffen.

6. Ziehen Sie keine Schlüsse. Erwarten Sie lediglich das Unerwartete. Erwarten Sie allein die Tatsache, daß die Möglichkeiten zahllos sind, wenn Sie selbstauferlegte Beschränkungen aufgeben und mit dem Hier und Jetzt fließen.

Das Tao der Musik hat keinen Anfang und kein Ende. Es ist eine fortgesetzte, ununterbrochene Melodie. Nur unsere begrenzende Erwartung schafft Einschränkungen, engt unsere Wahrnehmung der Totalität seines Klangs ein. Begegnen Sie heute jeder Situation, jedem Moment, jedem Ereignis ohne Erwartung, es sei denn der, *daß* sich etwas ereignen wird. Hören Sie mit einem ruhigen, leeren, vorurteilsfreien Geist zu. Diese empfängliche innere Stille wird ein tieferes Bewußtsein für die Botschaft des Klangs und den Klang jenseits der Botschaft ermöglichen. Durch Harmonie verbinden wir uns mit allem Lebendigen. Indem wir einander ergänzen, folgen wir fließend dem Weg. Vorwegnahme führt zur Erwartung. Die Konzentration auf das Ergebnis behindert den Prozeß. Mit dem Nicht-Geist gibt es keine Vorwegnahme – Achtsamkeit befreit von Erwartung. Konzentration verkörpert Denken, Denken behindert Harmonie. Ergebnisse setzen Tun voraus, Tun stört Komplementarität. Durch Achtsamkeit werden wir eins mit dem Tao. Frei von Erwartungen, sind Sie auch frei von Beschränkungen.

Wie ein Samurai-Krieger, der nichts erwartet, mach dich bereit für alles.[10]

Warum-Fragen

Musik hat nie etwas mit dem Warum zu tun.
Sie handelt immer von wer, was, wann, wo und wie.

Die meisten von uns beschäftigen sich irgendwann mit der Frage nach dem Warum. Als Kinder wollen wir herausfinden, wieviel unsere Eltern wirklich wissen («Warum ist der Himmel blau?» – «Warum ist es nachts dunkel?»). Unabhängig von unserem tatsächlichen Wissen – oder der Praxisnähe unserer Antworten – Warum-Fragen tauchen immer wieder auf. «Warum darf ich nicht länger aufbleiben? Warum muß ich das essen? Warum soll ich ruhig sein?»

Bei Teenagern hört die Suche nach Antworten auf die Warum-Frage nicht auf, sie nimmt lediglich eine andere Form an. «Warum darf ich das Auto nicht nehmen? Warum muß ich schon um elf zu Hause sein? Mein großer Bruder darf auch außer Haus schlafen, warum ich nicht?»

Bei Erwachsenen herrschen eher rhetorische Warum-Fragen vor. «Warum sitzt dieser Mensch auf meiner Stoßstange? Warum habe ich nie genug Zeit? Warum können die Mitglieder dieser Familie nicht einfach miteinander auskommen?»

Nach einer Weile scheint die Frage nach dem Warum, ob sie nun von uns selbst oder von anderen gestellt wird, zur Gewohnheit zu werden. Tatsächlich ist das Nachdenken darüber rhetorisch. Oft suchen wir gar nicht wirklich nach der Antwort, sondern versuchen nur Zeit zu schinden oder sind zu faul, nach den nicht gleich offensichtlichen Gründen für etwas zu suchen. Wir wollen *die* Antwort und wir wollen sie *jetzt*!

Viele Antworten auf die Warum-Frage sind subjektive Meinungen, scharfe, aber defensive Erwiderungen, wilde Spekulationen oder Fantasien. In dem Versuch, unsere Reputation als «Weisheitsspender» aufrechtzuerhalten, tappen wir manchmal in die Falle und bieten eine beliebige Zahl fehlgeleiteter pseudometaphysischer Antworten auf die verwirrendsten Fragen des Lebens an («Die Erde ist rund, weil sie sich dreht!»). Die Tatsache, daß die meisten Menschen gar keine stimmigen Antworten auf die Frage nach dem Warum erwarten, wird im Alltag ständig bestätigt. Wie sonst ließe sich erklären, daß eine Antwort wie «So sind die Leute nun einmal!» als plausible und vernünftige Erklärung für alles und jedes herhalten kann?

Es ist nicht schwer herauszufinden, welches die Stolpersteine sind, die Zen für eine Kultur wie die unsere bereithält, die alles mit einer Frage beginnt und dauernd nach dem Warum fragt.[1]

Letztlich kommt heraus, daß die meisten Menschen gar nicht *wissen*, warum. Das heißt nicht, daß wir Warum-Fragen *nie* stellen sollten. Zum Beispiel macht der Besuch beim Arzt, der der Diagnose einer Ohrenentzündung dient, die Frage nach dem Warum unbedingt erforderlich. «Warum tut mein Ohr weh?» verlangt nach einer korrekten Antwort.

Eine weitere vollkommen vernünftige Begründung für die Frage nach dem Warum mag sich herausbilden, wenn der Motor des Autos besorgniserregende Geräusche von sich gibt. Wenn wir dann das Fahrzeug um der Einschätzung eines Mechanikers willen in die Werkstatt bringen, fragen wir ihn, «warum» das Auto solche Geräusche macht. Aber müssen wir wirklich wissen, «warum» die Geräusche da sind? Wäre es nicht sinnvoller, die Geräusche zu beschreiben: *wie* sie sich anhören, *woher* sie kommen, *wann* sie auftreten und *wie* oft? Und später zu fragen, *wann* das Auto fertig sein und *wieviel* die Reparatur kosten wird? In solchen Situationen ist (für die meisten) eine lange technische Erklärung des Defekts einfach Zeitverschwendung. Außerdem wissen die Mechaniker (und so geht es auch vielen anderen Spezialisten) oft selbst gar nicht, «warum» sich die Sache so verhält, wie sie es tut.

Meistens beschränken sich Profis darauf, die Situation zu diagnostizieren, das «Was» zu finden, das repariert oder ersetzt werden muß, und Vorschläge hinsichtlich des «Wie, Wann und Wo» zu machen. Das «Warum» andererseits kann rein spekulative Antworten wie «*Vielleicht* hat der Hersteller bei diesem Modell eine billige Legierung verwendet?» oder «Das passiert, wenn Sie zu schnell, zu langsam, zu oft, nicht oft genug und so weiter fahren» zutage fördern. Am Ende steht: «Bitte reparieren Sie mein Auto, denn ich muß damit zur Arbeit fahren!»

Fragen, die mit dem Wort «warum» beginnen, lösen in uns sehr wahrscheinlich die gleichen emotionalen Reaktionen aus, die Eltern hinnehmen müssen, wenn sie ihr Kind fragen: «Warum hast du das getan?» oder «Warum glaubst

du das?» Es handelt sich um rhetorische Fragen, die Mißbilligung zum Ausdruck bringen. Der Patient gelangt nur
selten darüber hinaus, die Mißbilligung zu hören und defensiv zu reagieren, und erlangt damit keine zusätzlichen
Informationen über sich selbst.[2]

Das Bewußtsein für überflüssige Warum-Fragen schärfen

Merken Sie sich, wie häufig Sie an einem gewöhnlichen Tag sich
selbst und andere mit der rhetorischen Warum-Frage belasten.

«Warum sind die Ampeln bloß immer rot, wenn ich da-
herkomme?»
«Warum fahren die Leute bloß so schnell/so langsam?»
«Warum steht da jemand mit seinem Auto auf meinem
Platz?»
«Warum ist diese Person bloß so versessen darauf, vor mir in
der Schlange zu stehen?»
«Warum gibt es in diesem Getränkeautomaten kein Diät-
Cola mehr?»
«Warum verlangen Sekretärinnen immer von mir, daß ich
warten soll?»

Wer häufig die Warum-Frage stellt, lenkt sich von den nahelie-
genden Themen ab. Die Frage nach dem Warum erzeugt War-
teschleifen, Kreisläufe und im schlimmsten Fall abwärts gerichtete Spiralen unentrinnbarer Rhetorik. Reaktionen auf die
Warum-Fragen haben außerdem die Tendenz, sich, abhängig
von der eigenen Stimmung, der unmittelbaren Situation und
den zur Verfügung stehenden Informationen, ständig zu verändern. Indem wir in das endlose Labyrinth der «weil»-Wahr-
scheinlichkeiten geraten, begegnen wir auch einem Universum
potentieller Entgegnungen, die unseren Verstand in die Unend-

lichkeit davontragen. Immer dann, wenn wir gerade glauben, die Antwort gefunden zu haben, kommt ein weiteres «Ja, aber...» oder ein «Aber wenn...» und reißt uns tiefer in das schwarze Loch des Nichtwissens.

KLANG-IDEE

Geben Sie sich mit Nichtwissen zufrieden. Lassen Sie los.
Es ist in Ordnung, wenn man etwas nicht weiß.
Sehr häufig ist «Ich weiß es nicht..., das ist eine gute Frage!»
eine vernünftige und akzeptable Antwort.

Die folgende Geschichte zeigt, wie die Besessenheit von der Warum-Frage zum zentralen und manchmal destruktiven Punkt im Leben werden kann.

> Wenn wir die Konvention, alles wissen zu müssen, aufgeben und uns einfach auf das Erleben einlassen können, macht die Therapie gute Fortschritte.[3]

Vor einiger Zeit begann Ted, ein 47jähriger Mann, mit einer Therapie, nachdem seine Frau Iris, mit der er seit 22 Jahren verheiratet war, ihn verlassen hatte. Vorrangig richtete sich Teds Interesse auf die Frage nach dem Warum. Warum hatte sich seine Frau nach all den Jahren, in denen sie sich so nahegestanden hatten, dazu entschlossen, ihn zu verlassen? Ein paar Jahre vor dem Auseinanderbrechen der Beziehung hatte Iris sich mit Ted hingesetzt und ihm erklärt, warum sie mit ihrer Ehe unzufrieden war. Sie machten eine Zeitlang Paartherapie, doch es nützte nichts. Eine Reihe von Ereignissen hatte Iris zu dem Schluß kommen lassen, daß sie sich voneinander entfernt hatten und nicht mehr zusammenpaßten. Es war keine dritte Person an ihrer Situation beteiligt, ihr Wunsch war es lediglich, auszuziehen und «ein neues Leben anzufangen». Selbst als sich beide bereits monatelang in Therapie befanden, Iris Ted klar und offen ihre Meinung gesagt und dabei immer wieder die oben beschriebenen Gefühle zum Ausdruck gebracht hatte, wollte Ted immer noch wissen, warum.

Im Verlauf der ersten paar Monate nach ihrer Trennung verbrachte Ted viel Zeit damit, verzweifelt nach der Antwort auf die Frage zu suchen, warum seine Frau ihn verlassen hatte. Während dieser Zeit war es ihm gelungen, mehrere (seiner Ansicht nach) vernünftige Gründe zu finden, von denen jeder den vorhergehenden, noch irrationaleren ablöste. Statt die Tatsache zu akzeptieren, daß er und seine Frau sich auseinandergelebt hatten, beschäftigte sich Ted weiter zwanghaft mit Warum-Fragen. Schließlich, nachdem weitere Monate verstrichen waren, gab Ted seine destruktive und sinnlose Suche nach der *Antwort* auf. Er fand sich damit ab, daß sie sich voneinander entfernt hatten, und erkannte, daß er nichts Besonderes getan hatte, um den Bruch herbeizuführen.

Als es ihm erst einmal gelungen war, keine Warum-Fragen mehr zu stellen, konnte er wieder auf seine innere Stimme hören, sich mit dem arrangieren, *was, wann, wie* und *wo* geschehen war, Bestandsaufnahme machen und sein Leben neu arrangieren. «Warum?» war zu psychischen Lärm (siehe S. 358) in seinem Kopf geworden, blockierte seine Fähigkeit, das Offensichtliche zu hören, und hielt ihn davon ab, Harmonie zurück in sein Leben zu bringen.

MUSIK GESTATTET ES DEM BEOBACHTENDEN,
SELBST NEUE EBENEN DES BEWUSSTSEINS ZU ERREICHEN,
WÄHREND SIE ZUGLEICH DIE GRUNDSTRUKTUR FÜR DIE ERFORSCHUNG
DES EIGENEN INNERN BEREITSTELLT.

Sehr oft sind die Antworten auf die Fragen nach dem Warum offensichtlich. Wir wollen sie nur nicht hören. Die Suche nach dem Warum ist also tatsächlich nichts anderes als ein Flehen nach Bestätigung durch eine äußere Quelle. Anders ausgedrückt: Wir wollen einfach hören, was wir hören wollen, wann, wo und wie wir es hören wollen.

Musik zu komponieren, aufzuführen oder zu hören und dabei ganz und gar bei jedem einzelnen Klang zu sein heißt, das Leben jenseits von Beschreibungen oder Bedeutungen zu entdecken, das Leben, das einfach nur *ist*.[4]

Bei meiner Arbeit sind mir viele Menschen begegnet, die sich auf diese Weise ihr Leben lang selbst quälen. Sie wachen auf, durchlaufen den Tag und gehen mit der Frage nach dem Warum ins Bett. Oft erhalten sie sogar in ihren Träumen Lösungen oder mögliche Antworten auf endlose Fragen. Sie flehen einen an: «Aber ich muß doch wissen, *warum!*», und glauben offenbar, daß ihnen tatsächlich jemand *die endgültige Antwort* zu geben vermag.

Man könnte also sagen, daß zum Wissen mehr gehört als bloßes Rechthaben.[5]

Zum Wohle der Übungen, die ich Ihnen in diesem Buch vorstelle, rate ich Ihnen, die Frage nach dem Warum so selten wie möglich zu stellen. Immer, wenn Sie spüren, daß eine Warum-Frage in Ihnen aufsteigt, sollten Sie ihr auf die durch das nachfolgende Schema dargestellte Weise begegnen. Diese Methode hat sich im Laufe der Jahre bei vielen meiner Patienten bewährt.

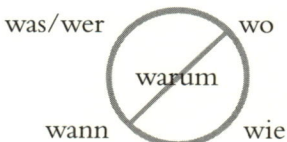

Abbildung: Wie man mit Warum-Fragen fertig wird.

Die Abbildung stellt eine kognitive Landkarte dar, mit deren Hilfe man mit zukünftigen Situationen besser umgehen kann.

Wenn Sie also beispielsweise das nächstemal auf eine rote Ampel zufahren, dann fragen Sie sich nicht, «warum» sie rot ist, und regen sich auf, sondern sie erkennen einfach die Tatsache als solche an («Ist nicht möglich, eine rote Ampel!») und fragen:

- «Was muß ich tun?» Anhalten.
- «Wann?» Jetzt.
- «Wo?» Hier.
- «Wie lange?» Bis die Ampel auf Grün schaltet.

Einfach, praktisch, kurz und bündig. Diese Herangehensweise wird Ihnen viel überflüssigen Nervenverschleiß und unnötige Denkarbeit ersparen. Mit der Zeit werden Sie diese Formel auf eine ganze Reihe alltäglicher Situationen anwenden können, in denen die Frage nach dem Warum ebenso belastend wie zwecklos ist. Bewahren Sie sich Ihre mentale Kraft für wichtigere Angelegenheiten, und nutzen Sie die Zeit, während Sie vor der roten Ampel warten, um der Musik aus Ihrem Autoradio zuzuhören, oder machen Sie ein paar tiefe Atemzüge!

Wenn jemand eine Blüte hochhält und sie dir zeigt, möchte er, daß du sie siehst. Wenn du weiter nachdenkst, entgeht dir die Blüte. Der Mensch, der nicht nachdachte, der nur er selbst war, konnte der Blüte intensiv begegnen und lächelte.[6]

Sollte und müßte

Wenn ich doch nur von vorn anfangen könnte...
Wenn ich doch nur zu der Zeit zurückkehren könnte, als...
Wenn ich doch nur ein paar Jahre jünger wäre...
... Erschaffe heute die Vergangenheit von morgen.

«Ich sollte wirklich mehr über Computer wissen!» Wie oft bestrafen Sie sich mit Aussagen über sich selbst, in denen Sie feststellen, was Sie tun oder haben «sollten», erreichen oder erledigen «müßten» in der Zeit zwischen dem Ende des Tages und dem Ende Ihres Lebens? Albert Ellis, dem Begründer der rational-emotiven Therapie, zufolge

... steht im Zentrum psychischer Störungen die Neigung des Menschen, eifrige, absolutistische Bewertungen der Ereignisse seines Lebens vorzunehmen. Wie gezeigt wurde, erfolgen diese Bewertungen in Form von dogmatischem «müssen», «sollen» und «sollten».[1]

Die rational-emotive Therapie und Ellis' Theorien erörternd, erklärt Gerald Corey:

Aus Ellis' Sicht ist absolutistisches und *muß*turbatorisches Denken das Fundament menschlicher Probleme. Im Mittelpunkt der drei irrationalen Grundvorstellungen des Menschen steht jeweils das Wort «müssen»:

1. «Ich *muß* gute Leistung erbringen und darin von bedeutenden anderen bestätigt werden. Gelingt mir das nicht, dann ist das *schrecklich*. Ich *kann es nicht ertragen* und halte mich für einen *schlechten Menschen*.»
2. «Du *mußt* mich fair behandeln. Wenn du das nicht tust, dann ist das *schrecklich*. Ich *kann es nicht ertragen*.»
3. «Die Bedingungen *müssen* so sein, wie ich sie haben will. Wenn das nicht zutrifft, ist es *schrecklich*. Ich *kann es nicht ertragen*, in so einer *furchtbaren* Welt zu leben.»[2]

Es gibt mehrere Methoden, irrationale und störende Selbstaussagen zu bekämpfen, zu neutralisieren oder zu reduzieren.

1. *Wir können versuchen, unser Bewußtsein zu verbessern.* Wir können im Auge behalten, wie oft wir Worte wie «sollte» und «müßte» in unseren alltäglichen Aussagen über uns selbst verwenden. Stoßen wir beispielsweise auf eine negative Selbstaussage wie etwa «Keiner mag mich, was hat es überhaupt für einen Sinn, es noch zu versuchen?!», dann haben wir die Wahl, sie durch Positiveres und Vernünftigeres zu ersetzen. Eine solche Aussage könnte lauten: «Es ist wahr, daß einige Leute mich nicht mögen, doch gibt es andere, für die das nicht zutrifft. Wie auch immer, jedenfalls werde ich es nicht zulassen, daß die Meinung anderer mein Leben bestimmt.»

2. *Wir können negative Selbstaussagen durch positive ersetzen.* Zum Beispiel könnten an die Stelle von Bemerkungen wie «Ich bin ein Versager» zutreffendere Aussagen wie «Manchmal und bei manchen Dingen versage ich, aber bei anderer Gelegenheit bin ich erfolgreich» treten.

3. *Wir können uns selbst zuhören.* Hört sich einfach an, nicht wahr? Versuchen Sie, sich der inneren Botschaften, die Sie sich selbst geben, bewußt zu bleiben; das ist sehr schwer, aber mit entsprechender Übung wird es zunehmend leichter. Außerdem können wir darauf achten, wie wir Aussagen im Gespräch mit anderen formulieren. Stellen Sie fest, daß Sie in der Regel das Negative betonen («Das wird *nie* geschehen!»), dann ersetzen Sie diese Gedanken und Aussagen durch positivere («*Alles* kann geschehen!» oder «Es sind schon merkwürdigere Dinge passiert!»).

4. *Wir können uns realistische Ziele setzen.* Statt uns mit Gedanken wie «Ich muß diese Arbeit in einem Tag schaffen!» unter Druck zu setzen, können wir diese durch nützlichere Aussagen wie «Ich werde mein Möglichstes tun, um die Arbeit heute fertigzustellen. Wenn es mir nicht gelingt, dann ist das auch nicht das Ende der Welt» ersetzen.

5. *Wir können uns darin üben, Dinge loszulassen.* Erkennen Sie Ereignisse, über die Sie keine Kontrolle haben, als solche an, und lassen Sie sie los. Denken Sie zum Beispiel über eine Aussage nach wie: «Ich sollte wirklich größer sein, warum bin ich so klein?» Wenn Sie erwachsen und damit ausgewachsen sind, ist es an der Zeit, sich auf andere Dinge zu konzentrieren. Verabschieden Sie sich von diesem Wunsch!

6. *Wir können unsere irrationalen Überzeugungen in Frage stellen.* Wenn wir feststellen, daß sich ein irrationaler Gedanke einschleicht, können wir ihn aufs Korn nehmen, ihn untersuchen und durch andere, rationalere, produktivere Gedanken ersetzen. Zum Beispiel: «Immer, wenn ich mein Auto waschen will, regnet es!» Stimmt das? Oder: «Beim Anstehen im Supermarkt gerate ich grundsätzlich in die langsamste Schlange!» Trifft das wirklich zu? Wenn Sie sich bei solchen Aussagen erwischen, dann stellen Sie sie in Frage! «Immer» ist ein sehr mächtiges Wort. Geben Sie ihm einen realistischen Rahmen.

Das Müßte zum Schweigen bringen,
bei jeder Gelegenheit.
«Ich sollte ...» durch «Schhhh ...» ersetzen.

Um einen tieferen Einblick in die mit «müßte» und «sollte»
verbundenen Sprachgewohnheiten zu bekommen, rate ich dringend zu Albert Ellis' Büchern über die rational-emotive Therapie (siehe Bibliographie, S. 496). Für unsere Zwecke jedoch
«sollte» die knappe Wiedergabe seiner Thesen zusammen mit den
übrigen Stellen, in denen hier auf sie Bezug genommen wird,
ausreichen.

Es ist eine grundlegende Wahrheit im Zen, daß Anstrengung der Feind des Rhythmus ist.[3]

Techniken

Die Lebenskraft, die unsere Suche nach
dem verlorenen Akkord auslöst,
hat ihren Ursprung in dem Klang
des Akkords selbst.

Entrainment

*Indem wir mit musikalischer Unterstützung beim Gehen unser eigenes
Tempo anschlagen, lernen wir, Bewegung mit Musik zu synchronisieren.
Bei solchen Gelegenheiten erfolgt die hervorgerufene Reaktion
synchron mit dem Auftreten des Stimulus: Dieser Sachverhalt
wird häufig als «rhythmisches Entrainment» bezeichnet.*

Im Jahr 1665 beobachtete Christian Huygens, ein holländischer
Wissenschaftler, daß zwei nebeneinander angebrachte Pendel-
uhren einen gemeinsamen Rhythmus annehmen. Sie entwik-
keln eine Synchronität, die jener überlegen ist, die mit mechani-
schen Mitteln erreicht werden kann. Später bezeichneten die
Wissenschaftler dieses Phänomen als «gegenseitige Phasenverrie-
gelung zweier Oszillatoren» oder als «Entrainment». Die Ursache für diese universelle Erscheinung besteht laut George Leonard darin, daß «die Natur stets den effektivsten Energiezustand
sucht und es geringerer Energie bedarf, im Gleichklang zu
schwingen als in Disharmonie».[1]

Im Grunde genommen sind lebende Organismen Oszillatoren. Eine beliebig große Zahl von Menschen, die mit einer

gemeinsamen harmonischen Aktivität wie Singen, Rudern oder Marschieren beschäftigt sind, erfahren Entrainment. Zwei (oder mehrere) Individuen stellen plötzlich fest, daß sie plötzlich in einer angenehmen, beiderseitigen Beziehung miteinander verbunden sind. Sie «harmonieren», sind aufeinander «eingestimmt», sind «synchron». Anders ausgedrückt: Je mehr wir uns auf den Rhythmus eines anderen Menschen einlassen, desto besser können wir dieses Individuum verstehen oder in Beziehung zu ihm treten. Je stärker sich ein Mensch durch Entrainment auf den Rhythmus eines anderen einstimmt, desto näher kommen die beiden Individuen einander. Entrainment bringt also gemeinsame Gangart, das Erreichen von Übereinstimmung oder das Verschmelzen zweier oder mehrerer Systeme (oder Individuen) mit sich. Ein weiteres Beispiel für Entrainment ist der Gleichklang, den ein Sprecher in der Öffentlichkeit oder ein Darstellungskünstler mit seinem Publikum erreicht. Entrainment ist die Grundlage effizienter Kommunikation.

Bei normaler Aktivität schlägt das menschliche Herz 70- bis 80mal in der Minute. Immer, wenn wir Musik mit einem Tempo ausgesetzt sind, das die normale Herzfrequenz übersteigt, wird diese Musik – abhängig von anderen Umständen – eine stimulierende, angst oder aggressiv machende Wirkung auf uns haben. Umgekehrt wirkt ein langsameres Tempo beruhigend, dämpfend und besänftigend auf den Menschen.

> Bei der Auslösung psychophysiologischer Veränderungen bei Patienten, die unter chronischen Schmerzen oder Krankheiten leiden, ist Entrainment-Musik anderen Musikanwendungen überlegen.[2]

Musikalisch verlangt Entrainment ein Verschmelzen oder Synchronisieren mit dem Pulsschlag der Musik. Vom musikalischen Standpunkt aus kann beispielsweise ein Entspannungszustand am besten mit der Unterstützung eines als «largo» oder «adagio» ausgewiesenen Satzes erreicht werden. Diese langsamen, beruhigenden Werkteile sind insbesondere bei den Komponisten der Barockzeit (die etwa von 1600 bis 1750 andauerte) wie etwa bei Bach, Telemann, Corelli, Vivaldi, Händel, Scarlatti, Pachelbel, Purcell und Couperin anzutreffen.[3]

Es ist denkbar, daß live gespielte Unterhaltungsmusik nicht nur eine gesteigerte Immunreaktion auslösen kann, sondern auch die Bereitschaft des Patienten zur selbständigen Arbeit mit Fantasiebildern zu fördern vermag.[4]

Das Entrainment-Prinzip ist eng verwandt mit dem isomorphen Prinzip, demzufolge die eigene Stimmung am Ausgangspunkt in etwa zur Stimmung der Musik passen und dann langsam in die gewünschte Richtung geführt werden sollte.

Entrainment ist die Fähigkeit, den Rhythmus eines anderen Menschen wahrzunehmen und sich ihm anzuschließen. … Das isomorphe Prinzip ist eine der natürlichsten und intuitivsten Techniken, um in einen neuen Rhythmus zu wechseln. Mit dem isomorphen Prinzip wird eine Tempo- oder Stimmungsveränderung erreicht, indem man sich dem gegenwärtigen Modus überläßt und dann langsam die Gangart in der gewünschten Richtung verändert. … Statt rasch in einen schnelleren oder dynamischeren Modus zu wechseln, erfolgt auf der Basis des isomorphen Prinzips der Übergang in den neuen Zustand langsam, fast unmerklich.[5]

Ein Beispiel. Sie haben eben einen anstrengenden, stressigen Tag im Büro verbracht oder einen angst machenden Konflikt mit einem Vorgesetzten oder Lebenspartner überstanden. In diesem Augenblick verspüren Sie gewiß nicht den Wunsch, sich «beruhigende, entspannende» Musik anzuhören. Was Sie tatsächlich erreichen *wollen* und *müssen*, ist ein *innerer Zustand* der Ruhe oder Entspannung. Eine Möglichkeit, dieses Ziel zu erreichen, besteht darin, Musik in Übereinstimmung mit Entrainment oder dem isomorphen Prinzip einzusetzen. Tatsächlich kann

Musik strategisch genutzt werden, um auf eine bestimmte Stimmung oder auf Stimmungen einzuwirken oder sie zu verändern.

Entrainment ist ein Prozeß, in dessen Verlauf man sich mit dem Gefühl *verbindet*, welches die Musik verkörpert, oder mit der Essenz der Darbietung. Es ist das Gefühl der Gegenseitigkeit oder Gemeinsamkeit, an dem wir uns mittelbar zusammen mit dem Lied oder dem Interpreten erfreuen können. Indem man die Musik und/oder den Text des Songs einfach auf sich wirken läßt, «weiß» man irgendwie, daß der Interpret schon vor einem an diesem Ort war oder daß er bereits kennt, was man selbst gerade fühlt. Auf unergründliche Weise wirkt es beruhigend zu wissen, daß es da draußen jemanden gibt, der unsere Gefühle nicht nur versteht, sondern sie auch noch kreativ durch seine Musik auszudrücken weiß.

Entrainment-Musik, die das Ziel verfolgt, einen verängstigten Menschen zu beruhigen, würde anfangs Anspannung und chaotische Gefühle hervorrufen und dann langsam in beruhigende Musik übergehen.[6]

Entrainment auf die persönlichen Bedürfnisse abstimmen

Im wesentlichen erfolgt die Anwendung des isomorphen Prinzips in Verbindung mit Entrainment wie folgt. Zunächst müssen Sie Ihren inneren Zustand, Ihre Gefühle (Angst, Depression, Wut) auf Ihre *unmittelbare* äußere Umgebung abstimmen. Anders ausgedrückt: Wenn Sie unter Ängsten leiden, wählen Sie vorzugsweise Musik, die zu Ihrer *gegenwärtigen* Stimmung – also Streß oder Angst – paßt oder sie so genau wie möglich widerspiegelt. Damit Sie sich in die Emotionen oder Empfindungen, die mit Streß oder Angst assoziiert werden, einfühlen können, muß die Musik natürlich vergleichbare Stimmungselemente wie

Intensität, Anspannung, Kraft und – abhängig vom Grad Ihrer Angst – vielleicht auch Raserei enthalten. Außerdem ist die Musik, die für diesen bestimmten Stimmungszustand bevorzugt wird, zwar nicht unbedingt laut, aber von raschem Tempo und treibend. Ziel ist es, daß die Stimmung der Musik und Ihr gegenwärtiger emotionaler Zustand zusammenpassen.

Während Sie sich von der Musik mitreißen lassen, werden Sie sich mit ihr, die ja Ihren gegenwärtigen inneren Zustand widerspiegelt, immer wohler fühlen. Nun, da Sie anfangen, sich mit der Musik «eins» zu fühlen, müssen Sie als nächstes das Tempo *langsam* so verändern, daß es auf den inneren Zustand zusteuert, den Sie *erreichen wollen* (Ruhe, Entspannung). Wer von Ängsten oder Streß geplagt wird, wird sich für eine Abfolge von Songs entscheiden, die das Maß ausgedrückter Angst langsam zurücknimmt. Tatsächlich sollte die Auswahl nur anfangs zu Ihrem gegenwärtigen, ängstlichen Zustand passen, und sich dann langsam von diesem emotionalen Höhepunkt herunterschrauben und schließlich die Ebene der Entspannung und Ruhe erreichen, nach der Sie suchen.

Außerdem sollte die Musik, die Sie auswählen, Stücke enthalten, die *Ihre* besonderen Gefühle wiedergeben und nicht die einer anderen Person. Anders formuliert: Sie könnten einen Nachbarn oder Freund haben, der meint, daß eine bestimmte Art von Musik «entspannend» ist und daß Sie sich seiner Auffassung anschließen «sollten». Oder ein Artikel in einer Zeitschrift legt nahe, daß eine bestimmte Aufnahme innere Ruhe hervorruft. Diese Vorschläge (ebenso wie jene, die ich in diesem Buch mache) sind jedoch genau das – Vorschläge, die im besten Fall auf der Befragung eines bestimmten Prozentsatzes der Bevölkerung durch den Autor oder durch andere basieren.

Obwohl die vorgeschlagene Kombination bei anderen vielleicht eine wunderbare Wirkung hat, hilft Ihnen das in Ihrer Situation nur wenig, es sei denn, es geht um genau das Gefühl, das die Musik in Ihnen hervorruft. In diesem Fall sind Sie der Experte und als solcher die höchste Autorität bei der Entscheidung darüber, welche Musik sich genau hier und genau jetzt «angsterfüllt», «geringfügig angsterfüllt», «einigermaßen entspannend» oder «beruhigend» für Sie anfühlt. Die beste Methode, um mit Hilfe von Musik ein Entrainment zu ermöglichen und Ihren inneren Zustand von einer unerwünschten Stimmung (Angst) in eine erwünschte und gesündere (Entspannung) zu überführen, ist es, auf der Basis Ihrer eigenen Musikauswahl selbst eine Entrainment-Kassette zusammenzustellen. Obwohl also dieses Buch aus praktischen Gründen und als Richtlinie für Sie durchgängig gründlich erforschte musikalische Angebote enthält, rate ich dringend dazu, selbst Musik auf der Basis der persönlichen Vorlieben auszuwählen.

John Phillips zufolge, der der Popgruppe The Mamas and the Papas angehört, kann jede Rockgruppe, «indem sie sorgfältig die Rhythmusabfolge kontrolliert», bewußt und willentlich im Publikum eine Massenhysterie auslösen. «Wir wissen, wie man das macht», erklärte er, «jeder weiß, wie man das macht.»[7]

Eine eigene Entrainment-Kassette aufnehmen

Obwohl Entrainment-Kassetten, wie dies in verschiedenen Übungen gezeigt wurde, verwendet werden können, um eine ganze Reihe von Gefühlen zu verändern (siehe den nachfolgenden Abschnitt «Andere Stimmungen verändern»), werden wir uns hier der größeren Anschaulichkeit wegen auf das Thema «Angst» beschränken.

1. Nehmen Sie ein Aufnahmegerät zur Hand, und bestücken Sie es mit einer Kassette von 30 bis 45 Minuten Spieldauer pro Seite. (Obwohl eine Entrainment-Abfolge nicht zwangsläufig auf Band aufgenommen werden muß, ist es aus zeitlichen Gründen und auf längere Sicht oft sinnvoller, dies zu

tun, um sie mehrmals einsetzen zu können.) Wenn es sich bei der Stimmung, die Sie verändern möchten, um eine handelt, auf die Sie mehr oder weniger regelmäßig Einfluß nehmen möchten, dann ist die Zeit, die Sie für die Zusammenstellung und Aufnahme Ihrer Kassette brauchen, gut investiert.

2. Wählen Sie zwei oder drei Musikstücke aus, die Ihre gegenwärtige Stimmung (Angst) wiedergeben, und nehmen Sie sie am Anfang Ihrer Kassette auf.

3. Nach diesem ersten (Angst widerspiegelnden) Abschnitt lassen Sie einen zweiten folgen, für den Sie Musik (drei oder vier Stücke) suchen, die sich irgendwo zwischen Ihrer gegenwärtigen Stimmung (Angst) und jener, die Sie anstreben (Ruhe), befindet. Im vorliegenden Fall (Angst) sollte die Musik, verglichen mit dem ersten Abschnitt, den Sie zusammengestellt haben, um Ihren angsterfüllten Zustand genau wiederzugeben, nach und nach an Intensität, Spannung, Kraft und so weiter abnehmen.

4. Nach und nach werden Sie die Auswahl mit einigen (drei oder vier) Musikstücken zum Abschluß bringen wollen, die dem von Ihnen gewünschten Gemütszustand (Entspannung) so genau wie möglich entsprechen. Die ausgewählten Titel sollten Elemente der Stimmung enthalten, die Sie erreichen wollen – das Gegenteil von Anspannung oder Angst –, etwa Behagen, innere Ruhe, Frieden, Zufriedenheit oder Entspannung.

Als Gedankenbrücke beim Anfertigen der Entrainment-Kassette zur langsamen Veränderung von Stimmungen können Sie sich vorstellen, daß Sie jemanden am Morgen sanft «anstupsen», um ihn aufzuwecken. Eine solche Vorgehensweise, das müssen Sie zugeben, ist angenehmer, als durch das Plärren einer Autoalarmanlage, einen bellenden Hund oder einen Guß eiskalten Wassers mitten ins Gesicht aus dem Schlaf gerissen zu werden.

Anders als die meisten anderen Techniken, die in diesem Buch präsentiert werden, kann sich das Entrainment entweder aus instrumentaler Musik, solcher mit Texten oder aus einer Kombination beider zusammensetzen. Es ist ein zusätzlicher

Vorteil der selbstaufgenommenen Entrainment-Kassette, daß Sie die Stücke danach auswählen können, ob die Texte die Themen bearbeiten, die in Ihrer gegenwärtigen Situation anstehen. Wenn Sie zum Beispiel gerade voll und ganz den Spaß an Ihrem Beruf verloren haben, könnten Sie den Song «Don't Give Up» von Peter Gabriel an den Anfang der Kassette stellen, mit «Learning To Fly» von Tom Petty and the Heartbreakers fortfahren und die Sequenz mit einem Stück wie «Take This Job and Shove It!» von Johnny Paycheck zum Abschluß bringen.

Zwar macht es vielleicht Spaß, Entrainment-Kassetten zusammenzustellen, aber andererseits kann dadurch auch viel Zeit verlorengehen. Daher ist es, wenn Sie nicht wiederholt in ein und dieselbe Stimmung geraten, vielleicht sinnvoller, sich beim Aufnehmen einer Kassette, die Sie von Angst zur Entspannung führen soll, aus bereits vorhandenem Material zu bedienen. Verfügen Sie jedoch über genug Zeit und eine relativ große Musiksammlung, dann haben Sie die Möglichkeit, eine Reihe von Entrainment-Kassetten für die Veränderung einer beliebigen Anzahl wiederkehrender Stimmungen aufzunehmen, um sie jederzeit zur Verfügung zu haben. Wie Sie noch feststellen werden, machen die Auswahl der Songs und die Zusammenstellung der Kassette nicht nur Spaß, sondern beides ist auch schon von außerordentlich therapeutischer Wirkung. In vielen Fällen sorgt bereits die Zusammenstellung der persönlichen Kassette – ein Vorgang, bei dem man ja über die Musik nachdenkt, die einzelnen Stücke anhören muß und den unterschiedlichen musikalischen Schwingungen ausgesetzt ist – dafür, Ihrer Stimmung die Richtung zu geben, die *Sie* sich wünschen.

Hier noch einmal eine Zusammenfassung:

- Wählen Sie eine 90-Minuten-Leerkassette, um Ihre Entrainment-Musik aufzunehmen.
- Finden Sie ein paar Musikstücke (von insgesamt etwa 10 bis 15 Minuten Dauer), die Ihre *gegenwärtige* Stimmung wiedergeben (Angst).
- Suchen Sie mehrere Songs (von insgesamt etwa 10 bis

15 Minuten Dauer), die zwischen Ihrem gegenwärtigen inneren Zustand und jenem liegen, den Sie *erreichen wollen* (Ruhe).

• Lassen Sie Ihre Entrainment-Abfolge mit Stücken (von insgesamt etwa 10 bis 15 Minuten Dauer) zum Höhepunkt kommen, die Ihr Ziel oder Ihren gewünschten Stimmungszustand (Entspannung) so genau wie möglich zum Ausdruck bringen.

Andere Stimmungen verändern

Wie bereits erwähnt, kann Entrainment oder das isomorphe Prinzip angewandt werden, um eine ganze Reihe von Stimmungen in *jede beliebige* Richtung zu verändern. Beispielsweise kann man Entrainment benutzen, um Traurigkeit oder eine leichte Depression in Freude, Zufriedenheit und Wohlgefühl zu verwandeln. Sie könnten mit einer Auswahl beginnen, die Ihre gegenwärtige depressive Stimmung wiedergibt («Comfortably Numb» von Pink Floyd oder «I'm So Lonesome I Could Cry» von Elvis oder B. J. Thomas), diese systematisch heben (etwa mit «I Am, I Said» von Neil Diamond) und mit Titeln enden, die für die gewünschte Stimmung stehen («All You Need is Love» von den Beatles). Auch hier liegt die Auswahl wie die Verantwortung in Ihren Händen. Als Beispiel für die Zusammenstellung einer Entrainment-Sequenz gegen depressive Stimmungen mag Ihnen das Muster auf S. 47 dienen.

Eine bereits zusammengestellte persönliche «Entrainment-Bibliothek» hat den Vorteil, daß vorhandene Kassetten im Hintergrund gespielt werden können, um der Stimmung die gewünschte Richtung zu geben, während man weiter mit Alltagsdingen beschäftigt ist. Denken Sie daran, Entrainment ist vor allem ein passives Verfahren, bei dem wir uns selbst den Vibrationen und Gefühlen aussetzen, die durch die Musik zum Ausdruck gebracht werden. Daher ist es durchaus möglich, Entrainment-Kassetten als Hintergrundmusik beim Abwaschen,

Wäschesortieren, Zubereiten von Mahlzeiten, Arbeiten am Auto oder beim Entspannen in der Badewanne einzusetzen, um die emotionale oder mentale Transformation in Gang zu bringen.

NUR WENN WIR UNSEREM INNEREN RHYTHMUS FOLGEN,
KÖNNEN WIR DEN FRIEDEN FINDEN, DER ERFORDERLICH IST,
UM HARMONIE UND ÜBEREINSTIMMUNG MIT DEM RHYTHMUS
UNSERER MITMENSCHEN ZU ERREICHEN.
DIE ÜBEREINSTIMMUNG MIT ANDEREN
FOLGT DEM ERLANGEN INNERER HARMONIE.

Affirmationen

Affirmationen sind ein bedeutsames Mittel, um sich für
das Tao zu öffnen und mit seinen Kräften zu leben.

Die folgenden drei grundlegenden Regeln sollten zur Anwendung kommen, wenn eigene Affirmationen entwickelt werden:

1. *Personalisieren Sie Ihre Affirmationen.* Verwenden Sie immer *positive* Wörter, Gedanken und Gefühle, mit denen *Sie* sich wohl fühlen. Sie können sich für alltägliche Begriffe wie «gut», «ruhig», «glücklich», «kraftvoll» oder «erregt» entscheiden oder aber für solche, die Sie üblicherweise nicht verwenden und die daher vielleicht bei Ihnen bestimmte positive Gefühle auslösen, wie etwa für «temperamentvoll», «animiert», «dynamisch» oder «aufgeweckt». Spielen Sie mit verschiedenen Wörtern, bis Sie eines finden, das sich *für Sie richtig anhört*. Eines, das zu *Ihren*

persönlichen Vibrationen paßt. Achten Sie darauf, daß der mentale Ton, den Sie anschlagen, bestimmt und zuversichtlich klingt. Vermeiden Sie beim Entwickeln eigener Affirmationen grundsätzlich negative Ausdrücke wie «genervt», «wütend», «traurig», «unglücklich» oder «hoffnungslos». Außerdem sollten Sie *keine* Sätze mit doppelten Negationen konstruieren wie etwa «Ich werde *nicht wütend* sein» oder «Ich will *nicht* mehr *traurig* sein». Besser ist in einem solchen Fall die Formulierung «Ich bin ruhig» oder «Ich bin glücklich».

2. *Verwenden Sie immer die erste Person Singular* (ich, mich, mir, mein). Konstruieren Sie Ihre Affirmationen so, daß sie das «*Hör* und Jetzt» oder aber die Zukunft reflektieren, und *werden Sie folglich bei der Erschaffung Ihrer eignen Wirklichkeit tätig.* Zum Beispiel: «Ich kann damit umgehen», «Ich kann ohne Erwartungen zuhören», «Ich kann meine eigene Harmonie erschaffen» (siehe «*Hör* und Jetzt», S. 317, und «Erwartungen», S. 370).

3. *Achten Sie darauf, daß Ihre Affirmationen einfach sind.* Bilden Sie immer kurze, einfache Sätze, die Sie sich leicht merken können und die zu Ihnen und Ihrer persönlichen Situation passen. Stellen Sie es sich so vor, als würden Sie sich einen eingängigen Songtitel einfallen lassen wie etwa «I Feel Fine» (The Beatles), «I Can Hear Music» (The Beach Boys) oder «I Hear a Symphony» (The Supremes). Am Ende dieses Abschnitts finden Sie affirmative Songtitel aus einem Zeitraum von mehr als 60 Jahren.

Mit Affirmationen sind Sie in der Lage, negative Gedankenmuster zu verändern, die wie ein Endlosband in Ihrem Kopf fortgesetzt alte, destruktive Melodien abspulen.[1]

Ob Sie Ihre Affirmationen singen, laut aussprechen oder nur für sich im Geiste wiederholen, spüren Sie, wie sie einem Mantra gleich tief in Ihnen nachhallen. (Siehe «Mantrische Klänge», S. 419). Mit ausreichender Übung und Entschlossenheit wird es Ihnen schließlich gelingen, Ihre alten selbstzerstörerischen Aussagen und Ihr negatives Kritisieren durch positive Gedanken und konstruktive Beobachtungen in bezug auf Sie selbst und Ihre Umwelt zu ersetzen.

Denken Sie daran, wenn Sie sich eine neue Art und Weise aneignen, Ihren Selbstaussagen zuzuhören, dann ist dies vergleichbar mit dem Lernen eines Instruments, das Sie niemals zuvor gespielt haben. Anfangs wird es Ihnen sehr wahrscheinlich frustrierend, unbeholfen und manchmal vielleicht sogar hoffnungslos vorkommen. Doch mit Entschluß- und Willenskraft werden Sie schließlich Ihren inneren Rhytmus finden. Zu guter Letzt werden Sie die Fähigkeit entwickeln, aus dem Lärm die Melodie und aus der Disharmonie die Harmonie herauszuhören.

Ich meine, Musik und Leben unterscheiden sich nicht grundsätzlich voneinander.[2]

KLANG-IDEE
Halten Sie sich in der nahen Zukunft
einen Tag allein für Ihre Gesundheit frei.

MUSIK-MENÜ 20
65 Jahre affirmative Songtitel

1931: «I Got Rhythm»
1934: «Anything Goes»
1934: «No, No, a Thousand Times No!»
1936: «I'm Shooting High»
1936: «Let's Face the Music and Dance»
1938: «Thanks For the Memories»
1939: «I Get Along Without You Very Well»

1940: «I'm Nobody's Baby»
1940: «It's a Wonderful World»
1940: «Practice Makes Perfect»
1942: «This is Worth Fighting For»
1944: «I'll Get By»
1945: «Accentuate the Positive»
1945: «I'm Beginning to See the Light»
1945: «My Dreams Are Getting Better All the Time»
1945: «No Can Do»
1948: «Now Is the Hour»
1949: «I Can Dream, Can't I?»
1953: «Pretend»
1954: «Little Things Mean a Lot»
1956: «Memories Are Made of This»
1958: «Get a Job»
1959: «High Hopes»
1959: «I've Had It»
1959: «It Don't Matter to Me»
1960: «It's Now or Never»
1961: «Make Someone Happy»
1963: «Our Day Will Come»
1965: «I Feel Fine»
1965: «On a Clear Day You Can See Forever»
1966: «The Last Word in Lonesome is Me»
1967: «Release Me»
1968: «All You Need is Love»
1968: «I've Gotta Be Me»
1969: «Come Together»
1969: «My Way»
1970: «Ain't No Mountain High Enough»
1970: «Everything is Beautiful»
1970: «Let It Be»
1971: «I Am ... I Said»
1971: «I Won't Mention It Again»
1972: «I Am Woman»
1972: «I Can See Clearly Now»

406

1972: «Imagine»
1972: «It's Going to Take Some Time»
1972: «We Can Make It Together»
1974: «Keep On Singing»
1975: «Love Will Keep Us Together»
1976: «Sorry Seems to Be the Hardest Word»
1977: «My Heart Belongs to Me»
1980: «Yes, I'm Ready»
1981: «I Don't Need You»
1982: «Let's Hang On»
1983: «I Won't Hold You Back»
1984: «Against All Odds»
1985: «Just As I Am»
1986: «No One is to Blame»
1986: «This Is the Time»
1988: «Roll With It»
1989: «Get On Your Feet»
1989: «Listen to Your Heart»
1991: «Help Yourself»
1994: «Breathe Again»
1995: «If I Wanted To»
1995: «I Believe»
1996: «Exhale»
1996: «Free as a Bird»

Gedanken Einhalt gebieten

Manchmal hat die Stille den lieblichsten Klang.

Bei dieser Technik handelt es sich um eine in der Verhaltenspsychologie bekannte Methode zur Unterbrechung, Minimierung oder Eliminierung von «psychischem Hintergrundrauschen» oder von jenen manchmal zwanghaften, sich dauernd wiederholenden Ängsten und Sorgen, die sich einstellen, wenn man gerade versucht, sich auf notwendige Angelegenheiten zu konzentrieren. Diese Gedanken sind häufig negative, selbstvernichtende, angst machende, irrationale Selbstaussagen oder lästige mentale Mitteilungen. Da die Forschung gezeigt hat, daß diese negativen und beängstigenden Gedanken oft zu ebensolchen Gefühlen führen, kann eine Technik, mit der es möglich ist, den Gedanken Einhalt zu gebieten, ein nützlicher Verbündeter bei der Reduzierung von Streß und Negativität sein.

Obwohl es in diesem Zusammenhang eine ganze Reihe von Techniken gibt, die von professionellen Klinikern verwendet und in verschiedenen Ratgebern vorgestellt werden, ist die nachfolgende, die aus dem *Relaxation and Stress Reduction Workbook* stammt, doch besonders detailliert:

> Wenn man Gedanken Einhalt gebietet, dann geht es darum, sich auf die ungewollten Gedanken zu konzentrieren und nach wenigen Augenblicken plötzlich innezuhalten und den Kopf zu leeren. Im allgemeinen wird das Kommando «Stopp!» oder ein lauter Signalton verwendet, um die unangenehmen Gedanken zu unterbrechen. Er gibt drei Erklärungen für den Erfolg solcher Unterbrechungen: 1. Der Befehl «Stopp!» dient als Bestrafung, und Verhalten, das konsequent bestraft wird, wird mit großer Wahrscheinlichkeit unterdrückt. 2. Das Kommando «Stopp!» wirkt ablenkend, und die strikte Selbstinstruktion ist unvereinbar mit zwanghaften phobischen Gedanken. 3. Den Gedanken Einhalt zu gebieten ist eine selbstbewußte Reaktion, der neue Gedanken von beruhigender Selbstakzeptanz folgen können.[1]

Die diesbezüglichen Übungen in diesem Buch sind Abwandlungen dieser Technik. Sie können als Hilfsmittel eingesetzt werden, um wirkungsvoll lästigen psychischen Lärm zu reduzieren, Streß zu minimieren und negativen Gedankenmustern entgegenzuwirken.

KLANG-IDEE
Gebieten Sie anfangs jeweils nur einem Gedanken Einhalt.

Nachfolgend einige Techniken, die ausdrücklich darauf abgestimmt sind, unerwünschten Gedanken Einhalt zu gebieten.

TECHNIK 1
Der Neonschriftzug

1. Schließen Sie die Augen, und machen Sie einen tiefen reinigenden Atemzug.
2. Richten Sie Ihre Aufmerksamkeit auf den bestimmten Gedanken, dem Sie Einhalt gebieten wollen. Identifizieren Sie ihn bewußt und eindeutig.
3. Machen Sie sich Ihr «inneres Auge» zunutze, um hinter Ihre Stirn zu «blicken» und dort ein Wort wie «Stopp!» «Genug!», «Aufhören!» oder «Ruhe!» zu visualisieren, das Ihnen hilft, aufdringliche negative Gedanken oder Mitteilungen zu blockieren, ihnen entgegenzuwirken oder sie zu eliminieren. Um sich die Arbeit mit solchen Bildern zu erleichtern, können Sie sich einen leuchtenden Neonschriftzug, der im Inneren Ihres Kopfes aufblitzt, vorstellen. Sollte Ihnen dies Schwierigkeiten bereiten, dann versuchen Sie es mit den nachfolgenden Hilfestellungen:

- Nehmen Sie einen breiten Marker, möglichst einen mit neonfarbener Tinte, und schreiben Sie das Wort (ATME! RUHE!) in deutlich lesbaren Großbuchstaben auf ein weißes Blatt Papier.
- Halten Sie das Blatt Papier mit dem Wort direkt vor sich hin.
- Während Sie ein paar tiefe Atemzüge machen, prägen Sie sich das Wortbild ein.
- Vor Ihrem inneren Auge transferieren Sie nun das Wortbild vom Papier auf die Leinwand hinter Ihrer Stirn – schließen Sie dabei die Augen, damit Ihr Verstand das Bild über längere Zeit hinweg aufrechterhalten kann.
- Sobald Sie das Gefühl haben, daß Sie das Bild auf der Leinwand vor Ihrem inneren Auge aufrechterhalten können, lehnen Sie sich zurück und setzen die Übung fort.
- Verblaßt das Bild, dann können Sie die Übung entweder fortsetzen und sich dabei auf Ihre Erinnerung an das Bild konzentrieren, oder aber Sie sehen einfach noch einmal

auf das Blatt Papier und auf das Wortbild und kehren dann zur eigentlichen Übung zurück.

TECHNIK 2
Gedanken abschütteln

Sollte die obige Technik bei Ihnen nicht gut funktionieren, können Sie es mit einer bestimmteren Vorgehensweise probieren. Versuchen Sie es zum Beispiel, indem Sie in die Hände klatschen, sich kaltes Wasser ins Gesicht spritzen oder sich räuspern. Während Sie eines dieser Dinge tun, stellen Sie sich vor, wie Sie den lästigen Gedanken im eigentlichen Sinn des Wortes «schütteln» und aus Ihrem Bewußtsein vertreiben. Sollte dies nicht gleich beim erstenmal klappen, dann versuchen Sie es mehrfach, bis Sie den negativen Gedanken aus Ihrem Kopf verjagt haben.

TECHNIK 3
Gedankenbearbeitung

Eine weitere sehr wirkungsvolle Technik ist die Einstimmung auf einen Song, dessen Text Ihnen bekannt ist. Sobald Sie merken, daß negative Gedanken sich hinzudrängen, «stellen» Sie diesen Song bewußt in Ihrem Kopf «an» und singen mit, entweder laut oder aber im Geiste. Während Sie den Song im Geiste «abspielen», versuchen Sie zu hören, wie sein Text die unerwünschten Gedanken wirkungsvoll und rasch aus Ihrem Kopf «herausspült» und ersetzt. Die unerwünschten Gedanken durch positive, bildhafte Songtitel («Good Day Sunshine» von den Beatles, «Good Vibrations» von den Beach Boys, «I Will Survive» von Gloria Gaynor) auszutauschen ist sogar von noch größerer Wirkung und hat den zusätzlichen Vorteil, daß an die Stelle der negativen Gedanken erhebende, positive Assoziationen treten. (Siehe das Musik-Menü «65 Jahre affirmative Songtitel», S. 405).

Nachdem Sie die negativen Gedanken unterbrochen und vertrieben haben, ersetzen Sie sie durch positivere, anpassungsfähigere und im aktiven Sinne entschlossenere Selbstaussagen wie zum Beispiel: «Ich *kann* es schaffen!» – «Ich *werde gut* damit zurechtkommen!» – «Ich *kann* damit umgehen!» – Oder durch andere Gedanken oder Sätze, die Sie für angemessen oder in der gegenwärtigen Situation für relevant halten.

TECHNIK 4
Eine Melodie für jeden Gedanken

Versorgen Sie sich in Ihrem Alltag mit Musik (durch die Stereoanlage, einen tragbaren Kassettenrecorder oder das Gerät in Ihrem Auto), die die Stimmung wiedergibt, die Sie gerne verinnerlichen möchten. Anders ausgedrückt: Wenn Sie sich überstürzende, negative Gedanken bremsen wollen, dann spielen Sie *beruhigende Musik* (siehe das Musik-Menü «Beruhigende Musik», S. 96); möchten Sie jedoch aus einer depressiven Gemütsverfassung heraustreten, dann sollten Sie es vielleicht mit stimulierender Musik (siehe das Musik-Menü «Stimulierende Musik», S. 52) probieren. Weitere musikalische Anregungen können den Musik-Menüs «Musik zum Loslassen», S. 337, «Musik für den Umgang mit Wut», S. 116, «Musik für veränderte Bewußtseinszustände», S. 315, und «Zentrierungsmusik», S. 300, entnommen werden.

UM DIE MUSIKSEQUENZ DES LEBENS ZU EMPFANGEN,

MÜSSEN WIR EINFACH NUR AUF SENDUNG BLEIBEN.

Atmen

Atme! Du lebst!

Atmen. Es ist das erste, was wir tun, wenn wir in diese Welt eintreten, und das letzte, bevor wir sie wieder verlassen. Obwohl die wenigsten von uns über eine Biofeedback-Ausrüstung verfügen oder über einen eigenen Guru, besitzen wir doch die Magie unseres Atems. Auch wenn wir diese Grundfunktion häufig als gegeben hinnehmen, ist Atmen die wirkungsvollste und zugänglichste Methode der Streßreduktion.

Bei der Unruhe unserer Gesellschaft ist es ein großes Glück, von Zeit zu Zeit bewußt zu atmen. Wir können das bewußte Atmen nicht nur üben, wenn wir im Meditationsraum sitzen, sondern auch bei der Arbeit im Büro oder zu Hause, beim Autofahren oder im Bus, wo wir auch sein mögen, zu jeder Tageszeit.[1]

Selbstverständlich kann man in jeder beliebigen Haltung atmen. Doch hier folgt die empfohlene Pose für die nachfolgende Atemübung: Legen Sie sich auf einen (weichen, aber festen) bequemen Untergrund, ziehen Sie die Knie an – oder legen Sie die Unterschenkel auf die Sitzfläche eines Stuhls –, und halten Sie die Füße 20 bis 30 Zentimeter auseinander, damit der untere Rücken flach und bequem daliegt. Diese Übung kann entweder mit geschlossenen Augen erfolgen oder indem Sie die Augen auf einen bestimmten Punkt direkt vor Ihnen richten.

O

ÜBUNG 34
Seinen magischen Atem entdecken

1. *Machen Sie sich Ihren Atem bewußt.* Es ist unmöglich, auf etwas Einfluß zu nehmen, ohne daß man sich dieser Sache zunächst einmal bewußt ist und ihre Existenz anerkennt. Am Anfang konzentrieren Sie sich einfach nur auf Ihren Atem. Machen Sie sich jetzt erst einmal Ihren Atem bewußt, ohne ihn verändern oder anpassen zu wollen. Atmen Sie durch die Nase oder den Mund? Lauschen Sie dem Rhythmus Ihrer Atmung. Sind Ihre Atemzüge kurz, rasch und flach? Oder sind Sie tief, gleichmäßig und langsam?

Während dieser Phase haben viele Menschen das Gefühl, ihren Atem soeben «entdeckt» zu haben!

2. *Mit dem Zwerchfell atmen.* Nachdem Sie sich Ihrer Atmung bewußt geworden sind, können Sie nun einen Schritt weitergehen.

Legen Sie beim Atmen die Hände auf Ihren Unterbauch, wobei die Daumen etwa auf Ihrem Nabel zu liegen kommen, und spüren Sie, wie Ihr Bauch sich hebt... und senkt. Wenn Sie merken, daß sich Ihr Brustkorb höher hebt als Ihr Bauch, dann werden Sie tiefer in den Bauch atmen wollen. Konzentrieren Sie sich darauf, durch die Nase ein- und auszuatmen.

Um den Eindruck der Zentriertheit zu verstärken, pressen Sie Ihre Zunge *leicht* gegen Ihren Gaumen, atmen tief und langsam durch Ihre Nase ein und durch Ihre *ein wenig* geöffneten Lippen wieder aus.

3. *Stellen Sie sich den Weg vor, den die Atemluft zurücklegt.* Versuchen Sie mit der folgenden Visualisation, Ihren Atem in den Bauch zu lenken.

- Stellen Sie sich Ihre Atemorgane – Ihren Mund, Hals, Brust und Bauch – als einen großen Ballon vor.

- Während Sie einatmen, konzentrieren Sie sich darauf, den Atem auf das untere Ende des Ballons – auf den Bauch – zu richten. Erst, wenn sich Ihr Bauch angenehm mit Atemluft gefüllt hat, lassen Sie sie auch in den Brustkorb und in die Lungen bis hinauf zu Ihren Schultern strömen.

- Halten Sie dann den Atem nur für ein paar Sekunden an. Dann lassen Sie es zu, daß der Atem langsam und angenehm aus Ihrem Körper ausströmt. Verfolgen Sie Ihren Atem, der tief aus Ihrem Bauch aufsteigt und langsam durch Ihren Brustkorb, Ihre Lungen, den Hals und schließlich Ihre Nase fließt. So wie die Luft aus einem Ballon austritt, stellen Sie sich vor, wie die Luft tief in Ihrem Bauch nach oben steigt und die Anspannung Ihres Körpers und Geistes mit sich fortnimmt.

4. *Üben Sie.* Mit entsprechender Übung (10 bis 15 Minuten zweimal täglich) können wir rasch und mit geringem Aufwand lernen, die Reinigung von Körper und Geist durch Tiefenatmung zu «aktivieren». Wurde diese Fertigkeit erst einmal erworben, kann sie bei Bedarf jederzeit «ausgelöst» werden, wenn etwa Anspannung, Frustration, Wut oder irgendein anderes Gefühl aus dem Körper entlassen werden soll. Tiefenatmung ist außerdem eine vorbeugende Technik, mit der man die Anstauung von Streß vermeiden und sogar Schmerz reduzieren oder eliminieren kann.

Das Ziel hier ist es, die *eingeatmete* Luft aus Nase und Mund, durch den Hals, den Brustkorb, während sich die Lungen füllen, in den Bauch zu lenken und in umgekehrter Reihenfolge wieder *auszuatmen.* Sachte, langsam und angenehm. Wenn Gedanken auftauchen, dann erinnern wir uns sanft daran, daß wir «darüber später nachdenken» werden und kehren zur Konzentration auf unser *Atmen* zurück. Wir können uns auch das Wort «atmen» (oder irgendein anderes Wort, das sich angenehm oder natürlich anfühlt und die gleiche Wirkung erzielt) so vorstellen, als sei es auf die Leinwand hinter unserer Stirn geschrieben. Diese Technik kann sehr wirkungsvoll sein, da sie uns hilft, uns auf das zu konzentrieren, was wir gerade tun, und außerdem dafür sorgt, daß unerwünschte Gedanken abgewehrt oder fortgespült werden. (Siehe auch die Abschnitte «Gedanken Einhalt gebieten», S. 408, «Affirmationen», S. 403, «Mantrische Klänge», S. 419, und «Psychischer Lärm», S. 358).

5. *Natürliches Atmen.* Vergessen Sie nicht, daß Atmen ein *natürliches* Phänomen ist. Wenn Sie merken, daß Sie «genau richtig» zu atmen «versuchen» oder so, «wie man es machen sollte», dann zweigen Sie von der Zeit, die Sie sich für die Übung freigehalten haben, ein paar Minuten ab, und *gestatten Sie es Ihrem Körper, natürlich und angenehm zu atmen.* Übertreiben oder erzwingen Sie nichts. Geben Sie einfach auf die Signale Ihres Körpers acht. Wenn Sie sich benommen oder schwindelig fühlen, dann strengen Sie sich vermutlich zu sehr an. Ist dies der Fall, dann lassen Sie Atmen als Übung eine Weile sein, und machen Sie später einen erneuten Versuch (siehe auch das Kapitel «Sein *statt* sein wollen», S. 339, sowie den Abschnitt «Sollte und müßte», S. 387).

Wenn Sie meinen, daß Sie nach ein paar Versuchen nichts anderes leisten, als einfach nur dazuliegen und zu atmen, dann befinden Sie sich bereits auf dem richtigen Weg. Denken Sie daran, dies ist kein Wettkampf, in dem es darum geht festzustellen, wie schnell Sie lernen, die Aufgabe richtig zu bewältigen, oder wie lange Sie den Atemvorgang ausdehnen können, während die Atemluft durch Ihren Körper rauscht. Vielmehr handelt es sich um eine Gelegenheit für Ihren Geist und Ihren Körper, sich selbst zu beleben und zu verjüngen. Die Magie des

Atmens liegt darin, daß Ihr Atmen natürlich ist und Ihnen ein Gefühl der Entspannung und energetischen Aufladung vermittelt.

6. Wenn Sie sich erst einmal mit dem Gedanken angefreundet haben, daß es *nicht* darum geht, die Sache genau so und nicht anders zu machen, wenden Sie sich erneut dem Atmen zu und üben sich in der Bauch-, der Zwerchfell- oder der Tiefenatmung. Denken Sie daran, Ihr Körper weiß bereits, wie es geht, gönnen Sie Ihrem Verstand also ein paar Minuten Pause, und lassen Sie zu, daß Ihr Körper atmet... Jetzt!

Wir brauchen nicht zu warten, bis wir Asthma haben, um unser Atmen zu genießen.[2]

Was Musik betrifft, die für einen beruhigenden Hintergrund sorgt und dazu beiträgt, den Atem zu stabilisieren, oder aber Atemübungen unterstützt, so empfehle ich die folgende Auswahl:

- Nawang Khechog: *Sounds of Inner Peace*
- Nawang Khechog: *Sounds of Peace*
- Tony Scott: *Music for Zen Meditation*
- R. Carlos Nakai: *Canyon Trilogy*
- Jon Bernoff & Marcus Allen: *Breathe* oder *Petals*

Weitere Anregungen bietet Ihnen die Musik-Menüs «Meditationsmusik», S. 303, «Beruhigende Musik», S. 96, «Chanting-Musik», S. 428, und «Musik für veränderte Bewußtseinszustände, S. 315.

Die Kontrolle über den Rhythmus, den Umfang und die Frequenz des Atems wohnt von Natur aus allem Qi Gong inne. Um sie zu erreichen, wiederholt man Klänge, horcht ihnen nach und macht sich im Körper die aus ihnen resultierenden Vibrationen bewußt. Hierbei handelt es sich nicht bloß um ein hypnotisches Chanten oder Beten. Es ist vielmehr eine Stimulierung durch Harmonien, die Kontrolle des Atems und die Beruhigung des Geistes durch das Hören auf den Klang.[3]

Gönnen Sie sich eine «musikalische Atempause». Wählen Sie ein besonders beruhigendes oder kontemplatives Musikstück aus. Finden Sie einen ruhigen und bequemen Platz. Verwenden Sie, wenn möglich, Kopfhörer, um sich von äußerer Ablenkung und ungewollten Geräuschen abzuschirmen. Während die von Ihnen ausgewählte friedliche Musik spielt, lassen Sie es zu, daß Ihr Atem mit Hilfe der Musik in Sie hinein-, durch Sie hindurch- und aus Ihrem Körper und Geist herausfließt. Atmen Sie die Musik ein..., atmen Sie die Musik aus. Atmen Sie sie ein..., atmen Sie sie aus. Gestatten Sie dem Rhythmus, die Musik zu führen... Gestatten Sie der Melodie, Ihre Gedanken zur Ruhe zu bringen... Atmen Sie sie ein..., atmen Sie sie aus...

KLANG-IDEE
Atmen Sie... achtsam!

MANTRAS SIND WORT- UND SILBENKLÄNGE.
DESHALB GERADE – WEIL SIE KLANG SIND – WIRKEN SIE.

Mantrische Klänge

*Musik umgeht häufig die höheren, denkenden Zentren
des Hirns und spricht direkt die tieferen Ebenen an –
wie ein in der Meditation verwendetes Mantra
oder ein im Geist heraufbeschworenes Bild.*

Ein girrendes Baby, eine schnurrende Katze oder ein Mensch, der vor Lust seufzt, sie alle senden ein Mantra aus. Im allgemeinen erfüllen Mantras einen ähnlichen Zweck wie Chanting und Harmonisieren (siehe die Abschnitte «Chanting» und «Harmonisieren», S. 425 und 430). Die grundlegende Gemeinsamkeit besteht darin, daß sie unerwünschte negative Energien freigeben und unsere positiveren, gesünderen Vibrationen wiederaufbereiten.

Statt Sie aufzufordern, sich einer exotischen Sekte oder Organisation anzuschließen, die Ihnen bereitwillig ein «persönliches» Mantra verkaufen würde, präsentiere ich Ihnen in diesem Abschnitt eine Möglichkeit, Musik Ihrer eigenen Wahl als persönlichen «mantrischen Klang» zu verwenden.

419

Die Grundfunktion Ihres «mantrischen Klangs» besteht darin, Ihnen bei der Klärung Ihres Geistes, bei der Konzentration und bei der Verstärkung von Gefühlen des Wohlergehens zu helfen. Warum und wie Sie Ihr Mantra auswählen, spielt dabei keine Rolle. Von Bedeutung ist allein, was es für Sie zu erreichen vermag.

Mantras sind Schwingungen.[1]

ÜBUNG 35

Seinen mantrischen Klang finden

1. Wählen Sie ein Musikstück aus, vorzugsweise ein instrumentales, das Sie als besonders beruhigend und/oder angenehm empfinden. (Siehe das Musik-Menü «Beruhigende Musik», S. 96).

2. Schließen Sie, während die Musik spielt, die Augen, und lassen Sie es zu, daß Ihr Atem mit dem Rhythmus verschmilzt und fließt.

3. Sobald Sie das Gefühl haben, «synchron» mit der Musik zu sein (sich mit ihr wohl zu fühlen, mit ihr zu fließen), gestatten Sie es Ihrem rationalen, analytischen Verstand loszulassen, und Ihrem inneren Ohr, sich im Zusammenhang mit diesem Instrumentalstück auf irgendeine bestimmte Stimme oder auf ein Instrument zu konzentrieren (Ihr «mantrisches Instrument» oder Ihre «mantrische Stimme», das oder die sich in diesem Augenblick besonders stark mit Ihnen zu verbinden scheint).

Der große Weise Govinda spricht vom «Mantra als Urlaut und als archetypischem Wortsymbol». Mantrische Formeln sind «vorsprachlich». Sie sind «Urlaute, welche Gefühle ausdrücken, aber keine Begriffe, Gemütsbewegungen, aber keine Ideen». Aus den *bijas*, den Keimsilben der Mantras, ist Sprache entstanden. Aus den Mantras selbst entsteht Sprache.[2]

Eine sehr wirkungsvolle «mantrische Stimme» ist das Brummen eines indischen Instruments namens Tambura, das normalerweise begleitend zu Sitar- oder Tabla-Musik gespielt wird. Hypnotische Perkussion-Beats, die sozusagen das «Rückgrat» von Rhythmusaufnahmen darstellen, erweisen sich oft ebenfalls als ausgezeichnete «mantrische Stimmen». Warum dies so ist, spielt keine Rolle. Lassen Sie sich auf die Erfahrung ein, ohne Erwartungen in bezug darauf zu haben, welche Stimmen oder welches Instrument in Ihnen den richtigen Ton anschlagen «könnten» oder «sollten». Vertrauen Sie einfach darauf, daß Sie es in dem Augenblick wissen werden, in dem es geschieht. Egal, mit welchem Instrument Sie harmonieren (Schlagzeug, Keyboard, Streicher, Baß, Bläser, Geige), lassen Sie es zu, daß Sie sich im «*Hör* und Jetzt» in dieser Musik wiederfinden. (Siehe den Abschnitt «Erwartungen», S. 370, sowie die Kapitel «Sein *statt* sein wollen», S. 339, und «*Hör* und Jetzt», S. 317).

4. Während Ihr inneres Ohr Verbindung mit diesem Klang aufnimmt, stimmen Sie so in diesen ein oder ahmen ihn nach, wie es natürlich und mühelos aus Ihrem innersten Selbst herausfließt. Versuchen Sie, dem Schema Ihres «mantrischen Instruments» oder dem Klang zu folgen, während die Musik weiterspielt. Konzentrieren Sie sich auch weiterhin so gut wie möglich darauf, und singen Sie bis zum Ende mit Ihrem mantrischen Instrument so «synchron» wie möglich mit.

5. Sie stellen vielleicht fest, daß Sie der Baßstimme, der Melodie des Keyboards, dem Schmettern der Bläser, dem Dahingleiten der Streicher, dem Brummen der Tambura, dem Rhythmus der Tabla oder irgendeiner anderen Stimme folgen. Egal, an welches Instrument oder welche Stimme Sie sich «dranhängen», versuchen Sie, Ihre Konzentration auf dieses eine Instrument oder diese eine Stimme für die Dauer des Stücks aufrechtzuerhalten. Sollte das Instrument oder die Stimme Ihrer

Wahl so angelegt sein, daß sie während des Stücks «kommt und geht», dann versuchen Sie mit dem Zeitmaß im Takt zu bleiben, und konzentrieren Sie sich darauf zu «hören», wann das Instrument oder die Stimme im Verlauf der Komposition einsetzt oder ausbleibt. (Musikbeispiele finden sich im Musik-Menü «Meditationsmusik» auf S. 303).

6. Anfangs werden Sie feststellen, daß Gedanken und Gefühle auch weiterhin an die Oberfläche kommen und Sie «angreifen», während Sie versuchen, den Anweisungen dieser Übung zu folgen. Das ist vollkommen normal und unvermeidlich. Wenn es geschieht, dann erkennen Sie einfach an, daß die Gedanken da sind, doch lösen Sie sich von Ihnen so gut wie möglich, und kehren Sie, sooft es erforderlich ist, zu Ihrer Konzentration auf Ihr «mantrisches Instrument» oder Ihre «mantrische Stimme» zurück. Mit entsprechender Übung nehmen «invasorische Gedanken» und «psychischer Lärm» (siehe S. 358) langsam ab und verschwinden, *gelegentlich* für längere Phasen sogar vollkommen. Wenn also Ihr Geist auf Abwege gerät (und das wird unweigerlich geschehen!), dann nehmen Sie die Ablenkung einfach zur Kenntnis, kehren zur Musik zurück und klettern über Ihre «mantrische Stimme» wieder zurück «an Bord».

7. Sie können diese Technik mit verschiedenen Kompositionen und Musikstilen ausprobieren, Ihr «inneres Ohr» dabei jedesmal anderen mantrischen Stimmen oder Instrumenten öffnen. Ebenso können Sie aber auch bei ein und demselben Songtitel bleiben und die gleiche Prozedur wiederholen. Selbst wenn Ihr inneres Ohr an genau derselben Stimme oder demselben Instrument hängenbleibt wie bei Ihrer vorangegangenen Hörerfahrung, werden Sie sich wundern, welch große Zahl unterschiedlichster Klänge Sie hören können und wie viele verschiedene Gefühle bei jeder neuerlichen musikalischen Erforschung in Ihnen wachgerufen werden.

John Blofeld erzählt in seinem Buch *Die Macht des Heiligen Lautes* von einem alten Mönch, der auf die Frage nach dem

Ursprung der heiteren Ruhe, die er ausstrahle, geantwortet habe, daß es der Klang der Mantras sei, der es dem Geist ermögliche, auf geheimnisvolle Weise seine verborgene Übereinstimmung mit dem Tao, dem Ur-Weg und dem Ur-Sinn des Seins, zu erfahren.[3]

Denken Sie daran, kein Mensch hat jemals gelernt, ein Instrument ohne Übung, Hingabe, Engagement und den Wunsch, sich zu verbessern, vollkommen zu beherrschen. Die gleiche Art von Bemühen, Willenskraft und persönlicher Opferbereitschaft, die für die Vollendung jeder Art lohnender Anstrengung erforderlich ist, wird auch in dieser Situation verlangt.

MUSIK-MENÜ 21
Mantrische Musik

Die folgende Auswahl kann Sie inspirieren beziehungsweise Ihnen bei Ihren Mantras oder mantrischen Stimmen die Richtung weisen:

Frank Alper: *Atlantean Chants I + II* (A-capella-Chor)
(3590, 3591)
Har Anand: *Prosperity* (2 Mantras aus der Sikh-Tradition)
(2300)
Jonathan Goldman: *Trance Tara* (tibetisches Mantra zum
Mitsingen mit Obertönen) (7019)
Antakarana: *Songs of Delight* (tibetische Gebetstexte,
harmonisch) (9884)
Chloe Goodchild: *Devi* (verschiedene Religionen) (2069)
Mohani Heitel: *The Mantra Calls You* (4 CDs)
(0700–0703)
Nhanda Devi: *Chants from Isis* (Sologesang) (0093)

Sat Hari Singh & Friends: *Mantras for Man's Transformation* (Sikh-Lieder mit instrumenteller Begleitung) (2299)

Patrick Bernhardt: *Collection* (melodiös) (3510)

Singh Kaur & Kim Robertson: *Crimson Collection*, 7 CDs (Harfe und Gesang) (7381, 7384, 7386)

Henry Marshall: *Mantras 1* (einfache Melodien, Chor) (8667)

Henry Marshall: *Mantras 2* (einfache Melodien, Chor) (2943)

Henry Marshall: *Mantras 3* (einfache Melodien, Chor) (5436)

Sie können auch die Musik-Menüs «Meditationsmusik», S. 303, und «Chanting-Musik», S. 428, zu Rate ziehen.

Mantras entstehen aus dem mantrischen Laut, der im Sanskrit *bija* heißt: Same. Mantras sind aufgehende Samenkörner. Aus Mantras sprießt Einswerden. Sie sind «Werkzeuge des Einswerdens».[4]

Chanting

Sprechgesänge helfen uns,
unsere verborgensten Reserven zu erschließen.
Inspirierender Antrieb, unsere innere Leere berührend,
uns auf unserem Weg durch die Rätsel geleitend,
ohne jemals die Dunkelheit zu stören, die sie umgibt.

Chanting kann eine ausgezeichnete Technik sein, um uns dabei zu unterstützen, ins «*Hör* und Jetzt» zu gelangen. Es ist recht wirkungsvoll, um Gedanken Einhalt zu gebieten, den Geist zu klären und «psychischen Lärm» zu neutralisieren. (Siehe ergänzend auch «*Hör* und Jetzt», S. 317, «Gedanken Einhalt gebieten», S. 408, «Den Geist reinigen», S. 345, und «Psychischer Lärm», S. 358).

Ähnlich wie Harmonisieren und Mantras kann Chanting eingesetzt werden, um innere Harmonie zu erreichen, aufgestaute Energien zu entlassen und Spontaneität im «*Hör* und Jetzt» zu erlangen. Durch Sprechgesänge können wir dazu beitragen, uns selbst mit positiven Vibrationsfeldern zu umgeben, Ängste zu vertreiben, negative Vibrationen auszusperren, Depressionen aufzulösen, Heilung zu fördern, positive Energien zu erzeugen und unseren Geist zu reinigen. (Siehe auch die Abschnitte «Harmonisieren», S. 430, und «Mantrische Klänge», S. 419).

Hören Sie, wenn Sie chanten, auf die Gefühle und Gedanken, die damit automatisch freigesetzt werden, und seien Sie bereit für jegliche Botschaften, die im Verlauf des Prozesses spontan erfolgen werden könnten.

Im folgenden nun ein paar einfache Vorschläge für Sprechgesänge. Was die Auswahl inspirierender, lenkender Musik für Sprechgesänge betrifft, so blättern Sie bitte weiter zu dem Musik-Menü «Chanting-Musik», S. 428.

◯

ÜBUNG 36
Seinen persönlichen Sprechgesang herausfinden

1. Machen Sie einen tiefen Atemzug, und füllen Sie Ihren Bauch mit Luft. Wenn Sie die verbrauchte Atemluft aus Ihrem Hals, dem Schulterbereich, dem oberen Brustbereich, dem Brustkorb und schließlich Ihrem Bauch ausstoßen, dann lassen Sie es zu, daß zugleich auch der Klang «OM» (gesprochen AUM) aus den Tiefen Ihres innersten Wesens entweicht.

2. Stellen Sie sich vor, daß Sie Ihre innersten Energien verströmen, indem Sie diesen Klang als Ihr Beförderungsmittel benutzen. Sobald Sie merken, daß Sie das Ende Ihres Ausatmens erreichen, erhalten Sie den summenden Klang des «M» («…Mmmmm…») bis zum Ende des Prozesses aufrecht. Gestatten Sie beim Freisetzen dieses Lautes dem Atem, Sie aus dem tiefsten Inneren Ihrer selbst heraus zu «begleiten».

3. Um tiefere Zentrierung oder Konzentration zu erreichen, können Sie sich vor Ihrem geistigen Auge den Buchstaben «M» vorstellen, der langsam in der Entfernung verblaßt und mit dem Murmeln all der Klänge verschmilzt, die Sie umgeben.

4. Wenn Sie sich im Chanten üben, können Sie es mit verschiedenen einfachen Klängen probieren, die sich für Sie besonders angenehm oder reinigend anhören. Sie können abhängig von Ihrer persönlichen Vorliebe und vom jeweiligen Augenblick regelmäßig ausgewechselt oder verändert werden. Solche Klänge können sein: «Om», «Ah», «Hum» (oder eine Kombination aus allen dreien, «Om-Ah-Hum») beziehungsweise Variationen wie «Ah-A-E-O-OO».

5. Außerdem haben Sie die Möglichkeit, Ihrem Sprechgesang noch eine weitere persönliche Note zu geben, indem Sie mit dem begleitenden Klang eines bestimmten Wortes oder Satzes, das oder der zum gegenwärtigen Zeitpunkt oder ganz allgemein eine besondere Bedeutung für Sie hat, Ihre Ängste, Depressionen oder andere unangenehme Gefühle «loslassen» oder freisetzen. Dabei kann es sich um *kurze* Sätze wie etwa «Ich bin» handeln oder um einzelne Worte wie «Heilung», «Ruhe», «Frieden» und «Fluß» oder um jedes andere Wort oder jeden anderen Klang, das oder der Sie wirkungsvoll darin unterstützt, das Gefühl herzustellen, welches Sie im Augenblick brauchen.

Wenn Sie das OM richtig sagen, den Sound aus dem Kopf durch den Brustraum in den Bauch hinunterführend, dann gerät der ganze Körper ins Schwingen; zumal das M, wenn es kraftvoll gesprochen wird, kann den Körper lange noch nachschwingen lassen. Ja, er schwingt auch dann noch weiter, wenn das Mantra – von neuem mit dem O beginnend – ein weiteres Mal im Kopfraum gleichsam «eingefädelt» und erneut nach unten geführt wird; und inzwischen schwingen nicht nur Brust, Magen und Bauch, es vibrieren auch Kopf und – beim Geübten – sogar Arme und Beine. Mit dieser Technik, OM zu sagen und zu singen, ist die mehrstimmige Gesangsweise der tibetischen Mönche verwandt.[1]

Musik-Menü 22
Chanting-Musik
(CDs, Kassetten, Schallplatten)

Lenkende oder inspirierende Gesänge:

The Benedictine Monks of Santo Domingo de Silos:
Chant (2 CDs) (gregorianisch)

Dik Darnell: *Following The Circle* (indianisch) (7001)

Dik Darnell: *Voice of the Four Winds* (indianisch) (7004)

Robert Gass and On Wings of Song: *Shri Ram*
(Chor zum Mitsingen, 20 weitere CDs) (3981)

Jonathan Goldman: *Gateways Men's Drumming and Chanting*
(5124)

The Gyuto Monks: *Freedom Chants From the Roof of the
World* (+ *Tantric Harmonics, Tibetan Tantric Choir*)
(tibetisch) (8002) (2934, 9935)

David Hykes and the Harmonic Choir: *Harmonic Meetings*
(2 CDs + weitere 4 CDs, Obertongesang) (4628)

Michael Atherton: *Ankh – The Sound of Ancient
Egypt* (Originalinstrumente, Solo, Chor) (3328)

Gundula Blau: *Brücke zum Licht* (Chants aus
den Weltreligionen) (0471)

Gundula Blau: *Tune in God* (indisch-tibetische Mantras) (0473)

Krishna Das: *One Track Heat* (indische Lieder
mit Begleitung) (2174)

Deva Premal: *The Essence* (Mantras u. Songs mit Begleitung) (4376)

Gila Antara: *Fly Like An Eagle* (u. a.) (indianische Tradition) (4510)

Third Man (Dona Gillespie): *One to One* (u. a.) (indische Bhajans) (0641)

Lorellei (Singh Kaur): *Spiritus. Breath of Life* (Bhajans) (8411)

Kurt van Sickle: *River of Life* (u. a.) (Lieder mit christlichem Background) (5158)

Thich Nhat Hanh & Sister Chan: *Drops of Emptiness* (buddhistische Lieder) (6853)

Lama Karta: *Tcheud* (u. a.) (tibetischer Meditationsgesang) (9838)

Shenandoah: *Matriarch – Iroquois Women's Songs* (9418)

J.-E. Berendt (Hrsg.): *Stimmen! Stimmen! Chöre der Welt* (3 CDs) (6288)

New Spirit: *Women of Power & Grace* (Mantras, Songs) (0651)

Carin Wijnen & Friends: *Womyn With Wings* (Heilungs- und Kraftlieder) (7970)

V. A. Shanachie: *The Kings & Queens of Qawwali* (Pakistan, Sufi) (4975)

Sufi Trancemeditation: *Merlana* (Derwischgesang etc.) (6206)

Felix Maria Woschek: *Shalom Salam* (u. a.) (Mantras aus Judentum und Islam) (2160)

Harmonisieren

Beim Harmonisieren geht es im wesentlichen darum,
den Körper zu befreien und den Klang
natürlich und spontan entstehen zu lassen.

Harmonisieren bezeichnet im Grunde einen Prozeß des spontanen «Loslassens» von einfachen, natürlichen Klängen, um dadurch ein Gefühl der Zentriertheit, des Gleichgewichts und der Harmonie zu erlangen. Einige natürliche Beispiele für Harmonisieren sind:

- Gähnen bei Müdigkeit;
- Stöhnen bei Schmerzen (oder bei ekstatischer Freude);
- Schluchzen oder Weinen bei Trauer,
  Lachen oder Pfeifen bei Fröhlichkeit;
- tiefes Ausatmen bei Erleichterung;
- Seufzen und Stöhnen beim Sex;
- Schreien bei Aufregung.

In jedem der genannten Fälle führt die Freisetzung dieser inneren Spannungen zu einer Harmonisierung von Körper, Geist und Gefühl.

Man kann Musik als Ergänzung verwenden, um die Wirkung des Harmonisierens mittels der folgenden Methoden zu verstärken.

ÜBUNG 37

Harmonisieren durch natürliche Freisetzung von Tönen

1. Spielen Sie jegliche Musik, die Ihren gegenwärtigen Gefühlszustand wiedergibt. (Entsprechende Vorschläge entnehmen Sie bitte den Abschnitten, die auf Ihren momentanen emotionalen oder mentalen Zustand am ehesten zutreffen. Fühlen Sie sich beispielsweise niedergeschlagen, dann blättern Sie zu dem Kapitel «Depressive Stimmungen» auf S. 29, sind Sie frustriert, dann bedienen Sie sich der Musikbeispiele im Kapitel «Wut», S. 103, oder «Streß», S. 91).

2. Während die Musik spielt, gestatten Sie sich, jeden Ton von sich zu geben, den die Musik in Ihnen erweckt. Wenn Sie zum Beispiel traurig sind, dann kann melancholische Musik die zugrundeliegenden Gefühle aufwirbeln und Ihnen so die Möglichkeit geben, diese Gefühle durch Seufzen, Wimmern, Schluchzen, Stöhnen oder Weinen freizusetzen. Sind Sie besonders fröhlich und aufgeregt, scheuen sich aber, Ihre Gefühle offen zu zeigen, dann können Sie diese Hemmungen mit musikalischer Unterstützung abbauen. Ein optimistischer, stimulierender Song wird Ihnen «die Erlaubnis geben», diese im Inneren zurückgehaltenen Gefühle durch Summen, Anstimmen eines Instruments oder Mitsingen der Melodie zum Ausdruck zu bringen. (Siehe das Musik-Menü «Stimulierende Musik», S. 52).

3. Welche Gefühle auch immer Sie gerade verspüren, die einzige «Regel» verlangt von Ihnen, Ihre inneren Stimmen auf natürliche Weise, spontan und ohne Anstrengung zum Ausdruck zu bringen oder freizusetzen. Die Musik dient hauptsächlich dazu, *leichter* auszudrücken, was Ihnen sozusagen bereits auf der Zungenspitze liegt. (Sehen Sie hierzu bitte auch das Kapitel «Loslassen», S. 325, mit den dazugehörigen Musikvorschlägen).

4. Sobald Sie sich wohl fühlen mit dem subtilen Ausdruck Ihrer freigesetzten inneren Stimmen, möchten Sie vielleicht einen Schritt weitergehen und die Laute in *übersteigerter* Form wiedergeben. Zu den Visualisationen, die in dieser Situation hilfreich sein können, gehört es, so zu tun, als seien Sie eine Figur in einem Cartoon, ein kleines Kind oder ein Tier; eine besonders amüsante oder «exotische» Person aus Ihrem vergangenen oder gegenwärtigen Leben nachzumachen; oder so zu tun, als seien Sie eines der Instrumente oder eine der Figuren in der Musik, die Sie gerade hören (Opernmusik eignet sich hierfür besonders gut!).

Ο

Übung 38
Harmonisieren während des Liebesspiels

Sie können bestimmte inspirierende Musikstücke auch verwenden, um im Verlauf eines romantischen Beisammenseins Harmonisierung herbeizuführen. Musik in diesem Zusammenhang dient erstens dazu, eine sinnlich-verführerische Atmosphäre zu schaffen und aufrechtzuerhalten, sie fungiert als «akustisches Aphrodisiakum». Zweitens sorgt Musik dafür, daß externe Geräusche ausgeschlossen bleiben, während sie zugleich den Geräuschen, die Sie und Ihr Partner machen, einen Rahmen gibt. Drittens stimuliert Musik die Entladung aufgestauter Gefühle – verbal, emotional und physisch. Und zuletzt sorgt die Tatsache, daß die Musik den Raum bereits klanglich «füllt», psychologisch dafür, daß Hemmungen reduziert werden, die es ansonsten verhindern könnten, daß der eigenen melodischen Leidenschaft freier Lauf gelassen wird.

Harmonisieren während eines Spaziergangs

Machen Sie einen Spaziergang. Stimmen Sie sich, während Sie gehen, auf die Geräusche und Klänge Ihrer Umgebung ein. Während Sie sich mit Ihrer akustischen Umwelt anfreunden, lassen Sie es zu, daß zwischen Ihnen und den Sie umgebenden Klängen Harmonie entsteht. Pfeifen Sie mit den Vögeln, summen Sie mit der Überlandleitung, stimmen Sie in die Geräusche von Zügen und Mähmaschinen ein, atmen Sie mit den Bäumen.

Wenn Sie summen (und das Summen, dem sich viele Menschen unbewußt hingeben, ist eine Art inneres Gewähren) …, taucht der Atem tief dort ein, woher er kam.[1]

Da wir meist keinerlei Kontrolle über die endlose Zahl von Geräuschen und Klängen haben, die uns umgeben, stellen diese Techniken eine Möglichkeit dar, positiv auf unsere ansonsten eher «schädliche» akustische Umwelt zu reagieren. Tatsächlich werden sogar jedes Geräusch und jeder Klang, denen wir – mit Hilfe eines im «*Hör* und Jetzt» befindlichen Bewußtseins – begegnen, als Einsatzzeichen fungieren, um uns noch eine weitere Möglichkeit zur Schaffung von Harmonie, Gleichgewicht und einer gesunden Einstellung zu unserer Umwelt zu bieten.

Intonieren Sie einen Klang hörbar, dann zunehmend weniger hörbar, während sich zugleich das Gefühl *in diese stille Harmonie vertieft.*[2]

Besondere Themen

Warte nicht, spiel jetzt
Musik für deine Kinder.

Die eigene Musikauswahl

*Die eigene Musik auszuwählen ist wie die Suche nach
dem eigenen Weg, man kann es nur selbst tun.*

Schon in der Vergangenheit war Musik «ein unverzichtbarer
Faktor bei der Heilung von Kranken. Der Medizinmann war
Arzt, Rechtsgelehrter, Priester, Philosoph, Botaniker und Musiker. Mit der richtigen Medizin mußte die richtige Musik einhergehen. Jeder Medizinmann hatte seine eigenen Gesänge, von
denen er einige selbst komponiert und andere gekauft hatte, da
keiner die Gesänge eines anderen singen durfte.»[1]
Vor kurzem erst hat die Wissenschaft bestätigt, was unsere
Vorfahren schon immer vermuteten. So hat sich gezeigt, daß
«die Einbeziehung selbstgewählter Musik dem Klienten beim
Umgang mit Schmerz besser helfen kann, als wenn er der von
anderen ausgesuchten, von ihm vielleicht nicht bevorzugten
Musik zuhört. Die Kontrolle über die Musikauswahl hat mögli-

437

cherweise deshalb einen entscheidenden Einfluß auf die Fähigkeit des Patienten, mit seinen Schmerzen fertig zu werden, weil ihm dies ein gesteigertes Gefühl der Kontrolle über sich selbst gibt.»[2]

Jeder neigt zu bestimmten Dingen, was dazu beiträgt, ihn als einzigartiges Individuum zu definieren. Ein unverwechselbares Parfüm oder Rasierwasser, Jeans, «die wie ein Handschuh passen», durchgebraten statt roh, Wodka lieber als Rum, Gebäude aus Ziegelsteinen statt aus Holz, Aktien anstelle von Staatspapieren. Das Universum der Unterschiede ist im wahrsten Sinn des Wortes grenzenlos. Obgleich eine bestimmte Person vielleicht keine Probleme mit der Farbe Braun hat, zieht sie unter Einbeziehung aller Aspekte letztendlich doch Grau, Blau oder irgendeine andere Farbe vor. Und so ist es auch bei der Musik. Nicht ein Ton hört sich für zwei Menschen gleich an. Musik wird als «gut» oder «schlecht» erlebt, abhängig davon, wie eng sie sich zu einem bestimmten Zeitpunkt und Ort an die persönliche Wirklichkeit anlehnt.

Der Versuch zu analysieren, wo unsere musikalischen Präferenzen ihren Ursprung haben, ist oft kompliziert. Zum Beispiel «hören Föten viele Monate lang dem Knurren im Magen der Mutter zu, dem Rauschen des Blutes durch ihre Venen und Arterien und dem rhythmischen Schlagen ihres Herzens – was vielleicht zum Teil die heilende Wirkung von Rhythmus und Musik später im Leben erklärt. Der Fötus hört auch Stimmen – vor allem und ständig die Stimme der Mutter. Die Forschung hat gezeigt, daß ein neugeborenes Kind bereits die Stimme der Mutter erkennt und sie anderen weniger vertrauten Stimmen vorzieht. Auf ähnliche Weise bevorzugen Babys Melodien, die sie bereits im Mutterleib gehört haben.»[3]

Ein bestimmtes musikalisches Training beeinflußt mit großer Wahrscheinlichkeit die ästhetische Wertschätzung, doch hat dies wenig mit dem emotionalen Wert der Musik zu tun.[4]

Die individuelle Musikpräferenz ist daher, wie anderes auch, im höchsten Maß subjektiv, persönlich und relativ. Was dem einen beruhigend erscheint, empfindet ein anderer als beunruhigend oder sogar lästig. Im Laufe meiner Workshops habe ich festgestellt, daß vor allem indische Musik sehr gegensätzliche Reaktionen bei ihren Zuhörern auslöst. Während einige sie nicht nur als entspannend, sondern sogar auf angenehme Weise als tranceverursachend oder hypnotisierend empfinden, kommt anderen die gleiche Komposition störend, beunruhigend oder sogar widerlich vor. Dies zeigt, wie wichtig es ist, bei der Auswahl eines musikalischen Hintergrunds den individuellen Geschmack zu berücksichtigen.

Wenn ein Musikstück verschiedene Zuhörer unterschiedlich bewegt, dann hat dies vermutlich nichts mit seiner äußeren Form an sich zu tun, sondern damit, was diese Form für jeden einzelnen der Zuhörer auf der Basis ihrer Erfahrungen bedeutet. Ein und dasselbe Musikstück vermag verschiedene Menschen auf die gleiche Weise zu berühren, doch sind die Ursachen hierfür unterschiedlicher Art.[5]

Wie Musik auf uns wirkt, hängt ab von einer Reihe von Variablen. Gemäß den Ergebnissen der Forschung gliedern sie sich in drei Hauptkategorien: musikalische, situationsbedingte und subjektive. Das bedeutet, daß die Vorliebe einer Person für bestimmte Musikrichtungen von der Musik selbst abhängt, von der Situation, in der sich die Person zu diesem Zeitpunkt befindet (dem «Hör und Jetzt»), und von einer Reihe persönlicher Eigenschaften. Die fünf speziellen Faktoren, die, wie man festgestellt hat, Einfluß auf die Musikpräferenz nehmen, sind: Stimmung, Persönlichkeit, musikalische Ausbildung, Geschlechtszugehörigkeit und Alter.[6]

Extrovertierte Menschen zum Beispiel neigen zu stark anregender Musik wie etwa Jazz, während andere eher Hard Rock bevorzugen. Einige, die sich ihre Offenheit für neue Erfahrungen bewahrt haben, tendieren zu New Age, Klassik, Jazz, Reggae, Welt- und Soul-Musik.[7] In einer anderen Untersuchung stellte man fest, daß konservative Menschen eher vertraute Musik bevorzugen, während liberal eingestellte sich für unbekannte Melodien empfänglich zeigen.[8]

Zu den besonderen musikalischen Elementen, die den Zuhörer beeinflussen, gehören Rhythmus, Lautstärke, Komplexität der Komposition, Veränderung der Tonhöhe, Wiederholungen innerhalb der Melodie und die Musikrichtung. Situationsbedingte Faktoren wie wiederholtes Hören, Erwartungshaltung, Schulungsmethoden, Einstellung der Gemeinschaft, Einfluß Gleichaltriger, sozioökonomische Beziehungen, Ausbildungsniveau und musikalische Schulung beeinflussen unseren individuellen Geschmack, der uns den einen Musikstil einem anderen vorziehen läßt.[9]

Es ist recht erstaunlich, daß unser Herzschlag und unsere spontan bevorzugten Tempi in den gleichen Bereich fallen.[10]

Weitere Faktoren, die die Neigung zu einer bestimmten Musikrichtung beeinflussen könnten, sind die Vertrautheit mit dieser Musik, der kulturelle Hintergrund und die Fähigkeit des einzelnen, feinere Unterschiede bei den Melodien und ihren Komponisten auszumachen. Erfolgreiche Komponisten populärer Musik, angefangen bei Mozart über Gershwin bis hin zu Lennon und McCartney, sind offenbar in der Lage, universelle Rhythmen und Melodien anzuzapfen, die irgendwie das kollektive Unbewußte unserer Kultur widerspiegeln. Wenn sie öffentlich werden, fühlen sich solche Kompositionen irgendwie angenehm vertraut an, während sie zugleich ein Gefühl der Erregung freisetzen. Sie scheinen während der entwicklungsbedingten Lebensübergänge eine bestimmte emotionale Leere zu füllen.

Unabhängig davon, auf welche Weise uns unser musikalisches Verständnis eingepflanzt wurde, gibt es jedoch auch Klangeigenschaften, die uns alle in die gleiche emotionale, physische oder psychische Richtung treiben. So wirken bestimmte Klangmuster motivierend, während andere eher ein friedliches Gefühl und Entspannung hervorrufen. «Der Psychiater Roberto Assagioli verschreibt seinen Patienten verschiedene Musikstücke: Märsche, um die Energien depressiver Menschen in Gang zu bringen, Walzer, um die übermäßig ängstlichen zu beruhigen. ...Um abzuschalten und mich zu entspannen, höre ich Bach, Vivaldi oder New-Age-Meditationsmusik.»[11] Auch wenn bestimmte allgemein wirksame Grundelemente in der Musik existieren, so gibt es doch keinen Ersatz für die persönliche Auswahl des musikalischen Hintergrunds in Übereinstimmung mit den individuellen Vorlieben.

Ebenso wie man nicht erwarten kann, daß alle Musikformen jedem gefallen, so darf man auch nicht davon ausgehen, daß alle Menschen sich von einer bestimmten Musikform gleichermaßen angezogen fühlen.

Überall in diesem Buch stößt der Leser auf Musikzusammenstellungen, die zur Begleitung verschiedener Übungen empfohlen werden. Bezug nehmend auf die vorangegangenen Absätze, sollte der Leser jedoch daran denken, daß diese Vorschläge zwar vielleicht die Bedürfnisse vieler, aber eben keineswegs aller Menschen zu erfüllen vermögen. Andererseits kann das jeweilige Angebot sehr gut als Ausgangsbasis dienen. Ich möchte den Leser aber dazu ermutigen, wann immer es möglich ist, in sein eigenes musikalisches Unbewußtes einzutauchen und es der Musik im Inneren zu gestatten, hochzusteigen und die Führung bei der abenteuerlichen Suche nach rhythmischer Synchronität (siehe S. 353) zu übernehmen.

Das Verweilen in der Spirale

*Alles Leben ist Bestandteil eines großen rhythmischen Prozesses
von Schöpfung und Zerstörung, von Tod und Wiedergeburt,
und Shivas Tanz symbolisiert diesen ewigen Rhythmus
von Leben und Tod, der sich in endlosen Zyklen fortsetzt.*

Unter den vielen Arten, seinen «besonderen Platz» aufzusuchen, ist der Aufstieg oder Abstieg (wir haben die Wahl!) zum «Verweilen in der Spirale» eine Technik von spezieller Wirksamkeit. Das Verweilen in der Spirale ist einfach eine stufenweise fortschreitende Entspannungsübung, die Tiefenatmung, Entspannung und Visualisationsfertigkeiten zusammenführt.

Musik ist multidimensional und zielt in viele Richtungen. Was wir aus Musik machen, kann wunderbar durch das Bild der Spirale dargestellt werden, eine Form, die für das Leben so grundlegend ist.[1]

Die Musik

Jede Reise und jedes Verweilen in der Spirale sollten vor einem musikalischen Hintergrund stattfinden. Wählen Sie sorgfältig aus, damit Ihnen die Musik wirkungsvoll dabei helfen kann, schneller einen tieferen Entspannungszustand, lebendigere Visualisationen und weichere Übergänge in veränderte Bewußtseinszustände zu erreichen. Da die Musik Sie darin unterstützen wird, sich auf Ihren inneren Vibrationszustand einzustimmen, sollte sie auch unerwünschte, von außen kommende Klänge oder Geräusche verdecken, Ihnen den Zugang zu Ihren inneren Stimmen erleichtern und Ihnen durch ihr Tempo und ihre rhythmische Struktur zu der Ihnen gemäßen Gangart verhelfen (siehe die Musik-Menüs auf den Seiten 96, 303 und 337.

Musik ist eine Art Traumarchitektur, die in zarten Wolken vorüberschwebt und im Nichts verschwindet.[2]

Hinführung zu Ihrem «besonderen Platz» durch Verweilen in der Spirale

Es folgt eine einfache Übung, mit deren Hilfe Sie jederzeit die Harmonie des Tao der Musik erfahren können. Sie hat fünf Komponenten:

- Tiefenatmung;
- im «Hör und Jetzt» sein;
- Loslassen (mental, physisch und emotional);
- sich mit der Musik verbinden;
- frei von Erwartungen sein.

ÜBUNG 40
Das Verweilen in der Spirale

1. Die Magie, die Ihnen als Kind vertraut war, hallt noch immer in Ihrem Geist wider. Sie ist weiterhin da, Sie müssen sie lediglich zurückerobern. Lassen Sie los, folgen Sie der Musik, und sie wird Sie zurück an den Platz führen, an dem die Träume wohnen.

2. Wählen Sie ein Musikstück aus, das Sie erforschen möchten. Am besten eignet sich Instrumentalmusik. Sie kann von jeder denkbaren Art sein, jedem beliebigen Genre angehören, einfach oder exotisch sein, schnell oder langsam, lang oder kurz. Sie haben die Wahl, das Tao der Musik wartet in jedem Klang.

3. Tragen Sie lockere, bequeme Kleidung und Socken. Nichts, was Sie einschränkt oder zu eng ist, worin Ihnen zu warm oder zu kalt sein könnte.

4. Wählen Sie einen warmen, ruhigen und bequemen Ort aus, wo Sie, ohne gestört zu werden, sitzen oder sich hinlegen können. Ziehen Sie den Stecker des Telefons aus der Dose. Hängen Sie ein «Bitte nicht stören»–Schild an die Tür. Teilen Sie Ihren Mitbewohnern mit, daß Sie für eine gewisse Zeit, in der Sie das Tao der Musik erforschen wollen, nicht gestört werden möchten. Sorgen Sie dafür, daß der Lautstärkeregler Ihres Abspielgeräts Ihren Bedürfnissen gemäß eingestellt ist.

5. Legen Sie sich bequem hin, und stellen Sie Ihre Musik an. Fangen Sie sofort mit Ihrer langsamen..., tiefen... Atmung an..., und lassen Sie bewußt Ihre Anspannung, Ihre Sorgen und jegliche bewußte Gedanken los, die vielleicht stören könnten.

6. Jetzt gibt es keinen besseren Aufenthaltsort für Sie, als hier zu sein. Physisch und mental. Sie haben diese Zeit für sich ausgewählt. Jetzt ist nicht der Zeitpunkt für Ihre Kontoüh-

rung..., auch nicht für den Abwasch..., auch nicht fürs Zeitunglesen..., auch nicht für die Gartenarbeit..., auch nicht für Telefonanrufe. Diese Dinge haben Sie bereits erledigt, oder Sie werden sie später tun. Jetzt ist die Zeit für Ihre Entspannung. Um zu genießen. Um im Tao zu reisen.

7. Während die Musik sich entfaltet, gestatten Sie Ihrem Geist, sie zu genießen. Lassen Sie es zu, daß die Melodie Ihren Kopf leert. Spüren Sie, wie der Rhythmus ein subtiles Lächeln auf die Innenseite Ihres Gesichts zaubert. Sehen Sie zu, wie dieses Lächeln an der Oberfläche Ihres Gesichts anlangt.

8. Wann immer Gedanken sich dazwischendrängen – und das ist unvermeidlich! –, gestatten Sie sich, sie «loszulassen...» Strengen Sie sich nicht an, um loszulassen, geben Sie sich einfach die Erlaubnis dazu. Schließlich ist das *Ihre* Zeit. «*Hör* und Jetzt.»

9. Kehren Sie zum Fluß der Musik zurück. Anfangs mag Ihnen das schwerfallen. Es ist so, als lernten Sie eine neue Fertigkeit, als lernten Sie ein Musikinstrument zu spielen. Mit Übung werden Sie besser und besser. Mit Geduld fällt es Ihnen leichter und leichter. Mit der Zeit fangen Sie an zu fließen. Sie werden sensibilisiert für die Stimmung dessen, was Sie tun, und werden schließlich «eins» damit. Sie integrieren das Ereignis des Augenblicks oder werden rhythmisch synchron mit ihm. Es wird gut.

10. Lassen Sie zu, daß die Musik Ihren Verstand, Ihr Selbst, Ihren Geist badet. Gestatten sie es der Melodie, Sie ohne Erwartungen dorthin zu tragen, wohin sie Sie führt. Geben Sie jegliche Kontrolle auf. Erlauben Sie es allen und jeglichen Bildern, welche die Musik heraufbeschwört, an die Oberfläche zu steigen, und begrüßen Sie sie mit einem Lächeln.

11. Wenn Gedanken sich einmischen, dann kehren Sie zur Musik zurück. Zum Schema des Basses..., den schwungvollen Saiteninstrumenten..., den sich wiegenden Geigen..., dem Beat des Schlagzeugs..., dem Glühen der Bläser..., der mitreißenden Gitarre..., dem Atmen der Flöte...

12. Wenn die Gedanken überhandnehmen und Sie zum

Tao der Musik zurückkehren müssen, dann versuchen Sie, sich auf den Satz «Ich höre der Musik zu» zu konzentrieren. Wiederholen Sie ihn wieder und wieder im Geist. Vielleicht möchten Sie ihn sogar aussprechen, sehr sanft, sehr leise, so daß die Wörter, zu einem einzigen verschmolzen, kaum in einem Flüstern über Ihre Lippen kommen. Spüren Sie, wie das «M» raunt und in Ihrem Kopf wie ein Echo nachschwingt. Beobachten Sie, wie es verblaßt, verschwindet und sich mit den Tönen der Melodie vereinigt. Reiten Sie auf dem «Mmmmm» zurück ins «*Hör* und Jetzt».

13. Atmen Sie beim Atmen die Musik ein. Stellen Sie sich vor, wie die Melodie bei jedem Einatmen in Ihren Körper eintritt. «Sehen» Sie, wie die Musik wie ein weißes, klares, gesundes Licht in Ihren Körper gelangt. Sehen Sie zu, wie es durch Ihren Geist fließt, ihn von allen negativen Gedanken, von allen Sorgen und jeglicher Anspannung reinigt. Bei jedem Ausatmen sehen Sie, wie diese Gedanken, Sorgen und die Anspannung als dunkler und schmutziger Dunst aus Ihrem Körper geschwemmt werden. Atmen Sie die Musik in jeden Winkel Ihres Seins ein. Sehen Sie weiter zu, wie die spiralförmigen Melodien Ihren Körper säubern. Spüren und hören Sie, wie die Musik in Ihren Körper eintritt, ihn von allem Ungesunden, Negativen und Unerwünschten befreit.

14. Spüren Sie, wie die Vibrationen der Musik Sie energetisch aufladen. Fühlen Sie die Musik, wie sie in Ihrem Selbst widerhallt, Sie mit Ihrer Umgebung harmonisiert. Hören Sie, wie die in Ihnen schlummernde Energie mit Ihrer Umgebung harmoniert. Visualisieren Sie, wie Ihre Aura leuchtet, mit dem Tao der Musik tanzt und mit ihm verschmilzt.

15. Spüren Sie, wie der Rhythmus Ihres Seins mit dem Rhythmus der Musik synchron geht. Verlieren Sie sich in der pulsierenden rhythmischen Synchronität.

16. Bleiben Sie bei der Musik. Lassen Sie sich von ihr bringen, wohin auch immer sie Sie führt. Aufwärts, abwärts, Haken nach links und rechts schlagend, der Spirale in die Ewigkeit folgend. Wohin Sie auch gehen, es ist der richtige Weg. Jeder

Weg, dem Sie folgen, wird Sie dorthin bringen. Wohin auch immer Sie gehen, dort werden Sie diesen Augenblick lang sein. Lassen Sie los.

17. Sobald sich das Musikstück seinem Ende nähert, gestatten Sie ihm, Sie zurückzubringen.

18. Bevor Sie vollständig zurückkommen, machen Sie sich klar, daß Sie jederzeit, wann immer Sie wollen, auf diesen Weg zurückkehren können. Machen Sie sich bewußt, daß die Musik, die Sie auswählen, Sie dorthin bringen wird. Das ist das Magische an diesem Prozeß, am Loslassen Ihres Verstandes. Führen Sie sich vor Augen, daß das Tao der Musik immer in Ihnen vibriert. Daß das Echo Ihrer Erfahrung in Ihnen widerhallt. Daß Sie, solange Sie sich bewußt sind, hier, in diesem Moment zu sein, immer die Musik des Tao hören werden.

Diesen Zyklus oder diese Spirale trifft man überall auf der Welt in Diagrammen, Glyphen und Mandalas wieder. Sie reflektieren eine Eigenschaft oder einen Ausdruck des menschlichen Bewußtseins, die oder der mit dem größeren Bewußtsein des Universums harmoniert und sich auf ihn bezieht.[3]

Zusammenfassung

Wenn Sie erst einmal vertrauter mit dem oben beschriebenen Prozeß geworden sind, werden Sie die vorausgegangenen Erinnerungen, Prozeduren und Vorschläge nicht mehr benötigen. Mit zunehmender Übung werden Sie schließlich Ihre eigene Methode entwickeln, den Weg durch Zuhören finden und sich dann auf ihm voranhören.

Um Ihnen bei diesem Übergang zu helfen, folgt hier in Kurzform eine etwas fortgeschrittenere Version der Reise.

- Die Magie, die Ihnen als Kind vertraut war, hallt noch immer in Ihrem Geist nach. Sie ist weiterhin vorhanden, Sie müssen sie lediglich zurückerobern.

- Legen Sie sich hin, machen Sie es sich bequem, und stellen Sie Ihre Musik an. Atmen Sie...
- Jetzt, in diesem Augenblick, müssen Sie nirgendwo sein als hier. Das ist *Ihre* Zeit.
- Lassen Sie zu, daß Ihr Geist die Musik genießt. Gestatten Sie der Melodie, Ihren Kopf zu leeren. Lauschen Sie Ihrem inneren Lächeln.
- Lassen Sie los. Sie sind hier, jetzt.
- Tanzen Sie mit dem Fluß der Musik.
- Hören Sie auf Ihre musikalischen Phantasien.
- Konzentrieren Sie sich auf das Mantra (die Affirmation) «Ich höre zu», während Sie der musikalischen Spur des Tao folgen.
- Atmen Sie in die Musik. Lassen Sie sich von der Melodie umfangen. Fühlen Sie die Harmonie.
- Spüren Sie, wie sich die Energie der Musik mit Ihrer Aura verbindet. Schwingen Sie mit dem Yin und Yang.
- Verlieren Sie sich in der pulsierenden rhythmischen Synchronität.
- Vertrauen Sie Ihren Instinkten, Ihren inneren Urtönen.
- Wenn die Musik sich ihrem Ende nähert, dann lassen Sie es zu, daß sie Sie zurückbringt.
- Bevor Sie vollständig zurückkommen, machen Sie sich klar, daß Sie jederzeit, wann immer Sie wollen, auf diesen Weg zurückkehren können. Machen Sie sich bewußt, daß die Musik, die Sie auswählen, Sie dorthin bringen wird. Das ist das Magische an diesem Prozeß, am Loslassen Ihres Verstandes. Führen Sie sich vor Augen, daß das Tao der Musik immer in Ihnen vibriert. Daß das Echo Ihrer Erfahrung in Ihnen widerhallt. Daß Sie, solange Sie sich bewußt sind, hier, in diesem Moment zu sein, immer die Musik des Tao hören werden.

Immer, wenn Sie in diesem Buch dazu aufgefordert werden, Ihr «Verweilen in der Spirale» zu initiieren, Ihren «inneren Führer» zu Rate zu ziehen oder Ihren «besonderen Platz» aufzusuchen, brauchen Sie nur zu diesem Abschnitt zurückzukehren und diese grundlegenden Richtlinien zu wiederholen, um diesen Teil der Aufgabe zu erfüllen.

Die Spirale ist ein ausgezeichnetes Symbol für den Weg der Individuation, weil sie die Bewegung entlang einer inneren Achse mit der Vorstellung verbindet, um ein Zentrum herumzugehen. Wenn man sich eine Linie entlang einer Seite der Spirale vorstellt und das Ich, das dieser Spirale folgt, dann erhält man ein Bild davon, wie man immer wieder auf die gleichen Probleme stößt, doch nach einer erneuten Schleife der Spirale jedesmal auf einer anderen Ebene. Um T. S. Eliots *Vier Quartette* zu paraphrasieren: Es ist so, als finde man heraus, daß das Ende zugleich der Anfang ist, doch zum erstenmal können wir dies auch erkennen.[4]

MUSIK IST EIN TRANSFORMATIONSPROZESS,
DER DIE MENSCHEN ZU ZAHLREICHEN TIEFEN UND HÖHEN FÜHREN KANN,
DIE ALLE REICH AN FANTASIEN, TRÄUMEN UND VON SYMBOLEN
DURCHDRUNGEN SIND.

Ihr besonderer Platz

Musik ist die vierte Dimension.

Der «besondere Platz» ist der Name für einen imaginierten Zu-
fluchtsort, eine heilige Schutzstätte tief im Inneren Ihrer selbst,
wo Sie vollkommen sicher und in Frieden sind, wo Sie es gut
haben, ein Ort, der Ihnen ein positives Grundgefühl vermittelt
und an dem Sie die Kontrolle über Ihre Umgebung haben. Obwohl Sie ihn sich nur vorstellen, ist er dennoch ein Platz, entweder im Haus oder draußen, der *für Sie* wirklich vorhanden ist.

Unsere Imagination gestattet es uns, mit den Klängen zugleich Bilder zu entwickeln. Wenn wir zum Beispiel zu
einem Konzert gehen, hören wir nicht einfach «Geigen
spielen»; wir schließen die Augen und erlauben es der Musik, uns an magische Orte zu tragen.[1]

450

Als wir noch Kinder waren, war unser besonderer Platz das Reich in unserem Kopf, in dem die Freunde, die wir uns vorstellten, lebten; in dem Stofftiere sprechen konnten, ihre Gefühle ausdrückten, lachten und uns manchmal sogar mit einem guten Rat halfen. Das war ein magischer und manchmal mysteriöser Ort, an dem wir die höchste, allmächtige und allwissende Autorität waren. Manche haben als Kinder oder Erwachsene das Glück, über einen tatsächlichen besonderen Platz zu verfügen (ein Zimmer, einen Kellerraum, einen Schuppen, eine Lichtung im Wald), an dem sie sich verstecken oder an den sie sich zurückziehen können. Der besondere Platz jedoch, der hier gemeint ist, befindet sich *in unserem Inneren*. Ein exklusiver Ort, den allein wir betreten können und zu dem nur wir den «Zauberschlüssel» in Händen halten.

Ich teile Platons Auffassung, daß musikalische Schulung ein mächtiges Hilfsmittel ist, «weil Rhythmus und Harmonie ihren Weg in die verborgenen Innenräume der Seele finden».[2]

Da er in den Nischen unserer Fantasie vibriert, kann unser besonderer Platz tatsächlich eine beliebige Zahl von Orten sein, etwa ein Fantasiewald, ein Strand, eine Burg, ein Schloß, eine Wiese, eine Hütte am See, ein Schiff auf dem Meer, ein Turm, und so fort. Dieser besondere Platz, der seine Grenzen nur in unserer Kreativität hat, kann auch aus der Vergangenheit stammen, ein Kinderzimmer, ein Baumhaus, eine Schulbibliothek oder etwas vollkommen Unorthodoxes sein wie eine Wolke, ein fliegender Teppich oder eine Einsiedelei auf einer Bergspitze. Er braucht in keiner Weise rational erklärbar zu sein. Seine physischen oder emotionalen Eigenschaften sind befreit von jeglichen analysierbaren Komponenten. Er *ist* einfach.

Unser besonderer Platz ist ein privater, persönlicher Raum, in dem wir uns entspannen und wohl fühlen können, und er ist sicher genug, um eine «Verteidigungshaltung» überflüssig zu machen. Dort steht es uns frei, zu meditieren, in Kontemplation zu versinken, unsere tiefsten Gefühle zu zeigen, unsere Intuitionen zu erforschen oder aber Gespräche mit anderen Aspekten unserer Persönlichkeit zu führen, die sich für gewöhnlich in unseren «inneren Führern» manifestieren (siehe S. 453). Dort bestimmen wir die Regeln, haben die Kontrolle über die Konsequenzen und gewähren nur den Personen Zutritt, mit denen wir unsere Zeit und diesen Platz teilen wollen. Wenn etwas oder jemand unangenehm oder lästig wird, bestimmen allein wir, was mit demjenigen geschieht. Seine Existenz ist abhängig von der Entscheidung, die wir von Moment zu Moment treffen.

Die Eigenschaften des besonderen Ortes können jederzeit verändert und Ihren speziellen Bedürfnissen angepaßt werden. Wann immer Sie zu Ihrem besonderen Platz hinauf- oder hinabsteigen, gönnen Sie sich den Luxus, alle Erwartungen und alle Begrenzungen vollkommen loszulassen. Wo Sie eintreten, dort werden Sie sein.

Wenn wir Musik hören oder einer fesselnden Aufführung beiwohnen, sind wir vorübergehend von dem Input aller äußeren Stimuli abgeschirmt. Wir betreten eine besondere, abgeschlossene Welt, in der Ordnung herrscht und in der das, was fehl am Platze ist, ausgeschlossen ist.[3]

WIR TRAGEN IN UNS DIE WUNDER,
DIE WIR IM ÄUSSEREN SUCHEN.

Innere Führer

Musik bringt den inneren Geist zum Ausdruck.

Einige von uns, die Glücklicheren, wachsen mit dem Vorbild einer älteren, «weiseren» Person auf, die uns zeigt, wo es langgeht, vertrauenswürdig, freundlich, fürsorglich und zuverlässig ist. Wenn wir *sehr viel* Glück haben, hat diese Person auch Sinn für Humor, ist im höchsten Maße kreativ und weckt in uns das Gespür für eine innere Bewußtheit und gesunden Ehrgeiz. Dieser «äußere Führer» kann ein Elternteil, ein Verwandter, Bruder oder Schwester sein, aber auch ein Nachbar, Freund der Familie, Lehrer, Trainer oder irgendein anderer Mensch, mit dem uns eine bestimmte geistige Verwandtschaft verbindet. Wenn sich eine positive Beziehung entwickelt, dann wird sie auf gegenseitigem Respekt, Zuneigung und – das ist am wichtigsten – auf einem Zusammenpassen der beiden aurischen Felder (die elektromagnetischen Energien, die von uns in Form einer Aura ausgehen) basieren.

Diese «äußeren Führer» sind Gleichgesinnte, Seelenverwandte. Ein «innerer Führer» hingegen ist eine innere Abwandlung des oben beschriebenen hilfreichen Wesens. Die Idee des Jungschen Archetypus, des *Selbst*, macht es möglich, einige Dimensionen dieser Vorstellung vom «inneren Führer» zu beschreiben.

> Das Wort Selbst bezieht sich nicht auf das individuelle Selbst, sondern auf die gesamte Persönlichkeit – Ich, Bewußtsein, persönliches und kollektives Unbewußtes. Seine numinose Macht wirkt zentrierend.
>
> Das Selbst erscheint in Träumen, Mythen und Märchen als König, Held, Prophet, Erretter. Es erscheint als magischer Kreis, als Quadrat und als Kreuz; es ist die absolute Verbindung von Gegensätzen. Das Selbst ist eine zusammengefügte Dualität wie das Tao oder Yin und Yang. Es tritt als Mandala in Erscheinung.[1]

Wir können uns den «inneren Führer» als Spiegelbild unseres innersten, weisen «Selbst», als unseren Schwingungsdoppelgänger vorstellen. Indem man über Visualisationen einen Zugang zu ihm erlangt, kann er die Form jeder denkbaren Person, jedes Wesens oder Bildes annehmen, der oder dem wir bei unseren Reisen zu unserem besonderen Platz (siehe S. 450) begegnen. Der «innere Führer» ist eine Art «ewige Entität», in deren Gegenwart wir Vertrauen, Wohlbefinden, Frieden und Sicherheit empfinden. Für diejenigen, die sich mit der Unterstützung eines positiven «äußeren Führers» entwickeln, wird der «innere Führer» für gewöhnlich einige Eigenschaften dieser Person übernehmen oder aber eine Kombination all ihrer «äußeren Führer» darstellen.

Unser «innerer Führer» kann auch eine legendäre, mythische, imaginäre Gestalt sein oder die innere Manifestation eines wirklichen Menschen – sogar die eines Tiers – aus unserer Vergangenheit oder unserer Zukunft. Trifft letzteres zu, kann es sich bei unserem «inneren Führer» um unser «zukünftiges» Selbst» handeln. Möglicherweise präsentiert er sich auch als virtuelle Inkarnation eines älteren und weiseren Selbst, das zeitlich weit zurückreicht und Ihrer gegenwärtigen Inkarnation ratend zur Seite steht. Andererseits kann der «innere Führer» auch in der Form eines jüngeren Selbst zutage treten, um in Ihnen Material, Erinnerungen und Erfahrungen, deren Zeit nun gekommen ist, wiederzuerwecken.[2] Während diese jüngeren Inkarnationen unserer selbst den Vorteil objektiver Unschuld und frischer Energie mit sich bringen, profitieren unsere zukünftigen Varianten von Erfahrung, Geduld und unschätzbarer Reife. Dies manifestiert sich in einer Essenz, die wir als «weiser» empfinden und zu der wir uns stark hingezogen fühlen. Sie ist zugleich der Inbegriff und die Erweiterung unseres inneren Selbst und vermag sich durch Klänge, Gefühle, Bilder, Gerüche, Signale, Symbole, Visualisationen, Farben oder auf jede andere Weise mitzuteilen, die in unserem universellen Urbewußten mitschwingt.

Erblicken Sie mit geschlossenen Augen Ihr inneres Wesen in allen Einzelheiten. *Sehen* Sie so Ihre wahr Natur.[3]

Unser «innerer Führer», der sich als «Wesenheit» oder «Gegenwart» manifestiert und mit dem wir ein besonderes Empfinden rhythmischer Synchronität (siehe S. 353) teilen, ist eine maßgebliche Kompilation all dessen, was wir sind, waren und noch sein werden. Wenn wir also unserem «inneren Führer» begegnen, dann sind wir mit der Essenz unseres nackten Selbst konfrontiert. Mitten im Diskurs hören wir unser eigenes Echo. Während wir beobachten, erweisen sich die Spiegelbilder, die wir sehen, als die unseren. Wann immer wir nachfolgen, haben wir selbst die Führung inne.

○
Übung 41
Auf den inneren Führer zurückgreifen

1. Wählen sie beruhigende Musik (siehe die Musik-Menüs «Beruhigende Musik», S. 96, und «Meditationsmusik», S. 303) aus, die Sie mögen, initiieren Sie Ihr Verweilen in der Spirale (siehe S. 442), und steigen Sie zu Ihrem besonderen Platz (siehe S. 450) auf/ab.

2. Nachdem Sie diesen sicheren, ruhigen Platz erreicht haben, «sonnen» Sie sich in den beruhigenden, harmonischen Vibrationen, die Sie einhüllen, zur Ruhe bringen und energetisieren. Wenn Sie sich zunehmend wohler und bereit fühlen, Ihren inneren Führer zu begrüßen, halten Sie «Ausschau» in Ihrer inneren Weite, und stellen Sie sich vor, daß Sie eine Gestalt auf sich zukommen sehen.

3. Sollte diese Gestalt Ihnen irgendwie angst machen, unangenehm sein oder Ihnen ein Gefühl der Unsicherheit vermitteln, dann liegt es in Ihrer Macht, sie zurückzuweisen. Tritt dieser Fall ein, dann brechen Sie den Vorgang ab, kehren Sie zu Ihrem Atem (siehe S. 413) zurück, und setzen Sie Ihre innere Suche auf einem anderen «Weg» fort, bis Sie einer positiven Wesenheit begegnen, mit der Sie sich vollkommen wohl fühlen.

4. Wenn die liebevolle, wohlwollende Gestalt in Ihr Vibrationsfeld eintritt, stellen Sie sich vor, wie sich Ihr erstes und Ihr zweites Selbst begrüßen. Machen Sie sich, während Sie zuhören, ein Bild davon, wie Sie sich mit dieser friedlichen und vertrauenswürdigen Gestalt verbinden und in Ihrer Gesellschaft vollkommen sicher und wohl fühlen.

5. Visualisieren Sie, wie Ihr erstes und Ihr zweites Selbst in einen Diskurs miteinander eintreten, der verbal, telepathisch oder in irgendeiner anderen Kommunikationsform ablaufen kann. Beobachten Sie unter Zuhilfenahme Ihrer Intuition, wie

Sie selbst in wachsendem Maße das überlegene Niveau der Weisheit dieser Gestalt, ihre guten Absichten und ihr Engagement für Ihr Wohlergehen wahrnehmen.

6. Wenn Sie sich mit der Zeit entwickeln, wachsen und verändern, dann machen Sie sich bewußt, daß Ihr innerer Führer ebenso wie Sie einen Wandel durchmachen kann, der vielleicht in Ihnen mitschwingt oder Ihren eigenen verstärkt. Begegnet Ihnen bei Ihrem Verweilen in der Spirale mehr als ein innerer Führer, dann denken Sie daran, daß es sich dabei um Erweiterungen oder Verkürzungen Ihres inneren Selbst handelt, die alle ihren speziellen Sinn haben.

7. Sobald Sie eine Begegnung oder ein Gespräch mit Ihrem inneren Führer zum Abschluß bringen wollen, aktivieren Sie bewußt Ihr akustisches Gedächtnis (siehe S. 367), und denken Sie daran, die neue Erfahrung durch die Begegnung mit Ihrem inneren Führer mental und emotional abzuspeichern. Wenn Sie in die wirkliche Welt zurückkehren, werden Sie Ihre Alltagsaktivitäten mit der vollen Unterstützung Ihrer inneren Begegnung wiederaufnehmen.

Hören Sie die Musik an, die die drei Sphären Ihres Seins überbrückt.[4]

... UND SO MÖCHTE ICH, FÜR DEN AUGENBLICK,
ZUM SCHLUSS KOMMEN MIT EINER BESONDEREN NOTE.

Dank

Ich möchte den folgenden Menschen, die Teil meines Lebens sind, meinen Dank aussprechen: Nancy dafür, daß sie mir den Weg gewiesen hat, und Josefina für die immer zuverlässigen Gedächtnisstützen; Bibi, Carida und Marie – sowie meinem Bruder Frank – dafür, daß sie immer frei von Erwartungen an mich glaubten; Dr. Ed Herr, meinem Mentor, und Betty dafür, daß sie die Türen geöffnet und mir die Möglichkeit gegeben haben, zu werden; und John, Paul, George und Ringo für den Soundtrack meines Lebens.

MUSIK IST DER SOUND DES LEBENS,

MIT DEM ES SICH SELBST FEIERT.

Anmerkungen
und weiterführende Literatur

Einführung

Der Tanz des Lebens...: Dreher, *The Tao of Inner Peace*, S. 34.

[1] Hall, *The Dance of Life*, S. 169f.

[2] Cooper, *Der Weg des Tao*, S. 7, 8.

[3] Grigg, *The Tao of Being*, S. XII.

[4] Fromm, Suzuki & de Martino, *Zen-Buddhismus und Psychoanalyse*, S. 30.

[5] Merton, *The Way of Chuang Tzu*, S. 20.

[6] Hall, S. 179.

[7] Seashore, *Psychology of Music*, S. 333.

Musik bringt nicht nur Ordnung...: Storr, *Music and the Mind*, S. 106.

Koans sind Aussprüche...: Hall, S. 92.

Keine der verschiedenen Hörerfahrungen...: Holbrook & Anand, «Effects of Tempo and Situational Arousal on the Listener's Perceptual and Affective Responses to Music», S. 150.

[8] Ortiz, «Music as Sound Campus Ecology».

[9] Hekmat & Hertel, «Pain Attenuating Effects of Preferred Versus Non-preferred Music Interventions», S. 164.

Musikalische Vorlieben sind...: Seashore, S. 14.

Leben ist, wie es ist: Beck, *Everyday Zen*, S. 13.

Wir sind verantwortlich...: Dreher, S. 53.
[10] Hall, S. 178.
[11] Jung, *Erinnerungen, Träume, Gedanken,* S. 233.

Teil I: Medizinisch-praktische Themen

1 Depressive Stimmungen

Wenn es uns nicht gelingt...: Beaulieu, *Music and Sound in the Healing Arts,* S. 44.

[1] Dreher, *The Tao of Inner Peace,* S. 112, 115.
[2] Hoff, *The Tao Te Puh,* S. 133.
[3] Dreher, S. 77.
[4] Storr, *Music and the Mind,* S. 98.
[5] Storr, S. 111.
[6] Smeijsters, Wijzenbeek & van Nieuwenhuijzen, «The Effect of Musical Excerpts on the Evocation of Values for Depressed Patients», S. 184.
[7] Crandall, *Self-Transformation Through Music,* S. 73.
Depression, die heute so weit verbreitet ist...: Hall, *The Dance of Life,* S. 168.
[8] Storr, S. 122.
[9] A. a. O.
[10] Ausführlicher beschäftigen sich mit diesem Thema Albert Ellis & Windy Dryden in *The Practice of Rational Emotive Therapy.* New York: Springer Publishing, 1987.
[11] Allekote & Maslan, «Sri Karunamayee: An In-Depth Interview», S. 6. Hier antwortet Sri Karunamayee auf eine Frage von Marsha Maslan.
[12] Stewart, *Music, Power & Harmony: A Workbook of Music & Inner Forces,* S. 62.
[13] Allekote & Maslan, S. 6. Hier antwortet Sri Karunamayee auf eine Frage von Marsha Maslan.
Es ist besser, das Leben...: Storr, S. 68 f.

Weiterführende Literatur

Für die vertiefende Lektüre in bezug auf Musik und ihren Einfluß auf Stimmungen verweise ich auf die nachfolgenden Zeitschriftenartikel:

T. G. Bever, «A Cognitive Theory of Emotion and Aesthetics in Music», *Psychomusicology*, 1988, 7, S. 165–175.

R. Brim, «The Effect of Personality Variables, Dogmatism and Repression-Sensitization Upon Response to Music», *Journal of Music Therapy*, 1978, 15, S. 74–87.

H. J. Devlin & D. D. Sawatzky, «The Effects of Background Music in a Simulated Initial Counselling Session with Female Subjects», *Canadian Journal of Counselling*, 1987, 21, S. 125–132.

G. Groeneweg, E. A. Stan, A. Celser, L. MacBeth, M. I. Vrbancic, «The Effect of Background Music on the Vocational Behavior of Mentally Handicapped Adults», *Journal of Music Therapy*, 1988, 25, S. 118–134.

M. Martin, «On the Induction of Mood», *Clinical Psychology Review*, 1990, 10, S. 669–697.

K. McDermott, «Music Soothes», *The Magazine of Case Western Reserve University*, 1988, 1, S. 40.

P. O. Peretti, «Changes in Galvanic Skin Response as Affected by Musical Selection, Sex, and Academic Discipline», *Journal of Psychology*, 1975, 89, S. 183–187.

M. R. Pignatiello, C. J. Camp & L. Rasar, «Musical Mood Induction: An Alternative to the Velten Technique», *Journal of Abnormal Psychology*, 1986, 95, S. 295–297.

V. N. Stratton & A. H. Zalanowski, «The Effects of Music and Paintings on Mood», *Journal of Music Therapy*, 1989, 26, S. 30–41.

M. H. Thaut, «The Influence of Music Therapy Interventions on Self Rated Changes in Relaxation, Affect, and Thought in Psychiatric Prisoner-Patients», *Journal of Music Therapy*, 1989, 23, S. 155–166.

2 Schmerz

Es ist eine Tatsache, daß der Weg der Selbstfindung...: Hamel, *Durch Musik zum Selbst,* S. 20.

[1] Hekmat & Hertel, «Pain Attenuating Effects of Preferred Versus Non-preferred Music Interventions», S. 170f.

[2] Thich Nhat Hanh, *Ich pflanze ein Lächeln,* S. 142.

[3] Edwards, «You are Singing Beautifully: Music Therapy and Debridement Bath», S. 53.

[4] A. a. O., S. 54.

[5] A. a. O.

[6] Poole, *The Heart of Healing,* S. 135.

Immer, wenn du Schmerz empfindest...: Allekote & Maslan, «Sri Karunamayee: An In-Depth Interview», S. 8. Sri Karunamayee antwortet auf eine Frage von Joan Allekote.

Weiterführende Literatur

Wie Musik sich auf Schmerz auswirkt, entnehmen Sie bitte den folgenden Zeitschriftenbeiträgen:

M. G. Linoff & C. M. West, «Relaxation Training Systematically Combined with Music: Treatment of Tension Headaches in a Geriatric Patient», *International Journal of Behavioral Geriatria,* 1983, 1, S. 11–16.

M. S. Rider, J. Floyd & J. Kirpatrick, «The Effects of Music, Imagery, and Relaxation on Adrenal Corticosteroids and the Re-Entrainment of Circadian Rhythms», *Journal of Music Therapy,* 1985, 22, S. 46–58.

3 Selbstachtung

Unsere äußere Welt spiegelt...: Dreher, *The Tao of Inner Peace,* S. 51.

[1] Seashore, *Psychology of Music*, S. 142.
Am schmerzhaftesten ist es zu glauben ...: Beck, *Every Day Zen: Love and Work*, S. 56.
[2] Dreher, S. 77.
[3] A. a. O., S. 36.
[4] Allekote & Maslan, «Sri Karunamayee: An In-Depth Interview», S. 7.
[5] Seashore, S. 142.
[6] Huang & Lynch, *Thinking Body, Dancing Mind*, S. 143.
[7] Hoff, *Tao The Puh*, S. 67.

Weiterführende Literatur

Wie sich Musik auf die verschiedenen mit der Selbstachtung verwandten Bereiche auswirkt, entnehmen Sie bitte den folgenden Forschungsbeiträgen:

H. J. Devlin & D. D. Sawatzky, «The Effects of Background Music in a Simulated Initial Counselling Session with Female Subjects», *Canadian Journal of Counselling*, 1987, 21, S. 125–132.

R. Brim, «The Effect of Personality Variables, Dogmatism and Repression-Sensitization Upon Response to Music», *Journal of Music Therapy*, 1978, 15, S. 74–87.

B. L. Harper, «Say It, Review It, Enhance It with a Song», *Elementary School Guidance and Counseling*, 1985, S. 218–221.

M. Priestley, «Music and the Shadow», *Music Therapy*, 1987, 6, S. 20–27.

L. Summer, «Guided Imagery and Music with the Elderly», *Music Therapy*, 1981, 1, S. 39–42.

M. H. Thaut, «The Influence of Music Therapy Interventions on Self-rated Changes in Relaxation, Affect, and Thought in Psychiatric Prisoner-Patients», *Journal of Music Therapy*, 1989, 23, S. 155–166.

C. A. Smith & L. W. Morris, «Differential Effects of Stimulative and Sedative Music on Anxiety, Concentration and Performance», *Psychological Reports*, 1977, 41, S. 1047–1053.

4 Streß

[1] Johanson & Kurtz, *Grace Unfolding*, S. 91.
[2] Thich, *Ich pflanze ein Lächeln*, S. 84.

5 Wut

Taoisten bringen das zum Ausdruck ...: Dreher, *The Tao of Inner Peace*, S. 113.
Die Art Wut ...: Beck, *Every Day Zen: Love and Work*, S. 12.
[1] Dreher, S. 5.
Taoismus basiert auf Rhythmus und Fluß, ...: Cooper, *Der Weg des Tao*, S. 38.
Am besten hören oder sehen wir uns ...: Thich, *Ich pflanze ein Lächeln*, S. 76.

Weiterführende Literatur

Wie sich Musik auf Wut oder vergleichbare Gefühle auswirkt, entnehmen Sie bitte den folgenden Forschungsbeiträgen:

H. J. Devlin & D. D. Sawatzky, «The Effects of Background Music in a Simulated Initial Counselling Session with Female Subjects», *Canadian Journal of Counselling*, 1987, 21, S. 125–132.

B. L. Harper, «Say It, Review It, Enhance It with a Song», *Elementary School Guidance and Counseling*, 1985, S. 218–221.

T. B. & A. R. Roberts, «The Effects of Different Types of

Relaxation Music on Tension Level», *Journal of Music Therapy*, 1984, 21, S. 177–185.

S. Nielzèn & Z. Cesarec, «On the Perception of Emotional Meaning in Music», *Psychology of Music*, 1981, 9, S. 17–31.

Sheila Ostrander, Nancy Ostrander & Lynn Schroeder, *Super-Learning. Die revolutionäre Lernmethode.* Bern, München: Scherz, 1980.

6 Schlaflosigkeit

Während nachdenkliche Poeten schmerzlich Wache halten ...: Alexander Pope, *The Dunciad.*
Die Insel ist voll von Geräuschen, ...: Shakespeare, *Der Sturm,* 3. Akt, 2. Szene.

1 John Milton, *Allegro und Penseroso.* Übersetzt von O. H. von Gemmingen. Mannheim: Schwanische Buchhandlung, 1782. S. 29.
2 Shakespeare, *Heinrich IV,* 2. Teil, 3. Akt, 1. Szene.
3 Alfred Tennyson, *Ausgewählte Dichtungen.* Deutsch von Adolf Strodtmann. Hildburghausen: Verlag des Bibliographischen Instituts, 1867, S. 58–63.

7 Kontrolle

Um mit einem Bemühen in Frieden zu sein ...: Dreher, *The Tao of Inner Peace,* S. 66.
Wenn du an einem Fluß stehst ...: Dass & Gorman, *How Can I Help?,* S. 101.

1 Seashore, *Psychology of Music,* S. 142.
2 Weiterführende Lektüre zur sozial-kognitiven Lerntheorie: Bandura, *Sozial-kognitive Lerntheorie.*
3 Stewart, *Music, Power Harmony: A Workbook of Inner Forces,* S. 14.

[4] Johanson & Kurtz, *Grace Unfolding*, S. 13.
[5] Glasser, *Control Theory: A New Explanation of How We Control Our Lives*, S. 45.

Weiterführende Literatur

Wie sich Musik auf das Kontrollgefühl auswirkt, entnehmen Sie bitte den folgenden Forschungsbeiträgen:

L. M. Bailey, «Music Therapy in Pain Management», *Journal of Pain & Symptom Management*, 1986, 1, S. 25–28.

Albert Bandura, *Sozial-kognitive Lerntheorie*. Stuttgart: Klett-Cotta, 1979.

M. H. Thaut, «The Influence of Music Therapy Interventions on Self rated Changes in Relaxation, Affect, and Thought in Psychiatric Prisoner-patients», *Journal of Music Therapy*, 1989, 23, S. 155–166.

H. Wadeson, «Art Therapy», in: S. Abt & I. Stewart (Hrsg.), *The Newer Therapies*. New York: Van Nostrand, 1982.

8 Entspannung

[1] C. M. Diserens, «Reactions to Musical Stimuli», *The Psychological Bulletin*, 1923, 20, S. 173–199.

[2] I. M. Hyde, «Effects of Music Upon Electrocardiograms and Blood Pressure», *Journal of Experimental Psychology*, 1924, 7, S. 213–224.

[3] S. B. Reynolds, «Biofeedback, Relaxation Training, and Music: Homeostasis for Coping with Stress», *Biofeedback and Self-Regulation*, 1984, 9, S. 169–179.

[4] J. P. Scartelli, «The Effect of EMG Biofeedback and Sedative Music, EMG Biofeedback Only, and Sedative Music Only on Frontalis Muscle Relaxation Ability», *Journal of Music Therapy*, 1984, 21, S. 67–78.

[5] Reynolds, S. 169–179.

6 Helen L. Bonny, «Music and Healing», *Music Therapy,* 1986, 6A, S. 3–12.

7 B. L. Wheeler, «The Relationship Between Musical and Activity Elements of Music Therapy Sessions and Client Responses: An Exploratory Study», *Music Therapy,* 1985, 5, S. 52–60.

8 C. Webster, «Relaxation, Music and Cardiology: The Physiological and Psychological Consequences of Their Interrelation», *Australian Occupational Therapy Journal,* 1973, 20, S. 9–20.

9 W. B. Davis & M. H. Thaut, «The Influence of Preferred Relaxing Music on Measures of State Anxiety, Relaxation, and Physiological Responses», *Journal of Music Therapy,* 1989, 26, S. 168–187.

10 S. Hanser, S. Larson & A. O'Connell, «The Effect of Music on Relaxation of Expectant Mothers During Labor», *Journal of Music Therapy,* 1983, 20, S. 50–58.

11 M. G. Linoff & C. M. West, «Relaxation Training Systematically Combined With Music: Treatment of Tension Headaches in a Geriatric Patient», *International Journal of Behavioral Geriatrics,* 1983, 1, S. 11–16.

12 S. L. Curtis, «The Effect of Music on Pain Relief and Relaxation of the Terminally Ill», *Journal of Music Therapy,* 1986, 23, S. 10–24.

13 L. K. Miller & M. Schyb, «Facilitation and Interference by Background Music», *Journal of Music Therapy,* 1989, 26, S. 42–54.

14 J. P. Scartelli & J. E. Borling, «The Effects of Sequenced Versus Simultaneous EMG Biofeedback and Sedative Music on Frontalis Relaxation Training», *Journal of Music Therapy,* 1986, 23, S. 157–165.

15 B. L. Schuster, «The Effect of Music Listening on Blood Pressure Fluctuations in Adult Hemodialysis Patients», *Journal of Music Therapy,* 1985, 22, S. 146–153.

16 Dass & Gorman, *How Can I Help?* S. 108 f.

17 Storr, *Music and the Mind,* S. 122.

Wie sich Musik auf Entspannung auswirkt, entnehmen Sie bitte den folgenden Forschungsbeiträgen:

W. Gantz, H. M. Gartenberg, M. L. Pearson & S. O. Schiller, «Gratifications and Expectations Associated with Pop Music Among Adolescents», *Popular Music and Society,* 1978, 6, S. 81–89.

R. P. Greenberg & S. Fisher, «Some Differential Effects of Music on Projective and Structured Psychological Tests», *Psychological Reports,* 1971, 28, S. 817 f.

H. Hope, «Music has Charms», *Nursing Mirror,* 1971, 132, S. 40 f.

H. Hunter, «An Investigation of Psychological and Physiological Changes Apparently Elicited by Musical Stimuli», *Psychology of Music,* 1974, 2, S. 53–68.

J. A. Jellison, «The Effect of Music on Autonomic Stress Responses and Verbal Reports». In: C. K. Madsen, R. D. Greet & C. H. Madsen, Jr. (Hrsg.), *Research in Music Behavior: Modifying Music Behavior in the Classroom.* New York: Teachers College Press, 1975, S. 235–271.

P. d. Peretti & K. Swenson, «Effects of Music on Anxiety as Determined by Physiological Skin Responses», *Journal of Research in Music Education,* 1974, 22, S. 278–283.

S. J. Rohner & R. Miller, «Degrees of Familiar and Affective Music and Their Effects on State Anxiety», *Journal of Music Therapy,* 1980, 17, S. 2–15.

J. A. Stoudenmire, «A Comparison of Muscle Relaxation Training and Music in the Reduction of State and Trait Anxiety», *Journal of Clinical Psychology,* 1975, 31, S. 490–492.

Teil II: Persönliche Themen

9 Erinnerungsvermögen

[1] Percy Bysshe Shelley, aus «To _____», in: *A Dictionary of Musical Quotations*, S. 149.
[2] Tennessee Williams, in: *The New International Dictionary of Quotations*, S. 171.
[3] Bunt, *Music Therapy, An Art Beyond Words*, S. 158 f.

Musik kann die paradoxe, ambivalente...: Volkman, «Music Therapy and the Treatment of Trauma-Induced Dissociative Disorders», S. 25.

Weiterführende Literatur

Wie sich Musik auf das Gedächtnis auswirkt, entnehmen Sie bitte den folgenden Forschungsbeiträgen:

R. P. Bowman, «Approaches for Counseling Children Through Music», *Elementary School Guidance and Counseling*, 1987, 19, S. 284–291.

Coca L. Diaz de Chumaceiro, «What Song Comes to Mind: Induced Song Recall: Transference/Countertransference in Dyadic Music Associations in Treatment and Supervision», *The Arts in Psychotherapy*, 1992, 19, 5, S. 325–332.

M. Priestley, «Music, Freud and the Port of Entry», *Nursing Times*, 1976, 1940–1941.

10 Zeitplanung

Im Kontext des menschlichen Verhaltens betrachtet...: Hall, *The Dance of Life*, S. 138.

Konzentration jeglicher Art löscht Zeit aus: Hall, S. 180.
[1] Hall, S. 148.

² A. a. O., S. 146.
Indem Musik Ordnung erzwingt...: Storr, *Musik and the Mind*, S. 30.
³ Hall, S. 145.
Musik strukturiert die Zeit...: Storr, S. 184.

11 Trauer und Verlust

Musik stellt auch ein Ventil dar für die Gefühle...: Decuir, «Trends in Music and Family Therapy», S. 196.
Wenn wir trauern, kann ein bestimmtes Musikstück...: Crandall, *Self-Transformation Through Music*, S. 41.
¹ Thich, *Ich pflanze ein Lächeln*, S. 93.

Weiterführende Literatur

Weiterführende Beiträge zur Verwendung von Musik als Ergänzung bei der Verarbeitung von Trauer und Verlust:

T. G. Bever, «A Cognitive Theory of Emotion and Aesthetics in Music», *Psychomusicology*, 7, 1988, S. 165–175.
L. B. Meyer, *Emotion and Meaning in Music*. Chicago: University of Chicago Press, 1966.
A. N. Whitehead, *Symbolism: Its meaning and effect*. New York: Capricorn Books, 1969.

12 Wachstum / Veränderung

Auf das Herz kannst du dich verlassen...: Hall, *The Dance of Life*, S. 102.
Egal, wie sehr wir uns am Vertrauten festhalten...: Dreher, *The Tao of Inner Peace*, S. 60.
¹ Beck, *Every Day Zen: Love & Work*, S. 37.
² Crandall, *Self-Transformation through Music*, S. 27.

[3] A. a. O., S. 28.
[4] Hoff, *Tao Te Puh*, S. 99.
[5] Suzuki, *Zen Mind, Beginner's Mind*, S. 21.
[6] Aldridge, «Physiological Change, Communication, and the Playing of Improvised Music: Some Proposals for Research», S. 64.
Wir leben in einer Welt...: Crandall, S. 29.
[7] Seashore, *Psychology of Music*, S. 144 f.
[8] Austin & Dvorkin, «Resistance in Individual Music Therapy», S. 428.
[9] Crandall, S. 92.
Durch die von uns getroffene Wahl...: Dreher, S. 63.

13 Aufschieben

Tu es! Raff dich auf!: McWilliams & McWilliams, «Do It! Let's Get Off Our Buts».
[1] Dreher, *The Tao of Inner Peace*, S. 22.

14 Altern

[1] Poole, *The Heart of Healing*, S. 134 f.
[2] Aldridge & Aldridge, «Two Epistemologies: Music Therapy and Medicine in the Treatment of Dementia», S. 252.

Weiterführende Literatur

Wie sich Musik auf das Problem des Alterns auswirkt, entnehmen Sie bitte den folgenden Forschungsbeiträgen:

J. David Boyle, Glenn L. Hosterman & Darhyl S. Ramsey, «Factors Influencing Pop Music Preferences of Young People», *Journal of Research in Music Education*, 1981, 29, 1, S. 47–55.

Alicia Clair Gibbsons, «Popular Music Preferences of Elderly People», *Journal of Music Therapy*, 1977, 24, S. 180–189.

David S. Smith, «An Age-Based Comparison of Humor in Selected Musical Compositions», *Journal of Music Therapy*, 1994, 31, 3, S. 206–219.

——, «Preference for Differentiated Frequency Loudness Level in Older Adult Music Listening», *Journal of Music Therapy*, 1989, 36, 1, S. 18–29.

15 Körperliche Betätigung und Musik

Abgesehen davon, daß Musik ...: Merritt, *Mind, Music and Imagery*, S. 106.

[1] Storr, *Music and the Mind*, S. 33.

[2] Scarantino, *Music Power: Creative Living through the Joys of Music*, S. 88.

[3] Gfeller, «Musical Components and Styles Preferred by Young Adults for Aerobic Fitness Activities», S. 28.

[4] A. a. O., S. 41.

[5] Johanson & Kurtz, *Grace Unfolding*, S. 54.

[6] Merritt, S. 118 f.

[7] Assagioli, *Psychosynthesis*, S. 253 f.

[8] Thich, *Ich pflanze ein Lächeln*, S. 43.

Teil III: Soziale Themen

16 Verbesserung der Kommunikation

[1] Nielzen & Cesarec, «On the Perception of Emotional Meaning in Music», S. 7.

[2] Siehe Brydon & Nugent, «Musical Metaphor as a Means of Therapeutic Communication», S. 149–153.

[3] Siehe Bonny, «Music and Healing», S. 3–12.

4 Siehe Stratton & Zalanowski, «The Relationship Between Music, Degree of Liking and Self-Reported Relaxation», S. 184–192; und Stratton & Zalanowski, «The Effect of Background Music on Verbal Interaction in Groups», S. 16–21.

5 Decuir, «Trends in Music and Family Therapy», S. 199.

6 Morrongiello, «Effects of Training on Children's Perception of Music: A Review», S. 38.

7 Ortiz, *The Facilitating Effects of Soothing Background Music on an Initial Counseling Session.*

Weiterführende Literatur

Wie sich Musik auf die Kommunikation auswirkt, entnehmen Sie bitte den folgenden Forschungsbeiträgen:

R. Brim, «The Effect of Personality Variables, Dogmatism and Repression-Sensitization Upon Response to Music», *Journal of Music Therapy,* 1978, 15, S. 74–87.

L. Bunt, V. Wren & D. Pike, «Music Therapy in a General Hospital's Psychiatric Unit – An Evaluation of a Pilot Eight Week Programme», *Journal of British Music Therapy,* 1987, 1, S. 22–28.

M. Priestley, «Music and the Shadow», *Music Therapy,* 1987, 6, S. 20–27.

W. W. Sears, «Processes in Music Therapy», In: E. T. Gaston (Hrsg.), *Music in Therapy.* New York: Macmillan, 1968, S. 116–136.

P. K. Shehan, «Student Preferences for Ethnic Music Styles», *Contributions to Music Education,* 1983, 9, S. 21–28.

V. N. Stratton & A. H. Zalanowski, «The Effects of Music and Paintings on Mood», *Journal of Music Therapy,* 1989, 26, S. 30–41.

K. Swanwick, «Can There Be Objectivity in Listening to Music?», *Psychology of Music,* 1975, 3, S. 17–23.

17 Gesellschaft / Geselligkeit

[1] Storr, *Music and the Mind*, S. 147.

18 Beziehungsfragen

Zum Glück gibt es da diese andere Art Mensch …: Hall, *The Dance of Life,* S. 163.

[1] Crandall, *Self-Transformation Through Music,* S. 19.

[2] Elizabeth Cady Stanton, aus: Declaration of Sentiment, First Woman's Rights Convention, 1848, in: Hugh Rawson & Margaret Miner (Hrsg.), *The New International Dictionary of Quotations.* New York: E. P. Dutton, 1986, S. 343.

[3] Crandall, S. 20.

Musik kann ein Transformator …: Bunt, *Music Therapy: An Art Beyond Words,* S. 73.

Weiterführende Literatur

Wie sich Musik auf Beziehungen auswirken kann, entnehmen Sie bitte den folgenden Forschungsbeiträgen:

P. V. Glassford, «Staff Experimental Relaxation Group», *Australian Occupational Therapy Journal,* 1972, L9, S. 51–54.

J. S. Goldman, «Toward a New Consciousness of the Sonic Healing Arts: The Therapeutic Use of Sound and Music for Personal and Planetary Health and Transformation», *Music Therapy,* 1988, 7, S. 28–33.

T. B. Logan & A. R. Roberts, «The Effects of Different Types of Relaxation Music on Tension Level», *Journal of Music Therapy,* 1984, 21, S. 177–185.

19 Romantische Intimität

Jede Ebene des Lebens...: Beaulieu, *Music and Sound in the Healing Arts,* S. 81.

[1] Scott, *Musik, ihr geheimer Einfluß durch die Jahrhunderte,* S. 186.

[2] Tame, *The Secret Power of Music,* S. 199.

Mein Lieb' ist...: Robert Burns, *Lieder und Balladen.* Übersetzt von Ferdinand Freiligrath. Halle: Hendel, 1896.

[3] Stewart, *Music, Power & Harmony: A Workbook of Music and Inner Forces,* S. 76.

[4] Scarantino, *Music Power: Creative Living through the Joys of Music,* S. 49.

[5] A. a. O., S. 39 f.

[6] A. a. O., S. 50.

[7] Ackerman, *A Natural History of the Senses,* S. 12 f.

[8] Hall, *The Dance of Life,* S. 165.

20 Den Geist motivieren

Er [der Rhythmus] läßt uns spielen...: Seashore, *Psychology of Music,* S. 145.

[1] Ostrander, Ostrander & Schroeder, *Super-Learning.* Die revolutionäre Lernmethode. Bern, München: Scherz, 1980.

[2] A. a. O., S. 65–80.

[3] Devlin & Sawatzky, «The Effects of Background Music in a Simulated Initial Counselling Session with Female Subjects», S. 125–132.

[4] Hunter, «An Investigation of Psychological and Physiological Changes Apparently Elicited by Musical Stimuli», S. 53–68.

Eine Musikrichtung, die wir...: Tame, *The Secret Power of Music,* S. 149.

[5] Seashore, S. 140.

[6] Bunt, *Music Therapy: An Art Beyond Words,* S. 186.

[7] A. a. O., S. 158.

[8] Nielzèn & Cesarec, «On the Perception of Emotional Meaning in Music», S. 17–31.

[9] Hunter, S. 53–68.

[10] Devlin & Sawatzky, S. 125–132.

[11] Ortiz, *The Facilitating Effects of Soothing Background Music on an Initial Counseling Session.*

[12] Logan & Roberts, «The Effects of Different Types of Relaxation Music on Tension Level», S. 177–185.

[13] Wapnick, «A Review of Research on Attitude and Preference», S. 1–20.

[14] Storr, *Music and the Mind,* S. 64.

Weiterführende Literatur

Wie sich Musik auf das Lernen auswirken kann, entnehmen Sie bitte den folgenden Forschungsbeiträgen:

H. L. Bonny, «Music and Healing», *Music Therapy,* 1986, 6A, S. 3–12.

R. Brim, «The Effect of Personality Variables, Dogmatism and Repression-Sensitization Upon Response to Music», *Journal of Music Therapy,* 1978, 15, S. 74–87.

S. H. Burleson, D. B. Center & H. Reeves, «The Effect of Background Music on Task Performance in Psychotic Children», *Journal of Music Therapy,* 1989, 26, S. 198–205.

G. Groeneweg, E. A. Stan, A. Celser, L. MacBeth & M. I. Vrbancic, «The Effect of Background Music on the Vocational Behavior of Mentally Handicapped Adults», *Journal of Music Therapy,* 1988, 25, S. 118–134.

J. P. Scartelli & J. E. Borling, «The Effects of Sequenced Versus Simultaneous EMG Biofeedback and Sedative Music on Frontalis Relaxation Training», *Journal of Music Therapy,* 1986, 23, S. 157–165.

C. A. Smith & L. W. Morris, «Differential Effects of Stimula-

476

tive and Sedative Music on Anxiety, Concentration and Performance», *Psychological Reports,* 1977, 41, S. 1047–1053.

S. B. Stainback, W. C. Stainback & D. P. Hallahan, «Effects of Background Music on Learning», *Exceptional Children,* 1973, 40, S. 109 f.

A. L. Steele & H. A. Jorgenson, «Music Therapy: An Effective Solution to Problems in Related Disciplines», *Journal of Music Therapy,* 1971, 8, S. 131–145.

D. E. Wolfe, «The Effect of Interrupted and Continuous Music on Bodily Movement and Task Performance of Third Grade Students», *Journal of Music Therapy,* 1982, 19, S. 74–85.

21 Wie man zuhört: Die Erziehung des Ohrs

Bei anderen hören wir…: Dass & Gorman, *How Can I Help?,* S. 112.
[1] In diesem Zusammenhang empfehle ich das ausgezeichnete Buch von Harris *What to Listen for in Mozart.*
[2] Beaulieu, *Music and Sound in the Healing Arts,* S. 15.
[3] A. a. O., S. 13.
[4] Dass & Gorman, S. 113.

Teil IV: Spezielle Themen

22 Zentrierung (Stille)

[1] Ackerman, *A Natural History of the Senses,* S. 225.
[2] Beaulieu, *Music and Sound in the Healing Arts,* S. 17.
[3] Bunt, *Music Therapy: An Art Beyond Words,* S. 51.
Unser Zentrum ist am leichtesten zu erreichen …: Johanson & Kurtz, *Grace Unfolding,* S. 12.

23 Kreativität

Trott geht nicht im Pferd...: Hoff, *Tao Te Puh*, S. 46.
1 Storr, *Music and the Mind*, S. 64.
2 Scarantino, *Music Power: Creative Living Through the Joys of Music*, S. 159.
3 Dreher, *The Tao of Inner Peace*, S. 118.
Musik anzuhören, die in Ihrem Geist...: Scarantino, S. 159.

24 Hör *und Jetzt*

Jeder einzelne Augenblick in der Musik...: Harris, *What to Listen for in Mozart*, S. 131.
1 Pirsig, *Zen und die Kunst ein Motorrad zu warten.*
2 Crandall, *Self-Transformation through Music*, S. 18.
3 Volkman, «Music Therapy and the Treatment of Trauma-Induced Dissociative Disorders», S. 250.
4 Aldridge, «Physiological Change, Communication, and the Playing of Improvised Music: Some Proposals for Research», S. 59–64.
5 Crandall, S. 17.
6 Nordoff & Robbins, *Therapy in Music for Handicapped Children*, S. 7.

25 Loslassen

1 Merton, *The Way of Chuang Tzu*, S. 71.
2 Laotse, Tao-Te-King. Übersetzt von Günther Debon. Stuttgart: Reclam, 1961, S. 50.
3 Hass, Disterfeld & Axen, «Effects of Perceived Musical Rhythm on Respiratory Pattern», S. 1185–1191.
4 Siehe Borgeat, «Psychophysicological Effects of Two Different Relaxation Procedures: Progressive Relaxation and Sub-

liminal Relaxation», S. 181–185, und Scartelli, «The Effect of EMG Biofeedback and Sedative Music, EMG Biofeedback Only, and Sedative Music Only on Frontalis Muscle Relaxation Ability», S. 67–78.

5 Siehe Stratton & Zalanowski, «The Effect of Background Music on Verbal Interaction in Groups», S. 16–21, und Borling, «The Effects of Sedative Music on Alpha Rhythms and Focused Attention in High-Creative and Low-Creative Subjects», S. 101–108.

6 Siehe Wolfe, «The Effect of Interrupted and Continuous Music on Bodily Movement and Task Performance of Third Grade Students», S. 74–85, und Brim, «The Effect of Personality Variables, Dogmatism and Repression-Sensitization Upon Response to Music», S. 74–87.

7 Gantz, Gartenberg, Pearson & Schiller, «Gratifications and Expectations Associated with Pop Music Among Adolescents», S. 81–89.

8 Gibbs, *Dancing With Your Books: The Zen Way of Studying,* S. 18.

9 Bunt, *Music Therapy: An Art Beyond Words,* S. 34.

10 Giles, *The Sayings of Lao Tzu,* S. 24.

26 Sein statt sein wollen

1 Crandall, *Self-Transformation through Music,* S. 34.

2 Blacking, *How Musical is Man?,* S. 51 f.

3 Tulku, *Openness Mind,* S. 124.

Weiterführende Literatur

Wie sich Musik auf die Vorstellung von «sein statt sein wollen» auswirken kann, entnehmen Sie bitte den folgenden Forschungsbeiträgen:

Herbert Benson, *Beyond the Relaxation Response.* New York: Times Books, 1984.

James F. T. Bugental, *The Search for Existential Identity*. San Francisco: Jossey-Bass, 1979.

Thich Nhat Hanh, *Ich pflanze ein Lächeln*. München: Goldmann, 1992.

Susan Jeffers, *Feel the Fear and Do It Anyway*. San Diego, CA: Harcourt Brace, 1987.

Harold Kushner, *When All You Ever Wanted Isn't Enough*. New York: Summit Books, 1986.

Daniel J. Levinson, *Seasons of a Man's Life*. New York: Ballantine, 1978.

Matthew McKay & Patrick Fanning, *Self Esteem*. Oakland, CA: New Harbinger, 1987.

Stephen Mitchell, *Tao Te Ching*. New York: Harper Perennial, 1991.

Mildred Newman & Bernard Berkowitz, *How to Take Charge of Your Life*. Orlando: Harcourt Brace, 1977.

Martin Seligman, *Learned Optimism: The Skill to Conquer Life's Obstacles, Large and Small*. New York: Pocket Books, 1990.

Keith Thompson (Hrsg.), *To Be a Man: In Search of the Deep Masculine*. Los Angeles: Jeremy P. Tarcher, 1991.

Roger N. Walsh & Frances Vaughan, *Beyond Ego: Transpersonal Dimensions in Psychology*. New York: St. Martin's Press, 1980.

Jon Kabat-Zinn, *Stark aus eigener Kraft*. Bern, München: O. W. Barth, 1997.

27 Den Geist reinigen

Statt Wissen zu sammeln ...: Suzuki, *Zen Mind, Beginner's Mind*, S. 84.

[1] Dreher, *The Tao of Inner Peace*, S. XIV.

[2] Hoff, *Tao Te Puh*, S. 132 f.

Wie Musik dazu beitragen kann, den Geist zu reinigen, entnehmen Sie bitte den folgenden Forschungsbeiträgen:

S. H. Burleson, D. B. Center & H. Reeves, «The Effect of Background Music on Task Performance in Psychotic Children», *Journal of Music Therapy*, 1989, 26, S. 198–205.

K. Gfeller, «Musical Components and Styles Preferred by Young Adults for Aerobic Fitness Activities», *Journal of Music Therapy*, 1988, 25, S. 28–43.

J. P. Scartelli, «The Effect of EMG Biofeedback and Sedative Music, EMG Biofeedback Only, and Sedative Music Only on Frontalis Muscle Relaxation Ability», *Journal of Music Therapy*, 1984, 21, S. 67–78.

C. A. Smith & L. W. Morris, «Differential Effects of Stimulative and Sedative Music on Anxiety, Concentration and Performance», *Psychological Reports*, 1977, 41, S. 1047–1053.

V. N. Stratton & A. H. Zalanowski, «The Relationship Between Music, Degree of Liking and Self Reported Relaxation», *Journal of Music Therapy*, 1984b, 21, S. 184–192.

R. H. Wolf & T. L. Weiner, «Effects of Four Noise Conditions on Arithmetic Performance», *Perceptual and Motor Skills*, 1972, 35, S. 929f.

Anhang A: Erklärung von Vorstellungen und Begriffen

Rhythmische Synchronität

Schlag mit einem Stock auf eine Membran ...: Hart, *Die magische Trommel*, S. 23.

[1] Siehe Seashore, *Psychology of Music*, S. 140–145.

[2] Für eine eingehendere Beschäftigung mit der Vorstellung der rhythmischen Synchronität siehe: Ortiz, *The Faciliating Effects of Soothing Background Music on An Initial Counseling Session*, S. 227–249. Als weiterführende Literatur zu diesem Thema sind außerdem empfehlenswert: Leonard, *Der Rhythmus des Kosmos;* Berendt, *Nadha Brahma – die Welt ist Klang;* und Seashore, *Psychology of Music.*

[3] Dreher, *The Tao of Inner Peace,* S. 104.

[4] Evans, «Dysrhythmia and Disorders of Learning and Behavior», S. 251.

[5] Tracey & Ray, «Stages of Successful Time-Limited Counseling: An Interactional Examination», S. 14.

Psychischer Lärm

Die Musik besitzt weder Werte noch moralische Vorstellungen…: Beaulieu, *Music and Sound in the Healing Arts,* S. 76.

[1] Gibbs, *Dancing with Your Books: The Zen Way of Studying,* S. 20.

[2] Storr, *Music and the Mind,* S. 105.

[3] Seashore, *Psychology of Music,* S. 62.

[4] Dalbokova & Kolev, «Cognitive and Affective Relations in Perception of Auditory Stimuli in the Presence of Music», S. 141.

Weiterführende Literatur

Wie Klänge und Musik sich darüber hinaus auf psychischen Lärm auswirken, entnehmen Sie bitte den folgenden Literaturempfehlungen:

S. H. Burleson, D. B. Center & H. Reeves, «The Effect of Background Music on Task Performance in Psychotic Children», *Journal of Music Therapy,* 1989, 26, S. 198–205.

J. Colbert, «The Effect of Musical Stimulation on Recall in

High and Low Anxiety College Students» (Dissertation, New York University, 1960). *Dissertation Abstracts,* 21, 3172.

K. Gfeller, «Musical Components and Styles Preferred by Young Adults for Aerobic Fitness Activities», *Journal of Music Therapy,* 1988, 25, S. 28–43.

L. K. Miller & M. Schyb, «Facilitation and Interference by Background Music», *Journal of Music Therapy,* 1989, 26, S. 42–54.

J. P. Scartelli, «The Effect of EMG Biofeedback and Sedative Music, EMG Biofeedback Only, and Sedative Music Only on Frontalis Muscle Relaxation Ability», *Journal of Music Therapy,* 1984, 21, S. 67–78.

C. A. Smith & L. W. Morris, «Differential Effects of Stimulative and Sedative Music on Anxiety, Concentration and Performance», *Psychological Reports,* 1977, 41, S. 1047–1053.

R. H. Wolf & T. L. Weiner, «Effects of Four Noise Conditions on Arithmetic Performance», *Perceptual and Motor Skills,* 1972, 35, S. 929f.

Stichwortgeber

Lernsituationen können nahezu gänzlich idiosynkratisch sein...: Terwogt & van Grinsven, «Musical Expression of Moodstates», S. 100.

Musik erlangt ihren emotionalen Wert durch Assoziation: Terwogt & van Grinsven, S. 109.

[1] Ackermann, *A Natural History of the Senses,* S. 297.

[2] Tame, *The Secret Power of Music,* S. 149.

[3] A. a. O.

[4] Unkefer, *Music Therapy in the Treatment of Adults with Mental Disorders,* S. 78.

[5] Sloboda, *The Musical Mind,* S. 268.

Wie Klänge und Musik sich darüber hinaus auf Stichwortgeber auswirken, entnehmen Sie bitte den folgenden Literaturempfehlungen:

Cora L. Diaz de Chumaceiro, «What Song Comes to Mind: Induced Song Recall: Transference/Countertransference in Dyadic Music Associations in Treatment and Supervision», *The Arts in Psychotherapy,* 1992, 19, 5, S. 325–332.

Hamid Hekmat & James Hertel, «Pain Attenuating Effects of Preferred Versus Non-preferred Music Interventions», *Psychology of Music,* 1993, 21, 2, S. 163–173.

Carl E. Seashore, *Psychology of Music.* New York: Dover Publications, 1967, S. 144.

Steven M. Smith, «Background Music and Context-Dependent Memory», *American Journal of Psychology,* 1985, 98, 4, S. 591–603.

Anthony Storr, *Music and the Mind.* New York: The Free Press, 1992, S. 21.

Akustisches Gedächtnis

Musik kann uns helfen, frühere Stadien unseres Lebens...: Bunt, *Music Therapy: An Art Beyond Words,* S. 159.

Wir blicken zurück und stellen eine Verbindung her...: Bunt, S. 158.

[1] Storr, *Music and the Mind,* S. 124.

[2] Bunt, S. 72.

Erwartungen

[1] Davies, *The Psychology of Music*, S. 74.
[2] Gibbs, *Dancing with Your Books: The Zen Way of Studying*, S. 41.
[3] Anderson & Tunks, «The Influence of Expectancy on Harmonic Perception», S. 11.
[4] Gibbs, S. 41.
[5] Walker, *Hua Hu Ching: The Teachings of Lao Tzu*, S. 36.
[6] Gibbs, S. 86.
[7] Huang & Lynch, *Thinking Body, Dancing Mind*, S. 132.
[8] Beck, *Every Day Zen*, S. 133.
[9] Crandall, *Self-Transformation Through Music*, S. 17f.
[10] Huang & Lynch, S. 132.

Warum-Fragen

[1] Hall, *The Dance of Life: The Other Dimension of Time*, S. 93.
[2] Crowley, «Sullivan's Concept of Participant-Observation», S. 356.
[3] Johanson & Kurtz, *Grace Unfolding*, S. 59.
[4] Crandall, *Self-Transformation Through Music*, S. 34.
[5] Hoff, *Tao Te Puh*, S. 38.
[6] Thich, *Ich pflanze ein Lächeln*, S. 59.

Sollte und müßte

[1] Ellis & Dryden, *The Practice of Rational Emotive Therapy*, S. 14.
[2] Corey, *Theory and Practice of Counseling and Psychotherapy*, S. 173.
[3] Hall, *The Dance of Life*, S. 67.

Wie Musik sich darüber hinaus als Erweiterung der rational-
emotiven Therapie einsetzen läßt, entnehmen Sie bitte den
folgenden Literaturempfehlungen:

D. R. Bryant, «A Cognitive Approach to Therapy through
Music», *Journal of Music Therapy,* 1987, 24, S. 27–34.

M. Maultsby, «Combining Music Therapy and Rational
Behavior Therapy», *Journal of Music Therapy,* 1977, 14,
S. 89–97.

Anhang B: Techniken

Entrainment

Indem wir mit musikalischer Unterstützung...: Bunt, *Music
Therapy: An Art Beyond Words,* S. 62.

[1] Leonard, *Der Rhythmus des Kosmos,* S. 26.

[2] Rider & Weldin, «Imagery, Improvisation, and Immunity»,
S. 215.

[3] Intensiver beschäftigen sich mit dem Thema Ostrander,
Ostrander & Schroeder in *Super-Learning.*

[4] Rider & Weldin, S. 215.

[5] Brewer, «Orchestrating Learning Skills», S. 14 f.

[6] Rider & Weldin, S. 212.

[7] Tame, *The Secret Power of Music,* S. 153 f.

Für die weitere Lektüre in bezug auf Rhythmus und Entrainment sind die folgenden Zeitschriftenbeiträge, Bücher und
Buchauszüge zu empfehlen:

Chris B. Brewer, *Rhythms of Learning: Creative Tools for Developing Life Skills.* Tucson: Sepher Press, 1996.

J. R. Evens, «Dysrhythmia and Disorders of Learning and Behavior.» In: J. R. Evens & M. Clynes (Hrsg.), *Rhythm in Psychological, Linguistic and Musical Processes.* Springfield, IL: Charles C. Thomas, 1986, S. 249–274.

George Leonard, *Der Rhythmus des Kosmos.* Bern, München: Scherz, 1983.

Sheila Ostrander, Nancy Ostrander & Lynn Schroeder, *Super-Learning. Die revolutionäre Lernmethode.* Bern, München: Scherz, 1980.

M. S. Rider, «Treating Chronic Disease and Pain with Music-Mediated Imagery», *The Arts in Psychotherapy,* 1987, 14, S. 113–120.

Affirmationen

Eine Kadenz und ein Reim sorgen dafür...: Huang & Lynch, *Thinking Body, Dancing Mind,* S. 25.

Affirmationen sind ein bedeutsames Mittel...: Huang & Lynch, S. 23.

[1] Huang & Lynch, S. 23.

[2] Hoff, *Tao Te Puh,* S. 62.

Gedanken Einhalt gebieten

[1] Davis, Eshelman & McKay, *The Relaxation & Stress Reduction Workbook,* S. 91.

Atmen

Der Atem sorgt dafür...: Kabat-Zinn, *Wherever You Go There You Are: Mindfulness Meditation in Everyday Life,* S. 18.

Atme! Du lebst!: Thich, *Ich pflanze ein Lächeln,* S. 21.

[1] Hanh, S. 22.

[2] A. a. O., S. 98.

[3] Ming-Dao, *Scholar Warrior: An Introduction to the Tao in Everyday Life,* S. 47. Wer sich eingehender über Qi Gong informieren möchte, das mit dem Taiji verwandt ist, kann dies anhand dieses Buches tun.

Mantrische Klänge

Mantras sind Wort- und Silbenklänge...: Berendt, *Nada Brahma – Die Welt ist Klang,* S. 36.

Musik umgeht häufig die höheren...: Poole, *The Heart of Healing,* S. 135.

[1] Berendt, S. 37.

[2] A. a. O.

[3] A. a. O., S. 55.

[4] A. a. O., S. 37.

Chanting

Chanting ist nicht heiliger...: Walker, *Hua Hu Ching: The Teachings of Lao Tzu,* S. 58.

[1] Berendt, *Nada Brahma – Die Welt ist Klang,* S. 173.

Harmonisieren

Beim Harmonisieren geht es im wesentlichen darum...: Beaulieu, *Music and Sound in The Healing Arts,* S. 115.

[1] Allekote & Maslan, «Sri Karunamayee: An In-Depth Interview», S. 8.

[2] Reps, *Zen Flesh, Zen Bones,* S. 164.

Anhang C: Besondere Themen

Die eigene Musikauswahl

[1] Bauer & Peyser, *Music Through the Ages,* S. 9.
[2] Hekmat & Hertel, «Attenuating Effects of Preferred Versus Non-Preferred Music Interventions», S. 170.
[3] Poole, *The Heart of Healing,* S. 141.
[4] Terwogt & van Grinsven, «Musical Expression of Mood-states», S. 109.
[5] Blacking, *How Musical is Man?;* S. 52.
[6] Siehe Wheeler, «The Relationship between Musical and Activity Elements of Music Therapy Sessions and Client Responses: An Exploratory Study», S. 52–60.
[7] Dollinger, «Personality and Music Preference: Extraversion and Excitement Seeking or Openness to Experience?», S. 73–77.
[8] Glasgow, Cartier & Wilson, «Conservation, Sensation Seeking, and Music Preferences», S. 395–396.
[9] Boyle, Holsterman & Ramsey, «Factors Influencing Pop Music Preferences of Young People», S. 47–55.
[10] Bunt, *Music Therapy: An Art Beyond Words,* S. 57.
[11] Dreher, *The Tao of Inner Peace,* S. 104.

Weiterführende Literatur

Musikalische Präferenzen sind außerdem Gegenstand der folgenden Artikel:

W. B. Davis & M. H. Thaut, «The Influence of Preferred Relaxing Music on Measures of State Anxiety, Relaxation, and Physiological Responses», *Journal of Music Therapy,* 1989, 26, S. 168–187.

N. A. Hadsell, «Multivariate Analyses of Musicians' and

Nonmusicians' Ratings of Pre-Categorized Stimulative and Sedative Music», *Journal of Music Therapy,* 1989, 26, S. 106–114.

V. N. Stratton & A. H. Zalanowski, «The Relationship between Music, Degree of Liking and Self Reported Relaxation», *Journal of Music Therapy,* 1984, 21, S. 184–192.

V. N. Stratton & A. H. Zalanowski, «The Effect of Background Music on Verbal Interaction in Groups», *Journal of Music Therapy,* 1984, 26, S. 16–21.

D. B. Taylor, «Subject Responses to Precategorized Stimulative and Sedative Music», *Journal of Music Therapy,* 1973, 10, S. 86–94.

Anna Unyk, Sandra Trehub, Laurel Trainor & Glen Schellenberg, «Lullabies and Simplicity: A Cross-Cultural Perspective», *Psychology of Music,* 1992, 20, 1, S. 15–28.

J. Wapnick, «A Review of Research on Attitude and Preference», *Bulletin of the Council for Research in Music Education,* 1976, 48, S. 1–20.

Das Verweilen in der Spirale

Alles Leben ist Bestandteil eines großen rhythmischen Prozesses ...: Capra, *Das Tao der Physik,* S. 242. Ergänzend sei angemerkt, daß Shiva hier als der Hindu-Gott des Tanzes, als «König der Tänzer», beschrieben wird.

[1] Bunt, *Music Therapy: An Art Beyond Words,* S. 159.

[2] Percy Scholes, aus: *The Listener's Guide to Music* (1919). In: *A Dictionary of Musical Quotations,* S. 49.

[3] Stewart, *Music and the Elemental Psyche,* S. 111.

[4] Hall, *The Jungian Experience: Analysis and Individuation,* S. 49.

Ihr besonderer Platz

Musik ist ein Transformationsprozeß...: Bunt, *Music Therapy: An Art Beyond Words*, S. 36.

Musik ist die vierte Dimension: Allekote & Maslan, «Sri Karunamayee: An In-Depth Interview», S. 8.

[1] Beaulieu, *Music and Sound in The Healing Arts*, S. 14.

[2] Storr, *Music and the Mind*, S. 126.

[3] A. a. O., S. 105.

Innere Führer

Wir tragen in uns die Wunder...: Sir Thomas Browne in: Winokur, *Zen To Go*, S. 119.

Musik bringt den *inneren* Geist zum Ausdruck: Storr, *Music and the Mind*, S. 140.

[1] Wilmer, *Practical Jung*, S. 80, 81.

[2] In diesem Zusammenhang empfehle ich das wundervolle Buch von Jane Roberts, *Überseele Sieben*, das gemeinsam mit *Lehrzeit* und *Zeitmuseum* eine Trilogie bildet.

[3] Reps, *Zen Flesh, Zen Bones: A Collection of Zen and Pre-Zen Writings*, S. 163.

[4] Walker, *Hua Hu Ching: The Teachings of Lao Tzu*, S. 52.

Bibliographie

Ackerman, Diane, *A Natural History of the Senses*. New York: Random House, 1990. [Deutsch: *Die schöne Macht der Sinne. Eine Kulturgeschichte*. München: Kindler, 1991.]

Aldridge, David, *Music Therapy Research and Practice in Medicine: From Out of the Silence*. London: Jessica Kingsley Publishers, 1996.

——, «Physiological Change, Communication, and the Playing of Improvised Music: Some Proposals for Research», *The Arts in Psychotherapy*, 1991, 18, 1, S. 59–64.

Aldridge, David & Gudrun, «Two Epistemologies: Music Therapy and Medicine in the Treatment of Dementia», *The Arts in Psychotherapy*, 1992, 19, 4, S. 243–256.

Allekote, Joan & Maslan, Marsha, «Sri Karunamayee: An In-Depth Interview», *Open Ear*, 1996, 1, S. 6–11.

Anderson, C. R. & Tunks, T. W., «The Influence of Expectancy on Harmonic Perception», *Psychomusicology*, 1992, 11, S. 3–14.

Ansdell, Gary, *Music for Life: Aspects of Creative Music Therapy with Adult Clients*. London: Jessica Kingsley Publishers, 1995.

Assagioli, Roberto, *Psychosynthesis*. New York: Penguin 1982. [Deutsch: *Psychosynthese. Handbuch der Methoden und Techniken*. Reinbek: Rowohlt, 1993.]

Austin, Diane Snow & Dvorkin, Janice M., «Resistance in Individual Music Therapy», *The Arts in Psychotherapy*, 1993, 20, 5, S. 423–430.

492

Azar, Beth, «New Studies of Music Support Old Theories about People's Musical Preferences», *The APA Monitor*, American Psychological Association, April 1996, 26, 4, S. 22.

Bailey, L. M., «Music Therapy in Pain Management», *Journal of Pain and Symptom Managment,* 1986, 1, S. 25–28.

Bandura, Albert, *Sozial-kognitive Lerntheorie.* Stuttgart: Klett-Cotta, 1979.

Bauer, Gregory P., *Wit and Wisdom in Dynamic Psychotherapy.* Northfield, NJ: Jason Aronson, 1990.

Bauer, Marion, & Ethel Peyser, *Music Through the Ages.* New York, NY: G. P. Putnam's Sons, 1932.

Beaulieu, John, *Music and Sound in the Healing Arts.* Barrytown, NY: Station Hill Press, 1987. [Deutsch: *Heilen mit Musik und Klang.* München: Hugendubel, 1989]

Beck, Charlotte Joko, *Every Day Zen: Love and Work.* San Francisco: HarperSanFrancisco, 1989. [Deutsch: *Zen im Alltag.* München: Droemer Knaur, 1990]

Benson, Herbert, *Beyond the Relaxation Response.* New York: Times Books, 1984.

Berendt, Joachim-Ernst, *Nada Brahma – Die Welt ist Klang.* Reinbek: Rowohlt, 1985.

Bever, T. G., «A Cognitive Theory of Emotion and Aesthetics in Music», *Psychomusicology,* 1988, 7, S. 165–175.

Blacking, John, *How Musical it Man?* Seattle: University of Washington Press, 1990.

Bonny, H. L., «Music and Healing», *Music Therapy,* 1986, 6A, S. 3–12.

Borgeat, E., «Psychophysicological Effects of Two Different Relaxation Procedures: Progressive Relaxation and Subliminal Relaxation», *Psychiatric Journal of the University of Ottawa,* 1983, 8, S. 181–185.

Borling, J. E., «The Effects of Sedative Music on Alpha Rhythms and Focused Attention in High-Creative and Low-Creative Subjects», *Journal of Music Therapy,* 1981, 18, S. 101–108.

Bowman, R. P., «Approaches for Counseling Children through Music», *Elementary School Guidance and Counseling,* 1987, 19, S. 284–291.

Boyle, J. David, Glen L. Hosterman & Darhyl S. Ramsey, «Factors Influencing Pop Music Preferences of Young People», *Journal of Research in Music Education,* 1981, 29, 1, S. 47–55.

Brewer, Chris, «Orchestrating Learning Skills», *Open Ear,* 1996, 1.

——, *Rhythms of Learning: Creative Tools for Developing Life Skills.* Tucson: Sepher Press, 1996.

Brim, R., «The Effect of Personality Variables, Dogmatism and Repression-Sensitization Upon Response to Music», *Journal of Music Therapy,* 1978, 15, S. 74–87.

Bryant, D. R., «A Cognitive Approach to Therapy through *Music*», *Journal of Music Therapy,* 1987, 24, S. 27–34.

Brydon, K. A. & W. R. Nugent, «Musical Metaphor as a Means of Therapeutic Communication», *Journal of Music Therapy,* 1979, 16, S. 149–153.

Bugental, James F. T., *The Search for Existential Identity.* San Francisco: Jossey-Bass, 1979.

Bunt, Leslie, *Music Therapy: An Art Beyond Words.* London: Routledge, 1994. [Deutsch: *Musiktherapie: Eine Einführung für psychosoziale und medizinische Berufe.* Weinheim: Beltz, 1998]

Bunt, L. & V. Wren & D. Pike, «Music Therapy in a General Hospital's Psychiatric Unit – An Evaluation of a Pilot Eight Week Programme», *Journal of British Music Therapy,* 1987, 1, S. 22–28.

Burleson, S. H., D. B. Center & H. Reeves, «The Effect of Background Music on Task Performance in Psychotic Children», *Journal of Music Therapy,* 1989, 26, S. 198–205.

Campbell, Don, *Music Physician: For Times to Come.* Wheaton, IL: Theosophical Publishing House, 1991.

——, *The Roar of Silence: Healing Powers of Breath, Tone and Music.* Wheaton, IL: Theosophical Publishing House 1989.

——, *Der Mozart-Effekt. Heilende Klänge für Körper, Seele und Geist.* München: Droemer, 1998.

Capra, Fritjof, *Das Tao der Physik. Die Konvergenz von westlicher Wissenschaft und östlicher Weisheit.* München: Droemer, 1997.

494

Colbert, J., «The Effect of Musical Stimulation on Recall in High and Low Anxiety College Students«, nichtpublizierte Dissertation, New York University. Dissertation Abstracts, 1960, 21, 3172.

Cooper, J. C., *Der Weg des Tao. Eine Einführung in die alte Lebenskunst und Weisheitslehre der Chinesen*. Bern/München: O. W. Barth, 1977.

Corey, Gerald, *Theory and Practice of Counseling and Psychotherapy*. Pacific Grove, CA: Brooks/Cole Publishing, 1982.

Crandall, Joanne, *Self Transformation Through Music*. Wheaton, IL: Theosophical Publishing House, 1986. [Deutsch: *Das harmonische Selbst: Geistige Entwicklung durch Musik*. München: Goldmann, 1990]

Crofton, Ian & Donald Fraser, *A Dictionary of Musical Quotations*. New York: Schirmer Books, 1985.

Crowley, Ralph, «Sullivan's Concept of Participant-Observation (a symposium)», *Contemporary Psychoanalysis,* 1977, 13, S. 347–386.

Curtis, S. L., «The Effect of Music on Pain Relief & Relaxation of the Terminally Ill», *Journal of Music Therapy,* 1986, 23, S. 10–24.

Dalbokova, Dafina & Pencho Kolev, «Cognitive and Affective Relations in Perception of Auditory Stimuli in the Presence of Music», *Psychomusicology,* 1992, 11, S. 141–151.

Dass, Ram & Paul Gorman, *How Can I Help?* New York: Alfred A. Knopf, 1985.

Davies, John Booth, *The Psychology of Music*. Stanford: Stanford University Press, 1978.

Davis, M., E. R. Eshelman & M. McKay, *The Relaxation and Stress Reduction Workbook*. Oakland: New Harbinger Publications, 1988.

Davis, W. B. & M. H. Thaut, «The Influence of Preferred Relaxing Music on Measures of State Anxiety, Relaxation, and Physiological Responses», *Journal of Music Therapy,* 1989, 26, S. 168–187.

De Chumaceiro, Cora L. Diaz, «What Song Comes to Mind:

Induced Song Recall: Transference / Countertransference in Dyadic Music Associations in Treatment and Supervision», *The Arts in Psychotherapy,* 1992, 19, 5, S. 325–332.

Decuir, Anthony, «Trends in Music and Family Therapy», *The Arts in Psychotherapy,* 1991, 18, S. 195–199.

Devlin, H. J. & D. D. Sawatzky, «The Effects of Background Music in a Simulated Initial Counselling Session with Female Subjects», *Canadian Journal of Counselling,* 1987, 21, S. 125–132.

Diserens, C. M., «Reactions to Musical Stimuli», *The Psychological Bulletin,* 1923, 20, S. 173–199.

Dollinger, Stephen, «Personality and Music Preference: Extraversion and Excitement-Seeking or Openness to Experience?», *Psychology of Music,* 1993, 21, 1, S. 73–77.

Dowling, W. J. & D. L. Harwood, *Music Cognition.* New York: Academic Press, 1986.

Dreher, Diane, *The Tao of Inner Peace.* New York: HarperCollins, 1991.

Edwards, Jane, «You Are singing Beautifully: Music Therapy and Debridement Bath», *The Arts in Psychotherapy,* 1995, 22, 1, S. 53–56.

Ellis, Albert, & Windy Dryden, *The Practice of Rational Emotive Therapy.* New York: Springer Publishing, 1987.

Ellis, Albert, & Russell Grieger, *Praxis der rational-emotiven Therapie.* Weinheim: Psychologie Verlagsunion, 1995.

Evens, J. R., «Dysrhythmia and Disorders of Learning and Behavior». In J. R. Evens & M. Clynes (Hrsg.), *Rhythm in Psychological, Linguistic and Musical Processes.* Springfield, IL: Charles C. Thomas, 1986, S. 249–274.

Fromm, Erich, D. T. Suzuki & Richard de Martino, *Zen-Buddhismus und Psychoanalyse.* Frankfurt a. M.: Suhrkamp, 1971.

Gantz, W., H. M. Gartenberg, M. L. Pearson & S. O. Schiller, «Gratifications and Expectations Associated with Pop Music Among Adolescents», *Popular Music and Society,* 1978, 6, S. 81–89.

Gfeller, Kate, «Musical Components and Styles Preferred by Young Adults for Aerobic Fitness Activities», *Journal of Music Therapy*, 1988, 25, S. 28–43.

Gibbons, Alicia Clair, «Popular Music Preferences of Elderly People», *Journal of Music Therapy*, 1977, 24, S. 180–189.

Gibbs, J. J., *Dancing With Your Books: The Zen Way of Studying*. New York: Plume, 1990.

Glasgow, M. R., A. M. Cartier & G. D. Wilson, «Conservation, Sensation-Seeking, and Music Preferences», *Personality and Individual Differences*, 1985, 6, S. 395–396.

Glasser, William, *Control Theory: A New Explanation of How We Control Our Lives*. New York: HarperCollins, 1984.

Glassford, P. V., «Staff Experimental Relaxation Group», *Australian Occupational Therapy Journal*, 1972, L9, S. 51–54.

Goldman, J. S., «Toward a New Consciousness of the Sonic Healing Arts: The Therapeutic Use of Sound and Music for Personal and Planetary Health and Transformation», *Music Therapy*, 1988, 7, S. 28–33.

Greenberg, R. P. & S. Fisher, «Some Differential Effects of Music on Projective and Structured Psychological Tests», *Psychological Reports*, 1971, 28, S. 817 f.

Grigg, Ray, *The Tao of Being*. Atlanta: Humanics New Age, 1989. [Deutsch: *Das Tao des Seins*. Paderborn: Junfermann, 1996]

Groeneweg, G., E. A. Stan, A. Celser, L. MacBeth & M. I. Vrbancic, «The Effect of Background Music on the Vocational Behavior of Mentally Handicapped Adults», *Journal of Music Therapy*, 1988, 25, S. 118–134.

Haas, R. & S. Distenfeld & K. Axen, «Effects of Perceived Musical Rhythm on Respiratory Pattern», *Journal of Applied Physiology*, 1986, 26, S. 1185–1191.

Hadsell, N. A., «Multivariate Analyses of Musicians' and Non-musicians' Ratings of Pre-Categorized Stimulative and Sedative Music», *Journal of Music Therapy*, 1989, 26, S. 106–114.

Hall, Edward T., *The Dance of Life*. New York: Anchor Press/Doubleday, 1983.

Hall, James A., *The Jungian Experience: Analysis and Individuation.* Toronto: Inner City Books, 1986.

Halpern, Steven & Louis Savary, *Sound Health: The Music and Sounds That Make Us Whole.* New York: HarperCollins, 1985.

Hamel, Peter Michael, *Durch Musik zum Selbst.* Kassel: Bärenreiter, 1980.

Hanser, S. & S. Larson & A. O'Connell, «The Effect of Music on Relaxation of Expectant Mothers During Labor», *Journal of Music Therapy,* 1983, 20, S. 50–58.

Harper, B. L., «Say It, Review It, Enhance It with a Song», *Elementary School Guidance and Counseling,* 1985, S. 218–221.

Harris, Robert, *What to Listen for in Mozart.* New York: Simon and Schuster, 1991.

Hart, Mickey, *Die magische Trommel.* München: Goldmann, 1991.

Hekmat, Hamid & James Hertel, «Pain Attenuating Effects of Preferred Versus Non-Preferred Music Interventions», *Psychology of Music,* 1993, 21, 2, S. 163–173.

Hoff, Benjamin, *Tao Te Puh.* Essen: Synthesis, 1984.

Holbrook, Morris & Punam Anand, «Effects of Tempo and Situational Arousal on the Listener's Perceptual and Affective Responses to Music», *Psychology of Music,* 1990, 18, 2, S. 150–162.

Hope, H., «Music has charms», *Nursing Mirror,* 1971, 132, S. 40 f.

Huang, Chungliang Al & Jerry Lynch, *Thinking Body, Dancing Mind.* New York: Bantam Books, 1992. [Deutsch: *Tao Sport – denkender Körper, tanzender Geist: Außergewöhnliches leisten im Alltag, Beruf und Sport.* Freiburg: Bauer, 1995]

Hunter, H., «An Investigation of Psychological and Physiological Changes Apparently Elicited by Musical Stimuli», *Psychology of Music,* 1974, 2, S. 53–68.

Hyde, I. M., «Effects of Music Upon Electrocardiograms and Blood Pressure», *Journal of Experimental Psychology,* 1924, 7, S. 213–224.

Jeffers, Susan, *Feel the Fear and Do It Anyway*. San Diego, CA: Harcourt Brace, 1987.

Jellison, J. A., «The Effect of Music on Autonomic Stress Responses and Verbal Reports». In C. K. Madsen, R. D. Greet & C. H. Madsen, Jr. (Hrsg.), *Research in Music Behavior: Modifying Music Behavior in the Classroom*. New York: Teachers College Press, 1975, S. 235–271.

Johanson, Greg & Ron Kurtz, *Grace Unfolding*. New York: Bell Tower, 1991. [Deutsch: *Sanfte Stärke. Heilung im Geist des Tao te king*. München: Kösel, 1993]

Jung, Carl G., *Traum und Traumdeutung*. München: dtv, 1990.

——, *Der Mensch und seine Symbole*. Solothurn: Walter, 1993.

——, *Erinnerungen, Träume, Gedanken. Aufgezeichnet und herausgegeben von Aniela Jaffé*. Solothurn: Walter, 1992.

Kabat-Zinn, Jon, *Stark aus eigener Kraft. Im Alltag Ruhe finden. Das umfassende Meditationsprogramm für alle Lebenslagen*. Bern, München: O. W. Barth, 1997.

Kenny, Carolyn Beteznak, *Listening, Playing, Creating: Essays on the Power of Sound*. Albany: State University of New York Press, 1995.

Kushner, Harold, *When All You Ever Wanted Isn't Enough*. New York: Summit Books, 1986.

Leonard, George, *Der Pulsschlag des Universums*. Bern, München: O. W. Barth, 1983.

Levinson, Daniel J., *Seasons of a Man's Life*. N. Y.: Ballantine, 1978.

Levinson, Jerrold, *Music, Art, and Metaphysics*. Ithaca: Cornell University Press, 1990.

Linoff, M. G. & West, C. M., «Relaxation Training Systematically Combined with Music: Treatment of Tension Headaches in a Geriatric Patient», *International Journal of Behavioral Geriatrics*, 1983, 1, S. 11–16.

Logan, T. B. & Roberts, A. R., «The Effects of Different Types of Relaxation Music on Tension Level», *Journal of Music Therapy*, 1984, 21, S. 177–185.

Martin, M., «On the Induction of Mood», *Clinical Psychology Review*, 1990, 10, S. 669–697.

Maultsby, M., «Combining Music Therapy and Rational Behavior Therapy», *Journal of Music Therapy*, 1977, 14, S. 89–97.

McKay, Matthew, & Patrick Fanning, *Self Esteem*. Oakland, CA: New Harbinger, 1987.

McDermott, K., «Music Soothes», *The Magazine of Case Western Reserve University*, 1988, 1, S. 40.

McWilliams, John-Roger & Peter, *Do It! Let's Get Off Our Buts*. Los Angeles: Prelude Press, 1991.

McGuire, William & R. F. C. Hull, *C. G. Jung Speaking: Interviews and Encounters*. Princeton: Princeton University Press, 1977.

Merritt, Stephanie, *Mind, Music and Imagery*. New York: Penguin Books, 1990. [Deutsch: *Die heilende Kraft der klassischen Musik*. München: Kösel, 1989]

Merton, Thomas, *The Way of Chuang Tzu*. New York: New Directions, 1965. [Deutsch: *Sinfonie für einen Seevogel: Weisheitstexte des Tschuang-tse*. Freiburg: Herder, 1996]

Meyer, L. B., *Emotion and Meaning in Music*. Chicago: University of Chicago Press, 1966.

Miller, L. K. & Schyb, M., «Facilitation and Interference by Background Music», *Journal of Music Therapy*, 1989, 26, S. 42–54.

Ming-Dao, Deng, *Scholar Warrior: An Introduction to the Tao in Everyday Life*. San Francisco: HarperSanFrancisco, 1990.

Morrongiello, Barbara, «Effects of Training on Children's Perception of Music: A Review», *Psychology of Music*, 1992, 20, 1, S. 29–41.

Newman, Mildred, & Bernard Berkowitz, *How to Take Charge of Your Life*. Orlando: Harcourt Brace, 1977.

Nielzen, S. & Cesarec, Z., «On the Perception of Emotional Meaning in Music», *Psychology of Music*, 1981, 9, S. 17–31.

Nordoff, Paul & Clive Robbins, *Therapy in Music for Handicapped Children*. London: Gollancz, 1971. [Deutsch: *Schöpferische Musiktherapie. Individuelle Behandlung für das behinderte Kind*. Stuttgart: Gustav Fischer, 1986]

Ortiz, J. M., *The Facilitating Effect of Soothing Background Music on an Initial Counseling Session,* nichtpublizierte Dissertation, Pennsylvania State University, 1991, call# Thesis, 1991d, Ortiz, JM.

——, «Music as Sound Campus Ecology», *The Campus Ecologist,* 1990, 8, 4, S. 1–4.

Ostrander, Sheila & Nancy Ostrander & Lynn Schroeder, *Super-Learning. Die revolutionäre Lernmethode.* Bern, München: Scherz, 1980.

Peretti, P. D. & K. Swenson, «Effects of Music on Anxiety as Determined by Physiological Skin Responses», *Journal of Research in Music Education,* 1974, 22, S. 278–283.

Peretti, P. O., «Changes in Galvanic Skin Response as Affected by Musical Selection, Sex, and Academic Discipline», *Journal of Psychology,* 1975, 89, S. 183–187.

Pignatiello, M. R., C. J. Camp & L. Rasar, «Musical Mood Induction: An Alternative to the Velten Technique», *Journal of Abnormal Psychology,* 1986, 95, S. 295–297.

Pirsig, Robert M., *Zen und die Kunst ein Motorrad zu warten.* Frankfurt: S. Fischer, 1976.

Poole, William, *The Heart of Healing.* Atlanta: Turner Publishing, 1993.

Priestley, M., «Music and the Shadow», *Music Therapy,* 1987, 6, S. 20–27.

——, «Music, Freud and the Port of Entry», *Nursing Times,* 1976, S. 1940 f.

Rawson, Hugh & Margaret Minet, *The New International Dictionary of Quotations.* New York: E. P. Dutton, 1986.

Reps, Paul, *Zen Flesh, Zen Bones: A Collection of Zen and Pre-Zen Writings.* New York: Anchor Books, 1989. [Deutsch: *Ohne Worte – ohne Schweigen. 101 Zen-Geschichten und andere Zen-Texte aus vier Jahrtausenden.* Bern/München: O. W. Barth, 1976]

Reynolds, S. B., «Biofeedback, Relaxation Training, and Music: Homeostasis for Coping with Stress», *Biofeedback and Self Regulation,* 1984, 9, S. 169–179.

Rider, M. S., «Treating Chronic Disease and Pain with Music

Mediated Imagery», *The Arts in Psychotherapy,* 1987, 14, S. 113–120.

Rider, M. S. & Cathy Weldin, «Imagery, Improvisation, and Immunity», *The Arts in Psychotherapy,* 1990, 17, 3, S. 211–216.

Rider, M. S., J. Floyd & J. Kirpatrick, «The Effects of Music, Imagery, and Relaxation on Adrenal Corticosteroids and the Re-entrainment of Circadian Rhythms», *Journal of Music Therapy,* 1985, 22, S. 46–58.

Roberts, Jane, *Überseele Sieben.* München: Goldmann, 1992.

——, *Lehrzeit.* München: Goldmann, 1992.

——, *Zeitmuseum.* München: Goldmann, 1992.

Roberts, T. B. & A. R. Roberts, «The Effects of Different Types of Relaxation Music on Tension Level», *Journal of Music Therapy,* 1984, 21, S. 177–185.

Roger, John & Peter McWilliams, *Do It! Let's Get Off Our Buts.* Los Angeles: Prelude Press, 1991. [Deutsch: *Lebe ohne Sorge. Die Macht des Optimismus.* Berlin: Ullstein, 1993]

Rohner, S. J. & R. Miller, «Degrees of Familiar and Affective Music and Their Effects on State Anxiety», *Journal of Music Therapy,* 1980, 17, S. 2–15.

Scarantino, Barbara Anne, *Music Power: Creative Living Through the Joy of Music.* New York: Dodd, Mead & Company, 1987.

Scartelli, J. P., «The Effect of EMG Biofeedback and Sedative Music, EMG Biofeedback Only, and Sedative Music Only on Frontalis Muscle Relaxation Ability», *Journal of Music Therapy,* 1984, 21, S. 67–78.

Scartelli, J. P. & J. E. Borling, «The Effects of Sequenced Versus Simultaneous EMG Biofeedback and Sedative Music on Frontalis Relaxation Training», *Journal of Music Therapy,* 1986, 23, S. 157–165.

Schuster, B. L., «The Effect of Music Listening on Blood Pressure Fluctuations in Adult Hemodialysis Patients», *Journal of Music Therapy,* 1985, 22, S. 146–153.

Scott, Cyril, *Musik – ihr geheimer Einfluß durch die Jahrhunderte.* München: Hirthammer, 1985.

Sears, W. W., «Processes in Music Therapy». In E. T. Gaston (Hrsg.), *Music in Therapy*. New York: Macmillan, 1968, S. 116–136.

Seashore, Carl E., *Psychology of Music*. New York: Dover Publications, Inc., 1967.

Seligman, Martin, *Learned Optimism: The Skill to Conquer Life's Obstacles, Large and Small*. New York: Pocket Books, 1990.

Shehan, P. K., «Student Preferences for Ethnic Music Styles», *Contributions to Music Education,* 1983, 9, S. 21–28.

Sloboda, John, *The Musical Mind*. Oxford: Oxford University Press, 1985.

Smeijsters, Henk, Gaby Wijzenbeek & Niek van Nieuwenhuijzen, «The Effect of Musical Excerpts on the Evocation of Values for Depressed Patients», *Journal of Music Therapy,* 1995, 32, 3, S. 167–188.

Smith, C. A. & L. W. Morris, «Differential Effects of Stimulative and Sedative Music on Anxiety, Concentration and Performance», *Psychological Reports,* 1977, 41, S. 1047–1053.

Smith, David S., «An Age-Based Comparison of Humor in Selected Musical Compositions», *Journal of Music Therapy,* 1994, 31, 3, S. 206–219.

——, «Preferences for Differentiated Frequency Loudness Levels in Older Adult Music Listening», *Journal of Music Therapy,* 1989, 36, 1, S. 18–29.

Smith, Steven M., «Background Music and Context-Dependent Memory», *American Journal of Psychology,* 1985, 98, 4, S. 591–603.

Stainback, S. B., W. C. Stainback & D. P. Hallahan, «Effects of Background Music on Learning», *Exceptional Children,* 1973, 40, S. 109 f.

Steele, A. L. & H. A. Jorgenson, «Music Therapy: An Effective Solution to Problems in Related Disciplines», *Journal of Music Therapy,* 1971, 8, S. 131–145.

Stewart, R. J., *Music and the Elemental Psyche*. Rochester, VT: Destiny Books, 1987.

——, *Music, Power & Harmony: A Workbook of Music and Inner Forces.* New York: Sterling, 1990.

Storr, Anthony, *Music and the Mind.* New York: The Free Press, 1992.

Stoudenmire, J. A., «A Comparison of Muscle Relaxation Training and Music in the Reduction of State and Trait Anxiety», *Journal of Clinical Psychology,* 1975, 31, S. 490–492.

Stratton, V. N. & A. H. Zalanowski, «The Effects of Music and Paintings on Mood», *Journal of Music Therapy,* 1989, 26, S. 30–41.

——, «The Effect of Background Music on Verbal Interaction in Groups», *Journal of Music Therapy,* 1984, 21, S. 16–21.

——, «The Relationship Between Music, Degree of Liking and Self Reported Relaxation», *Journal of Music Therapy,* 1984, 21, S. 184–192.

Stratton, V. N. & L. Summer, «Guided Imagery and Music with the Elderly», *Music Therapy,* 1981, 1, S. 39–42.

Suzuki, Shunryu, *Zen Mind, Beginner's Mind.* New York: Weatherhill, 1983. [Deutsch: *Zen-Geist, Anfänger-Geist. Unterweisungen in Zen-Meditation.* München: Theseus, 1990]

Swanwick, K., «Can There Be Objectivity in Listening to Music?», *Psychology of Music,* 1975, 3, S. 17–23.

Tame, David, *The Secret Power of Music.* Rochester, VT: Destiny Books, 1984. [Deutsch: *Die geheime Macht der Musik.* Zürich: Musikhaus Pan, 1991]

Taylor, D. B., «Subject Responses to Precategorized Stimulative and Sedative Music», *Journal of Music Therapy,* 1973, 10, S. 86–94.

Terwogt, Mark Meerum & Flora van Grinsven, «Musical Expression of Moodstates», *Psychology of Music,* 1991, 19, S. 99–109.

Thaut, M. H., «The Influence of Music Therapy Interventions on Self Rated Changes in Relaxation, Affect, and Thought in Psychiatric Prisoner-Patients», *Journal of Music Therapy,* 1989, 23, S. 155–166.

Thich Nhat Hanh, *Ich pflanze ein Lächeln*. München: Goldmann, 1992.

Thompson, Keith (Hrsg.), *To Be a Man: In Search of the Deep Masculine*. Los Angeles: Jeremy P. Tarcher, 1991.

Tracey, T. J. & P. B. Ray, «Stages of Successful Time-Limited Counseling: An Interactional Examination», *Journal of Counseling Psychology*, 1984, 31, S. 13–27.

Tulku, Tarthang, *Openness Mind*. Berkeley: Dharma Publishing, 1978. [Deutsch: *Offene Bewußtheit*. Münster: Nyiningma, 1992]

Unkefer, Robert E., *Music Therapy in the Treatment of Adults with Mental Disorders*. New York: Schirmer Books, 1990.

Unyk, Anna, Sandra Trehub, Laurel Trainor & Glen Schellenberg, «Lullabies and Simplicity: A Cross-Cultural Perspective», *Psychology of Music*, 1992, 20, 1, S. 15–28.

Volkman, Stephanie, «Music Therapy and the Treatment of Trauma-Induced Dissociative Disorders», *The Arts in Psychotherapy*, 1993, 20, 3, S. 243–252.

Wadeson, H., «Art Therapy». In: S. Abt & I. Stewart (Hrsg.), *The Newer Therapies*. New York: Van Nostrand, 1982.

Walker, Brian, *Hue Hu Ching: The Teachings of Lao Tzu*. Livingston, MT: Clark City Press, 1993. [Deutsch: *Dies sagte Laotse*. Braunschweig: Aurum, 1995]

Walsh, Roger N. & Frances Vaughan, *Beyond Ego: Transpersonal Dimensions in Psychology*. New York: St. Martin's Press, 1980.

Wapnick, J., «A Review of Research on Attitude and Preference», *Bulletin of the Council for Research in Music Education*, 1976, 48, S. 1–20.

Webster, C., «Relaxation, Music and Cardiology: The Physiological and Psychological Consequences of their Interrelation», *Australian Occupational Therapy Journal*, 1973, 20, S. 9–20.

Wheeler, B. L., «The Relationship Between Musical and Activity Elements of Music Therapy Sessions and Client Responses: An Exploratory Study», *Music Therapy*, 1985, 5, S. 52–60.

Whitehead, A. N., *Symbolism: Its meaning and effect*. New York: Capricorn Books, 1969.

Wilmer, Harry A., *Practical Jung*. Wilmette, IL: Chiron Publications, 1987.

Winokur, Jon, *Zen To Go*. New York: Dover Publications, Inc., 1990.

Wolf, R. H. & T. L. Weiner, «Effects of Four Noise Conditions on Arithmetic Performance», *Perceptual and Motor Skills*, 1972, 35, S. 929 f.

Wolfe, D. E., «The Effect of Interrupted and Continous Music on Bodily Movement and Task Performance of Third Grade Students», *Journal of Music Therapy*, 1982, 9, S. 74–85.

Register

510